자연식품의 정치

기업과 사회운동

이 도서의 국립중앙도서관 출판예정도서목록(CIP)은 서지정보유통지원시스템 홈페이지(http://seoji.nl.go.kr)와 국가자료종합목록 구축시스템(http://kolis-net.nl.go.kr)에서 이용하실 수 있습니다.
CIP제어번호: CIP2020033967(양장), CIP2020033968(반양장)

로라 J. 밀러 지음 박형신 옮김

자연식품의 정치

—기업과 사회운동

Building Nature's Market

The Business and Politics of Nature Foods

한울
아카데미

BUILDING NATURE'S MARKET

The Business and Politics of Natural Foods

by Laura J. Miller

나의 아버지이자 잊을 수 없는 건강식품 판매원

아서 밀러를 추모하며

차 례

머리말 / 감사의 말

내가 이 프로젝트를 수행하는 몇 년 동안, 사람들은 자주 내가 어떻게 이 프로젝트에 관심을 가지게 되었는지에 대해 궁금해 했다. 나의 관심은 개인적인 이유와 지적인 이유 모두에서 비롯되었다. 나는 그 이유를 설명할 때마다 내가 이 연구에 착수하게 된 것은 두 사람 덕분이었다고 말했다. 캘리포니아대학교 샌디에이고 캠퍼스에서 대학원에 다니고 있을 때, 나는 운 좋게도 지금은 고인이 된 조셉 거스필드Joseph Gusfield 교수가 은퇴하기에 앞서 마지막으로 개설한 사회운동 세미나 수업을 들었다. 조의 제안에 따라 나는 자연식품 운동에 관한 세미나 페이퍼를 썼고, 그로부터 고무적인 논평을 받았다. 그로부터 여러 해가 지난 후 나는 자연식품 산업과 도서산업 ― 이는 나의 이전의 많은 연구의 주제였다 ― 의 유사점을 발견하면서 이 프로젝트를 다시 시작하게 되었다. 자연식품 산업과 도서산업은 모두 자신의 일에 대한 도덕적 헌신을 특징으로 하는 산업이며, 그 두 산업은 원래 작은 독립 회사들로 이루어져 있던 장에서 현시대에 들어서며 크고 다각화된 기업들의 장으로 전환하면서 여러 도전에 직면해 왔다. 조는 나로 하여금 이 문제를 계속해서 탐구할 수 있는 주제로 삼게 했을 뿐만 아니라 이 문제에 대한 나의 사고방식을 틀 짓는 데에도 도움을 주었고, 사회운동을 연구하기 위한 그의 접근방식에 대한 나의 존경심은 수년 동안 더욱 깊어만 갔다.

이 프로젝트를 수행하게 한 또 다른 추동력은 내가 태어나기 훨씬 전까지 훨씬 더 멀리로 거슬러 올라간다. 나의 아버지 아서 밀러Arther Miller는 열다섯 살 때인 1930년대에 건강식품 사업을 시작하여 평생을 그 일에 종사했다. 내가 자연식품에 관한 연구를 시작했을 때, 그는 조금 당황한 것 같았지만 아주 기뻐했고, 내가 자료를 수집하기 시작했을 때 온갖 종류의 단서를 제공해 주었다. 내가 인터뷰를 위해 이 분야의 고참들과 접촉했을 때, 내 아버지의 이름은 애정과 존경심으로 그를 기억하는 사람들 — 그리고 그들은 나를 기쁘게 맞이해 주었고 아버지의 힘들었던 사업 이야기를 해주었다 — 과 함께 즉각 명단에 포함되었다. 아버지는 2009년에 세상을 떠났기 때문에 이 책의 결실을 보지 못했고, 따라서 내가 아버지에게 묻고 싶었던 많은 질문은 답을 얻지 못한 채 남아 있어야 했다. 그러나 나의 학문적 연구는 나에게 아버지가 누구였는지를, 그리고 또한 그가 거의 평생을 바친 일을 더 잘 이해할 수 있게 해주었다.

내가 자연식품 운동의 일부 이상에 대해 상당히 공감하고 있다는 것은 분명하게 드러나겠지만, 나는 또한 자연식품 운동이 과거와 현재에 제기해 온 다른 주장들에 대해서는 회의적이거나 무관심하기도 하며, 나는 결코 자연식품 운동가가 아니라는 점을 분명히 밝혀둘 필요가 있다. 나의 삶의 대부분에서 자연식품 산업과 관련한 나의 가족 배경은 항간에서 거론되는 것과 같은 상황이기보다는 그냥 일상생활의 배경이었다. 1960년대에 우리 집은 평범한 가정이었다. 식료품실에는 소금에 절인 소고기 통조림 음식인 타이거즈 밀크 바tiger's milk bar가 비축되어 있었다. 상자에 담긴 인스턴트 푸딩은 생우유로 만든 것이었다. 원더 브레드Wonder Bread 빵은 금지되었지만, TV 디너TV dinner[데우기만 하면 한 끼 식사로 먹을 수 있게 조리한 후 포장해서 파는 식품 _옮긴이]는 특별한 경우에만 허용되었다. 모순도 많았지만, 나는 우리의 식생활을 철학적 수수께끼로 느끼지는 않았다. 나는 모든 부모가 식품에 대한 임의적인 규칙을 가지고 있다고 여겼고, 그 식품들은 그냥 내가 좋아하는 음식이 되었다. 건강식품은 실제로 우리 가족을 나의 친구들 대부분의 가족과 다르게 만든, 우리가 선택한 라이프 스타일이었다. 하지만 나는 건강식품 세계가 얼마나 주변적인 것인지를 자라면서는 깨닫지 못했다. 비즈니스 동료들이 저녁을 먹으러 집에 왔을 때나, 우리가 건강식품 대회에 참석했을 때(나는 그곳을 돌아다니며 모든 친절한 출품자들로부터 무료 샘플을 수집하는 것을 좋아했다)를 제외하고는, 나는 건강식품 세계에 많은 관심을 기울이지 않았다. 나는 오빠나 언니와는 달리 아버지의 사업을 한 번도 해본 적이 없어서, 그곳에서 일어난 일들이 여전히 내게는 꽤 신기했다. 하지만 나의 첫 여름 일자리가 지역 '유기농 시장'의 계산원이었던 것은 결코 우연이 아니었다. 내가 매우 특이한 시장 운영 방식에 익숙해졌을 때, 나는 나를 고용하고 친절하게 대해준 론 스미스Ron Smith 씨에게 항상 감사해 했다.

건강식품 세계에 대한 어린 시절의 기억은 대체로 흐릿하다. 나는 어렸을 때 내가 이미 나쁜 민족지학자가 된 것은 아닐까 하는 우려를 한다. 따라서 완전한 국외자로서는 아니지만, 여전히 상당한 거리를 두고 이 프로젝트를 수행했다. 익숙한 것 같았고 희미한 기억이 뒤섞여 있었음에도 불구하고, 나는 자연식품 장field이 어떻게 작동하는지에 대해 내가 실제로 얼마나 아는 것이 없는지, 그리고 거기에서 얼마나 배울 것이 많은지를 금방 깨달았다.

내가 그러한 목적을 달성할 수 있도록 나의 인터뷰에 응해준 모든 사람에게 매우 감사한다. 그들은 바쁜 생활을 중단하고 내게 시설을 견학할 수 있게 해주었고, 나를 집으로 기꺼이 맞아들였고, 고맙게도 자신들의 기억을 더듬어서 오래전의 사건과 사람들을 생각해 냈다. 나는 또한 내가 방문한 많은 도서관에도 빚을 지고 있다. 나는 특히 로마 린다 대학교Loma Linda University에 있는 헤리티지 리서치 센터Heritage Research Center 헤리티지 열람실의 재니스 리틀Janice Little, 래드클리프 연구소Radcliffe Institute 슐레진저 도서관Schlesinger Library의 사라 허천Sarah Hutcheon, 텍사스-오스틴 대학교 스타크 신체문화연구소Stark Center for Physical Culture의 얀 토드Jan Todd, 미시간주 배틀 크릭Battle Creek에 있는 윌러드 공립 도서관Willard Public Library의 캐시 루카스Cathy Lucas, 그리고 배틀 크릭에 있는 예수재림파 역사 마을Historic Adventist Village의 가스 '더프' 스톨츠Garth 'Duff' Stoltz의 도움에 감사를 표하고 싶다.

수년 동안 많은 사람이 매우 도움이 되는 피드백, 대화, 접촉, 격려를 해주었다. 여기서 모든 사람을 언급하지 않은 것에 대해 사과드린다. 수년간 우리 집필 그룹의 일원으로 일한 니콜 뉴엔도프Nicole Newendorp에게 심심한 감사를 표한다. 그녀는 나의 (완성된 또는 미완성된) 산문을 인내심을 가지고 읽었으며, 그녀의 논평은 항상 내가 나의 주장을 더욱 명료하게 하는 데 도움을 주었다. 킴 다코스타Kim DaCosta, 캐시 콜Kathy Coll, 멜리사 브라운Melissa Brown을 포함하여 또 다른 집필 그룹 멤버들에게도 감사한다. 훌륭한 도서관이 어떤 차이를 만들어내는지를 알게 해준 니콜Nicole, 킴, 캐시, 캐머런 맥도널드Cameron Macdonald에게도 감사한다. 식품 정치에 대해 깊은 관심과 지식을 가지고 있는 에밀리 하드먼

Emilie Hardman에게도 고마움을 전한다. 나는 그녀의 연구지원, 우리의 협력, 그리고 수많은 대화에서 도움을 받았다. 여러 해 전에 찬드라 무커지Chandra Mukerji는 내가 이 프로젝트를 진행하기 전까지는 알지 못했던 방식으로 소비문화와 역사사회학에 대해 생각할 수 있게 해주었다. 항상 내가 나의 연구에 대해 말할 수 있게 해주고 조언도 해주는 피터 콘래드Peter Conrad와 카렌 한센Karen Hansen에게 감사한다. 연구지원을 해준 미란다 와고너Miranda Waggoner, 녹취 수고를 해준 체리 포츠Cherie Potts와 팻 스테펜스Pat Steffens에게도 감사한다. 시카고대학교 출판부의 팀 전체, 특히 이 프로젝트를 출판으로까지 이끄는 과정에서 탁월한 솜씨와 열정을 보여준 더그 미첼Doug Mitchell과 자애로운 능력을 보여준 카일 와그너Kyle Wagner에게도 많은 감사를 표하고 싶다. 시어도어 앤 제인 노먼 펀드Theodore and Jane Norman Fund의 연구비는 나의 연구의 많은 부분을 가능하게 해주었다.

연구 출장 동안에 가족, 친구, 친구의 친구들은 나를 극진하게 대접해 주었다. 특히 다르샤나Darshana와 제프 칼리크스타인Jeff Kalikstein, 낸시 게르트Nancy Gerdt와 글렌 라이온스Glenn Lyons, 짐Jim과 미첼 모셔Michele Mosher, 리즈-앤 넬슨Liz-Ann Nelson과 가족, 그리고 허비Herbie와 밈스 세파스Mims Shepas에게 감사한다. 나를 재워주고 나의 만남을 주선해 주고 나의 이야기를 들어주고 계속해서 관심을 가져주고 우리가 개인적으로 경험한 건강식품 세계에 사는 사람들 및 제품, 장소를 기억해 내는 데 도움을 준 나의 가족들, 맷 밀러Matt Miller, 비비언 테노리오Vyvyan Tenorio, 로베르토 요한슨Roberto Johansson, 실비아 밀러Sylvia Miller, 노에미 요한슨-밀러Noemi Johansson-Miller, 마하츠 밀러Mahats Miller, 엘리아스 요한슨-밀러Elias Johansson-Miller, 자흐 테노리오-밀러Zach Tenorio-Miller

와 나의 사랑하는 언니 데브라 밀러Devra Miller — 이 프로젝트를 끝내기 얼마 전에 세상을 떠났다 — 에게 감사한다. 데브라가 수년 동안 내게 도움을 주고 영향을 준 모든 방법을 열거하기란 불가능하다. 그러나 나의 먹기 습관과 요리 스타일이 그녀로부터 나왔다는 것만큼은 지적해 두고자 한다. 음식을 연구하는 사람이라면 누구나 알겠지만, 음식은 정말로 매우 중요한 끈 가운데 하나이다.

제1장

시장과 운동

자연식품에 관해 널리 읽히는 책에서 따온 아래의 인용문을 고찰해 보자.

> 우리는 흰 밀가루, 정제 설탕, 옥수수 시럽, 사탕, 크래커, 보존 처리된 고기 및 기타 널리 광고된 식품과 같은 현대 상업주의의 특정 식품 제품들에 필수 유기염과 비타민이 부족하다는 것을 알고 있다. …… 하지만 문명인은 공장에서 만든 다양한 제품을 점점 더 많이 먹는다. 그 제품들은 제조과정에서 탈활력화되고 종종 유해한 화학 방부제가 첨가된다.
>
> 이러한 상황에 대해 주로 미국 정부는 농무부를 통해, 그리고 각 주들은 농업대학을 통해 책임을 지고 있다는 것은 의심의 여지가 없다. 중앙정부와 주 정부들은 작물의 특화를 통한 돈벌이, 농업에 적용되는 산업적 방법, 잘못된 토양 비옥화, 그리고 도시의 퇴폐적인 문화를 단지 모방할 뿐인 농장 생활 등에 관한 아이디어들을 전파하는 데 막대한 돈을 써왔

다.(Carqué 1925: 46~47, 93~94)

이 이야기는 '유기염organic salt'에 대한 언급을 빼면 마치 21세기에 지속가능한 소규모 유기농 농업 관행을 옹호하는 많은 사람, 즉 가공되지 않은 신선하고 영양분이 많은 음식으로 가득한 식단을 장려하는 사람들이나 할 수 있는 말처럼 들린다. 그러나 실제로는 이 구절은 영향력 있는 식품 개혁 제안자였던 오토 카르케Otto Carqué가 1925년에 출간한 『자연식품: 건강에 이르는 안전한 길Natural Foods: The Safe Way to Health』이라는 제목의 책에 실려 있다. 카르케는 자연식품이라는 주제에 관한 수많은 기사와 책을 쓰고 강연을 하는 것과 함께 자신만의 말린 과일, 견과류와 견과류 버터, 통곡물, 꿀, 원당, 올리브 오일을 생산하여 우편주문을 통해, 그리고 자신과 같은 생각을 가진 소매상과 자신의 가게를 통해 판매했다.

식생활을 통해 건강을 증진시키는 방법, 오직 물질적 부만 추구하는 것이 식품공급에 미치는 나쁜 영향, 그리고 자연 세계의 유익한 속성 등에 대한 카르케의 생각은 지난 2세기 내내 식품의 생산과 소비를 지배하는 체계를 개혁하기 위해 노력하는 사람들에게 귀감이 되어왔다. 인간의 소비를 위해 식물을 재배하는 것에 비해 가축을 기르는 것이 갖는 비효율성에 대한 그의 선언이나, 수입된 식품을 피하고 자생지에서 생산된 음식을 먹는 것이 갖는 가치에 대한 그의 견해는 여러 세대에 걸쳐 자연식품 옹호자들의 주장에서 울려 퍼지고 있다. 그러나 시간이 지나면서 자연식품을 장려하는 운동이 계속되기 위해서는 지배적인 농식품 체계를 비판하고 건전한 먹기 관행에 대한 지침을 제시하는 것을 뛰어넘을 필요가 생겨났다. 카르케는 또한 자신보다 앞선 그리고 자신 이후의 자연식품 지도자들 대부분과 마찬가지로 자연식품을 상업화하고자 하는 노력에 참여했다. 카르케는 건강에 해로운 음식, 환경의 황폐화, 인간과 비인간 동물의 착취를 강력하게 비난하는 동시에 자신이 숭배하는 자연을 소비자에게 판매하는 제품으로 바꾸는 사업에 헌신했다. 이 점에서 카르케는 미국 자연식품 운동의 특징 중 하나를 몸소 실천했다. 그러한 상업활동은 1830년대 이후 생겨나서, 1870년대에 처음으로 건강식품 상품을 체계적으로 개발하기 시작한 이래로 그 운동에서 중요한 부분이 되었다. 따라서 자연식품 운동은 그 역사의 대부분 동안 상업주의가 식생활과 건강의 사회적 조직화에 미치는 부정적인 영향을 계속해서 비판하면서도 동시에 상당 부분 자연식품 산업을 통해 구축될 수밖에 없었다.

이러한 연속성에도 불구하고 21세기 미국의 자연식품 풍경은 당연히 1870년대나 1920년대와 다르며, 심지어는 1970년대와도 달라 보인다. 21세기의 첫 10년경에는 자연식품이 모든 곳에 자리하는 것처럼 보였다. 병원에서부터 학교, 직장 카페테리아에 이르기까지 주류 기관들은 건강 식단의 장점을 내세웠다. 영화배우에서부터 영부인에 이르기까지 공적 인사들도 일상적인 식사에서 뜰에서 갓 딴 신선한 재료가 갖는 가치를 옹호하고 나섰다. 상당한 수의 사람들이 유기농 우유로 전환하고 그래놀라 바granola bar에서 스낵을 먹었을 뿐만 아니라, 주요 식품 기업을 포함하여 광범위한 다양한 기업이 **자연**식품 또는 **유기농** 식품의 라벨을 붙인 제품을 판매하여 자신들의 도덕적 이미지와 손익계산서의 이윤 선profit line을 쇄신하고자 했다. 2008년경에는 새로운 식품과 음료 제품을 소개하는 주장 가운데 가장 공통적인 것이 바로 '완전 천연', '유기농', '통곡물', '첨가제나 방부제가 없는'이라는 표현이었는

데, 이러한 표현들은 당시 미국에서 출시된 신제품의 33%에 붙어 있었다("'Natural' Tops Product Claims in 2008" 2009). 이 마케팅 전략은 2008년에 시작된 경기침체 동안에조차 판매 속도가 계속해서 증가하자 더욱 고무되었다. 1970년에는 '건강식품'이라고 불린 범주의 소매 판매액이 약 1억 달러에 달했던 반면(Wright 1972), 1979년에는 17억 달러로 증가했다(Research Department of Prevention 1981: iii). 2011년경에는 자연제품의 소매 판매액이 730억 달러가 넘었다.[1]

오늘날 자연식품이 많은 대중 소비 선택지의 또 다른 부분으로 보이게 되면서, 얼마 전까지만 해도 이 범주가 주류와는 거리가 먼 요리 관행으로 간주되었을 뿐만 아니라 철학적·정치적 이상을 구현하는 것으로까지 인식되었다는 사실이 쉽게 간과되고 있다. 자연식품은 자연치료 신봉자, 종교적 소수집단 및 여타 인습에 얽매이지 않는 집단들(이를테면 보디빌더와 히피족과 같은)을 연상시키기 때문에, 대부분의 미국인에 의해 무시되거나 조롱받았다. 의료계뿐만 아니라 농식품 사업 관계자와 정부 기관도 자연식품에 대해 보다 조직화된 형태로 반대했다. 그들은 자연식품의 사용자와 생산자 모두를 기인이나 별난 취미를 가진 사람들로 간주했다. 그리고 세간의 이목을 많이 끄는 옹호자들은 위험한 사기꾼들로 낙인찍혔다. 일반 식품conventional food 산업과 분리되어 있었기 때문에, 자연식품의 생산과 판매는 창립자와 가족적 또는 여타 개인적 유대관계가 있는 사람들로 이루어진 특화된 작은 부문 내에서 이루어졌고, 그중 많은 사람이 제7일 안식일 예수재림파 교인, 유대인, 또는 이민자였다. 20세기를 거치면서 자연식품 지지자들이 꾸준히 증가했지만, 먹기에 관한 이 접근방식은 실제로 1980년대까지는 널리 지지받지 못했다. 따라서 사람들은 자연식품의 운명에서 이러한 변화가 어떻게 일어났는지, 그리고 이 같은 부류의 식품에 문화적 정당성을 부여해 주고 자연식품 시장을 성장시킨 이러한 주류화 과정이 19세기부터 자연식품 운동을 고무해 온 철학이 승리했음을 의미하는지가 궁금할 수도 있다.

이 질문에 답하는 열쇠는 자연식품 운동이 식품 생산과 식품 정책 영역에서 강력한 이해관계자들의 저항에 직면했을 때 자연식품 사업의 대표자이자 사회적·문화적 변화의 자의식적 행위자로서의 소임을 수행한 개인과 조직들이 어떻게 자발적으로 그 운동을 유지해 왔는지를 살펴보는 것이다. 하나의 산업을 현상現狀을 개편하고자 하는 노력을 선도하는 주체로 간주하는 것은 처음에는 직관에 어긋나는 것처럼 보일 수도 있다. 어쨌든 사회운동과 민간 기업이 나란히 고려될 때, 일반적으로 그 둘은 서로 적敵인 것으로 가정된다. 노동운동과 자본 간의 오랜 적대의 역사 속에서 시민단체들은 지난 세기 동안 영리 기업의 소비자 착취, 영리 기업이 초래하는 건강 위험과 환경 피해, 그리고 영리 기업이 행사하는 부당한 공적 영향에 항의하기 위해 동원되어 왔다(Hilton 2007; Pellow 2007; Seidman 2003; Soule 2009; A. Starr 2000). 실제로 20세기 후반과 21세기 초반에 일어난 가장 눈에 띄는 저항행위 중 일부 — 이를테면 반핵운동, 또는 세계무역기구World Trade Organization의 모임이나 점거운동Occupy의 야영지에서 발생하는 사건들을 포함하여 — 는 (적어도 국가와 대등한 파트너로서) 계속해서 부당한 행위를 일삼는 기업 부문을 표적으로 삼아왔다.

하지만 민간 기업이 사회 변화를 지향하는 운동의 반대편에 서 있다는 것이 항상 사실인 것은 아니다. 정치적, 문화적 또는 사회적 제도를 변화시키고자 하는 운동, 그리고 정치적 스펙트럼의 왼쪽과 오른쪽 둘 다를 공격하는 운동에 기업과 그 대표자들이 적극적인 참가자로 참여할 수도 있다. 민간 부문과 사회운동 간의 이 같은 겹침은 1980년대부터 특히 두드러져 왔다. 왜냐하면 젊은 시절에 다양한 부류의 운동가였음을 자임하는 사람들이 이 시기에 "선을 행하여 성공하"고자 하는 기업가가 되었기 때문이다. 다양한 영리 목적의 기업들이 환경주의에서부터 사회적으로 책임 있는 투자와 마리화나 법 완화 캠페인에 이르기까지 다양한 사회 변화 활동에 참여하면서 보다 고전적인 사회운동 행위자들과 공통의 대의를 만들어왔다. 하지만 이러한 동맹을 회의적으로 바라보는 사람들이 없는 것은 아니며, 기업계와 운동가 집단의 성원들이 그러한 동맹을 항상 환영하는 것도 아니다. 이러한 활동의 애매한 성격 — 그러한 활동이 더 큰 선과 기업의 이익에 얼마나 동시에 기여할 수 있는지는 불확실하다 — 은 우리에게 시민의 정체성/이해관계를 기업가의 정체성/이해관계와 합체하는 것이 어떤 결과를 낳는지를 고찰하게 한다.

자연식품 윤리와 정치를 장려하는 데서 자연식품 산업이 수행한 두드러진 역할이 이 책이 다루는 질문의 기저를 이루고 있다. 미국에서 자연식품은 어떤 경로를 통해 주변에서 주류로 진입했는가? 그 과정에서 어떤 관념과 관행들이 바뀌었는가? 이런 질문들에 답하는 과정에서 나는 좀 더 일반적인 질문에 대해 고찰한다. 민간 업계가 광범위한 사회적·문화적 변화를 제창하고 나설 때 어떤 일이 일어나고 그 한계는 무엇인가? 이 마지막 질문을 좀 더 자세히 고찰하기에 앞서, 자연식품 운동이 실제로 어떻게 구성되어 있는지를 보다 분명하게 규명할 필요가 있다.

물질적 재화·철학·사회운동으로서의 자연식품

지금까지 나는 **자연식품**과 **자연식품 운동**이라는 용어에 대해 마치 그것들이 자명한 용어인 것처럼 논의해 왔다. 하지만 그것은 분명 사실이 아니며, 실제로 이 용어가 갖는 논쟁적인 성격은 앞으로 이 책에서 반복해서 논의하는 테마 중 하나이다. 그럼에도 불구하고 **자연식품**의 기본적인 정의 — 아마도 옹호자들 역시 합의할 수 있는 — 에 따르면, 자연식품은 최소한으로 가공되거나 첨가되는 식품(그리고 종종 여타의 보디케어 제품)이다. 자연식품 지지자들은 자연에서 직접 추출된 물질, 특히 과일, 채소, 견과류, 통곡물을 중심으로 하는 식생활을 장려하는 경향이 있다. 자연적인 것이 더 건강한 것과 동등하다는, 지지자들 사이에서의 공통된 인식이 **건강식품**이라는 용어를 낳았다. 이 용어는 원래 1874년에 빵 제품 제조업자인 프랭크 풀러Frank Fuller가 만들었고, 그 후 제7일 안식일 예수재림파 식품 회사들이 채택하여 대중화했다.[2] 내가 제2장에서 설명하듯이, 건강식품은 보다 정확하게는 자연식품 식생활에 관심이 있는 사람들을 대상으로 하는 특정한 제조제품을 가리킨다. 그럼에도 불구하고 건강식품이라는 용어가 약 1세기 동안 자연식품을 언급하는 지배적인 방식이 되었다. 하지만 카르케와 같은 사람들은 그러한 경향에 대해 매우 비판적이었다. 자연식품이라는 용어는 1980년대가 되어서야 다시 우위를 되찾았다. 그 이유에 대해서는 제6장에서 살펴볼 것이다. 나는 일반적인 의미에서 관련 식품, 철학, 운동에 대해 언급할 때 자연식품이라는 표현을 사용할 것이지만, 19세기 후반부터 1980년대 중반까지의 역사적 사건과 실체를 논의할 때는 그 시대의 관습에 따라 건강식품이라는 용어를 쓸 가능성이 더 크다.

자연식품을 장려하기 위해 집합적으로 행위하는 사람들로 구성된 자연식품 **운동**은 미국에서는 19세기 초 몇십 년에 걸쳐 처음으로 뿌리내렸다. 자연식품 운동의 일반적인 목표는 시간이 지나면서도 그대로 유지되었다. 자연식품 옹호자들은 자연식품을 자신과 다른 사람들의 식품 관련 관행들에 통합시키기 위해, 그리고 자연식품을 널리 이용할 수 있고 문화적으로 수용할 수 있는 여건을 마련하기 위해 노력한다. 자연-건강 관계의 중심성에 그 근거를 두고 있는 자연식품 운동의 핵심 요소는 개인의 건강뿐만 아니라 자연환경의 건강성까지도 강화하는 식품 관련 관행들을 전파하고 그러한 관행들을 따르게 하는 데 헌신하는 것이었다. 이 같은 관점에서 보면, 자연의 산물이 지닌 완전한 이점을 취하려면 그것을 가능한 한 적게 변형시켜야 하는 것과 마찬가지로, 자연 세계 본래의 좋은 속성들이 그대로 드러나게 하기 위해서는 자연 세계의 본모습을 존중해야 한다. 이러한 추상적인 원칙은 실제적인 측면에서도 일련의 우려를 불러일으켰다. 이 원칙은 이를테면 사람들로 하여금 동물 도살을 반대하게 했고, 고기 — 채소 음식에 반대되는 것으로서의 — 를 생산하는 데 더 많은 자원이 필요하다는 점을 직시하게 했으며, **단일경작**(즉, 단일 작물의 집약적 생산)은 물론, 합성 비료와 농약 사용이 초래하는 생태학적 결과에 대해, 그리고 이익 지향적이고 대기업에 의해 통제되는 식품 산업이 낳는 부작용에 대해 주목하게 했다. 19세기에서 20세기 초반 사이에 발생한 이러한 다양한 우려는 채식주의, 유기농업과 지속가능한 농업, 식품협동조합, 그리고 식품의 생산과 판매 방식을 바꾸기 위해 노력하는 여타 관행들에 대한 관심을 증가시켜 왔다. 이러한 우려는 또한 공공 정책 기관과 식품 관련 기관들에게 그러한 관행들을 경제적으로 실현 가능하고 사회적으로 정당한 것으로 만들도록 강요하는 움직임들을 낳아왔다.

모든 자연식품 지지자가 그러한 관행들을 모두 받아들인 것은 결코 아니었다. 자연식품 운동과 관련된 특정한 헌신이 반드시 일관적이지 않다는 것을 알기 위해서는 '정크푸드 채식주의자들junk-food vegetarians' (H. Henderson 1987)과 자연식품 옹호자 가운데 일부 내장육 먹기 열광자들(Davis 1947; Hewitt 1971; Albright 1982)을 비교해 보기만 하면 된다. 실제로 자연식품 운동의 다양한 조류 역시 계속해서 증가하고 있는 전문화 — 분업을 특징짓는 — 의 전형적인 경로를 따라 이제는 자주 단일 어젠다만을 추구한다. 이를테면 어떤 집단은 생우유 합법화를 추진하는 운동을 벌이는가 하면, 다른 집단은 성장 호르몬을 젖소 사료에 넣지 못하게 하는 것에 관심을 집중한다. 그 운동들이 추구하는 이러한 다양한 목적은 심지어는 하나의 단일한 자연식품 운동에 대해 말하는 것이 가능한가라는, 또는 어떤 특정 운동이 실제로 별개의 유형의 운동 — 그러나 가끔은 중첩되는 — 인가라는 의문을 제기하게 하기도 한다. 실제로 많은 학자가 그러한 다양한 조류를 별개로 간주하는 쪽을 택하기도 한다. 하지만 나는 자연식품 운동을 단수형으로 지칭하는 것이 유용할 것이라고 믿는다. 왜냐하면 그것이 분열을 얼버무리는 방법이 아니라 그러한 뒤얽혀 있는 다양한 운동 — 채식주의, 유기농업, 식품공급체계에서의 유전자 조작 생물체에 대한 반대 등등에 우선권을 부여하기도 하는 — 의 관심과 운명을 더 잘 인식하는 방법이라고 생각하기 때문이다. 이 책에서 내가 앞으로 주장하겠지만, 이 다양한 조류를 하나로 가장 잘 묶어주는 것이 바로 하나로 조직화되어 있는 자연식품 산업이다. 자연식품 산업은 그러한 서로 다른 옹호자들이 추구하는 그토록 많은 재화를 공급할 뿐만 아니라, 자신의 소통 기구, 모임, 그리고 성원들을 다른 성원들과 이어주는 여타 기회를 통해 그러한 다양한 목표가 어떻게 서로 연관되어 있는지를 분명하게 보여준다.

그러나 아마도 보다 근본적인 질문은 자연식품의 생산과 소비를 장려하는 노력이 하나의 사회운동으로서의 자격이 있는가 하는 점일 것이다. 어쨌거나 자연식품 운동은 개인의 라이프 스타일을 변화시키는 것을 지향하는 사람, 관행, 신념으로 이루어진 하나의 장으로, 이 운동의 주요 단체들 대부분은 자연식품 소비자에게 알려져 있지 않으며, 저항보다는 신제품의 생산으로 더 주목받는다. 지금까지 많은 사회운동 연구자들이 국가나 국가정책을 표적으로 삼아 특히 제도적 채널 밖에서 집합행위의 형태로 벌어지는 운동들의 조직적 활동을 연구하는 것을 선호해 왔다.[3] 하지만 이런 식으로 운동의 연구 범위를 한정할 경우 우리는 행동의 변화나 문화적·구조적 변화를 촉진하는 이데올로기와 제도를 의식적으로 창출함으로써 중요한 사회적 변화를 이끌어낸 행위자들을 간과하게 된다.

실제로 기존의 학술문헌들 가운데에도 사회운동 범주를 과도하게 제한하는 것에 대해 이의를 제기하는 일련의 유익한 논의들이 존재한다. 그러한 비판들은 명확하게 정의된 정치적 목표와 조직을 가진 운동뿐만 아니라 다른 운동들도, 그리고 기존 사회제도로부터 권리를 박탈당한 사람들의 저항 활동뿐만 아니라 다른 저항 활동들 역시 우리의 관심을 받을 자격이 있음을 시사한다. 특히 우리는 초점을 넓힘으로써 사회운동의 문화적 영향과 목표를 더 잘 연구할 수 있다.[4] 이를테면 미국 사회학에서는 주로 고도로 조직화된 운동을 강조해 왔고, 대부분 공식적인 사회운동 조직에 분석적 초점을 맞추었는데, 이는 그러한 것들에 주목할 것을 명시적으로 요구하는 자원동원 관점이 낳은 결과였다

(McCarthy and Zald 1977: 1216). 하지만 다른 학자 가운데서도 특히 거스필드는 사회운동에 대해 보다 유연한 관점, 다시 말해 "조직의 경계에 덜 매이고 더 큰 변화의 맥락에 더욱 민감한 동시에 운동이 어떻게 참여자와 헌신자뿐만 아니라 비당파적인 사람들과 비성원들에게도 영향을 미치는지를 인식할 수 있게 해주는" 관점을 취할 것을 주장한다(Gusfield 1981: 323). 거스필드의 말대로, 의도적으로 추세와 운동 간의 경계를 희미하게 만듦으로써, 우리는 문화적 의미가 시간이 지남에 따라 어떻게 변화하는지, 또 그것이 활동가로 분류되는 사람들이 아닌 더 큰 인구집단에 속하는 사람들에게 어떤 영향을 미치는지를 더 잘 가늠해 볼 수 있게 된다.

다른 수많은 학자 역시 국가에 협소하게 초점을 맞추는 것을 거부한다(Calhoun 1993; Snow 2004; Van Dyke, Soule and Taylor 2004). 우선 국가가 아닌 의료기관이나 교육기관과 같은 제도적 실체들도 운동행위의 표적이 될 수 있다(Van Dyke, Soule and Taylor 2004: 28; Levitsky and Banaszak-Holl 2010: 5). 그러나 사회운동은 다양한 제도화된 권위체계에 도전하는 것과 나란히 공식적인 정치제도가 아닌 일상생활에 뿌리내리고 있는 사회적, 문화적, 또는 경제적 문제에 관심을 가질 수도 있다. 터너와 킬리언(Turner and Killian 1987: 220)은 "개혁을 지향하는 광범위한 운동들은 일반적으로 정치적 목적과 라이프 스타일 목적을 동시에 가진다"라고 지적한다. 그리고 멜루치(Melucci 1989)에 따르면, 행위를 인도하고 일상생활(교환과 소비를 포함하여)을 구조화하는 문화적 모델이 그 자체로 운동의 목적이 될 수도 있다. 그는 이러한 '새로운 사회운동'은 비정치적 지형에 중점을 두는 경향이 있다고 주장한다. 하지만 그러한 운동들도 여전히 운동이다. 왜냐하면 그러한 운동에 참여하는 사람들은 개인적 욕구가 세계를 변화시키는 통로라고 믿기 때문이다. 한 걸음 더 나아가 오페(Offe 1985: 827)는 정치와 국가를 하나로 합체시키는 것은 잘못된 것이며, 어떤 운동이 정치적이 되는 까닭은 그 행위자들이 자신들의 가치를 더 넓은 공동체를 하나로 묶어주는 힘으로 인정받고자 하기 때문이라고 주장한다. 이렇게 볼 때, 우리는 특정한 삶의 양식을 창출하고자 하는 노력이 겉으로는 사적 영역에 속하는 것처럼 보이더라도 어째서 정치적이 될 수 있는지를 이해하기 시작할 수 있다. 그러한 노력이 정치적인 까닭은 바로 그것이 상대방의 라이프 스타일에 손상을 입히고자 하는 동시에 자신의 라이프 스타일에 대해서는 공중의 지지를 얻기 위해 애쓰기 때문이다.

우리가 라이프 스타일 운동이라고 부를 수 있는 것들은 일상생활과 관련된 선택지로 제시된 문화적 가치들을 **확산**시키는 것을 목적으로 한다.[5] 라이프 스타일은 전체 삶의 방식과 동의어가 아니라 오히려 보다 부분적인 어떤 것 — 즉, 개인의 정체성·선호·소속집단과 관련한 의미를 표현하는 유형화된 활동과 취향 그리고 그러한 물질문화를 이용하는 방식 — 을 가리킨다. 라이프 스타일이라는 사회학적 개념은 원래 막스 베버Max Weber에서 파생된 것이다. 베버는 신분집단status group에 대해 이야기했는데, 바로 이 신분집단이 사회적 명예(다시 말해 위세)의 토대 또는 필요조건이 될 수 있는 생활양식style of life을 만들어낸다. 여기서 중요한 것은, 하나의 신분집단을 다른 신분집단과 가장 분명하게 구분해 주는 것은 재화의 소비이며, 이 재화의 소비가 그 신분집단의 생활양식을 특징짓는다는 것이다(Weber 1978: 937). 부르디외(Bourdieu 1984: 5)가 지적하듯이, 스타일에 대한 관심은 기능보다 형태에 관한 것으로, 여기서는 행위를 수행하는 방식이 겉으로 드러나는 행위의 목적보다 더 강조된다.

라이프 스타일 정치를 다루는 학자들 대부분은 라이프 스타일이 사회적 차별화 ― 내부자와 외부자 간의 경계를 설정하는 ― 의 수단이 되는 방식을 강조하거나(Bourdieu 1984; Zablocki and Kanter 1976; Bellah et al.1986; Holt 2000), 아니면 개인의 정체성을 표현하고 자아실현을 하는 수단이 되는 방식을 강조한다(Melucci 1989; Giddens 1991; Binkley 2007). 이러한 강조와 관련되어 있는 것이 바로 현대 사회에서 주목받고 있는 선택 ― 개인이 자신의 라이프 스타일을 결정할 권리와 책무(하지만 그러한 선택에 관련된 자유가 실제보다 더 많은 것으로 인식된다) ― 이라는 차원이다(Giddens 1991; Bauman 1990; Featherstone 2007; Slater 1997; Chaney 1996: 10). 이러한 관점에서 볼 때, 라이프 스타일 정치는 정치권력의 추구나 정부에 의한 이익 배분에 관한 것이 아니라 공공 정책이 사적 삶을 침해하는 방식에 관한 것이다.

이러한 분석들은 우리가 일상생활의 정치를 이해하는 데, 이를테면 소비 선택이 다른 사람들을 도덕적으로 열등한 것으로 특징짓기 위해 이용될 수 있는 방식을 이해하는 데 도움이 되지만, 라이프 스타일 분석가들은 이러한 종류의 정치가 특정한 생활양식을 확산시키는 운동 ― 그 운동이 아무리 널리 퍼져 있다고 하더라도 ― 으로 발전하는 방식을 구체적으로 다루지 않는 경향이 있다. 이 경우에 그러한 운동의 목적은 사회적 차별을 유지하는 것이 아니라 차이의 범주를 허물어버리고 가능한 한 많은 사람을 자신들이 선호하는 라이프 스타일의 궤도 내로 끌어들이는 것이다. 게다가 소비 선택이 라이프 스타일을 정의하는 데서 핵심이기는 하지만, 라이프 스타일 운동은 소비자들로만 구성되는 것이 아니다.[6] 이들 운동은 대체로 특별한 생활양식을 유지하기 위해 다양한 재화를 필요로 하기 때문에 자주 상업 세력과 긴밀하게 제휴되어 있기도 하다. 그러한 라이프 스타일을 가능하게 하는 생산자들은 어쩔 수 없이 운동에 참여하며, 그 라이프 스타일의 기본 가치와 전제를 보다 광범위하게 확산시키는 데 관심을 가진다. 그러나 생산자들은 단순히 금전적 이익을 얻는 기회로 활용하기 위해 운동에 참여하기도 하지만, 다른 경우에는 라이프 스타일의 이상과 관련하여 소비자에게 유사한 헌신을 계속하기도 한다. 따라서 자연식품 운동과 같은 라이프 스타일 운동은 철학적 이상과 시장 이익이 결부되어 있는 현상을 부각시키는 데 특히 적절한 사례이다.

운동 참여자로서의 기업

사회운동에 대한 시야를 국가를 겨냥한 조직활동 너머로까지 확장하는 이러한 관점이 갖는 이점은 그것이 우리로 하여금 문화, 소비, 라이프 스타일을 운동의 목표뿐만 아니라 운동 참여자들의 의미 있는 활동까지도 중요한 요소로 고려할 수 있게 해준다는 것이다. 하지만 이러한 관점은 여전히 시민-소비자를 사회 변화의 유일한 행위 주체agent로 설정하는 경향이 있다. 그리고 민간 부문은 보통 시민-소비자가 반발하는 엘리트를 대변하는 쪽에 서 있는 것으로 간주된다. 이러한 분석적 입장은 경험세계에서 그렇게도 많은 사회운동의 불만에 대한 책임이 빈번히 (그리고 당연히) 민간 기업에 있었기 때문일 가능성이 크다. 그 결과 그간 사회운동 연구와 기업 연구는 모두 민간 부문 조직들이 사회적으로 책임 있는 행위를 할 것을 촉구하는 시민의 요구를 어떻게 교묘하게 회피하거나 무마하는지 또는 어쩔 수 없이 인정하는지에 대해 점점 더 많은 관심을 기울여왔다(Laufer 2003; Luders 2006; Clouder and Harrison 2005; King 2008; Soule 2009). 하지만 이러한 관점은 기업가와 기업 행위자의 역할을 하는 사람들이 높은 자리에 있는 친구들과 함께 내부자로서뿐만 아니라 사회적 또는 문화적 외부자로서도 사회 변화를 추구할 수 있다는 것을 무시한다. 기업 세계의 성원들이 하나의 통일된 이해관계를 가지고 있지 않다는 것을 인식하는 것이 중요하다. 기업들 또는 산업들 간의 입장 차이는 시장에서 어떤 기업으로 하여금 다른 기업들과 싸우게 할 수도 있으며, 심지어 어떤 기업으로 하여금 자신의 특정한 경제적 이익을 보호하기 위한 조치를 취하게 하는 것과 동시에 일반적으로 반엘리트적 시민들을 연상시키는 종류의 주장을 하게 할 수도 있다.

어떤 사람이 시민의 대변자로서의 역할을 자임하는 방식과 유사한 방식으로 기업 집단이 사회적 선에 대해 관심을 가지는 현상은 아마도 '기업의 사회적 책임corporate social responsibility' 개념에 가장 잘 구현되어 있을 것이다. 기업인들이 직접적인 금전적 이득 이외에 어떤 책무를 져야 하는가라는 질문은 오랫동안 토론의 주제였지만, 특히 과거에는 이 질문은 대체로 보다 협소하게 기업 윤리의 측면 — 이를테면 가격책정의 정직성과 공정성, 제품의 품질, 경쟁 관행, 노동에 대한 입장 — 에서 고려되었다(H. Merrill 1948; McKie 1974; Brennan 1991). 하지만 1960년대에 들어와서는 기업의 사회적 책임 — 기업 관행, 자선 행위, 때로는 심지어 더 직접적인 정치적 행위를 통해 세계를 개선해 나가는 데서 기업이 수행하는 역할이라는 의미에서의 — 에 대한 관심이 높아졌다. 기업의 사회적 책임에 대한 논의는 1970년대 중반에 절정에 달했다가 그다음에 줄어든 것처럼 보였다. 그러나 1990년대 이후 기업의 사회적 책임 문제는 학자들, 특히 기업 관련 분야의 학자들과 기업 자체로부터 다시 주목을 받아왔다(Vogel 2005; Quarter 2000; Piacentini, MacFadyen and Eadie 2000).

민간 기업 활동의 도덕적 차원을 이해하는 데서 기업의 사회적 책임 접근방식만큼이나 중요한 것이 기업이 기존 사회제도를 변화시키고자 하는 행위들과 맺는 직접적인 관계이다. 하지만 이 후자를 고찰하는 경우는 좀처럼 찾아볼 수 없다. 다른 한편 최근 들어 사회학적 연구들은 사회운동과 민간 부문 간의 상호작용을 인식하고 검토하기 시작했다. 이를테면 재생 에너지 운동이나 재활용 운동과 같은 운동으로부터 시장이나 산업이 어떻게 출현할 수 있는지, 그리고 그러한 산업 내에서 운동 가치와 문화적 프레임이 얼마나 유지되는지를 보여주는 연구가 수행되었다(Lounsbury, Ventresca and Hirsch 2003; Sine and Lee 2009; Vasi 2011; K. Weber, Heinze and DeSoucey 2008). 다른 연구들은 사회운동이 전통양조 조합과 같은 새로운 조직 형태를 어떻게 선도할 수 있는지를 고찰했다(Rao, Morrill and Zald 2000; Rao 2009; Haveman and Rao 1997; Thompson and Coskuner-Balli 2007; Hiatt, Sine and Tolbert 2009). 이런 연구들은 경제조직이나 시장의 수준에서 일어난 혁신에 초점을 맞추고 있다. 이들 문헌은 산업의 성쇠가 사회운동의 성격에 의해 크게 영향을 받을 수 있다는 것을 보여준다. 그러나 그러한 연구들은 운동 자체에서 일어나는 일 — 즉, 경제 형태와 경제과정을 혁신하는 역할을 수행하는 과정에서 운동이 어떻게 틀 지어지고 변화되는지 — 에 대해서는 고찰하지 않고 있다. 나는 운동과 산업 간의 경계가 모호해질 때 운동과 산업 모두가 어떻게 영향을 주고받는지를 보여주는 다소 다른 하나의 렌즈, 즉 산업이 단순히 운동의 동맹자가 아니라 사회를 변화시키고자 하는 노력에 참여하는 시민의 리더가 될 수 있다는 것을 보여주는 렌즈를 제시한다.

자연식품 운동은 이 렌즈를 채택하기에 적합한 사례이다. 자연식품 운동은 그 활동이 수익이나 이데올로기에 의해서만 동기를 부여받는 것으로 바라보는 것이 지니는 난점을 잘 보여준다. 자연식품 운동은 또한 운동을 새로운 운동이나 종래의 운동으로, 운동의 정치적 입장에 따라 좌파 운동이나 우파 운동으로, 또는 운동의 목적에 따라 급진적 운동이나 개혁적 운동으로 분류하는 지나치게 경직적인 유형학에도 이의를 제기한다.[7] 자연식품 운동의 환경주의적 에토스와 반문화적 이력은 자연식품의 옹호가 다른 좌파 운동들과 잘 맞아떨어지는 것으로 가정하기 쉽게 만들지만, 자연식품 운동은 때로는 인종적 순수성을 지지하는 우파 사람들에 의해 신봉되었고, 보다 중앙에는 전형적인 좌/우 구분으로는 나누어지지 않는 강한 자유지상주의의 층이 자리하고 있다. 게다가 자연식품 장은 일상생활과 공적 영역 모두에서 나타나는 문화적·경제적·정치적 목적들을 아울러 가지고 있다. 자연식품 운동은 개인적 삶과 민간 부문 간의 관계를 잘 보여준다. 그리고 자연식품 운동의 참여자들은 자신들의 목표를 달성하기 위해 제도적 채널과 제도외적 채널 모두를 활용한다.

라이프 스타일 문제가 다른 무엇보다 중요하기는 하지만, 자연식품 현상을 삶을 살아가는 방식과 관련된 여타 개인적 선택지들과 구분시켜 주는 것은 지지자들이 그러한 이상과 관행을 다른 사람들에게 확산시키고 싶어 한다는 것이다. 다른 개인과 단체들이 자연식품 철학과 일치하는 음식 관련 소비 및 생산 활동에 참여하도록 설득하기 위한 노력들은 소통 기구와 옹호 단체를 수립하고 대중연설을 하거나 입소문을 내는 방식으로 이루어진다. 게다가 국가도 자연식품 운동과 무관하지 않다. 자연식품 운동은 네 가지 주요한 정책목표를 추구한다. 첫째, 자연식품 운동은 식생활 보충제가 의약품과 동등한 취급을 받지 않도록 하기 위한 노력에서 나타나는 것처럼 자연식품을 판매하거나 소비하는 사람들을 기소하거나 지나치게 규제하는 것을 막고자 한다. 둘째, 자연식품 운동은 이를테면 유기농 제품으로 분류되는 제품에 대한 기준을 설정하는 국가유기농 프로그램National Organic Program이 설치된 것에서 드러나는 것처럼 자연식품에 대한 보다 긍정적인 규제 장치를 마련하고자 한다. 셋째, 자연식품 운동은 일반 식품 생산자에게 주는 보조금이나 기타 유리한 대우를 제거하기 위한 노력에서 드러나는 것처럼 정부 처우의 평등화를 지향한다. 마지막으로, 자연식품 운동은 유전자 조작 작물을 제한하거나 특정 첨가제를 금지하는 규정을 제정하려는 시도에서 나타나는 것처럼 자연식품 소비에 대한 정부의 직접적인 지원을 끌어내기 위해 노력한다.

그러한 노력이 우호적인 공적 정책을 실행하게 할 목적에서 로비를 벌이는 것이든, 새로운 지지자들을 끌어들이려는 것이든, 아니면 그 운동의 대중적 이미지를 끌어올리려는 것이든 간에, 자연식품 산업은 오랫동안 자연식품 운동을 선두에서 이끌어왔다. 19세기 후반부터 현재에 이르기까지 가장 널리 알려진 개인 옹호자들 대다수는 자연식품에 대해 상업적인 관심을 가지고 있었다. 게다가 기업들은 운동 목표를 달성하기 위한 노력에서 핵심 플레이어의 역할을 해왔다. 자연식품 신봉자 대부분은 관련 단체의 회원이 아니다. 그럼에도 불구하고 공식적인 옹호 단체들이 존재하며, 때로는 그 단체들이 중요한 역할을 한다. 이 단체들 대부분을 전형적인 사회운동조직과 전혀 다르게 보이도록 만드는 것이 바로 기업 대표자들의 강력한 참여와 리더십이다. 전통적인 동업조합뿐만 아니라 이슈 지향적인 단체들도 역시 영리를 위해 참여한다. 그 결과 그러한 단체들은 자주 회원들의 경제적 이익을 증진하기 위해서뿐만 아니라 공중이 자연식품 철학을 더욱 수용하게 하기 위해서도 노력한다.

지금은 산업이 자연식품 옹호의 중심에 서 있지만, 산업이 원래 이 운동을 창출한 것은 아니었다. 내가 제2장에서 기술하듯이, 미국의 자연식품 운동은 19세기 초에 채식주의를 중심으로 하는 금욕적인 라이프 스타일을 장려하고 새로운 식량 재배 및 생산 기법에 대한 불신을 조장하기 위해 일어났다. 이 운동이 뿌리를 내리자 추종자들에게 서비스를 제공하기 위해 식품점과 식당이 생기는 등 초기에도 소수의 상업적 노력이 있었다. 그러나 그러한 라이프 스타일에 맞는 제품을 판매하는 것을 주요 목적으로 하는 관련 사업들이 하나의 진정한 산업으로 출현한 것은 존 하비 켈로그John Harvey Kellogg가 19세기 마지막 4분기에 미시간에 있는 요양원 배틀 크릭 새너토리엄Battle Creek Sanitarium과 연관된 회사를 설립하고 나서였다. 원래 켈로그는 제7일 안식일 예수재림교회의 가르침을 전파하고자 하는 열망에 의거하여, 식품 개혁에 관심이 있는 사람들에게 봉사하기 위해 수십 가지의 신제품을 개발하고 판매했다. 처음에는 종교적 신념이 켈로그의 노력을 뒷받침했음에도 불구하고, 그의 기획은 '자연식품 라이프 스타일은 자연을 통해 신이 제공하는 가장 단순한 음식을 먹는 것을 함의한다'라는 가정을 '그러한 라이프 스타일은 유명 회사가 제조한 전문 식품을 필요로 한다'라는 가정으로 바꾸는 데 일조했다. 기업가와 개종자 사이를 가로지르는 선의 양쪽에 걸쳐 있고자 했던 켈로그의 시도는 또한 곧 자연식품 장에서 공통된 테마가 된 것 — 운동 목표가 수익 고려에 의해 타락되고 있는 것은 아닌지를 둘러싼 갈등 — 을 산출했다.

20세기에 건강식품 기업이 급격히 증가하면서 자연식품 산업의 성원 모두가 자연식품의 장점을 진정으로 믿지 않았고, 자신을 돈벌이보다는 더 큰 대의에 참여하는 사람으로 바라보지도 않았다. 그러나 내가 다음 장에서 보여주듯이, 켈로그에서부터 현재에 이르기까지 산업의 성원들은 이 운동의 방향을 규정하는 데서 계속해서 충분히 주도권을 유지할 수 있었고, 또한 자신들의 상업적 활동에 선교적 열정을 부여할 수 있었다. 그 후 어떻게 하면 운동의 원칙을 보존하면서도 자연식품 산업을 확대하고 자연식품의 공적 매력을 확산시킬 수 있는가 하는 것이 중심적인 딜레마의 하나가 되었다.

산업 참여의 영향

놀랄 것도 없이 자연식품 장이 성장하자, 많은 학자가 대안 식품 운동alternative food movement과 그것과 관련된 상업 활동 간의 상호작용과 긴장을 고찰해 왔다. 그들 중 많은 사람이 던진 중심적인 질문 가운데 하나가, 그 관계가 운동의 제도화로 귀결되어 결국에는 운동이 공식 조직이 되어버리고 그리하여 국가 및 일반 식품 부문에 의해 매수되어버리고 마는 것 아닌가 하는 것이다. 여러 연구 중에서도 특히 거스먼(Guthman 2004: 110~116)은 유기농업에 대해 탁월하게 설명하면서 동업조합과 인증기관의 성장은 보다 급진적인 목표를 버리게 한다고 주장한다. 유사하게 로스(Roth 1977)도 건강식품에 대한 오래되었지만 여전히 통찰력 있는 설명에서 사람들이 자연식품 장에서 경력을 쌓은 후에 운동이 어째서 혁명적이 되기보다는 개혁주의적이 되는지에 대해 논의한다. 마우러(Maurer 2002)는, 제도화의 중요성이 그의 중심적인 관심사는 아니지만, 주류 식품 제도들이 채식주의를 점점 더 많이 수용하는 것은 채식주의 운동에 새로운 기회를 제공하지만 채식주의 운동에 근본적으로 영향을 미치지는 않는다고 제시한다. 다른 한편 톰슨과 코스쿠너-발리(Thompson and Coskuner-Balli 2007)는 기업이 유기농 운동을 매수하는 상황에 처하더라도 유기농 운동은 공동체 지원 농업Community Supported Agriculture과 같은 작은 틈새에서 원래의 운동 정신을 되찾을 수 있다고 주장한다. 패트리샤 앨런(Patricia Allen 2004)과 로키와 핼핀(Lockie and Halpin 2005) 모두는 대안 농식품 운동은 기존 농식품 제도에 다양한 영향을 미친다고 주장한다. 즉, 대안 농식품 운동은 새로운 형태의 혁신과 함께 기존의 농식품 제도에 통합되기도 하고, 그 제도와 계속해서 거리를 두기도 하며, 그 제도를 개혁하기도 한다.

나는 제도화 과정이 운동에 미치는 영향에 대한 이들 학자의 주장 중 많은 것에 동의하지만, 그러한 설명들 대부분은 운동과 산업 간을 과도하게 분리시켜 왔다고 생각한다. 오히려 산업과 운동은 아주 광범하게 중첩되고 그러한 중첩은 아주 멀리까지로 거슬러 올라가기 때문에 산업의 노력을 단순한 식민화로 볼 수만은 없다. 또한 우리는 경제조직의 영향을 단지 운동을 탈급진화하는 힘으로만 보아서는 안 된다. 보수적인 힘으로 작용하는 것은 제도화나 시장참여 자체가 아니라 보다 급진적인 표현들을 부드럽게 하라고 점점 더 운동에 압박을 가하는 수용적인 지지자들이 많아지고 있다는 사실이다.

내가 입증하고자 하듯이, 자연식품 사례는 산업의 운동 참여가 운동 안에 기업과 동업조합 형태의 안정적인 제도를 만들어내는 것을 포함하여 운동에 일정한 이익이 된다는 것을 보여준다. 이러한 기업 구조는 자원자들의 선의와 종종 형편없는 보수를 받는 스태프에 의존해야만 하는 시민단체들의 경우에는 달성할 수 없는 종류의 장기적인 안정성을 운동에 가져다준다. 게다가 동업단체들은 회원들의 이익을 방어하기 위해 로비스트와 로펌에 보수를 주는 데 필요한 자원을 모을 수 있다. 이는 보다 부유한 비영리 단체들 사이에서도 공통된 전략이 되었지만, 대부분의 시민단체는 필요한 자금을 모금하는 것이 어렵다는 것을 깨닫는다. 게다가 기업들은 [일반 시민단체처럼 _옮긴이] 사람들이 시민으로서의 의무를 의식하고 사회운동 활동가들의 가르침을 순순히 받아들이는 보다 한정된 (그리고 일반적으로 더 드문) 순간에 의존하여 지지자에게 다가가기보다는 자신들이 제공하는 소비재를 통해 잠재적 지지자들의 일상적인 삶 속으로 서서히 스며들 수 있다.

이러한 이점은 특히 1980년대 이전의 자연식품 장에서 특히 중요했다. 1980년대 이전에는 산업의 영향을 받지 않는, 오직 시민만으로 구성된 옹호 단체가 거의 없었다. 장기간 존속되는 동업조합, 출판물, 정기 총회는 정기적 상호작용, 정보공유, 단합된 행동을 통해 회원들을 하나의 네트워크로 묶어주었다. 가족들이 여러 세대 동안 자연식품 장에서 일한 많은 사람이 그러했던 것처럼, 반세기 이상 계속 운영되는 일부 기업은 자연식품 장에 재정적·물류적 지원, 제도적 기억, 그리고 인력의 연속성을 제공했다. 자연식품 산업은 1955년에 처음으로 공식적인 로비와 법률 지원 및 홍보를 담당하는 부서를 설치했으며(Schiff 1957; Fred 1961), 그 후 그러한 노력을 계속해 왔다. 한편 소매상들은 자연식품 신봉자들에게 중요한 커뮤니케이션 센터의 역할을 했으며, 일부 기업가는 강연, 책, 라디오 쇼 및 TV 출연을 통해 상당한 대중 추종자를 확보했다.

다른 한편 시민만으로 구성된 단체들은 지지자를 끌어들이고 목표를 달성하는 데서 산업이 일부 참여한 단체들만큼 효과를 거두지 못했다. 장기적인 헌신과 적절한 재정자원을 유지하는 데 따르는 어려움과 함께 내분, 파벌의식, 전제적 리더십, 그리고 사고와 행동의 순수성에 대한 엄격한 기대와 관련된 문제들이 많은 시민기반 운동 단체의 영향력을 제한했다. 자연식품 역사의 거의 대부분 동안 시장은 전통적인 사회운동 조직 — 더 큰 사회적·정치적 동질성을 요구하는 — 에 비해 다양한 신봉자들을 보다 호의적으로 맞이할 수 있는 환경을 마련해 주었다. 그렇다고 해서 이것이 시장이 진정으로 민주적인 공간이라고 말하는 것은 아니다. 거기에도 분명 경제적 진입 장벽이 존재하며(비록 20세기 후반까지는 놀랄 만큼 낮았지만), 경쟁할 수 없는 사람들은 시장에서 퇴출될 것이다. 게다가 자연식품 산업의 역사 내내 자연식품 장의 다른 플레이어들에게 상당한 통제력을 행사하기에 충분할 정도의 경제적 권력을 획득할 수 있었던 회사들도 있었다. 그럼에도 불구하고 교육, 젠더, 민족성(비록 유럽 혈통의 사람들에게서만 그러하지만), 교양 기준을 포함하여 자연식품 산업에 진입하는 것을 가로막는 사회적 장벽은 상대적으로 미미했고, 이는 반문화적 유형에 속하는 사람들 및 다른 경제 부문과 단절한 기업가들에게 하나의 안식처를 만들어주었다.

자연식품과 문화변동

자연식품 장이 그 역사의 대부분 동안 주변의 공간을 차지하고 있었다는 사실은 그 궤적을 이해하는 열쇠이다. 자연식품 장이 묵살되고 조롱받은 방식은 혁신을 자극했고, 주류 제도들과의 관계를 모색하게 했으며, 궁극적으로는 기업가들에게 시장을 확장하는 수단을 마련하게 했다. 어떤 의미에서 주변성은 상업 세계에서 자연식품 장이 차지하는 지위에도 적용되었다. 일반 식품 부문에서 자연식품이 받는 차별은 자연식품의 속성에서 일관되게 드러나는 실제 차이보다는 좀처럼 깨지지 않는 생산·유통·소매 부문의 조직적 분할에 기초하고 있었다. 따라서 이를테면 **건강식품**으로 분류된 품목은 건강식품 가게 밖에서는 찾아보기가 어려웠다. 그러나 자연식품 장의 문화적·정치적 주변성도 똑같이 중요했다. 제5장에서 상술하듯이, 자연식품 장의 사회적 지위는 너무나도 낮아서 자연식품 옹호자들은 주기적으로 정부의 단속을 받았다. 국가의 억압을 받지 않을 때조차 자연식품 운동을 의식적으로 지지하는 사람들은 신념 면에서 비이성적이고 극단적이라고 간주되는 경향이 있었다. 자연의 도덕적 권위에 대한 그들의 강한 믿음은 그들을 평균적인 미국인뿐만 아니라 다른 식품 개혁가들과도 다르게 바라보게 만들었다.

식생활 관행을 개선하여 사회를 변화시키고자 하는 미국 식품 개혁가들의 활동은 대규모 연구단체의 연구대상이 되어왔다. 초기 세대의 역사가들이 괴짜 퍼스낼리티와 유별난 것에 대한 애호를 특징으로 하는 컬트 운동cultish movement의 초상을 그리는 경향이 있었던 반면(G. Carson 1957; H. Green 1986; Schwartz 1986; Whorton 1982), 최근의 많은 연구는 과거의 식품 개혁 노력의 도덕주의와 현대의 대안 식품 운동이 똑같이 흑인 미국인, 이민자, 그리고 경제적 자원이 거의 없는 사람들의 먹기 관행에 오명을 씌움으로써 백인 중간계급의 지위를 강화하는 역할을 해왔다고 시사한다. 이들 연구자에 따르면, 중간계급 개혁자들이 단지 그러한 사람들의 라이프 스타일 선택을 모독하는 것을 넘어 식생활 선택 자체를 누군가가 훌륭한 시민의식을 지니고 있고 정치공동체의 떳떳한 성원임을 보여주는 증거로 이용했다(DuPuis 2015; Veit 2013; Biltekoff 2013; Slocum 2007).

우리가 자연식품 운동과 사회적 엘리트 간에 존재했던 연관성을 이해하는 것도 중요하지만, 내가 제4장에서 더 자세하게 논의하듯이, 초기 역사학자 집단이 식품 극단주의food extremism에 강한 흥미를 가졌다는 것은 시사하는 바가 크다. 그러한 연구들은 식품 개혁가들 사이에 일부 공통의 관심사가 존재했지만 그들 모두가 동일한 철학을 공유하지는 않았으며 그들 모두가 동일한 사회적 정당성을 부여받지도 않았다는 것을 알 수 있게 해준다. 실제로 깨끗한 우유 공급 운동가들 및 1906년 '순수식품의약품법Pure Food and Drug Act'을 주도한 하비 와일리Harvey Wiley와 그의 동지들 같은 개혁자들은 자연식품 신봉자들 — 그들의 광신주의는 체면을 강조하는 집단들을 당황하게 했다 — 과 일정한 거리를 두었다.[8] 극단주의자들로 분류된 개혁주의자들에 대해 표현된 이러한 경멸은 자연식품 옹호자들의 도덕주의를 다소 다른 견지에서 바라보게 한다. 식품 영역에서 도덕주의적 입장은 단지 도덕적 식품과 부도덕한 식품 간의 경계를 그리는 데 그치지 않고, 옹호자들에게 도덕적 확신을 심어주어 자신들의 주변적인 문화적 지위를 견딜 수 있게 해주었다.

미국에서 자연식품 라이프 스타일이 그 역사의 대부분 동안 상당한 반대에 직면했던 사실은 그 라이프 스타일이 지배적인 사회질서에 대해 얼마간 위협이 될 수 있었다는 것을 말해준다. 첫째로, 그리고 가장 분명하게는, 자연식품 운동은 식품의 생산과 분배를 지배하는 방법과 결부되어 있는 경제적 이해관계자들에게 도전한다. 일반 식품이 건강에 좋지 않고 심지어 유해하다고 주장함으로써, 자연식품 옹호자들은 첨가제 제조업체와 같은 식품 가공 산업 및 그 지원 장치 대부분을 잠재적 표적으로 삼고 있다. 왜냐하면 그러한 산업은 크게 변화되거나 완전히 제거될 필요가 있기 때문이다. 그리고 대부분의 표준 농업 투입물이 건강에 유익하기보다는 해를 더 많이 끼친다고 주장함으로써, 자연식품 옹호자들은 살충제·제초제·비료 제조업자뿐만 아니라 그러한 투입물을 이용하도록 설계된 품종 및 그 종자와 관련된 산업까지도 위협한다.

자연식품이 일반 식품 산업 — 20세기 초의 흰 밀가루 제분업자와 제빵사들에서부터 보다 최근의 몇 년에는 거대 화학·생명공학 회사인 몬산토Monsanto에 이르기까지의 — 과 벌여온 경쟁은 반발을 불러일으켜 왔다. 하지만 이것은 실제로는 자연식품 장이 국가가 승인한 전문 의료당국 — 시간이 지나면서 자연식품에 대해 가장 큰 적대감을 고취시켜 온 — 에 대해 도전해 온 방식이다. 건강문제에 대해 사람들에게 조언하고 건강 보조물을 개발할 수 있는 동등한 (비록 우위까지는 아니지만) 권리를 주장함으로써, 자연식품 장은 전문 의사, 영양사 및 제약회사의 관할권 주장에 직접 도전해 왔다. 자연식품 지지자들은 기존의 과학 당국이 일반 식품 공급체계의 안전함과 건강식품의 무익함에 대해 수십 년 동안 표방해 온 견해를 의식적으로 무시해 왔다. 지배적인 의학적 견해에 대한 이러한 경멸은 과학적 증명을 필요로 하는 종류의 지식에 대해 사람들이 갖는 양가감정(진화와 관련한 것과 같은 다른 논쟁에서도 볼 수 있는 양가감정)에 의해, 그리고 사람들의 식생활 방식과 여타 환경 요인에 대한 대응 방식에서 나타나는 개인적 차이를 통계적 평균보다 더 중요하게 보는 관점(왜 일부 사람들이 규제기관이 금지해 온 약물을 이용할 수 있게 해달라고 요구하는지를 설명하는 데에도 도움을 줄 수 있는 입장)에 의해 부추겨진다. 인증받은 전문가만이 건강, 질병, 그리고 신체 치료 방법을 진정으로 이해할 수 있다는 것을 부정함으로써, 자연식품 운동은 전문가가 지닌 권위의 토대 그 자체에 의문을 제기한다.

경제 세력과 전문가 세력 모두에 대한 이러한 도전은 원래 진보를 산업화 및 기술혁신과 동일시하는 문화적 관념을 거부하는 것과 관련되어 있었다. 건강관리와 식품 생산을 인도하는 자연적인 것the natural이라는 개념은 근대적 존재를 특징짓는 것으로 인식되는 인위성과 파편화를 비판하는 관념이었다. 자연식품 옹호자들에게 자연의 법칙에 따라 사는 것은 삶에서 조화와 균형을 이루는 방법이었다. 이 관점에서 볼 때, 인공적인 것은 건강에 위험할 뿐만 아니라 우리로 하여금 자신의 가장 기본적인 욕구를 이해하지 못하게 하고 또 그러한 욕구가 어떻게 직접적인 방식으로 충족될 수 있는지를 알지 못하게 함으로써 우리를 물질주의의 노예로 만든다. 자연에 대한 존중은 또한 동료와 더 나은 관계를 가지게 하는 것으로 여겨졌다. 오토 카르케는 자연을 우리의 길잡이로 만들고자 하는 대단한 희망을 가진 많은 사람 중 한 명이었다. "우리가 자연의 법칙과 더욱더 조화를 이루기 위해 성심을 다해 살수록, 우리는 지성의 지배, 보편적인 평화, 만인의 복지에 의해 특징지어지는 고차원의 사회가 도래하는 것을 앞당길 수 있을 것이다"(Carqué

1925: 10). 산업주의를 비판하는 이러한 사람들이 보기에, 기술적으로 진보한 사회가 전쟁, 불결함, 또는 미신을 제거하지 않았다는 것은 분명했다.

내가 제3장에서 기술하듯이, 초기 자연식품 운동이 산업화를 무비판적으로 받아들이기를 거부한 것은 일련의 반문화적 스타일 — 관습에 매이지 않는 복장 형태에서부터 비관례적인 사업 관행에 이르기까지 — 과 관련되어 있었다. 이러한 반문화적 스타일은 자연식품이 오랫동안 정당성을 가지지 못하게 하는 데 분명히 한몫했다. 그러나 그러한 스타일들은 또한 궁극적으로는 자연식품이 대중화되는 것을 도왔다. 20세기 중반에 시작된 건강식품 산업은 1980년대까지 완전히 실현되지는 않았지만, 비관례적인 것을 미화함으로써, 그리고 자연식품이 당시 유행하던 보헤미안 라이프 스타일에 어떻게 부합하는지 보여줌으로써 자신의 지위를 탈바꿈할 수 있었다. 중요한 것은, 문화 당국(특히 의료기관)과 정치 당국(특히 정부 규제기관)에 의해 수용되기에 앞서 자연식품에 대한 공중의 관심이 커지고 있었다는 것이다. 반면 일반 식품 부문은 곧 돈벌이에 열중하기 시작했다. 제7장에서 논의하듯이, 자연식품 개념과 일반 식품 개념 간에 이전에 존재했던 장벽을 재정의하거나 무너뜨리려는 시도들은 상당한 논쟁을 불러일으켰고, 이는 오늘날까지도 여전히 갈등의 한 원천으로 남아 있다.

여기서의 나의 주장은 벨라스코(Belasco 1989)의 귀중한 연구와 얼마간 유사하다. 그는 자연식품의 '반요리countercuisine'가 전통적인 과학과 지배적인 식품유통체계에 도전했다는, 나와 비슷한 주장을 한다. 하지만 그는 1960년대 후반 이전에 존재했던 운동의 반문화적·철학적 요소들을 경시한다. 그는 또한 자연식품 활동에서 금전적 관심 없이 반요리를 주도한 소비자와 여타 사람들이 수행한 역할을 과장하며, 그 결과 시민 활동가와 기회주의적인 기업가 간을 실제로 입증되는 것보다 더 분열시킨다. 벨라스코의 책은 1980년대 후반에·출간되었는데, 그 당시에는 일반 식품 회사들이 자연식품 개념과 자신들 사이에 연관성을 만들어내기 위해 적극적으로 움직이고 있었고, 자연식품 운동을 완전히 매수하는 것이 가능한 것처럼 보였다.[9] 운동과 산업 간에 오랫동안 존재해 온 긴밀한 중첩뿐만 아니라 보다 긴 역사의 기간을 고찰함으로써, 나는 자연식품 장에서의 산업의 구축과정이 어떻게 단순한 매수로 축소될 수 없는 동학을 만들어냈는지 보여주고자 한다.

자연식품의 사례는 운동에서의 산업의 존재가 일단의 복잡한 결과를 만들어낸다는 것을 시사한다. 실제로 자연식품의 역사는 아이러니로 가득하다. 내가 다음 장에서 보여주듯이, 자족self-reliance과 금욕주의를 강조하면서 시작된 자연식품 운동은 사람들이 일련의 방대한 소비재에 의존하여 그 기준을 충족시키는 하나의 라이프 스타일로 진화했다. 한때는 자신과 가족을 먹여 살리는 관례적인 방식이기보다는 얼마간 더욱 경제적인 방식이기 때문에 선택되었던 식품이 이제는 일반 식품에 대한 고가의 '프리미엄' 대안이 되었다. 그리고 한때 노인, 병자, 망상 환자의 전초기지로 조롱받았던 자연식품 운동이 이제는 젊은 사람, 건강한 사람, 세련된 사람을 연상시키게 되었다. 자연식품 장이 두 세기 가까이 동안 자신을 틀 지어온 의미를 어떻게 유지하고 부인해 왔는지를 이해하는 것은 우리로 하여금 현재의 식품 풍경뿐만 아니라 경제적 과정과 문화적 과정 간의 상호관계까지도 더 잘 이해할 수 있게 해준다.

연구방법에 대하여

내가 여기서 산업과 운동 모두를 아우르는 말로 **장**field이라는 용어를 자주 사용하는 것은 산업과 운동 간의 불분명한 경계를 강조하기 위한 것이다. 자연식품 장의 상황을 고려하여, 나는 다양한 비등가 조직을 포함하는 다조직 장multiorganizational field을 논의하는 사회운동 연구자들(Curtis and Zurcher 1973; Klandermans 1992; Rao, Morrill, Zald 2000)로부터 이 용어를 부분적으로 빌려왔다. 하지만 운동의 본질적 핵으로서의 조직에만 초점을 맞출 경우, 우리는 공식 조직과 느슨하게 연결된 중요한 개별 행위자들을 놓치게 된다. 조직이론 관점에서 저술하는 디마지오와 파월(DiMaggio and Powell 1991: 64~65)은 조직 장을 제도적 삶의 영역을 구성하는 조직, 규제기관, 소비자 및 여타 행위자들의 집합체로 언급하면서 그것을 훨씬 더 폭넓게 고려한다.[10] 이 정의는 특정 기업이 전체 환경에 어떻게 반응하는지를 연구하는 맥락에서는 의미가 있다. 하지만 나는 더 나아가 자연식품 장에 참여한 특정한 이해관계자들의 정체성을 규명하는 방식으로, 그러한 일부 행위자들을 다른 행위자들과 구별하여 논의할 것이다. 따라서 나는 자연식품 장에 민간 기업, 동업조합, 산업의 성원·시민·소비자의 조합으로 구성된 활동가 단체, 자연식품을 홍보하는 것을 목적으로 하는 커뮤니케이션 매체의 크리에이터, 그리고 자신들의 자연식품 라이프 스타일의 실천을 자연식품의 근저를 이루는 철학으로 개종하는 수단으로 바라보는 또 다른 핵심적 개인들도 포함시킨다. 자연식품 장은 그 장과 가끔 유의미한 방식으로 상호작용하는 다른 집단들, 즉 비헌신적인 소비자들, 그 장과 때때로 동맹을 맺은 환경주의자들과 '대안적' 생활방식에 찬동하는 다른 사람들, 그리고 일반 식품 제조업자와 식품점 주인, 재래식 농업 및 그들과 동맹을 맺은 산업, 의료 전문직, 정부 규제기관 등으로 둘러싸여 있다. 나는 당연히 자연식품 장 안팎에 있는 이러한 많은 다양한 행위자를 논의에 포함시킬 것이지만, 자연식품 라이프 스타일의 채택과 합법화를 틀 짓고 촉진하는 데서 그들이 수행한 역할을 더 잘 이해하기 위한 하나의 방법으로 자연식품 산업의 성원들에게 주로 초점을 맞출 것이다.

이처럼 광범위한 시기 동안 존재했던 자연식품 장을 연구하는 것은 나로 하여금 여러 가지 연구방법을 함께 이용할 수밖에 없게 했다. 나는 연구를 수행하는 과정에서 기록으로 남아 있지 않은 자연식품 역사의 여러 측면을 메우기 위해, 그리고 자연식품 장에서 일하는 사람들의 경험과 동기, 그리고 그들 간의 관계를 더 잘 이해하기 위해 인터뷰를 실시했다. 나는 자연식품 운동의 형성기 동안 자연식품 산업의 성원이었거나 최근 몇 년 동안 주요 산업조직 및 옹호 단체와 연계를 맺었던 개인들을 대상으로 50번의 반半구조화된 인터뷰를 실시했다. 인터뷰는 대부분 2003년에서 2012년 사이에 이루어졌으며, 일반적으로 1시간에서 2시간에 걸쳐 이루어졌고, 전화로 수행된 3건을 제외하고는 직접 대면 방식으로 진행되었다. 나의 정보 제공자들에는 건강식품 산업에서 신제품을 개발하고 시장을 개척하고 사업 수행 방법을 혁신한 많은 '개척자'가 포함되어 있었다. 인터뷰한 사람 중 약 5분의 1을 제외한 모든 사람이 1980년 이전부터 자연식품 장에서 일하기 시작했다. 가장 오래된 사람 가운데 소수는 1930년대에 건강식품 사업에 뛰어들었다. 그들 가운데 대다수는 주요 유통업자이며, 다수의 주요 소매업자와 제조업자, 일부 유명 레스토랑 경영자, 20세기의 자연식품을 다룬 유명한 요리책을 쓴 몇몇 저자도 포함되었다. 작고 덜 알려진 회사의 경영자들 역시 포함되었다. 이들 개인 대부분은 다양한 역량을 갖춘 여러 조직에서 수년 동안 일했으며, 업계 전체에 대한 지식을 갖추고 있었다.

나는 자신의 성인기의 삶 대부분 동안 자연식품과 관련한 일자리에서 일한 그 산업의 고참들을 별 어려움 없이 찾아낼 수 있었지만, 적어도 전통적인 사회운동 조직이라는 의미에 적합할 만큼 장수하고 제도적 기억을 지닌 옹호 단체를 찾기는 매우 어려웠다. 그러한 단체들은 시민만으로 구성되어 오랫동안 지속되어 온 소수의 단체에 대해서뿐만 아니라 어쩌면 활동가들이 수행한 활동의 성격에 대해서도 알 수 있게 해준다. 그러나 활동가들의 에너지는 쉽게 소진되거나 삶의 상황이 바뀜에 따라 더 수지맞는 삶을 살고자 하는 욕망으로 나아갈 수도 있다. 하지만 내가 주장했듯이, 옹호 활동을 시민들로만 구성된 단체에 한정하여 규정할 경우 많은 관련 활동을 놓치게 된다. 왜냐하면 많은 직접적인 옹호 활동이 동업조합이나 (재화나 서비스를 판매하는 데에는 관여하지 않았지만 한때 자연식품 사업에서 일했던 사람들이 주축을 이루는) 비영리 단체를 통해 이루어지기 때문이다. 나는 옹호 단체를 규명하기 위해 이처럼 보다 넓은 기준을 이용하여, 50번의 인터뷰 가운데 8번을 그러한 조직과 주요한 제휴를 맺었던 사람들을 대상으로 하여 수행했다.

우리가 나눈 대화는 자연식품 장에서 응답자들이 겪은 경험 및 자연식품이 직면한 많은 문제에 대해 그들이 가지고 있는 견해와 관련한 것이었다. 나는 또한 자연식품 장에서의 관계 네트워크를 더 잘 이해하기 위해 그들이 영향력 있는 개인으로 여기는 사람, 조직, 출판물에 대한 그들의 생각을 말해달라고 요청했다. 공식적인 인터뷰 외에, 나는 시사회와 공개 행사에서 또는 인터뷰 대상자를 찾고 방문하는 과정에서 마주친 많은 사람과 수많은 비공식적인 대화도 나누었다. 이 책에서 나는 대부분의 경우 응답자의 이름을 밝히지 않지만, 그들이 속한 세대나 그들이 가졌던 지위 유형에 대해서는 자주 언급한다.

나의 연구의 또 다른 부분은 자연식품 업계의 간행물, 시장조사 연구, 자연식품 요리책 및 안내 책자, 법률 및 재무 문서, 대중 신문 및 미간행 기록 자료를 포함하여 광범위한 문헌 자료를 분석하는 것으로 이루어져 있다. 나는 (인터뷰 대상자의 기억이 불완전하고 항상 정확하지는 않았기 때문에) 이들 자료를 참고하여 자연식품 장에 대한 신뢰할 만한 역사를 구축하고 그 장의 성공과 도전의 궤적을 더 잘 이해하고자 했다. 건강식품 산업은 자신의 유산을 기록하는 데 많은 관심을 기울이지 않았기에, 불행하게도 업계와 관련된 많은 서면 자료가 분실된 것으로 보인다. 이용 가능한 자료를 찾기 위해 나는 전국 21개의 기관과 민간 자료보관소를 방문하고, 온라인 자료를 이용했다. 나는 또한 개인적 접촉을 통해, 그리고 개인 딜러로부터 (주로 이베이eBay를 통해) 구매하는 방식으로 미간행 자료 및 희귀 자료를 추가로 수집했다.

마지막으로, 나는 여러 자연식품 시사회와 소비자 축제를 관찰하고 그곳에서 실시한 교육 세션에도 참석했다. 그리고 인쇄물, 디지털 자료, 오디오 자료, 시각 자료 등 자연식품과 관련된 다양한 문화적 자료를 수집하여 분석했다. 이 후자의 분석은 자연식품의 대중적 이미지가 시간이 지남에 따라 어떻게 변화해 왔는지를 이해하는 데 도움을 주었다.

19세기 미국 최초의 채식주의와 미가공 식품 옹호자들에 관한 이야기로 시작하는 다음 장에서 나는 자연식품이 어떻게 주변에서 주류로 진입했는지, 건강식품 산업이 이 변화에서 어떻게 리더가 되었는지, 그리고 산업이 운동 목표와 결과에 어떤 영향을 미쳤는지를 보여주는 하나의 방법으로 자연식품 장의 역사를 추적한다. 이 서사에는 종교 단체와 나체주의자, 보디빌더와 할리우드 유명인사, 그리고 (의료 전문직이라는 적과 싸운) 자연요법사와 식품개혁자를 포함하여 다양한 인물들이 등장할 것이다. 이들 모두가 어떤 식으로든 오늘날 존재하는 자연식품 산업을 틀 짓는 데 일조했다.

제2장

금욕주의 탈출하기

건강식품 산업의 탄생

21세기의 첫 10년경에 자연식품은 도시적이고 부유하고 세련된 라이프 스타일에, 그러한 식품의 효과에 대한 과학적 논쟁에, 그리고 좌파 성향의 정치에 자신의 확고한 기반을 구축했다. 자연식품에 부여된 건강한 쾌락주의healthy hedonism라는 평판이 얼마나 지지를 받고 있고 소비자들이 미식 충동과 사회적 충동을 동시에 충족시키기 위해 얼마나 기꺼이 지출하는지를 알기 위해서는 홀페이체크Whole Paycheck[미국의 자연식품 슈퍼마켓 중 하나인 홀푸드의 가격이 너무 비싸서 붙여진 별명 _옮긴이]라는 유명한 별명이 붙은 홀푸드Whole Foods 매장 아무 곳에나 들어가서 얼마나 많은 생식품, 포장 식품, 조리식품들이 특별하게 진열되어 있는지를 살펴보기만 하면 된다. 한편 의사, 연구원, 정부 관리들은 다음과 같은 자연식품과 관련된 증거들을 진지하게 논의했다. 최신의 연구들은 인체의 비타민 D의 필요성과 관련하여 어떤 사실을 보여주는가? 통곡물을 더 많이 먹는 식생활이 암의 위험을 줄여줄 수 있는가? 유기농산물과 재래식으로 재배된 농산물 간에 영양학적으로 차이가 있는가? 정치적 전선에서는 자신을 정치적으로 진보적이라고 밝힌 미국인들이 다른 대의들 가운데서도 특히 유전자 변형 생물체, 학교에서의 정크 푸드, 그리고 (야생 동물의 감소와 관련된) 농업용 화학물질 등에 반대하는 캠페인들을 열렬히 지지한다.

현재 자연식품은 자기 탐닉, 과학, 사회적 책임이라는 세속적인 담론 속에 깊숙이 들어와 있으며, 코즈모폴리턴적이고 풍요롭고 백인이며 유행을 의식하는 사람들이 선택한 식품이라는 이미지를 가진다. 하지만 자연식품에 대한 이러한 현대의 이미지는 부분적으로만 정확하다. 이러한 이미지는 얼마 전까지만 해도 끈덕지게 영향력을 발휘하던, 자연식품을 전혀 다르게 바라보던 시각 — 자연식품은 나이 많은 사람들이나 궁핍해서 절약해야만 하는 사람들이 이용하는 것이라고 보거나 자연식품 식생활을 과학적으로 조롱하고 무시하던 — 을 일소한다. 그러나 이 현대적 이미지는 19세기 초에 형성되기 시작한 초기 자연식품 운동과 특히 날카롭게 대비된다. 20세기로의 전환기에 이르기까지 자연식품 라이프 스타일은 대체로 종교적 관심사에 의해 장려되었고, 금욕적 라이프 스타일과, 그리고 그 당시 그토록 많은 미국인이 환호한 경제적·사회적 '진보'에 대한 경멸과 뒤얽혀 있었다.

이 장에서 나는 자연식품에 대한 옹호가 어디에서 기원했는지를 살펴보고, 그러한 움직임이 금욕주의에 헌신하고 자족적 삶을 꾀하고 상품화된 식품 체계를 거부하던 작은 집단에서부터 자연식품을 공급하고 장려하는 산업과 손을 잡고 발전하고 있는 하나의 운동으로 이행해 온 과정을 추적한다. 19세기의 미국 자연식품 운동은 불쑥 출현한 것이 아니었다. 그것은 몇몇 다른 사회운동과 종교운동들로부터 성장했다. 그중 일부는 유럽에 기반을 두고 있었고, 일부는 미국에서 문화적 주류와 아주 멀리 떨어진 곳에서 자생했다. 그러한 운동들에는 영국의 채식주의와 성경-기독교 교회Bible-Christian Church, 미국의 초월주의와 제7일 안식일 예수재림교회, 앵글로-아메리칸의 금주운동 등이 포함되어 있었다. 미국 자연식품 운동은 또한 수水치료법과도, 그리고 19세기 말경에는 중부 유럽에서 온 자연치료 관행과 같은 대체 건강 운동과도 연관되어 있었다. 이러한 다양한 조류들이 그 후 자연식품 운동을 규정해 온 철학적 동기들 ― 자연에 대한 존중(환경에 최소한으로 영향을 미치고 동물에게 최소한의 해를 끼치게 하는 데 헌신하는 것을 포함하여), 식품 생산의 산업화에 대한 반대(지역에서 재배되고 가정에서 조리된 음식을 선호하는 것을 포함하여), 그리고 자연식품의 건강 우위성에 대한 믿음 ― 을 만들어냈다.

19세기 전반기 동안에 자연식품 식생활의 옹호자들 ― 그 가운데 가장 잘 알려진 사람이 윌리엄 멧커프William Metcalfe, 실베스터 그레이엄Sylvester Graham, 윌리엄 A. 앨콧William A. Alcott이었다 ― 은 자신들이 개인적인 웰빙과 더 큰 선을 위해 매우 중요하다고 믿는 원칙을 전파하는 데 헌신했다. 그들은 강연, 출판물, 자발적 결사체의 결성을 통해 대체로 뉴욕, 뉴잉글랜드, 필라델피아를 근거지로 하여 운동을 벌이는 사람들을 하나로 결집시키는 데 도움을 주었다. 지지자의 수는 여전히 적었지만(역사학자들은 그 수가 수천 명이 안 되는 것으로 추정했다. H. Green 1986: 52~53; Nissenbaum 1980: 140; Whorton 1982: 119~120), 그들의 견해는 훨씬 더 많은 사람에게 알려지게 되었다. 하지만 그러한 친숙함이 일반적으로 존경을 낳지는 않았다.

기독교 이상과 관련되어 있는 많은 초기 지지자들은 단순하고 자연적인 채식주의 식단이 자신들을 은총에 더 가까이 다가가게 해준다고 믿었다. 왜냐하면 채식주의 식단은 신이 제공한 순수한 음식을 먹는 것을 의미했기 때문이다. 그 결과 자연식품의 지향은 소비를 줄이게 하는 경향이 있었다. 왜냐하면 그러한 식생활을 하기 위해서는 전문 제품을 구입하는 것이 아니라 가장 기본적인 순수 식품 재료만을 손에 넣으면 되었기 때문이다. 이러한 관점과 일관되게 초기 지도자들은 어떠한 상업용 식품도 직접 생산하지 않았다. 그들의 기업가적 활동은 출판물을 판매하고 강연을 홍보하는 데 국한되어 있었다. 그러나 신봉자들이 자연식품의 이상을 보다 일관되게 실천하려고 함에 따라 준상업화를 위해 노력할 수 있는 계기가 마련되었다. 특히 도시에 사는 사람들에게는 (그리고 초기 운동은 주로 도시 운동이었다) 적절한 순수 식품을 손에 넣은 것이 하나의 문제일 수 있었다. 따라서 그들의 이상은 의식적으로 시장과의 모종의 교점을 찾을 필요가 있었다. 지지자들은 채식주의 음식을 제공하는 하숙집과 식당을 열었고, 신봉자들에게 저장 채소, 설탕, 빵, 그리고 현재 그레이엄의 이름을 따서 명명된 통곡분을 제공하는 소매 시설을 열었다. 19세기 중반경 일부 자연식품 신봉자들은 건강 센터, 특히 수치료법 휴양소를 열었고, 요리책, 소책자, 뉴스레터를 계속해서 발간했다. 하지만 자연식품을 상업화하기 위한 체계적이고 성공을 거둔 노력이 처음으로 시도된 것은 19세기 후반 미시간주 배틀 크릭에 있는 제7일 안식일 예수재림교회 요양원에서였다. 거기에서 존 하비 켈로그의 지시하에 많은 고기 대용품, 커피 대용품, 시리얼 품목이 개발되어 널리 판매되었다. 켈로그와 그의 형이자 사업 파트너인 윌Will 사이에서, 그리고 켈로그와 제7일 안식일 예수재림교회의 다른 지도자들 사이에서 이러한 노력을 둘러싸고 일어난 충돌은 자연식품 마케팅과 관련된 모순과 긴장을 보여주는 본보기로, 그 후 계속해서 자연식품 장을 특징지어 왔다.

19세기 식품 개혁가들은 수많은 역사적 기록들을 남겼는데, 그것들이 나의 탐구를 인도했다. 나의 목적은 내가 다른 곳에서 발견한 이들 개혁가의 방대한 이야기를 여기에 그대로 옮겨놓는 것이 아니라, 자연식품 운동의 근본 원칙과 상업 간의 상호작용뿐만 아니라 그 운동에 전념하는 사람들 사이에서 계속되어 온 갈등들 — 내적 갈등과 외적 갈등 모두 — 에도 초점을 맞추어 분석하는 것이다. 자연식품 옹호자들은 외적으로는 자신들을 기껏해야 기이한 사람으로 생각하고 최악의 경우에는 위험한 사람으로 생각하는 공중의 감상과 마주쳤고, 그 결과 20세기 후반까지 내내 옹호자들은 문화적으로 주변적인 지위를 차지하게 되었다. 이 운동은 내적으로는 '자연식품 식생활의 일부 요소는 채택하지만 모든 관련 철학을 채택하지는 않은 사람들을 받아들여 그 지지 기반을 확대하는 것이 과연 가치 있는 목표인가'라는 분열적인 질문에 직면했다. 이러한 내부 논쟁 역시 운동의 역사 내내 계속되었다.

이러한 갈등들과 관련하여 19세기에 일어난 결정적인 변화는 운동의 리더십과 중심이 상업에 냉담했던 집단에서 벗어나 영리추구 기업으로 나아가고 있었다는 것이었다. 이 새로운 세대의 자연식품 지지자들은 새로운 신봉자들을 자연식품의 철학적 이상에 끌어들이는 데서 전문화된 소비재가 갖는 힘을 우연히 발견했다. 이러한 변화는 일단의 아이러니와 함께 왔다. 즉, 새로운 상업적 기업들은 자연과 자연을 숭배하는 인간 사이를 중재함으로써 자연식품 라이프 스타일의 이상을 더욱 진전시키려고 노력했고, 자신들이 산업 질서의 유해한 효과를 거부한다는 것을 상징하는 유용한 식품을 산업적 기술을 이용하여 만들었다. 산업화에 대한 이러한 모순적 관계를 고려할 때, 산업혁명의 초기 중심지 중 하나인 영국 맨체스터 근처에서 이 운동이 시작된 것은 어쩌면 당연한 일이다.

채식주의와 갈색 빵

자연식품 이데올로기와 관련된 믿음 — 채식주의, 그리고 불량식품에 대한 우려를 포함하여 — 이 수세기 동안 세계 여러 곳에 존재해 왔지만, 자연식품 운동이 보다 일관된 하나의 운동으로 출현한 것은 신봉자들이 다른 사람들에게 자신들의 신념을 전파할 의무가 있다고 인식하기 시작한 19세기 초반이었다. 자연식품 운동의 근본 철학은 채식주의의 한 이형異形으로, 성경의 율법을 언급하며 질병과 건강 간의 이분법을 선과 악의 이분법과 관련되어 있는 것으로 보았다. 영국은 미국에서 일어난 운동의 근저를 이루는 사상 가운데 많은 것의 원천이었다. 실제로 미국에서 자연식품 생활방식과 관련된 원칙을 의식적으로 장려한 최초의 집단이었던 것으로 보이는 단체는 1817년 영국에서 필라델피아로 이주한 성경-기독교 교회라고 불리는 종교 종파였다. 그 교회는 1800년에 영국 맨체스터 외곽에 있는 샐퍼드Salford에서 윌리엄 카우허드William Cowherd에 의해 설립되었다. 설립 직후 카우허드는 성경-기독교인들에게 핵심적인 것이 된, 엄격한 채식주의와 금주의 교리를 발전시켰다. 카우허드는 자신 이전의 채식주의자나 자신 이후의 채식주의자들과 마찬가지로 성경을 가르침의 기초로 삼았고, 채소와 동물성 식품, 그리고 살생과 관련된 구절을 면밀하게 조사했다(Maintenance

Company 1922).[1] 그 교회의 해석에 따르면, 동물을 죽여서 그 살을 먹는 것은 비인간적인 행위, 즉 살아 있는 생물의 고통과 신의 명령을 고의적으로 무시하는 처신이었다.

성경-기독교 교회의 목사인 윌리엄 멧커프는 필라델피아에 정착한 집단을 이끌었다. 41명의 성인과 어린아이로 구성된 이 이주 무리의 원래 목적은 교회의 교리를 전도하는 것이었지만, 미국에 도착한 후 대다수가 채식주의와 금주라는 자신들의 이상을 포기했다. 그 집단의 성원들의 수가 크게 줄어든 가운데서도 멧커프는 자신의 신도회를 설립했고, 금주와 채식주의에 관한 소책자를 출간하고 신문에 기사를 씀으로써 직속 성원들 너머로까지 성경-기독교 교리를 전파하기 위해 노력했다(Metcalfe 1872: 18~19; 또한 Alcott 1859: 226~229도 보라). 멧커프의 아들이 그 교회에 관해 쓴 기사에 따르면, 멧커프는 채식주의에 대한 공중의 저항이 실제로 금주에 대한 저항보다 더 크다고 보았다(Metcalfe 1872: 32).

1830년대경에는 식생활 개혁을 제창하는 다른 목소리들도 들려왔다. 이를테면 존 벨John Bell과 데이비드 프랜시스 콘디David Francis Condie가 편집을 맡고 있던 잡지 ≪건강 저널Journal of Health≫ — 이 잡지는 필라델피아를 근거지로 하고 있었다 — 은 고기 음식의 완전한 금지를 드러내놓고 요구하지는 않았지만, 이렇게 주장했다. "주로 식물성 물질로 구성된 식생활을 하는 사람들은 주로 동물성 식품을 섭취하는 사람들보다 외모, 힘, 정신에서 명백한 이점을 가지고 있다는 것이 밝혀질 것이다. 그들의 근육은 놀랄 만큼 단단하고 건강하게 통통하며 피부가 특히 투명하다." 이 기사는 사람들로 하여금 채식주의 식단을 채택하게 한 핵심적 근거가 된 것을 이용하여 그러한 식단의 신체적 이점을 내세울 뿐만 아니라 에덴동산에서 먹은 음식에 대한 성경의 설명도 언급하면서, "지구의 열매들이 원래 인간의 유일한 음식이었다"라고 지적했다.[2] 다른 채식주의자들처럼 벨과 콘디도 금주를 제창했고, 술을 폭식처럼 무절제에 빠뜨려 도덕적 건강과 육체적 건강 모두를 해치게 만드는 것이라고 보았다.

채식주의에 훨씬 더 엄격하게 헌신하고 더 광범하게 조직 활동과 문학 활동을 벌인 사람은 윌리엄 A. 앨콧이었다. 앨콧은 젊은 시절에 건강을 유지하는 데서 신선한 공기, 운동, 청결이 갖는 가치에 대해 관심을 가지고 있었다. 그 역시 고기 섭취를 제한했고, 1830년대 초경에 완전한 채식주의자가 되었다.[3] 앨콧은 초기에 발표한 것으로 보이는 채식주의에 관한 에세이([W. Alcott] 1835)에서 고기를 포기해야 하는 다양한 근거를 제시했다. 거기에는 생리학적 주장 — 인간의 치아와 소화기관은 식물성 음식에 맞게 설계되었다는 주장 — 과 '경험에서 나온 주장' — 역사 곳곳에서 식물성 식단에 전적으로 의존해서 생활해 온 사회가 발견되었다는 주장 — 이 포함되어 있었다. 그러나 아래의 세 가지 이유가 보다 광범한 자연식품 철학에서 더 중심적인 것이 되었다. 첫째 이유는 고기를 먹는 것이 건강에 미치는 결과와 관련한 것이었다. 앨콧은 고기는 자주 병에 걸리게 하고, 그렇지 않을 경우에도 알코올이나 다른 마약 물질과 비슷한 유해한 자극을 초래한다고 주장했다. 둘째로, 앨콧은 동물 사료를 재배하는 데 사용되는 땅 1에이커보다 식물성 식품을 생산하는 데 쓰이는 땅 1에이커가 훨씬 더 많은 사람을 먹여 살릴 수 있다고 지적했다. 그리고 셋째로, 앨콧은 '무고한' 동물의 생명을 죽이는 잔혹성과 인간뿐만 아니라 짐승에게도 동정심을 느끼는 기독교인의 의무에 대해 논의했다.

앨콧은 건강한 삶을 구성하는 다른 성분들을 철저하게 배제하는 식단에 외골수적으로 집착하는 것에 불만을 드러내기는 했지만(Hoff and Fulton 1937: 711~712), 자신의 글을 통해 다른 사람들로부터 그 먹기 양식에 대한 지지를 널리 이끌어내고 공식적인 결사체들에서 지도적인 역할을 함으로써 미국 채식주의 운동을 확립하는 데 핵심적인 인물이 되었다. 그럼에도 불구하고 19세기 전반기에 채식주의의 주창자로 가장 잘 알려진 사람은 실베스터 그레이엄이었다. 그는 식이요법 조언만큼이나 자위행위 반대 운동으로도 오늘날까지 유명하다.[4] 그레이엄은 몸을 지나치게 자극하는 식품들은 몸을 쇠약하게 한다고 믿었는데, 이러한 견해는 성적 자극의 위험에 대한 그의 생각을 반영하는 것이었다. 그레이엄의 섹슈얼리티에 대한 견해는 자주 조롱받았고, 그의 거만한 태도는 항상 비판을 불러왔지만, 자연식품 운동에 대한 그의 기여는 중요하다. 그의 생각들은 그가 장려한 삶의 방식에 따라 집단정체성을 발전시킨 사람들의 집단을 매혹했다. 그리고 그레이엄은 채식주의를 넘어 보다 일반적으로 먹을거리 재배와 음식 조리에 근대 기법을 적용하는 것이 갖는 해로움에 대해서도 분석했다. 그는 채식주의와 함께 깨끗한 냉수를 마실 것과 가장 유명하게는 집에서 구운 갈색 빵을 먹을 것을 주장했다.

그레이엄은 장로교회 목사로서의 짧은 경력을 마감하고 1830년에 필라델피아 금주협회의 강사가 되었다. 비록 이 직책도 단명했지만(Nissenbaum 1980: 81~82), 그는 자신의 금주 약속을 결코 포기하지 않았고, 오히려 그것을 일반적인 절제 철학에 통합시켰다. 이 절제 철학은 그를 독립 강사 겸 작가로 승격시켰다. 그레이엄은 1831년의 '인간의 생명에 관한 과학The Science of the Human Life'에 관한 강연과 1832년의 콜레라 전염병에 관한 강연을 통해 채식 식단과 제대로 준비된 빵의 이점에 관해 설명했다.[5] 그레이엄은 질병이 위장관胃腸管의 과민 자극으로 인해 초래된다고 믿었던 프랑수아 J. V. 브루사이스Francois J. V. Broussais와 같은 저술가들의 영향을 받아(Nissenbaum 1980: 57~60; Whorton 1982: 41~43), 소화기 건강, 자극제 회피, 도덕적 강건함을 서로 연관시켰다. 그는 "음식이나 음료, 또는 다른 신체적인 탐닉이나 습관을 통해 신경계의 감각력을 손상시키는 것은 그것이 무엇이든 간에 같은 정도로 도덕적 감각도 손상시킨다"라고 주장했다(Graham 1877: 243). 그레이엄은 재능 있는 연설가였다. 장소를 불문하고 그의 강연에는 군중이 몰려들었고, 강연 내용은 반드시 그를 지지하지 않더라도 감동을 불러일으켰다. 순회강연을 시작한 후 곧 그의 가르침은 그에 대해 의구심을 가진 논평자들이 그레이엄인들Grahamites — 그레이엄의 사상에 대해 토의하고 그의 원칙에 따라 자신들의 식생활을 바꾸는 사람들 — 이라고 칭한 추종자 집단을 만들어냈다.

그레이엄은 자신의 식생활 개혁 프로그램의 일환으로 특히 **체질한 밀가루**bolted flour — 밀기울과 일부 세균(불순물과 부스러기뿐만 아니라)을 제거하여 더 희고 가벼운 가루만 남긴 밀가루 — 라고 불리는 것에 반대하는 캠페인을 벌였다. 제분업자는 체로 여러 차례 걸러서 여러 등급의 밀가루를 생산할 수 있었다. 그들은 '극도로 고운' 가장 흰 밀가루를 최고의 것으로 찬미했다. 미국인들은 흰 밀가루에 대한 취향을 개발했고 상인들도 흰 밀가루를 더 선호했다. 왜냐하면 흰 밀가루가 덜 빨리 상하기 때문이었다. 1870년대에 미국에서 강철 롤러 제분기가 채택된 후, 밀을 분쇄하고 세균과 밀기울을 분리하는 과정을 동시에 효율적으로 수행할 수 있게 되었다. 그러나 그 이전에도 분쇄에 증기력을 사용하고 체질을 하기 위한 다양한 도구가 개발되어 흰 밀가루의 공급이 증가했다.

그레이엄은 자신의 저작 대부분에서, 특히 자신의 『빵에 대한 논고 Treatise on Bread』에서 통곡물이라고 불리는 제품을 쓰는 것을 옹호하는 주장을 펼쳤다. 그의 추론은 건강에 대한 우려에 가장 분명하게 기초했지만, 도덕적 차원도 존재했다. 다른 한편 그레이엄은 체질하는 대신에 깨끗하게 씻은 밀을 거칠게 빻아 만든 밀가루가 갖는 건강에 좋은 속성들을 강조했다. 그는 체질하지 않은 밀가루 빵이 장에 미치는 유익한 영향에 대해 논의하면서 17세기 영국의 채식주의자 토머스 트라이언Thomas Tryon뿐만 아니라 히포크라테스Hippocrates의 견해에도 찬동하며 인용했다(Graham 1877: 627~628). (변비는 다음 세기 동안 자연식품 지지자들 사이에서 항상 하나의 강박 관념이었다.) 하지만 그는 단순히 식생활에서 거친 음식이 가지는 가치를 예리하게 인식하는 것에 그치지 않았다. 인공적으로 부수지 않은 곡물로 만든 빵의 우월성에 대한 그레이엄의 논평은 한 끼 식사에서 다양한 음식물을 함께 먹지 않고 향신료와 소금 같은 자극제를 쓰지 않는 단순한 식생활이 갖는 중요성에 대한 그의 보다 광범위한 메시지와 일치하는 것이었다. 이 각각의 경우에서 음식의 원래의 성분 — 즉, 자연적 성분 — 이 가능한 한 순수한 상태로 보존된다. 그레이엄이 상업적으로 만들어진 빵을 비난한 것도 부분적으로는 이러한 이유 때문이다. "공익보다는 자신의 이익을 확보하기 위해 공중에게 봉사하는 다른 남자들처럼 일반 제빵사들은 항상 자신들의 사업의 수익성을 높이기 위해 다양한 편법에 의존해야만 했다"(Graham 1837: 43). 그러한 편법에는 질이 좋지 않은 밀가루로 가벼운 흰 빵을 만들기 위해 '화학제'와 같은 혼합물을 사용하는 것이 포함되어 있었다(Graham 1837: 44). 1832년과 1833년경에 이미 동북부의 상인들은 그레이엄이 추천한 거칠게 빻아 만든 밀가루를 '그레이엄 밀가루'라는 이름으로 팔고 있었다.[6]

이전의 인용문이 암시하듯이, 좋은 빵을 만들기 위해서는 적절한 재료 이상의 것이 필요했다. 그레이엄은 지나치게 정제된 식품을 폄하하는 동시에, 장사하는 제빵사들은 기본적으로 이익을 지향하기 때문에 상업적으로 만들어진 식품은 좋지 않을 수 있다고 경고했다. 이와 대조적으로 그는 누구보다도 아내와 어머니가 가족의 웰빙에 관심을 가지고 있다고 주장했다. "아직도 진실은 내게 우리가 좋고 건강한 빵을 먹고자 한다면 그 빵은 우리 가정의 문지방 내에서, 그리고 자신들의 솜씨와 정성을 자신들의 금전적 관심보다는 우리의 건강과 행복을 보장하기 위해 쏟는 사람들에 의해 만들어져야 한다고 선언할 것을 강요한다"(Graham 1837: 49). 그레이엄은 상업적 소비를 위해 음식을 준비하는 사람들의 동기와 방법에 대해 노골적으로 의구심을 드러냈으며, 기업의 이익 창출이라는 사명과 기업이 제품에 투입할 시간과 자원 간에 내재하는 이해 충돌을 포착했다. 그레이엄은 다음 세기에나 부상할 손수 만들기do-it-yourself: DIY 윤리에 의거하여 빵을 굽는 장소를 예기하며, 집에서 만든 빵을 상업화된 식품 부문의 위험으로부터의 해방을 상징하는 것으로 바꾸어놓았다.

금욕적인 삶 주도하기

스티븐 니센바움Stephen Nissenbaum — 그의 설명은 여전히 그레이엄에 대한 가장 철저한 연구로 남아 있다 — 은 멧커프의 채식주의가 그레이엄의 채식주의와 크게 다르다고 주장했다. 니센바움은 멧커프가 동물의 고통에 반대하는 견해를 성경에 기초해서 끌어냈다면 그레이엄의 근거는 주로 생리학적이었다고 지적한다(Nissenbaum 1980: 39~40). 그레이엄이 식탁으로 갈 운명에 처한 동물들의 처지에 대해 거의 말하지 않은 것은 사실이다. 그리고 특히 현대 채식주의의 관점에서 되돌아본다면, 건강의 논거와 동물 복지의 논거가 서로 다른 노선을 따르는 것으로 보일 수도 있다. 우리는 현대 채식주의에서 이 두 가지 고려사항 가운데서 하나에 대해서는 최소한으로 고려하고 다른 하나에 의해서만 동기를 부여받는 사람들을 쉽게 찾아볼 수 있다. 하지만 니센바움은 그레이엄과 멧커프의 차이를 과장한다. 두 사람 모두 식생활에 대한 자신의 생각을 기독교적인 삶을 산다는 것이 무엇을 의미하는지에 대한 인식과 연관 짓는다. 두 사람 모두 금욕주의를 받아들이는 데서 덕성을 포착한다. 그리고 건강, 도덕성, 종교, 금욕주의 관념 모두를 하나로 결합한 것이 바로 그들이 독특하게 구상한 자연적인 것의 관념이었다.

19세기의 식품 개혁가들이 볼 때, 자연환경의 전형은 인간의 손이 닿지 않은 황야가 아니라 오히려 에덴동산이었다. 이러한 구상 속에서 **원초적인 것**과 **자연적인 것**은 동의어이다. 인간의 불행은 사람들이 욕망하는 것이 거의 없고 쉽게 만족하던 단순한 존재 상태에서 시간이 지나면서 (특히 인간의 사악함 때문에) 점차 멀어지게 된 것에서 비롯된다. 따라서 인간의 본래 식생활 및 그 식생활과 함께한 삶의 방식을 회복하는 것이 정신적·육체적 건강을 회복하는 방법이다. 그레이엄이 "과일, 견과류, 전분질의 씨앗, 뿌리, 그리고 아마도 얼마간의 우유(어쩌면 꿀)가 십중팔구 최초의 가족과 1세대 인류의 음식을 구성했을 것이다"라고 주장했을 때(Graham 1877: 317), 그것은 동시대인들에게 그러한 물질들을 축으로 하여 형성된 식생활을 구축하는 것을 강력하게 정당화하는 것이었다. 자연과 은총 상태 간의 등식은 멧커프와 앨콧의 가르침에서도 찾아볼 수 있다. 그러나 자연식품 운동의 발전에서 훨씬 더 중요한 것은 자연적인 것의 개념이 자연식품 신봉자들과 함께 격상되었다는 것이었다.

이를테면 아세나스 니콜슨Asenath Nicholson이 쓴 1835책에 달하는 저작 『자연 자신의 책Nature's Own Book』은 미국에서 출판된 최초의 채식주의 요리책이었다. 그 책은 미국 남북전쟁 이전까지 채식주의자들을 위한 표준 참고서가 되었다. 조리법 섹션은 실제로 그레이엄의 철학에 부합하는 삶의 방식에 니콜슨이 보다 해박한 논평을 덧붙인 형태였는데, 이 조리법은 니콜슨이 뉴욕시에서 운영했던 템퍼런스 보딩 하우스Temperance Boarding House에서 실행되었다. 니콜슨은 이렇게 썼다. "첫 번째 원칙으로 돌아가자. 그리고 아담과 이브가 우리에게 남긴 저주를 통탄하면서, 만약 우리가 원래의 자연법칙을 따랐더라면 이 저주가 우리에게 이렇게까지 심하게 **영향을 미쳤을지**를 생각해보라"(Nicholson 1835: 6). 그녀가 보기에, 아담과 이브가 원래 먹었던 음식으로 돌아가면 적어도 부분적으로나마 구원을 얻을 수 있다. 실제로 니콜슨은 자신이 쓴 서문에서 아담과 이브를 자연에 귀속시킴으로써 자신의 책에서 펼친 가르침을 정당화한다. "나는 결코 독창적인 척하지 않고 자연의 무오류 법칙에서 파생된 기존 규칙을 따랐을 뿐이다"(Nicholson 1835: np).

니콜슨의 책에는 그레이엄과 니콜슨이 니콜슨의 하숙집을 위해 세운 규칙과 규정이 포함되어 있었다. 그 지침들은 간소하고 단순한 식사를 역설했고, "색다르거나 다양한 음식을 지나치거나 변덕스럽게 요구하는 것"에 대해 경고했다(Nicholson 1835: 15). 동물의 살이 완전히 금지된 것은 아니었지만, 단 것을 지나치게 소비하는 것과 마찬가지로 억제되었다(하지만 오늘날의 관점에서 보면, 그 조리법에는 많은 양의 감미료로 보일 수 있는 것이 들어 있었다). 하숙집 규칙의 목록은 엄격한 식이요법뿐만 아니라 금욕적인 생활방식을 장려하는 완벽한 행동 규약까지 묘사하고 있었다. 그 규약에는 깃털 침대 금지와 차가운 스펀지 목욕이 포함되어 있었다. 매트리스는 머리카락과 같은 단단한 물질로 만들어져야 했다(Nicholson 1835: 15).

니콜슨의 책이 예시하듯이, 자연적인 삶은 일반적으로 금욕적인 삶으로 여겨졌고, 19세기 식품 개혁가들은 다양한 음식을 섭취하지 않고 음식의 양을 제한하는 것이 갖는 건강상의 이점뿐만 아니라 도덕적 이점도 발견했다. 고기, 향신료, 알코올, 커피, 정제된 밀가루, 복잡한 배합 음식을 거부하는 것과 함께, 당시 발달하고 있던 자연식품 식생활은 억제 및 포기의 가치와 강력하게 연계되어 있었다. 거스필드가 그레이엄과 관련하여 주장했듯이, 고조된 욕구 — 성적 욕구와 음식과 관련된 욕구 모두 — 는 문명의 산물로 인식된 반면, 타고난 자기통제 성향으로 간주되는 것은 개인으로 하여금 이상적인 도덕적 질서를 재창조할 수 있게 해주는 것으로 여겨졌다(Gusfield 1992: 84~87). 이 금욕적인 이상은 내핍 그 자체를 위해 내핍에 가치를 부여했지만, 그것은 또한 그 당시 도시에 뿌리를 내리고 있던 소비사회에 대한 불신에서 비롯된 것이기도 했다. 일부 개혁가들은 식품 공급을 지배하는 상업 세력으로부터 자족과 독립을 달성하기 위한 가장 확실한 방법으로 땅으로의 복귀를 상정하기도 했다. 이런 경향은 식품 개혁의 신봉자들이기도 한 초월주의자들에게서 가장 잘 드러났던 것으로 보인다.

뉴잉글랜드를 중심으로 한 19세기 중반의 지적 운동인 **초월주의** transcendentalism는 "외적 사실보다는 개인의 의식에 초점을 맞추어 세계를 인식하는 방법"이라고 묘사되어 왔다(Gura 2007: 8). 부분적으로는 유일신교Unitarian Church의 신학 논쟁에서 비롯된 이 운동은 자의식을 신과 연결되는 통로로 보았다. 초월주의에는 어떤 통일된 교의도 존재하지 않았지만, 자신을 초월주의자로 자임한 일부 사람들은 식품 개혁 사상으로부터 영향을 받아 그러한 사상을 받아들이고 옹호했다. 이 관계를 가장 가시적으로 보여준 것이 1840년대에 두 공동체가 보여준 노력이었다. 매사추세츠주 웨스트 록스버리West Roxbury에서 조지 리플리George Ripley가 설립한 브룩 팜Brook Farm과 매사추세츠주 하버드에서 A. 브론슨 앨콧A. Bronson Alcott과 찰스 레인Charles Lane이 설립한 프루틀랜드Fruitlands가 그것이다. 두 전초기지 모두에서 주민들은 자신들이 먹는 데 필요한 모든 것을 생산함으로써 단순하고 자급자족적인 생활방식을 (큰 성공을 거두지는 못했지만) 창조하려고 노력하는 동시에 풍부한 정신적 생활방식을 계발하고자 했다(Francis 1997: 2010; Shi 1985; Gura 2007). 브룩 팜 주민들 대부분은 채식주의자가 아니었지만 그레이엄주의를 실천하는 사람들을 위해 그레이엄 식탁을 지정했다. 반면에 프루틀랜드는 식생활 개혁과 금욕적 생활방식에 완전히 전념했다(Swift 1973: 49; Shi 1985: 136).

브론슨 앨콧은 윌리엄의 사촌이자 루이자 메이 앨콧Louisa May Alcott의 아버지였다. 그는 주로 교육 혁신으로 알려졌지만, 자연과 조화를 이루는 채식주의와 금욕적 삶에도 전념했다. 브론슨 앨콧의 사업 파트너인 영국의 개혁가 찰스 레인은 프루틀랜드의 땅을 구매하는 데 필요한 재정을 지원했고, 그들은 파트너들의 자녀와 브론슨 앨콧의 아내 애비게일Abigail을 포함하여 약 10명의 사람과 그곳에 합류했다. 루이자 메이 앨콧이 자신이 열 살일 때 가족이 프루틀랜드에서 살던 시절을 배경으로 하여 쓴 풍자적인 소설 『초월적인 야생 귀리Transcendental Wild Oats』(1873)에서는 음식 — 또는 음식의 부족 — 이 중요한 역할을 한다. 이 이야기는 주민들이 대부분의 음식을 자제하는 데 지나치게 열성적으로 헌신하는 것을 조롱한다. 식사는 주로 갈색 빵, 채소, 과일, 물로 이루어져 있었다. 원칙적으로 프루틀랜드 사람들은 모든 동물 제품을 거부했고, 고기뿐만 아니라 유제품과 계란도 금지했다. 프루틀랜드 사람들은 동물의 도살뿐만 아니라 동물을 강제로 노동시키는 것도 비난하기 때문에 동물 노동 없이 일했고, 그레이엄처럼 분뇨를 고기 자체와 마찬가지로 불결하다고 여겼기 때문에 분뇨를 비료로 사용하는 것에도 반대했다(A. Alcott 1843; L. Alcott 1975: 38, 89; Sears 1915: 38~39, 49). 브론슨 앨콧은 (다음 세기에 들어서야 유기농업에 관한 사상들 속에서 정교화될) 토양의 건강에 대한 우려를 표명하면서 "현재의 농업 양식은 우리의 토양을 고갈시킨다"라고 선언했다(A. Alcott 1842: 426). 레인은 20세기 자연식품 운동의 또 다른 교리를 예견하기나 하듯이, "동물성 식품이 전혀 소비되지 않는다면 현재 사용되고 있는 땅의 4분의 1이면 인간이 생계를 유지하는 데 충분할 것으로 계산된다"라고 지적했다(Lane 1843: 119). 이처럼 영국에서 전개된 상황과 유사하게 미국 채식주의의 이상도 토지 보존에 관한 관념들과 결합되기 시작했다.

자급자족이 추구되면서 쌀과 당밀 같은 외국에서 재배된 먹을거리들도 그들의 식단에서 제거되었다. 일반적으로 오늘날의 자연식품 담론에서는 자신의 식재료를 현지에서 얻는 것을 중요시하는 태도가 최근에 나타난 현상이라고 가정하지만, 19세기 개혁가들이 식품 수입의 기저를 이루는 복잡한 교환체계로부터의 해방과 지역산 먹을거리의 관계를 분명하게 밝힌 후, 먹을거리의 현지 생산은 실제로 자연식품 운동에서 필수적인 것이 되었다. 레인과 브론슨 앨콧은 손수 재배한 먹을거리가 "외국 풍토에 의존하지 않는, 또는 운송과 거래 과정에서 변질이 일어나지 않은" 영양가 있는 식단을 마련해 준다고 주장했다(Sears 1915: 49~50). 그들이 보기에, 금욕적 생활방식은 금전적 이익과 시장의 불확실성, 다른 동물의 생명을 빼앗는다는 죄책감, 그리고 자신의 육체적 욕구로부터 사람들을 해방시켜 준다.

불행하게도 프루틀랜드의 실험에 참여한 사람들은 숙련된 농장 노동자도 아니고 교육받은 농장 노동자도 아니었다. 레인과 브론슨 앨콧은 자신들이 기울이는 노력의 지적 측면을 더 좋아했기 때문에 농촌공동체적 삶을 풀타임으로 경험하기보다는 그것의 장점에 관해 이야기하며 널리 여행했다. 농장 일에 대한 불충분한 관심과 레인의 가족생활 개념 및 독신주의 장려(레인은 나중에 한 셰이커Shaker 공동체에 가입했다)를 둘러싼 분쟁은 불과 반년 만에 정착을 포기하게 만들었다. 브룩 팜은 더 많은 성공을 거두었지만, 여전히 고군분투했고, 결국 7년 후에 일을 접었다. 이 두 공동체는 자급자족 실험이 단명했다는 사실로 인해 상당한 주목을 받았고, 정신적으로 부유하고 물질적으로 가난한, 그리고 자연 세계와 조화를 이루는 집단생활제도가 가능한지와 관련한 많은 논평의 전거 중 하나가 되었다.

실제로 식품 개혁 일반, 그리고 특히 그레이엄주의에 대한 공중의 인식은 상대적으로 적은 수의 신봉자들에게만 치중되어 있었다. 일부 저명한 시민들의 지지에도 불구하고, 공중의 견해는 칭찬과는 거리가 멀었다. 조롱이 일반적이었지만, 보스턴의 정육점 주인과 제빵사들이 자신들에 대한 비판을 이유로 그레이엄을 공격하겠다고 위협하고 나섰던 때처럼 때때로 대립이 더 심각해지기도 했다(Hoff and Fulton 1937: 694). 한 보험회사의 비서는 1837년 ≪그레이엄 건강 장수 저널Graham Journal of Health and Longevity≫에 보낸 편지에서 그레이엄 시스템을 칭찬했지만, 이렇게 덧붙였다. "나는 철저한 그레이엄인이면서도 그 사실을 기꺼이 고백하기를 꺼리는 사람들을 알고 있다. 그들은 비판과 조롱의 대상이 되고 싶어 하지 않는다"(Worthington 1837: 65). 주류 사회의 조롱과 불신은 자연식품 개혁가들 사이에서 비순응주의자로 오해받는 정체성이 형성되는 데 일조했다. 자연식품 지지자들은 자주 고정관념과 자신들의 주변적 지위에 맞서기 위해 열심히 노력했지만, 자신들이 자연식품 신봉자임을 드러내기를 꺼려한 것이 당시 출현하고 있던 자연식품 운동이 활성화되지 못하게 하는 데 일조한 것도 사실이었다. 그레이엄주의의 초기 물결이 가라앉은 후, 식품 상인들은 자신들의 경제적 이익이 고기와 흰 빵을 포기한 소수의 사람에 의해 영향을 받을 수 있다는 걱정을 하지 않게 되었고, 그냥 그레이엄인들을 무시하기로 결정했다. 따라서 위협보다는 호기심의 대상이 된 이 식품 개혁가들은 대체로 방해받지 않으면서, 그리고 주류 감성과 거의 부딪치지 않으면서 자신들의 노력을 계속 이어갈 수 있었다.

집합행위에 나서기

그레이엄인들의 수는 적었고, 그중 많은 사람이 자신들의 옹호 노력의 대부분을 금주나 다른 개혁 활동에 쏟았다. 그러나 자연식품 생활방식 운동은 초기 제도화의 길을 걷고 있었다. 그 당시의 다른 사회운동들처럼, 식품 개혁가들은 신봉자들의 견해를 토론하고 홍보하기 위해 간행물을 발간하고 협회를 결성했다. 그들이 상업적 노력을 후원하는 것은 그리 일반적인 일이 아니었다.

존 벤슨John Benson이 1836년에 보스턴에서 소집한 토론그룹이 그레이엄의 사상에 대해 지지를 표명하고 그의 교의에 대한 '공중의 편견'을 개탄하는 여러 결의안을 통과시키면서, 협회 활동이 공식화되었다. 더 나아가 이 단체는 "그레이엄이 관여하고 있는 대의는 개인적 또는 사적 관심사가 **아니라**(그리고 어떤 식으로든 그렇게 간주되어서는 안 된다), 모든 인간의 신뢰를 받을 만한 현저한 가치가 있는 인류 공통의 관심사로, 그리고 모든 기독교도와 자선가들이 확고하게 지지해야 하는 것으로 간주되어야만 한다"라고 결의했다(Hoff and Fulton 1937: 695에서 인용).

그레이엄주의가 갖는 사회적 성격에 대한 이러한 표명은 벤슨, 윌리엄 앨콧 등으로 하여금 몇 달 후인 1837년 2월에 미국생리학회American Physiological Society를 결성하게 했다(Hoff and Fulton 1937: 696; Shprintzen 2013: 40~41). 그해 5월경에 127명의 '신사'와 76명의 '숙녀'가 학회에 가입했다(하지만 흥미롭게도 그레이엄은 그들 중 한 명이 아니었다[7]). "우리가 영향력을 행사할 수 있는 모든 장소에서 그러한 협회들을 결성하기 위해 최선의 노력을 다한다"라는 약속에 부합하게 매사추세츠의 다른 곳들, 즉 뉴욕, 오하이오주의 오벌린, 그리고 성경-기독교인들이 회원의 다수를 이루는 필라델피아에도 지부가 설립되었다(Hoff and Fulton 1937: 700, 704; Maintenance Company 1922: 40). 비록 불과 몇 년 동안만 지속되었지만, 미국생리학회는 1850년에 미국채식주의협회American Vegetarian Society가 설립될 때까지 자연식품의 원리를 홍보하는 가장 눈에 띄는 협회였다.

이 미국채식주의협회에는 새로운 옹호자 세대도 포함되었으나, 그곳에서도 윌리엄 앨콧과 윌리엄 멧커프는 다시 리더 역할을 했다. 그런데 협회의 이름을 놓고 얼마간 분쟁이 있었다. 매사추세츠주 벨처타운Belchertown 출신의 한 지지자는 다음과 같이 썼다. "하지만 나는 이 협회에 붙여진 이름과는 매우 다르다. 그 이름은 그 기반을 충분히 다 포괄하지 못한다. 어떤 사람은 채소 왕국을 떠나가지 않으면서도 건강 규칙에 대해 많이 그리고 엄청나게 분노할 수도 있다. 마약과 향신료는 적어도 고기만큼이나 나쁘다. 그 금지된 과일은 채소였다. 힌두인들은 전적으로 식물성 음식을 먹고 살지만, 인간 종 중에서 가장 뒤떨어진 종의 하나이다. '생리학회' 또는 '그레이엄학회'가 내게는 더 잘 어울릴 것이다"(Filer 1850). 그래도 채식주의는 여전히 그 단체의 중심점으로 남아 있었고, 벨처타운 출신 신사의 자민족중심적인 논평이 시사하듯이, 미국채식주의협회는 여전히 기독교적 준거 틀에 뿌리를 두고 있었다. 그럼에도 불구하고 이 단체는 1850년대 후반에 문을 닫을 때까지 식품 개혁과 관련된 더 광범한 이해관계를 가진 사람들을 연결하는 수단이 되었다.

채식주의, 단순성, 식생활의 절제와 관련된 사상을 보급하는 수단이 된 많은 저널, 소책자, 서적은 제도화의 또 다른 형태였다. 식품 개혁에 관한 문헌을 개발하는 것에 대한 관심은 증거를 뒷받침하고자 하는 열망과 연관되어 있었고, 이는 식품 개혁이 신학뿐만 아니라 과학과 역사에도 의지하고 있었다는 것을 뜻했다. 미국생리학회의 회원들은 교육을 더욱 강화하기 위해 자신들이 이용할 목적으로 관련 저작들로 꾸며진 순회도서관을 설립했다(Hoff and Fulton 1937: 707). 또한 자연식품 생활방식과 관련된 일단의 원칙을 전파하는 데서 중요한 역할을 한 것이 바로 그 시대에 출판된 소수의 채식주의 요리책이었다. 특히 1870년대 이전에는 이들 요리책은 자주 실제 요리법보다 채식주의의 근거를 설명하는 데 더 많은 지면을 할애했다(L. Miller and Hardman 2015).

특히 두 가지 활동이 상업적 기업들로 하여금 이 운동에 참여하게 하는 데서 중요했다. 1837년 4월에 ≪그레이엄 건강 장수 저널≫은 미국생리학회가 보스턴에 생리학 마켓physiological market을 설립하려 한다는 계획을 알렸다.[8] 그다음 달에 ≪그레이엄 건강 장수 저널≫은 농부들에게 샘플을 공급해 달라는 요청을 공지하면서, 다음과 같이 썼다. 우선권은 "생리학적 원리에 따라 재배된 물품에 주어질 것이다. 공급되는 물품들은 인류를 괴롭히는 많은 질병을 유발하는 원인이 될 수 있는 비자연적 또는 인위적인 과정의 도움을 받지 않고 아무것도 섞이지 않은 순수한 토양에서 당연히 그 종의 생산에 가장 완벽한 방식으로 재배된 것이어야 한다"(Perry and Campbell 1837: 56). 미국생리학회의 회계담당자인 너새니얼 페리Nathaniel Perry의 지시하에 그해 9월 파예트 코트Fayette Court에 한 식료품점이 문을 열었다. 그곳에서는 곡물, 야채, 과일, 감미료, 유제품, 그리고 그레이엄 제빵사 시플리Shipley 씨가 공급하는 빵과 크래커를 판매했다.[9] 그 가게는 자연식품 신봉자들 가운데 도시 생활방식을 포기하고 시골로 이주하여 진정으로 자급자족할 수 있는 사람은 거의 없다는 인식을 암묵적으로 자아냈다. 기존 시장이 제품을 제대로 공급하지 못하다면, 신봉자들은 그 대신에 자신들이 열망하는 음식 관련 관행을 지원하는 대안적 상업활동에 참여할 필요가 있었다.

그레이엄의 원칙에 따라 준비된 식사를 원하는 사람들에게 서비스를 제공하는 하숙집도 1830년대에 뉴욕, 로체스터, 보스턴에 몇 개 생겼다.[10] 그러한 하숙집 대부분은 오래 살아남지 못했고, 19세기의 아주 늦게까지도 채식 요리가 상업화되기는 어려웠다. 실제로 채식주의 레스토랑은 아마도 그곳 음식이 맛보다는 올바른 식단을 더 중시할 것이기 때문에 21세기에도 지속되기가 어려울 것이다. 채식주의 수치료 시설의 여주인은 1854년에 채식주의 음식으로 하숙인들을 만족시키기란 어렵다고 쓰면서, 윌리엄 앨콧이 자신에게 식사에 우유, 달걀, 단 것 및 여타 여러 가지를 제공함으로써 순수성 기준을 위반했다고 넌지시 말한 것에 대해 항의했다(M. Stewart 1854). 그녀의 비평은 채식주의 식당이 직면한 문제를 보여준다. 식생활 제한에 대한 엄격한 해석은 고객을 제한할 가능성이 큰 반면, 보다 포괄적인 메뉴는 순수주의자들로부터 비판을 받을 수 있었다. 이 딜레마는 운동 추종자들이 점점 더 운동지향적 제품의 소비자로 바뀌는 향후 몇십 년 동안 더 자주 일어나게 될 갈등 유형을 예기하는 것이었다.

시장 조사하기

19세기 후반에는 국내와 국외(특히 중부 유럽)의 새로운 영향을 받으면서, 건강개혁 운동이 더욱 다양해졌다. 그레이엄의 전통은 특히 수치료 옹호자들에 의해 가장 주목할 만하게 수행되었다.[11] 수치료, 또는 수치료요법은 좋지 않은 건강을 치료하기 위한 목욕요법과 다량의 물

섭취를 포함했다. 특히 실레지아Silesia(현재의 체코 공화국)의 빈센트 프리에스니츠Vincent Priessnitz의 아이디어를 빌려 1840년대에 미국에서 수치료가 시작되었고, 1850년대 중반경에 전국적으로 62개의 수치료 시설이 운영되었다(H. Green 1986: 63). 다시 한번 북동부, 특히 뉴욕주가 운동 지도부의 중심지였다. 가장 잘 알려진 미국 옹호자 조엘 슈Joel Shew, 토머스 로Thomas Low와 메리 고브 니콜스Mary Gove Nichols, 러셀 태처 트랄Russell Thacher Trall, 그리고 제임스 케일럽 잭슨James Caleb Jackson도 그레이엄주의의 신봉자였다. 하지만 그들은 물, 식단, 운동, 적절한 옷에 대한 자신들의 혼합된 아이디어를 **위생시스템**hygienic system이라고 언급하는 경향이 있었다. 그들은 자신들의 시설의 후원자와 자신들의 강연의 청중에게 채식주의를 택할 것을 촉구했고, 트랄과 잭슨의 경우에는 후원자와 청중이 적절한 식생활에 적합한 식품 품목들을 구매할 수 있는 여건을 마련했다. 1860년경에는 그레이엄 밀가루와 트랄의 상표가 붙은 그레이엄 크래커가 트랄의 위생연구소Hygienic Institute가 위치한 뉴욕의 라이트 스트리트Laight Street 17번가에서뿐만 아니라 우편 주문을 통해서도 판매되었다.[12] 다른 곡물들이 판매 물품에 추가되었지만,[13] 트랄은 식품 상인이 되는 것보다는 자신이 쓴 책과 자신이 편집한 저널을 판매하는 데 훨씬 더 관심이 있는 것처럼 보였다.

자연식품 시장을 개발하기 위한 보다 중요한 움직임은 제임스 케일럽 잭슨에 의해 취해졌다. 잭슨은 자연식품 리더가 자연에서 직접 추출한 단순한 식품을 추천하는 일에서 벗어나서 자연식품 신봉자들에게 맞추어 제조된 복합 식품 품목을 홍보하는 일을 하는 것으로 나아간 첫 번째 단계를 상징하는 인물이었다. 잭슨은 뉴욕 댄스빌Dansville의 힐사이드에 있는 아워 홈Our Home이라고 불린 유명한 수치료 요양원을 운영하면서 환자들에게 고기, 커피, 차를 포기하라고 조언했다. 그는 1888년 광고에서 "최고의 제네시 밸리 화이트 윈터 밀Genesee Valley White Winter Wheat을 재료로 하여 즉석 식탁용으로 준비된, 두 번 조리한 비교할 수 없는 음식"이라고 묘사한 그래놀라Granula를 개발했다.[14] 그래놀라는 그 광고가 내세우는 만큼 단순 제품은 아니었던 것 같다. 왜냐하면 그것을 잘 씹을 수 있게 만들기 위해서는 밤새 우유에 담가놓아야 했기 때문이다.

아워 홈 그래놀라 코Our Home Granula Co.는 1863년부터 그래놀라를 생산해 왔다고 주장했지만,[15] 그럴 가능성은 없어 보인다. 나는 1870년대에 들어서면서부터만 그래놀라의 존재와 관련한 증거를 발견할 수 있었다. 나는 잭슨(또는 그의 아들 중 한 명)이 1870년대 중반에 과립 밀의 변형물로 그래놀라를 만들었다고 믿는다. 과립 밀은 거칠게 빻은 밀과 비슷한 물질로, 후자는 밀가루만큼 곱게 갈지 않아서 통곡물을 더 많이 보존하고 있기 때문에 그레이엄인들 사이에서 인기가 있었다. 영국과 캐나다에서는 과립 밀이라는 제품이 다소 일찍 출시되었지만,[16] 미국에서 과립 밀은 1872년에 미네소타주 세인트폴Saint Paul에서 이래스터스 머리Erastus Murray라는 사람이 밀을 깨뜨리고 그다음에 (그레이엄의 가르침과는 달리) 밀기울과 껍질을 제거하기 위해 체질을 하고 물로 씻어내는 것으로 이루어진 자신의 공정에 대해 특허를 출원하면서 등장했다.[17] 머리의 제품이 등장한 직후에 '과립 밀'이라고 불린 다른 유사한 제품들이 판매되기 시작했고, 그 제품들 모두는 건강에 좋은 품질을 내세워 마케팅되었으며, 일부는 아침 식사용으로 광고되었다.[18] 머리의 제품을 포함한 대부분의 제품은 실제 사업으로 이어지지는 못했다.

얼마간 성공을 거둔 생산자 가운데 한 사람이 프랭크 풀러였다. 미국 남북전쟁 당시 유타주 주지사였던 치과의사 풀러는 1874년 뉴욕에 자신의 헬스 푸드 컴퍼니Health Food Company를 설립했다.[19] 그 회사의 이름에서는 단어 선택이 중요했다. 풀러는 좋지 않은 건강을 치료하는 데에는 약보다도 적절한 식생활이 훨씬 더 낫다고 생각한다는 점에서 그레이엄인들과 비슷했고, 또 자극제와 단 것을 비난했지만 채식주의를 신봉하지는 않았다. 게다가 그레이엄주의를 공개적으로 비난하기는 했지만, 그의 주요한 불만은 전체적으로 보면 상대적으로 사소한 차이였다. 풀러는 그레이엄 밀가루에 남아 있는 밀기울 껍질과 으깨진 밀이 위를 해칠 수 있다고 비난했다. 풀러는 그레이엄인들과 더욱 거리를 두면서 자연의 이미지를 경시하고, 대신 자신의 시리얼 제품이 지닌 건강 개선 특성에 계속해서 초점을 맞추었다.[20] 풀러는 발전하고 있던 자연식품 운동과의 친화성을 주장하지 않았다. 풀러의 제품을 사용하는 사람들 가운데에는 건강개혁 신봉자들도 있었지만, 풀러는 위생 식품 지도자들로부터 결코 전적인 지지를 받지는 못했다.[21] 풀러 역시 그간 출간된 대부분의 자연식품 역사물에서 누락되어 있었다. 그의 지위는 후일 내부자와 외부자를 나누는 경계선이 되는 자연식품 판매의 한 형태가 시작되었음을 알린다는 점에서, 그리고 자연식품을 정의하는 그의 기준이 (특정 식품의 장점을 이해하는) 보다 광범한 도덕적 틀을 받아들이고 있다는 점에서 주목할 만하다.

풀러는 개혁자 집단에 속하지 않음에도 불구하고, 그 집단에 지속적으로 영향을 미쳤다. 그는 **건강식품**이라는 용어를 처음으로 사용했으며, 나중에 이 용어는 자연식품 운동에 이바지한 산업에 의해 채택되었다. 풀러는 자신의 밀가루와 곡물에 그 개념을 적용했다. 그는 또한 건강에 좋은 식품을 원하는 사람들을 위해 포장된 조리제품을 고안했다.

풀러는 자신이 '과립 밀 비스킷'이라고 부른 것을 만들었고, 보리와 밀 글루텐으로 만든 시리얼 커피를 제조했다.[22] 이 제품들은 영양가가 있었고 특히 '소화력이 약한' 사람들에게 좋은 제품으로 마케팅되었지만, 그럼에도 불구하고 가정주부들이 부엌에서 생산하는 물질과 크게 다르지 않았다.

더 완전한 역사적 기록이 없기 때문에 잭슨이나 그의 동료들이 풀러의 제품으로부터 영향을 받았는지는 알 수 없다. 여하튼 댄스빌의 건강 개혁가들은 비슷한 품목을 제조했지만, 제품 개발과 마케팅에서 몇 걸음 더 나아갔다. 브랜드 작업의 탁월함이 중요해지기 시작한 시대에,[23] 잭슨은 자신의 식품을 그래눌라라고 불렀는데, 그 이름은 과립 밀에서 따온 것이었다(Canadian Patent Office 1895: 69). 그래눌라는 다른 곡물이나 크래커처럼 이용되지 않았지만, 부분적으로 이미 조리되어 있었고, 아침 식사 음식으로 소비될 예정이었다. 그래눌라는 그레이엄 밀가루와 물을 섞어 얇은 판에서 반죽을 구운 다음 작은 조각으로 부수어서 그것을 다시 굽는 방식으로 만들어졌다(따라서 '두 번 조리된다'; G. Carson 1957: 67). 힐사이드에 있는 아워 홈 손님들을 위해 처음으로 준비된 그래눌라는 더 광범위한 고객들에게 팔릴 만큼 충분히 인기가 있었던 것으로 입증되었다. 1880년경에는 우편 주문과 보스턴과 로체스터에 소재한 판매점을 통해 매달 2톤의 그래눌라가 판매되었다. 1882년에 요양원이 화재로 피해를 본 후 그래눌라 사업은 별도의 회사로 분리되었고, 1883년에는 댄스빌에 있는 별도의 시설로 생산이 이전되었다. 1890년대에 아워 홈 그래눌라 코는 소모Somo라고 불린 시리얼 기반의 커피 대용품을 판매하기 시작했다. 회사의 소유권은 두 번 바뀌었고, 배틀 크릭 사업이 시작된 후 (뒤에서 기술하듯이) 매출이 감소했다.

1921년경에는 그래놀라의 생산이 중단되었다.[24]

그래놀라는 때때로 최초의 차가운 아침 식사용 시리얼로 추켜세워진다. 하지만 나의 관점에서 볼 때, 잭슨이 갖는 첫 번째 중요성은 그가 그래놀라를 비스킷이나 크래커 또는 다른 친숙한 음식 품목과 차별화함으로써 자연식품을 공학적 음식의 세계로 끌어들였다는 것이다. 다시 말해 그는 비록 순수한 자연 성분에서 얻었지만 겉으로 보기에 가정의 요리사가 복제할 수 없을 정도로 복잡해 보이는 신제품을 발명했다. 잭슨 자신은 아마도 그래놀라를 판매하는 실제 사업에는 별로 관여하지 않았을 것이다. 그렇지만 잭슨의 사례는 단순히 다른 사람들이 그의 이름을 걸고 수행하는 활동 덕분에 리더가 실제보다 더 많은 공로를 인정받은 경우가 아니다. 잭슨이 건강개혁 운동에서 존경받는 지위를 획득한 것은 그래놀라를 하나의 위생적인 식품으로 정당화시키는 데서 결정적인 역할을 했다. 왜냐하면 풀러와 달리 잭슨은 단순한 일개 상인으로 치부될 수 없는 존재였기 때문이다. 자연식품 운동의 리더가 자연식품 사업을 창출하는 이러한 과정은 곧 미시간주 배틀 크릭에서 존 하비 켈로그에 의해 훨씬 더 광범위한 방식으로 반복되었다.

건강의 도덕성

잭슨이 자연식품에 미친 영향력의 범위는 그래놀라와 소모의 판매량을 훨씬 넘어서는 것이었는데, 이는 음식과 건강에 대한 그의 사상이 1840년대에 밀러파Millerite 종파로 시작된 종교단체인 제7일 안식일 예수재림파 지도자들에게도 영향을 미쳤기 때문이다. 윌리엄 밀러William

Miller는 침례교 설교자로, 그리스도의 재림과 세계의 종말이 1843년에 일어날 것으로 예측했으나 그 해가 지나고 1844년이 되어도 그런 일은 없었다. 재림이 아직 일어나지 않았을 때(역사학자들은 이를 대낙담Great Disappointment이라고 칭했다), 밀러의 추종자 중 일부는 완전히 환멸을 느꼈던 반면, 다른 사람들은 밀러의 사상을 완전히 포기하지 않고 하나의 설명을 추구하고 나섰다. 1844년에 일어난 일을 재림의 서곡으로 해석해야 한다고 믿었던 한 집단은 처음에 안식일파Sabbatarian라고 불렸다가, 후일 구원받은 기독교인들은 일주일 중 일곱 번째 날에 안식일을 지켜야 한다는 그들의 믿음 때문에 제7일 안식일 예수재림파로 불렸다(Numbers 1976; Bull and Lockhart 2007).

초기부터 제7일 안식일 예수재림파 지도자들은 건강개혁과 채식주의에 관심을 가지고 있었지만(창시자 조셉 베이츠Joseph Bates는 1843년에 그레이엄주의의 추종자가 되었다; Numbers 1976: 128), 위생적인 삶에 대한 관념은 엘런 G. 화이트Ellen G. White — 그녀는 교단에 의해 또 다른 창시자이자 예언자로 여겨졌다 — 가 1863년에 건강한 삶이 훌륭한 기독교인의 삶에서 갖는 중요성을 계시하면서 중심적인 종교적 교의가 되었다. 화이트의 사상 중 얼마나 많은 것이 잭슨, 건강 개혁가, 채식주의자 라킨 B. 콜스Larkin B. Coles 등으로부터 차용되었는지에 대해서는 일부 논란이 있다. 화이트와 그녀의 남편 제임스James는 1864년 힐사이드에 있는 '아워 홈'에서 시간을 보냈고, 그녀는 그 이전에 이미 잭슨의 글들을 접했었다.[25] 그러나 재림교도들이 그녀의 모든 계시가 신으로부터 직접 비롯되었다는 화이트의 주장을 받아들였는지와는 무관하게, 그녀의 가르침은 재림교도들에게 특별한 의미를 가지게 되었다(그리고 지금도 여전히 그러하다). 화이트는 건강에 대한 자신의 초기 견해에 입각하여 2년 동안 출간한 일련의 팸플릿에서 자연의 치유력을 강조하고 고기, 알코올, 그리고 의사들이 처방한 약물을 비난하는 철학을 제시했다.

화이트가 볼 때, 건강 관행과 종교적 믿음은 뗄 수 없게 연결되어 있었다. 건강한 몸은 독실한 신앙과 밀접히 관련되어 있고 질병은 신의 율법을 따르지 않은 결과일 가능성이 크다고 인식되었다. 게다가 좋은 건강을 전파하는 것은 종교적 이상을 전도하는 수단이었다(Olsen 1972: 265~270). 화이트는 이 철학에 부합하게 자신에 앞서 그레이엄인들이 설정한 관계, 즉 신의 뜻과 자연적인 것, 금욕적인 삶, 그리고 건강 간의 관계를 강화했다. 그녀는 다음과 같이 진술했다. "창조자는 아담과 이브를 위해 그들의 건강과 행복에 가장 적합한 환경을 선택했다. 창조자는 그들을 궁전에서 살게 하지도 않았고, 오늘날 그토록 많은 사람이 얻기 위해 고군분투하고 있는 인공장식물과 사치품으로 그들을 둘러싸지도 않았다. 창조자는 그들을 자연과 밀접하게 접촉하게 하고 하늘의 거룩한 자들과 긴밀하게 교감하게 했다"(E. White 1942: 261). 화이트가 볼 때, 자연 맞이하기, 단순한 옷차림, 자극제의 회피, 그리고 "가능한 한 단순하고 자연스러운 방식으로 준비된" 채식주의 식단(E. White 1942: 296)은 의사들의 약물을 불필요하게 만들었다.[26]

화이트는 평생 건강과 영양 문제에 대해 광범위하게 이야기하고 저술했으며, 그녀의 지시에 따라 보건소와 레스토랑을 세우는 것은 재림파 전도사업에서 중심적인 부분이 되었다. 그중 첫 번째의 것이 힐사이드의 아워 홈을 모델로 하여 1866년에 배틀 크릭에 문을 연 서부건강개혁연구소Western Health Reform Institute였다. 10년 후 재림교도들은 존 하비 켈로그를 고용하여 연구소를 운영했으며, 1877년에 켈로그는 그곳의 이름을 배틀 크릭 새너토리엄으로 바꾸었다. 켈로그가 자연식품을 상업화하기 위해 진정으로 체계적인 노력을 처음으로 기울이고 성공을 거둔 것도 바로 그곳에서였다.

에덴동산에서 배틀 크릭 공장으로

제7일 안식일 예수재림교도로 자란 존 하비 켈로그는 채식주의, 통곡물, 그리고 술·커피·차 없는 식생활에 대한 화이트의 헌신을 공유했을 뿐만 아니라, 그러한 식생활 관행을 신의 불가침 계율의 하나로 본다는 점에서, 심지어는 그것을 중요성 면에서 안식일을 지키는 것과 동등한 것으로 본다는 점에서 화이트를 넘어섰다. 이 입장은 결국 그를 다른 교회 지도자들과 반목하게 만들었지만, 4반세기 동안 그는 제7일 안식일 예수재림교회 내에서 영향력을 행사했다. 켈로그는 수많은 활동을 했다. 그는 다방면에 걸친 강연을 했고, 여러 뉴스레터와 저널을 발행했고, 여러 권의 책과 팸플릿을 저술했고, 의사 개업을 했고, 다양한 의료 기기를 발명했으며, 교육 시설, 재단, 자발적 결사체들을 설립했다 (Schwarz 1970).[27] 그는 식생활 문제에만 국한하지 않고 다양한 건강 관행을 제창했다. 보다 모호한 관행 중 일부 — 이를테면 전기 광선 요법, 관장기, 성적 금욕 — 는 그를 자주 조롱의 대상이 되게 했고, 자연식품을 별난 사람들이 집착하는 식품으로 바라보게 하는 데 한몫했다.[28] 여기서 나는 켈로그의 삶의 이러한 다면적 측면은 제쳐두고, 그가 공학적 식품의 소비를 통해 자연식품 생활방식을 획득하는 법과 관련한 생각을 어떻게 진척시켰는지에 대해 주로 관심을 두고 있다.

켈로그는 점차 요양원의 식당에 자신의 식생활 원칙을 도입하여 환자에게 봉사할 수 있는 특별한 음식을 개발했다. 그런 음식 중 하나가 그래놀라Granola였는데, 그 구운 과립 시리얼은 잭슨의 그래눌라와 비슷하지만 여러 종류의 곡물로 만들어졌고 준비하고 먹는 것이 더 편리했다. 그래눌라와 그래놀라의 형태와 이름이 유사하다는 것에 대한 의문이 제기되자, 켈로그는 자신이 그 제품을 만들었을 때에는 잭슨의 제품을 알지 못했고, 그래눌라와의 유사성을 발견한 것은 자신의 환자들이었다고 주장했다. 켈로그는 자신의 물건을 그래놀라라고 부른 것은 단지 그 둘을 구별하기 위해서였다고 말했다.[29] 이 이야기가 얼마나 정확한지, 또는 다양한 초기 시리얼 제품의 발명가들이 서로에 대해 얼마나 알고 있었는지를 (또는 서로로부터 얼마나 도용했는지를) 판정하기란 어렵다. 그들은 자신들의 실험이 시장에서 가치 있는 물건을 생산할 것이라는 생각을 거의 하지 않았기 때문에, 처음에는 특허나 상표에 대해 고민하지 않았다. 그러나 그래놀라는 켈로그가 다른 기업과 유사점을 공유하는 제품을 생산하거나 이름을 붙인 몇 가지 사례 가운데 첫 번째 사례일 뿐이었다. 어떤 상황에서는 켈로그가 창시자로 보였고, 다른 때에는 그가 무단으로 차용하는 것처럼 보였다. 그러나 그의 창조물이 지닌 독창성과 무관하게 켈로그를 많은 경쟁자와 구별시켜 준 것은 켈로그가 자신의 사업 활동을 더 넓은 철학적 틀 속에, 적어도 초기에는 종교적 틀 속에 위치시킨 것이었다. 켈로그에게 식품사업은 기본적으로 기독교의 이상과 위생 식품 운동을 진전시키기 위한 하나의 수단이었다. 켈로그는 식품 개혁을 주창하는 데 주저하지 않았다. 이는 자연식품 신봉자들 사이에서 그가 존경받게 했고, 그가 20세기까지 탁월한 자연식품 기업가로 자리매김하는 데 일조했다.

켈로그가 처음에 벌인 식품 활동은 배틀 크릭 새너토리엄에서 손님들에게 봉사하고 그들과 더 광범한 재림파 공동체에게 올바른 식생활에 대해 교육하는 것이었다. 그러한 노력을 하는 과정에서 아내 엘라 E. 켈로그Ella E. Kellogg ― 요양원에서 시험 주방을 운영하고 요리 수업을 진행하고 켈로그의 출판물을 위한 조리법 칼럼뿐만 아니라 자신의 요리책도 저술한 ― 의 도움을 받았다. 다른 수치료 시설과 마찬가지로 요양원은 켈로그가 그곳의 직책을 맡은 직후부터 그레이엄 크래커를 판매할 수 있었다.[30] 이때부터 비스킷, 크래커, 웨이퍼, 그래놀라 및 여타 시리얼에 대한 얼마간의 거래가 시작되었다. 1881년경에는 19개의 곡물 제품이 새너토리엄 식품부에서 생산되었다.[31]

1880년대 초에 존 하비의 동생 윌리엄 K. 윌 켈로그William K. Will Kellogg가 식품부서와 관계를 맺었고, 10년 동안 윌은 많은 사업을 관리했다.[32] 이 모험은 수년에 걸쳐 여러 가지 이름으로 진행되었는데, 그 이름들은 대부분 새너토리엄, 사니타스, 배틀 크릭 푸드의 변형이었다. 그 기업의 성장은 1888년 새너토리엄 푸드 코Sanitarium Food Co.라는 공식 조직으로 인정받았다. 존 하비 켈로그가 자신의 제품을 '건강식품'이라고 언급하기 시작한 것도 그 해였다. 그전까지 그의 제품은 '환자용 음식'으로 광고되었지만, 1888년 4월에 전환이 일어났다. 이 새로운 용어는 그 식품의 조리가 "환자층에 속하는 사람들뿐만 아니라 '좋은 삶'을 통해 질병을 피하기를 원하는 사람들까지를 대상으로 한다"라는 회사의 주장을 부각시켰다.[33] 이러한 용어상의 변화는 위생 식품에 새로운 라벨이 붙여지고 있었다는 것을 의미했고, 이 라벨은 자연식품의 이상과 관련된 모든 제조 식품에 적용되었다. 또한 켈로그는 1893년 자신의 회사를 새너토리엄 헬스 푸드 컴퍼니Sanitarium Health Food Company로 개명한 후, 프랭크 풀러로부터 상표권 침해를 이유로 두 건의 소송을 제기받고 법정에 서게 되었다. 켈로그는 회사 이름에서 '건강'을 빼야 했지만, 건강식품을 일반 범주로 언급할 권리를 얻었다.[34] 이 의미론적 전환은 이 부류의 제품이 지닌 건강 특성을 강조하는 동시에 자연식품 운동에 위생 **포장** 식품을 지칭하는 어휘를 도입하는 데서 중요한 역할을 했다.

1893년은 켈로그 형제가 식품사업을 확대하기로 결정한 해이기도 했다. 더 많은 곡물 제품이 공급 물품에 추가되었고, 10년 후 견과류, 밀 글루텐, 효모로 만든 많은 고기 대체물이 생산되었다. 존 하비 켈로그는 수년 동안 75개에서 100개 사이의 제품을 개발했다고 주장했다.[35] 하지만 제품의 차별화는 기존 물질을 약간 변화시켰을 뿐인 경우가 많았다. 1899년에 '새로' 출시된 견과류 제품으로만 너톨린Nuttolene, 너톨Nuttol, 너톨라Nuttola, 너타Nutta, 너트 수프 스톡Nut Soup Stock, 베지터블 에그Vegetable Egg, 만노Manno, 그랑너트Granuts, 코코 크림Coco- cream이 있었다. 처음에는 너톨라가 이 그룹에서 가장 큰 인기를 끌었고, 베지터블 에그와 코코 크림은 곧 단종되었다.[36] 존 하비가 여전히 더 공적인 인물로 남아 있었지만, 의심할 바 없이 윌이 마케팅 혁신뿐만 아니라 많은 신제품에 대해서도 책임을 지고 있었다. 1896년에 식품판매는 15만 달러에 달했고(International Medical Missionary and Benevolent Association 1897: 138), 그 돈은 존 하비 켈로그의 다른 많은 활동에 자금을 지원하는 데 사용되었다. 1900년경에 매출은 19만 6000달러로 증가했다.[37]

오늘날 켈로그 형제는 여전히 땅콩버터와 콘플레이크를 발명한 것으로 가장 잘 알려져 있다. 그러나 새로운 종류의 공학적 건강식품을 예시한 것은 프로토스Protose라고 불린 가장 인기를 끈 고기 대체품이었다. 엘라 켈로그는 『주방의 과학Science in the Kitchen』이라는 자신의 요리책 1898년판에서 이 제품이 왜 그렇게 바람직한지를 설명했다. "프로토스, 즉 야채 고기는 다양한 고기 음식을 가장 잘 대체하는 물질로, 맛과 모양에서 고기 음식을 닮아 있고, 동일한 식품 요소로 구성되어 있다. 프로토스는 캔에 들어 있는데, 통조림 고기처럼 미리 얇게 썰어서 제공되거나 다시 요리할 수도 있으며, 매우 다양한 맛있는 요리들로 조리될 수도 있다"(E. Kellogg 1898: 398). 그녀의 요리책에 프로토스 요리법이 다수 포함되어 있는 것처럼, 켈로그 출판물들은 그 회사의 제품에서 얻을 수 있는 이점을 정기적으로 언급했다. 이런 식으로 배틀 크릭 새너토리엄 제품의 마케팅(〈그림 1〉 참조)은 존 하비 켈로그의 건강개혁 이상을 함께 홍보했다.

독자들이 다소 모호한 각종 재료로 만든 통조림 고기 대체물이 어떻게 단순함과 자연의 순수한 산물임을 강조하는 기존의 '자연' 이데올로기에 통합될 수 있었는지를 궁금해 하는 것도 무리가 아닐 것이다. 존 하비 켈로그는 그래놀라를 만들기 시작하면서 건강식품 제조의 근거를 분명히 밝혔는데, 그는 자신의 제품이 자연에서 직접 얻은 기본 식품보다 더 건강하고 자연적일 뿐만 아니라 인간의 소비에 더 적합하다고 제시했다.

켈로그는 인간의 몸은 가공하지 않은 상태의 곡물을 거부할 수 있으며, 따라서 음식을 더 잘 소화할 수 있게 만들기 위해서는 요리가 필요하다고 주장했다. 그는 그래놀라를 독특하게 만든 것은 단지 그것이 미리 조리되었다는 사실이 아니라 전분을 '덱스트린화하는dextrinize' 방식으로 조리되었다는 사실이라고 주장했는데, 이는 전분이 당으로 분해되었다는 것을 의미한다. 켈로그는 이 과정을 통해 음식이 더 쉽게 소

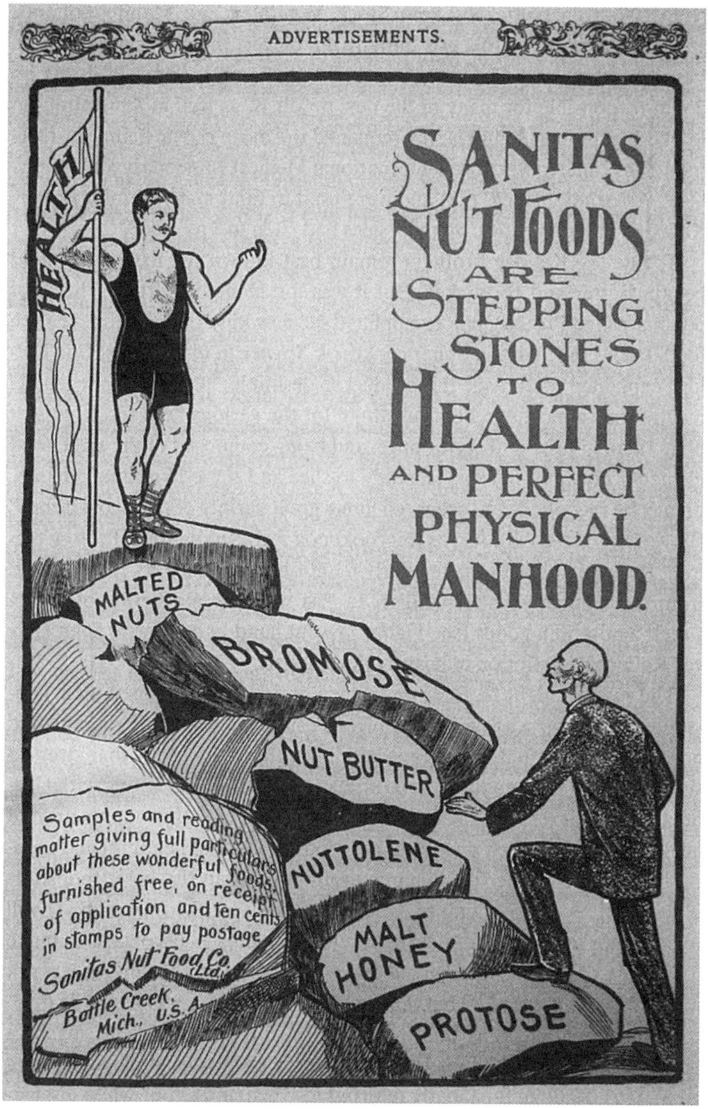

〈그림 1〉 사니타스 너트 푸드 코(Sanitas Nut Food Co.)의 광고(1905년 경). 콜로라도 새너토리엄을 소개하는 팸플릿 표지에 실린 이 광고는 존 하비와 윌 켈로그의 가장 인기 있는 건강식품 몇 가지를 홍보했다.
자료: 가스 '더프' 스톨츠(Garth "Duff" Stoltz)의 개인 수집품.

화할 수 있게 만들어진다고 주장했다(J. Kellogg 1921: 257). 켈로그는 다양한 식품에 대해 논의할 때에도 반복적으로 '덱스트린화'를 언급했다. 그는 제조공정 동안 이루어지는 덱스트린화를 몸의 자연적인 소화 시스템과 유사한 것으로 보아야 한다고 주장했다. 따라서 공학적 식품 품목은 인공적인 것으로 간주될 필요가 없다. 이를테면 켈로그의 초기 견과류 식품 중 하나인 브로모스Bromose는 전분을 첨가하여 만들어져서 작은 케이크 형태로 판매되었다(Schwarz 1970: 119). 한 홍보물은 다음과 같이 공언했다. "브로모스는 혼합물이 아니라 순수하고 단순한 자연적인 제품이다. 그것은 완전히 살균되고 소화가 잘 되도록 조리된 식품으로, 전분은 말토오스와 덱스트린으로 전환되고 지방은 완벽하게 유화乳化되며 알부민은 최고로 세세하게 세분화되어 있기 때문에 위액에 의해 빠르게 용해된다."38

배틀 크릭 새너토리엄 제품에 대한 묘사들은 일반적으로 그 제품들이 지닌 자연적 성질을 강조할 뿐만 아니라 그 제품들이 몸의 요구에 순응하게 자연을 개량하는 기법으로 정교하게 제조된다는 점도 강조했다. 콘플레이크의 선구자인 그래노스Granose는 "곡물의 모든 성분이 보존되어 있는, 그리고 소화·요리·구이·찜의 과정을 결합시킴으로써 소화기관이 최소한의 노력으로 흡수할 수 있는 상태로 만들어진 밀 조제품"으로 선전되었다(E. Kellogg 1987: 141). 이처럼 제조는 가공 중인 식물성 물질의 영양학적 완전성을 손상시키기보다는 보존하는 일련의 조치들로 간주된다.

아이러니하게도 자연식품 시장을 위해 고안된 켈로그의 제품들은 미국에서 판매되고 있는 초기의 공학적 식품 중 일부였다. 병입 기술과 통조림 기술은 19세기 초반에 개발되었다. 그러나 조미료, 케첩과 같은 소스, 그리고 크래커 및 기타 구운 제품을 제외하고는 시장에서 혼합식품(즉, 다재료 식품) 제품을 거의 이용할 수 없었다. 통조림 식품이 미국 남북전쟁 이후 시장을 확보했을 때조차도 통조림 식품들은 대부분 고기, 생선, 우유, 채소와 같은 단일 재료 식품을 보존하는 형태였다(Root and de Rochemont 1976; Shephard 2000; A. Smith 1996). 돼지고기와 콩 통조림(반 캠프Van Camp가 제조한), 스파게티 통조림(프랑코-아메리칸Franco-American이 제조한), 수프 통조림(프랑코-아메리칸과 조셉 캠벨Joseph Campbell이 제조한)과 같은, 미리 조리된 혼합 품목이 캔에 담긴 형태로 등장한 것은 19세기 후반에 이르러서였다(May 1937). 켈로그의 제품은 초창기에 등장한 데워 먹는 식품들 가운데 하나였다.

존 하비 켈로그는 새로운 식품 품목을 만들고 있었지만, 그 품목들을 다른 친숙한 제품에 비유함으로써 그 식품들의 낯설음을 최소화했다. 이를테면 견과류 및 글루텐 조리품의 특징으로는 고기의 맛, 일관성, 다양한 용도가 강조되었다. 실제 고기는 그간 금지된 식품이었을 수도 있지만, 식물 물질은 가짜 고기로 바뀌면 더 가치 있는 식품이 된다고 가정되었다. 게다가 배틀 크릭 새너토리엄 회사들은 그 식품들이 상자나 캔에 담긴 상품이라는 사실로부터 주의를 다른 곳으로 돌리게 하기는커녕, 자신들의 제품이 다른 통조림 식료품들의 편의성에 얼마나 잘 부합하는지를 강조했다. 켈로그는 기존의 고기·유제품·곡물 부문의 생산물을 비난하면서도 자신의 기업에서는 실제로 산업적 방법을 채택했다. 켈로그는 다양한 식품을 발명했을 뿐만 아니라 콩 껍질을 효율적으로 벗기는 법과 비스킷을 대량 생산하는 법 같은 산업 생산을 위한 방법도 알아냈다.[39]

이러한 모든 방법을 통해 켈로그는 완전히 자연적인 물질들은 더욱 신비하고 생경한 것으로 보이게 하는 반면 새로운 제조제품은 더 친숙하고 이해할 수 있는 것으로 만드는 방식으로 자연식품이 이전에 가지고 있던 의미를 변형시키는 과정에 참여했다. 한때 자연에서 직접 추출한 간단하고 친숙한 품목들이 이제는 몸에 이질적이기 때문에 소화가 잘 되지 않고 해로울 수도 있는 것으로 간주되었다. 이와 대조적으로 켈로그는 그래놀라, 프로토스 및 여타 제품들을 통해 자신은 질병과는 어떠한 연관성도 없는, 자연의 자양분을 예측 가능한 방식으로 전달하는 일단의 제품들을 제공하고 있다고 주장했다. 이런 식으로 켈로그는 자연식품이 단지 자연으로부터 취해지는 것이 아니기 때문에 소비자들과 자연 세계의 원료 간을 매개하는 전문 제조업체들이 그 둘 사이에 개입할 것이 요구된다는 가정을 진척시켰다.

존 하비 켈로그의 노력을 잘 속는 식품 개혁 신봉자들에게서 그저 이익을 챙기려는 냉소적인 책략으로 치부하는 것은 실수일 것이다. 그는 채식주의자들의 영양적 필요에 대해 진심으로 걱정했고, 건강식품의 신체적·도덕적 장점에 대한 그의 믿음은 의심할 여지없이 진실했다. 그러나 켈로그가 다른 길을 갈 수도 있었다는 점에 주목하는 것이 중요하다. 그는 제조된 상품의 구매를 장려하는 대신에 가정에서 요리하는 사람들이 비슷한 혼합물을 조리할 수 있는 방법에 대한 정보를 보급할 수도 있었다. 실제로 엘라 켈로그는 『주방의 과학』에서 캐러멜 커피(사니타스 푸드 컴퍼니Sanitas Food Company의 베스트셀러 제품 중 하나)와 다른 커피 대체품을 만드는 몇 가지 간단한 레시피를 제공했다(E. Kellogg 1898: 360). 켈로그가 개발한 다른 곡물과 견과류 제품 가운데 많은 것 역시 집에서 수정된 방식으로 조리될 수 있었다. 그런 요리는 캔을 따는 것만큼 편리하지는 않지만, 자연과의 직접적인 관계 및 자족의식을 유지시켜 줌으로써 여전히 제7일 안식일 예수재림교도 및 여타 자연식품 지지자들의 신념체계를 고무할 수 있었다. 켈로그의 동료 식품 개혁 옹호자들 가운데는 그렇게 할 수도 있다는 것을 알고 있는 사람들도 있었다. 존 하비 켈로그와 엘런 화이트가 껄끄러운 관계였던 때인 1905년에 행한 한 강연에서, 화이트는 다음과 같이 언급했다. "건강개혁을 실천하기 위해 꼭 건강식품 제조에 의존할 필요는 없다. …… 건강식품 기업 — 그 속에서 몇몇 기업은 특정한 식품들의 배합을 궁리해 왔다 — 때문에 가정에서 요리하는 사람들은 자신들이 해야 하는 일의 많은 것을 빼앗겨 왔다. …… 스스로 각성하여 식품 회사에 그렇게 크게 기대지 않고서도 우리가 개별적으로 무엇을 할 수 있는지를 살펴보자"(E. White 1905). 이런 훈계에도 불구하고, 사니타스가 생산한 제품의 판매는 꾸준히 증가했다.

고객 확대하기

배틀 크릭 새너토리엄 회사들은 새로운 식품을 발명하는 데뿐만 아니라 마케팅과 유통에서 새로운 길을 모색하는 데에도 열심히 노력했다. 비록 광고에서는 소비자들에게 소비자들이 이용하는 식료품점에 그 제품들을 취급해 줄 것을 요청해 달라고 부탁했지만, 초기에 그 품목들은 주로 우편 주문을 통해 판매되었다. 20세기 초경에는 직접 유통 방식이 덜 사용되었고, 식료품점과 일반 식품 도매상들을 통해 제품의 약 80%가 판매되었다.[40] 판매 대리인들이 고용되었고, 요양원 식품 회사들은 만국박람회에서부터 의료협회의 모임에 이르기까지 다양한 행사에서 전 세계적으로 전시와 실물 선전을 후원했다. 유통과 마케팅에서의 이러한 전환은 켈로그 건강식품의 첫 고객이었던 제7일 안식일 예수재림교도와 요양원 환자들을 넘어 고객층을 넓히는 작업과 동시에 이루어졌다. 1906년까지는 배틀 크릭 새너토리엄 식품 기업의 약 3분의 2가 재림교파 신도 개인이거나 그 기관의 출신이었다. 그 시기에 이 사업은 점차 보다 다양한 고객을 지향하기 시작했다.[41] 이러한 변화가 일어난 것은 부분적으로는 재림교도의 후원하에 미국의 여러 지역 – 콜로라도주의 볼더Boulder, 캘리포니아주의 세인트헬레나Saint Helena, 오리건주의 포틀랜드를 포함하여 – 에서뿐만 아니라 유럽, 호주, 뉴질랜드, 남아프리카에서도 건강식품 공장이 건설되었기 때문이다. 재림교도 시장에서 더 이상 독점권을 가지지 못하게 된 배틀 크릭 그룹은 다른 곳에서 고객을 찾기 위해 의식적으로 노력했다.

새너토리엄 계열 제품은 원래는 극히 소수만이 일반 주민들 사이에서 관심을 끌 것으로 여겨졌다. 그러나 비재림교도 채식주의 시장과 당뇨병이나 소화기 질환과 같은 질병으로 고통받는 사람들에게서도 판매가 가능할 것으로 보였다.[42] 켈로그는 다음과 같이 말하며 사탕수수 설탕의 사용을 반대했다. 사탕수수 설탕은 "자연에서는 우리의 식탁 위에 올라오는 상태로 결코 발견될 수 없기 때문에 그것을 도저히 자연식품 물질로 간주할 수 없다." 대신 그는 감미료로 꿀, 그리고 특히 건포도, 무화과, 말린 자두와 같은 과일을 선호했다(J. Kellogg 1903: 204~206). 그의 회사는 당뇨병 환자에게 적합한 것으로 광고된 사탕 및 여타 식품군들을 개발했으며, 이 마케팅 노력을 통해 많은 당뇨병 환자를 건강식품 장으로 끌어들었다.

중요한 것은 이 확장된 고객들에게 제품이 체계적으로 판매된 후, 원래 그 식품의 개발에 동기를 제공했던 종교 결사체들이 홍보 자료에서 사라졌다는 사실이었다. 광고 카피는 제7일 안식일 예수재림교회를 거의 전혀 언급하지 않았으며, 종교 자체도 거의 전혀 언급하지 않았다. 다양한 지지자를 육성하기 위한 노력으로, 회사는 교회 교의를 경계했을 수도 있는 사람들뿐만 아니라 배틀 크릭 새너토리엄에서 발견된 일련의 건강 관행을 의심했을 수도 있는 사람들에게도 손을 내밀었다. 1907년 내부 보고서는 회사에 다음과 같이 권고했다. "**회사 이름을 바꿔서 요양원이라는 단어를 없애라**. 우리의 포장지, 라벨, 문헌, 통신, 광고에서 우리의 식품을 사용하는 하나의 기관을 지칭하는 경우를 제외하고는 새너토리엄을 절대 직접 언급하지 말라. 의료계의 민감한 감정을 상하게 하지 않으면서도 사람들에게 우리가 무엇을 가지고 있고 그것으로 무엇을 얻을 수 있다고 말하는 것에 기초하여 사업을 해나가라."[43] 그 대신에 광고는 제품의 우수성을 보여주는 과학적 근거에 초점을 맞추었다. 따라서 건강식품 식생활을 채택하는 것의 배후에 자리하고 있는 의미도 신의 계율의 비법을 따르는 것에서 과학적 이해를 합리적으로 따르는 것으로 바뀌었다.

1890년대에 건강식품 사업이 성장하면서 존 하비 켈로그 자신은 제7일 안식일 예수재림교회 지도자들과 멀어지고 있었다. 슈바르츠(Schwarz 1972)가 기록했듯이, 켈로그는 채식주의 식단을 엄격하게 지키지 않는 교회 당국자들을 경멸했고, 자신의 다양한 노력을 통제하거나 억제하려는 시도들에 분개했다(또한 Wilson 2014도 보라). 켈로그는 엘런 화이트의 권위에 도전하기 시작했고, 다른 교회 지도자들과도 교리상으로 견해 차이를 보였다. 심지어 켈로그는 그의 저서 『살아 있는 성전The Living Temple』이 자연숭배와 친화성을 보인다는 이유

로 고발을 당하기도 했다. 분명 사람이 자연을 숭배할 수 있는 정도에는 한계가 있었다.[44]

그러나 켈로그와 그의 동료 제7일 안식일 예수재림교도들 사이에 점점 더 많은 불화를 일으킨 것은 배틀 크릭 새너토리엄 식품 기업의 성장이었다. 그들은 자신들의 종교적 사명 및 건강 사명과 부정한 부당이익의 영향력 사이에서 갈등이 생길 수 있음을 인식했다. 켈로그에 대한 불만을 요약한 한 교인은 다음과 같이 우려했다. "상업적 이익이 부차적인 것으로 간주되기는커녕 전면으로 부상되어, 돈벌이가 자주 사람들의 선의를 얻거나 재림파의 진리를 깨닫는 것보다 훨씬 더 중요한 것으로 간주되었다."[45] 여전히 재림교도들 사이에서 가장 존경받는 지도자였던 화이트는 켈로그에게 점점 더 비판적인 논조를 취했다. 1903년에 화이트는 건강식품 사업의 확대가 재림교도들로 하여금 자신들이 우선시해야만 하는 종교적 과업으로부터 다른 곳으로 관심을 돌리게 한다는 우려를 전했다. "나는 우리 형제들이 건강식품의 제조와 판매를 위해 많은 식품공장과 식품 가게를 세우고 싶은 유혹에 저항하도록 일깨우는 데 전력을 다하고 싶다. 거기에는 건강식품 업무에 종사하는 사람들의 마음이 상업적 이익에 흡수되어 버릴 위험이 있다"(E. White 1903). 화이트는 재림교 메시지에 관심이 없는 소비자들에게 영합함으로써 지속적인 성장을 하기 위해 노력하는 것보다는 에덴의 원래 식단을 채택하는 것이 갖는 영적 중요성을 이해하는 사람들에게 자연식품 생활방식을 가르치는 데 중점을 두는 것을 더 선호했다(E. White 1942: 295~296).

켈로그는 다른 재림교도들이 자신에 대해 배틀 크릭 새너토리엄 조리법을 '해적질하고 있다'라고 여긴 것에 특히 분개했다. 켈로그가 볼 때, 다른 재림교도들이 진품을 어설프게 베낀 열등한 제품을 만들어서 배틀 크릭과 경쟁하고 있었다.[46] 켈로그는 다른 재림파 요양원과 협약을 맺을 때 배틀 크릭 제품을 생산하고 판매할 수 있는 범위를 자세하게 명시하도록 했다. 더 나아가 켈로그는 자신의 사니타스 너트 푸드 코Sanitas Nut Food Co.에서 일하는 모든 사람에게 사업에 관한 어떠한 것도 누설하지 않고 사니타스와 경쟁할 수 있는 그 어떤 활동에 관한 지식도 습득하지 않겠다고 약속하는 비공개 협약서에 서명할 것을 요구했다.[47] 켈로그는 영업 비밀을 밝히기를 거부하면서, 자신이 건강식품의 품질과 건강식품 사명의 정신을 지키고 있다고 주장했다. 반면 교회의 관점에서 볼 때, 켈로그의 행동은 그가 수익에 대해 부적절한 관심을 가지고 있으며 동료 식품 개혁가들을 경쟁자로 바라보는 비기독교적 견해를 가지고 있음을 보여주는 것이었다. "켈로그 박사가 신이 자신의 백성들을 위해 기부한 지혜를 통해 건강식품과 관련하여 뭔가를 발견했다면, 대체 그는 왜 그러한 생산물들이 자신의 것이라고 생각하는 것일까?"(E. White 1970: 47). 화이트는 켈로그가 자신의 야망을 억제하고 자신의 기업을 축소해야 한다고 점점 더 주장하게 되었다.

1907년에 켈로그가 제7일 안식일 예수재림교회에서 추방되자 긴장은 최고조에 달했다. 켈로그는 1943년에 사망할 때까지 운영되었던 배틀 크릭 새너토리엄과 다양한 자회사 대부분을 계속해서 통제했다. 켈로그는 더 이상 공식적으로 제7일 안식일 예수재림교회에서 업무를 보지 않았지만, 전국의 재림교도들은 여전히 그의 제품을 구입하고 그의 건강 소책자들을 읽었다.

이 분열은 켈로그, 화이트, 그리고 교회의 다른 목사들 간에 벌어진 권력 투쟁의 결과였다. 왜냐하면 그들이 재림파 교인들 사이에서 영향력을 얻기 위해 경쟁했기 때문이다. 그러나 건강식품 사업에 대한 통제권을 둘러싼 난투는 또한 건강식품의 상업화 능력과 함께 계속해서 출현할 수 있는 문제 — 즉, 자연식품 사업을 확장하기 위한 노력(그리고 이익)을 경주함에 따라 자연식품을 주창하고 나선 목적이 훼손될 가능성 — 가 표면으로 떠오르게 만들었다. 이것은 라이프 스타일 운동에 국한되지 않는 딜레마의 한 유형이다. 이 딜레마는 서로 다른 수준에서 헌신하는, 그리고 다양한 이유에서 참여하는 새로운 성원이 운동의 일부가 될 때 발생하는, 모든 사회운동에 공통되는 것으로, 모든 운동은 그러한 성장의 이점을 운동 방향의 잠재적 변화에 견주어서 평가해야만 한다. 이 경우 켈로그는 건강식품 시장을 넓히는 데서 의심의 여지없이 성공했지만, 재림파 지도자들은 새로운 건강식품 소비자들의 동기를 거부했다. 재림교도들에게 종교적 이상을 동반하지 않는 소비자 수요는 계발할 만한 가치가 있는 수요가 아니었다(E. White 1905).

교회와 단절했던 바로 그 시기 동안 켈로그는 다른 건강식품 생산자들 — 그의 동생 윌을 포함하여 — 과의 분쟁에 휘말렸다. 새너토리엄 제품의 성공은 수많은 기업가로 하여금 건강식품 사업에 뛰어들게 했다. 이들 모방기업 — 그중 많은 것이 배틀 크릭에 설립되었다 — 은 존 하비를 격분시켰다. 존 하비는 그런 기업들을 '건강식품 사기꾼들'이라고 불렀고,[48] 연설과 글에서 끊임없이 그 기업들을 비난했다.[49] 그런 기업 중 많은 것이 단명했고, 설립자들은 항상 자연식품 이상에 특별히 헌신하지도 않았다. 그러나 그들은 다수의 제조업자와 함께 자연식품이 실제로 하나의 산업으로 발전하여 시장을 발견하고 장악할 수 있다는 것을 보여주었다.

한몫 잡으려고 했던 사업가 중에서 주목할 만한 예외적 인물이 바로

1891년에 요양원 환자로 배틀 크릭에 처음 온 찰스 W. 포스트Charles W. Post였다. 포스트는 배틀 크릭에 자신의 건강센터를 계속해서 설립했고, 1895년에 자신의 커피 대용품인 포스텀Postum을 개발했으며, 1898년에는 그레이프-너트Grape-Nuts 시리얼을 개발했다. 포스트는 존 하비 켈로그보다 훨씬 더 나은 사업가였고, 특히 광고에 능숙했으며, 매출이 빠르게 증가했다. 그의 독창적인 제품들은 켈로그의 건강식품과 직접 경쟁했지만, 포스트의 두 번째 시리얼인 포스트 토스티스Post Toasties(원래는 엘리야스 만나Elijah's Manna라고 불렸다)는 설탕과 소금을 포함하고 있었고, 그 회사는 점차 건강식품 시장에서 멀어졌다(G. Carson 1957; H. Green 1986; Major 1963). 주류를 향한 이 같은 움직임은 윌 켈로그가 궁극적으로 취한 길이기도 했다.

1903년 말에 `토스티드 콘플레이크Toasted Corn Flakes는 사니타스 푸드 컴퍼니의 최대 판매품 중 하나였다.[50] 존 하비 모르게 윌이 설탕을 첨가하여 맛을 더하자 콘플레이크 판매가 늘어났다. 존 하비는 이 사실을 알고 나서 반대했지만 윌이 이겼고, 설탕과 아침 식사 시리얼의 저항할 수 없는 조합이 정상화되었다. 몇 년 후인 1906년에 콘플레이크가 자연식품 신봉자들을 훨씬 뛰어넘는 시장을 개척하자, 켈로그 형제는 윌이 사니타스와 여전히 관계를 유지하면서도 콘플레이크 사업을 별도의 회사를 만들어 운영하는 데 동의했다. 하지만 형제간의 관계는 재정 및 통제 문제를 둘러싸고 점점 더 어색해져 갔으며, 윌은 사니타스 경영에서 손을 떼고 전적으로 콘플레이크에만 집중했다. 형제가 최종적으로 결별한 것은 존 하비가 사니타스를 켈로그 푸드 컴퍼니Kellogg Food Company로 개명한 1908년이었다. 1년 후 윌은 자신의 제품을 켈로그스 토스티드 콘플레이크Kellogg's Toasted Corn Flakes로 재브랜드화했다. 몇 년 동안 형제 간에 여러 차례의 소송이 있었고, 그들 각각의 회사 이름이 서로 다르게 여러 번 반복되어 바뀌는 일이 일어났다. 그러나 소동이 가라앉은 후 윌은 미국에서 가장 큰 일반 식품 회사 중 하나 — 켈로그 컴퍼니Kellogg Company — 가 될 회사를 건설하는 길로 가고 있었던 반면, 존 하비는 배틀 크릭 푸드Battle Creek Foods와 함께 훨씬 작고 더 전문화된 건강식품 시장을 추구했다(H. Powell 1956; Schwarz 1970). 그들의 개인적인 분열은 또한 건강식품과 일반 식품 간의 제도적 분열을 확고히 하는 데 일조했으며, 각각은 그들 나름으로 별개의 생산·유통·시장 트랙을 구축해 나갔다.

산업이 주도권을 잡다

19세기 자연식품 운동의 유산들 가운데서 다음 세 가지는 특히 강조할 만한 가치가 있다. 하나는 개혁가들의 종교적 동기와 관련되어 있고, 다른 하나는 운동이 제도화되는 방식과 관련되어 있으며, 나머지 하나는 당시 출현하고 있던 소비문화에 대한 운동의 지향과 관련되어 있다. 첫째, 운동이 확장되며 세속적인 추종자들이 운동에 참여해 왔지만, 자연식품 식생활을 종교적 신념과 결부지어 이해하는 방식이 20세기 전반기까지 특히 채식주의자들 사이에서 하나의 중요한 조류로 남아 있었다. 이런 식으로 식품 선택을 자연 질서를 회복하고 신이 의도한 삶의 방식을 충족시키는 수단으로 보는 것은 자연식품 신봉자들이 공중의 조롱에도 불구하고 여전히 자신의 신념을 확고하게 유지하는 것을 도왔으며, 그들의 행동에 강한 도덕적 차원을 제공했다. 이러한 동기

부여의 연속성을 인식하는 것은 자연식품의 옹호(과거와 현재의)와 종교를 단순하게 은유적으로 등치시키는 연구들 — 이러한 담론적 장치는 자주 자연식품 지지자들에게 비합리성과 광신성을 귀속시키기 위해 사용된다 — 에 하나의 교정책을 제공한다.[51] 이는 자연식품 신봉자들이 **마치** 자연식품이 하나의 종교인 것**처럼** 자연식품 소비에 접근했다는 것이 아니라 자연식품에 대한 헌신의 근저를 이루는 철학이 구체적인 종교 공동체와 믿음에서 성장했다는 것을 뜻한다.

둘째는 제도화의 문제이다. 19세기 내내 자연식품 운동은 종교적 이상, 건강에 대한 우려, 산업화·시장화 사회에 대한 불신을 동기로 하여 작지만 헌신적인 집단이 수행한 낮은 수준의 조직 활동이었다. 19세기 후반에 수치료 시설이 자연식품에 관심을 가지게 되었고, 때로는 지역 토론 그룹이나 클럽이 결성되었다. 그러나 그 시기에 자연식품이 지닌 이상을 진전시키는 데 헌신적으로 전념한 유일한 전국협회는 1886년 성경-기독교교회 목사 헨리 S. 클럽Henry S. Clubb에 의해 결성된 미국채식주의자협회Vegetarian Society of America였다. 옹호 단체의 부족으로 인해 남겨진 조직의 공백을 메운 것은 결국 제7일 안식일 예수재림교도들이었다. 그들은 자신들의 요양원, 레스토랑, 간행물을 통해 채식주의, 통곡물, 단순한 순수 식품의 중요성에 관한 소문을 퍼뜨렸다. 재림교도들이 처음에는 배틀 크릭에서, 그리고 그다음에는 다른 지역에서 시작한 건강식품 공장들은 점점 더 이러한 메시지를 개발하고 보급하는 중요한 센터가 되었다. 그 공장들은 상업조직으로 구성된 하나의 산업에 시동을 걸었다. 이러한 상업조직은 자발적 결사체들과는 달리 단일 지도자가 사라진다고 하더라도 쉽게 붕괴되지 않는다. 이런 식으로 자연식품 운동과 새로운 건강식품 산업이 통합되었다.

셋째로, 그리고 마지막으로, 여기서 소비의 역설적 역할을 고려하는 것은 가치가 있다. 19세기에 발전한 자연식품 운동은 금욕주의의 가치화로부터, 그리고 자연의 순수한 제품을 먹는 것이 개인적·영적·사회적 향상을 달성하는 수단이라는 믿음으로부터 영향을 받았다. 하지만 20세기로의 전환기 즈음에 이 세계관에 깊이 빠진 사람들(특히 존 하비 켈로그)의 노력은 자연의 직접적인 결실의 진가를 인정하는 것만큼이나 전문화된 소비재를 개발하는 것과도 관련된 또 다른 자연식품 라이프 스타일을 만드는 데 일조했다. 막스 베버(Max Weber 1976)가 유명하게 묘사한 과정 — 그에 따르면, 청교도들의 '현세 내적' 금욕주의가 자본주의 정신을 이끌어내는 데 도움을 주었다 — 과 유사하게, 자연식품 신봉자들의 기독교적 금욕주의는 새로운 자연식품 산업 — 소비자들이 자연식품 생활방식에 헌신하고 있음을 보여주는 전문화된 상품을 제공하는 것에 기초하는 — 에 길을 열어주었다. 하지만 자연식품 운동 전체가 새로운 건강식품을 수용한 것은 아니었다. 내가 이어지는 장들에서 논의하듯이, 건강식품이 운동의 원칙을 타락시킨다고 주장하는 자연식품 옹호자들도 있었다. 그러나 많은 수의 자연식품 신봉자들은 새너토리엄 제품 및 유사한 제품들이 건강에 이득을 가져다주고 식생활을 다양하게 만들어준다고 믿었고, 따라서 그 제품들을 정기적으로 소비했다. 전국 시장이 확립되자, 또 다른 건강식품 지지자들은 점차 자신들의 상점, 레스토랑, 제조시설을 설립하기 시작했다.

19세기의 대부분 동안 자연식품 운동의 정치는 당시 발전하고 있던 소비사회를 공공연하게 비난하는 것을 포함하고 있었다. 자연식품 옹호자들이 보기에, 소비사회는 자연으로부터 자신의 생명의 근원을 직접 얻고자 하는 시민들의 의지를 강탈하는 것이었다. 20세기로의 전환기에 자연식품 생활방식을 지지하는 사람들은 여전히 자신들이 진지한 사회개혁의 대의에 참여하고 있다고 보았다. 그러나 상업기업에 소속되어 있는 사람들은 그러한 헌신에 더하여 건강식품 상품을 정기적으로 소비하는 것이 자연식품 생활방식에 도달하는 가장 좋은 방법이라는 관념을 진전시키고 싶어 했다. 점차 **건강식품 운동**이라고 불리게 된 자연식품 운동은 소비재의 획득을 그 운동의 목적과 정체성의 중심에 두기 시작했는데, 그 결과 시장 활동의 도덕성과 관련한 논쟁의 용어들이 바뀌었다.

엘런 화이트와 그녀의 동맹자들은 존 하비 켈로그가 건강식품 사업을 확장하여 인구의 더 큰 분파의 환심을 사고자 했을 때 그와 단절했다. 그 결과 배틀 크릭 새너토리엄 회사들은 정규 사업의 노선을 따라 자유롭게 발전할 수 있게 되었다. 하지만 자본주의 기업의 일원이라는 단순한 사실이 건강식품을 주변적 지위로부터 벗어나게 해주지는 못했다. 내가 다음 장에서 기술하듯이, 건강식품은 일반 식품 산업과 유사한 트랙을 따라 운영되었고, 반문화를 육성하는 데에도 도움을 주었다.

제3장

주변에서 살며 일하기

반문화산업이 발전하다

서구 라이프 스타일을 대중화하는 데 일조했던, 캘리포니아를 근거지로 하는 널리 구독되는 잡지 ≪선셋Sunset≫ 1904년 4월호에 다음과 같은 시가 실렸다.

건강식품 소녀에게

_ 루스 컴포트 미첼Ruth Comfort Mitchell(1904)

안녕, 그래놀라Granola 아가씨!
쿠미스Kumyss의 볼과 부드러운 땋은 머리,
프로토스Protose 나무 그늘에서 피는 꽃
경건한 태도, 겸손한 모습,
안녕, 나의 채식주의자 여왕,
안녕, 내 건강한 너톨린Nuttolene,

그대 즈위백Zwieback 요정이여!

나의 글루토스Glutose 정신을 해방시키고,
그대의 멜토스Meltose 눈을 들어,
그대가 나의 모든 근심을 잊게 해주는
나의 빈 퓨레Bean Puree라고 말해요.
그대의 은총으로 나를 황제로 만들고,
그대가 나의 플레이키 시리얼Flaky Cereal이라고 말해요,
내게 밝게 미소 지으면, 영묘한 매력이
그대의 웃음을 감싸네!

보아요, 그대의 그래넛Granut 눈물방울이 흐르기 시작하네요!
회의론자들이 비웃더라도
그대의 홀 휘트Whole Wheat 심장을 내게 주고,
절대 헤어지지 않겠다고 맹세해요.
내 강한 팔에 안겨서 그대의 허리를 뒤로 젖혀요.
내 영혼이 움찔하네.
허리가 40인치니까.
이제 그만!

사니타스 푸드 컴퍼니 제품에 대해 수없이 언급하는 이 작품은 많은 점에서 그 시대의 건강식품에 대해 접근하는 전형적인 방식이었다. 그러나 살찐 처녀에 대한 구체적인 묘사는 특히 흔치 않았다. 건강식품을 먹는 사람들을 기아 직전에 있는 것으로 묘사하는 것이 더 일반적이었

다. ≪선셋≫ 독자들에게 그간 친숙했던 것은 건강식품 지지자들의 진실성을 조롱하는 유머였고, 그것은 그러한 식생활을 채택함으로써 초래되는 비참한 결과를 보여주는 것이었다.

자연식품은 1980년대 이후 점차 주류의 일부가 되었지만, 지난 2세기 대부분 동안 신봉자들은 조롱받았고, 거짓 예언자와 약속에 잘 속아 넘어가는 희생자로 추정되었다. 다음 세 개의 장을 통해 나는 20세기 첫 60년 동안의 자연식품 운동, 건강식품 산업, 그리고 주변성 간의 관계에 관련된 여러 테마를 엄격하게 연대기 순으로 논의해 나갈 것이다. 나는 이 장을 건강식품 사업이 어떻게 산재하던 소수의 기업에서 하나의 통합된 산업으로 변모했는지를 설명하는 것에서 시작한다. 이 과정은 식품뿐만 아니라 비관례적인 사람, 신념, 스타일에 대해 산업이 보인 개방적인 태도에 의해 촉진되었다. 자연식품 장은 자신의 주변적 지위로 인해 공중으로부터 상당한 경멸을 받았지만, 그것은 또한 자연식품 장이 일반 식품 부문의 간섭으로부터 크게 벗어나서 발전할 수 있는 공간을 만들어주었다. 제4장에서는 건강식품의 초기 주류화 경로를 특히 건강식품에 관심을 가졌던 할리우드 유명인사 및 역도나 보디빌딩과 관련된 인물들에 초점을 맞추어서 고찰할 것이다. 그리고 제5장에서는 건강식품에 낙인을 찍고 자연식품 운동을 억압하기 위해 정부와 의료기관이 벌인 캠페인에 대해 논의할 것이다. 이 세 개의 장 각각은 성장하고 있는 자연식품 장의 사회적 정당성 획득 능력과 자연식품 장이 주류의 이상과 제도에 제기한 도전의 성격을 바라보는 하나의 독특한 렌즈를 제시한다.

20세기의 초반기에 자연식품 장은 많은 점에서 특이했다. 대부분의 미국인은 자연식품 지지자들이 제기하는 건강 주장을 믿지 않았고, 그들은 고기 없는 식단과 새로운 건강식품은 아주 맛이 없다고 생각했다. 자연식품 장의 사상을 진지하게 받아들이기를 거부하는 상황은 20세기 초반에 그 식품을 소비하는 사람들 — 인구의 작은 부분을 차지하는 — 이 다른 방식으로도 사회적으로 주변화되어 있는 경향이 있다는 사실로 인해 더욱 강화되었다. 노인과 병자가 건강식품 소비자를 편중되게 대표했다. 19세기에 좋은 기독교적 삶을 살아가는 방식을 엄격하게 요구하는 종파를 포함하여 종교적 전통들은 자연식품 장에서 강한 존재감을 계속해서 유지하고 있었다. 소수파 종교단체들은 건강식품 고객의 상당한 부분을 차지하는 것은 물론 제조에서 유통에 이르는 사업을 운영하는 등 산업을 크게 대표했다. 다른 한편 자연식품 장은 이제 자연요법 철학 — 자연식품 식생활뿐만 아니라 신선한 공기와 햇빛의 가치, 격렬한 운동을 찬양하고 통상적인 의료를 거부하는 — 을 가지고 들어온 중앙유럽 이민자들로부터 많은 영향을 받았다. 세기의 전환기에 일어난 독일의 생활 개혁lebensreform 운동은 자연식품과 여타 자연적 삶과 관련된 비관례적 관행들 — 이를테면 나체주의, 장발과 수염 기르기, 야외 거주와 같은 — 사이에 친화성을 만들어냈다. 비록 이러한 특별한 관행들은 미국 자연식품 장의 작은 소수집단에 국한되었지만, 그것들은 별난 생각과 행동에 대한 자연식품 장의 일반적인 관용을 보여주는 것이었다.

자연식품 생활방식을 표현하는 스타일에서는 차이가 남에도 불구하고, 자연적인 것이 지닌 도덕적·건강적 속성에 관한 다양한 입장 사이에는 이데올로기적 합의가 계속해서 존재해 왔다. 존 하비 켈로그와 다른 기업가들이 건강식품 시장을 개발하기 위해 일해온 덕분에, 자연적인 것의 우월성에 대한 믿음은 이제 점점 더 늘어나는 일련의 전문화된 제품을 소비하는 식으로 그 모습을 드러낼 수 있게 되었다. 이 새로운 산업 자체는 얼마간 특이했다. 이 사업은 자신들의 일을 단순히 생계를 유지하는 것 이상의 더 심오한 일로 바라보는 사람들에 의해 창시되었다. 기업가들은 자신들이 판매하는 제품의 근저를 이루는 철학에 도덕적으로 헌신하는 경향이 있었다. 소규모 기업이 자연식품 장을 지배했으며, 그것은 보다 주류에 속하는 식품이나 건강 벤처 기업에 요구되는 금융 자본, 교육 자격 증명, 문화적 배경을 보유하지 못한 사람들이 이용할 수 있는 기회였다. 그 결과 중 하나로 건강식품 산업은 인종적·종교적 틈새 — 가장 두드러지게는 게르만 민족, 유대인, 제7일 안식일 예수재림파 신도 — 로 특징지어졌다.

1940년대경에는 채식주의, 유기농, 자연요법을 장려하는 일을 하며 의식적으로 건강식품 산업과는 거리를 두는, 시민들로만 구성된 소수의 옹호 단체들이 생겨났다. 그러나 이 단체들은 서로 분열되어 내분과 서툰 리더십으로 인해 어려움을 겪는 경향이 있었다. 그 결과 그들은 매우 헌신적인 소수의 핵심 분파를 넘어 자신들의 이상을 전파하는 데 그리 효과를 거두지 못했다. 이와 대조적으로 건강식품 시장을 확대하고 신생 산업을 발전시키고자 하는 욕구는 다양한 스타일, 신념, 관행을 가진 사람들의 참여와 후원에 개방적인 기업문화를 만들어냈다. 전체적으로 볼 때, 실제로 건강식품 산업이 시민단체보다 더 환영받는 것으로 입증되었고, 건강식품 산업을 지지하는 계층이 (그 산업에 합류하지 않은) 옹호 단체들을 지지하는 계층보다 더 다양하고 이질적이었다. 이러한 이질성이 산업으로 하여금 흩어져 있던 운동을 하나로 묶는 데서 중심적인 역할을 할 수 있게 해주었다.

건강식품 산업은 때로는 비관례적인 특성을 지닌 다양한 단체와 기꺼이 함께 일하고자 했는데, 이것이 자연식품 생활방식을 방어하고 홍보하는 일을 전략적으로 수행하는 동업조합을 쉽게 결성할 수 있게 해 주었다. 연례 시사회는 해마다 먼 곳에 있는 산업 성원들을 한곳으로 모이게 했고, 철학적 차이에도 불구하고 자연식품 장의 도전과 나아갈 길을 논의하는 사람들의 네트워크를 창출하는 데 일조했다. 내가 이 장에서 살펴보기 시작하듯이, 자연식품 장에 더 큰 통일체를 만들어내고 자연식품 어젠다를 더 효과적으로 홍보할 수 있게 한 것은 바로 산업의 참여였다. 산업의 참여는 또한 운동 목표가 건강식품 산업에 특히 유익한 방식으로 틀 지어지게 하는 데에도 일조했다.

주변적인 것과 주류

지금까지 나는 주변적인 것과 주류가 무엇을 의미하는지에 대해 별다른 설명을 하지 않은 채 그 개념들을 언급해 왔다. 두 개념은 상징적 위치와의 관계, 즉 사회 내의 중심적인 장소와 가까이 있거나 떨어져 있음을 함의한다. **주변성**이라는 용어의 역사적 용도를 검토한 로버트 던(Robert Dunne 2005: 14)은 에드워드 실스Edward Shils가 중심과 주변을 병치시킨 것이 오늘날 사회학에서 자주 이용되는 주변성의 의미를 포착하는 데 도움을 준 것으로 파악한다. 실스에 따르면, 사회의 중심은 "가치와 믿음의 영역에서 나타나는 현상이다. …… 이 중심적 가치체계가 사회의 중심 지대이다. 가치체계가 중심을 이루는 까닭은 그것이 사회가 신성하게 여기는 것과 밀접하게 연관되어 있기 때문이다. 즉, 가치체계가 중심을 차지하는 까닭은 그것이 사회를 지배하는 권위에 의해 지지받기 때문이다. 이 두 종류의 중심적 위치는 아주 긴밀하게 연관되어 있다. 각각은 서로 다른 것을 규정하고 뒷받침한다"(Shils 1975: 3~4). 실스는 중심과는 대조적으로 여러 인구집단이 주변을 차지하고 있다고 말하는데, 이는 그 집단들이 중심적 가치체계와 권위를 행사하는 제도적 위치 모두에서 멀리 떨어져 있다는 것을 의미한다(Shils 1975: 12~13). 일부 학자들(R. Powell and Clarke 1976)은 이 개념화가 주변화된 사람들이 지배적인 제도 및 가치와 상호작용하는 방식을 무시하고 있다고 비판했지만, 실스의 정식화는 특정한 가치 배열(또는 더 광범위하게는 문화)과 제한된 제도적 권위가 특정 집단의 사람들을 어떻게 사회적으로 의심스럽고 비난받는 사람들로 특징지을 수 있는지를 살펴보는 데 도움을 준다. 도시 이민자들에 대한 민족지학에서부터 일탈 연구, 그리고 상징적 경계들 위에서 작동하는 하위문화에 관한 조사에 이르는 여러 연구에서 학자들은 주변화의 경험에 대해, 그리고 그러한 경험을 한 사람들이 자신들의 주변적 지위로 인해 고통받는 방식과 그러한 지위를 받아들이거나 그것에 저항하는 방식에 대해 기록해 왔다.

주변적인 것과 주류의 개념은 문화 정치의 본질에 대해 생각하는 데 특히 유용한 관점을 제공한다. 여기서 문제가 되는 것은 합법적인 것과 위반적인 것, 즉 정상적인 것과 비관례적인 것을 구별하는 문화적 범주를 설정하는 능력을 사회적으로 재가받는 것이다. 이런 까닭에 문화적 가치뿐만 아니라 그러한 가치에 대해 판단을 내리는 문화적 권위자들도 주류에서 하나의 자리를 차지하기 위해 경쟁한다. 무엇이 주류이고 무엇이 주변적인지를 정의하기 위한 투쟁은 우리가 적어도 문화 영역에서의 영향력은 부분적으로 다른 형태의 권력으로부터 독립되어 있을 수 있다는 것을 깨닫는 데 도움을 준다. 경제적 자원만으로는 주류의 가치를 정의할 수 있는 권리를 손에 넣을 수 없으며, 문화적 권위자가 경제적·정치적 엘리트들과 항상 중첩되는 것도 아니다.

20세기의 첫 수십 년 동안 건강식품과 그것을 장려하는 사람들이 문화적 주변을 차지했다는 것에는 의문의 여지가 거의 없었다. 1980년대에 주류화가 본격화되기 이전의 자연식품 운동에 관한 연구들은 신봉자들이 조롱을 피하기 위해 자주 건강식품 소비를 숨기곤 했다고 지적한다(New and Priest 1967: 17; Roth 1977: 30, 104). 유사하게 내가 인터뷰한 건강식품 업계의 고참들은 모두 초기 몇 년 동안 건강식품이 차지했던 주변적 지위를 지적했다. 1930년대에 건강식품 산업에서 일하기 시작한 사람들을 특징지은 소견은 "그 당시에 당신이 건강식품에 관심이 있었다면 당신은 일종의 괴짜로 여겨졌을 것"이라는 것이었다.[1] 건강식품 신봉자들을 '괴짜'라고 보는 이러한 견해는 그들이 당연한 것으로 간주되는 바람직한 식품의 범주들을 거부하는 것에서 기인했다. 자연식품의 장 역시 주류의 보건의료 및 식품 생산 체계를 신뢰하지 않았다. 그러한 체계는 점점 더 과학적 권위자들에 의해 주도되었고, 그들은 인간의 몸과 인간이 소비하는 물질을 조작하기 위한 기술적 개입을 진보와 동일시했다. 이와 대조적으로 자연식품 운동과 건강식품 산업은 계속해서 자연이 궁극적 권위를 가지는 것으로 보았다.

자연이 치료제이다

건강식품 산업이 확립된 이후에도 자연식품 장은 자연적인 것이 갖는 도덕적·실용적 우월성을 공언했다.[2] 자연은 일차적이고 본래적인 것이기 때문에 우월하다고 여겨졌다. 또한 일부 자연식품 지지자들에게 자연은 신의 창작물로 숭배받았다. 일반적으로 자연은 순수하고 인간 문명에 의해 부패하지 않은 것으로 이해되었지만, 인간 자체가 자연적인 존재이기 때문에 인간도 존중받았다. 따라서 사람들은 자연과 긴밀하게 연결되어 있을 때 이익을 얻을 수 있는 것으로 가정되었고, 자연 세계가 사람들에게 주기로 되어 있는 영양분을 몸으로 받아들인다면 그들의 육체적·정신적 건강은 향상될 것이었다.

20세기 초 수십 년 동안 자연적인 것에 관한 수많은 철학자의 사상이 미국 공중 사이에서 회자되고 있었고, 그러한 사상이 자연식품 옹호자들의 세계관을 틀 지었다. 그러한 철학자들의 영향력은 이데올로기적일 뿐만 아니라 물질적이기도 했다. 성장하는 건강식품 산업은 자연적인 것에 관한 이론가들에 힘입어, 그들의 책과 강의를 통해 그 산업의 상품을 위한 시장을 준비했다. 이들 저술가 중 일부는 관련 사업에 직접 종사하면서, 요양원 또는 가게를 운영하거나 자신의 브랜드 제품을 개발하고 있었다. 자연식품 철학에 아주 걸출한 특정한 현자가 존재하지는 않았다. 실제로 자연식품 운동이 장수한 것은 부분적으로는 서로 대화해 온 많은 사상가 덕분이었는데, 이는 한 개인의 사상과 결부되어 단명했던 열광과는 반대되는 것이었다(이를테면 극단적으로 철저하게 음식을 씹으라는 호레이스 플레처Horace Fletcher의 지시가 20세기로의 전환기에 신봉되었지만, 1919년에 플레처가 사망하자 사그라들었다)(H. Green 1986: 294). 자연식품 식생활에 관한 철학자들 다수가 매우 충성스럽지만 배타적이지 않은 신봉자들을 거느리고 있었다. 이들 철학자는 때때로 서로 지지하고 협력했지만, 때로는 서로 비난하고 경쟁했다. 하나의 집단으로서의 그들은 인간의 발명품보다 자연적인 것을 더 높이 평가하는 하나의 이데올로기를 발전시켰지만, 또한 자연식품 라이프 스타일을 이론화하는 것과 자연식품을 판매하는 것이 명확하게 나누어지지 않는다는 것도 보여주었다.

자연에 대한 관념과 관련하여 영향력 있는 표현을 했던 인물 중 하나가 독일의 생식 식단 제안자인 아돌프 유스트Adolf Just이다. 그의 1896년 저서 『자연으로 돌아가자Return to Nature』는 7년 후 자연식품 옹호자인 베네딕트 러스트Benedict Lust에 의해 영어로 번역되어 미국에서 널리 유포되었다. 유스트는 다음과 같이 썼다.

> 우리가 편견 없는 열린 마음으로 자연을 바라보고 과학의 가르침으로 인해 눈멀지 않는다면, 우리는 인간이 더 이상 자연의 목소리에 귀를 기울이지 않고 도처에서 자연의 법을 위반하여 우리 자신의 길을 잃었기 때문에 우리가 병이 들고 비참해졌다는 분명한 결론에 도달할 것이 틀림없다. 자연이 내리는 재판에는 논란의 여지가 없다. 자연은 자신의 법에 대한 모든 위반을 처벌하지만, 마찬가지로 모든 복종에 대해서는 보상한다. 그러므로 **모든 경우에, 그리고 모든 질병에서** 인간은 오직 **자연으로의 진정한 복귀**를 통해서만 회복되고 다시 행복해질 수 있다. 이제 인간은 자신의 삶 속에서 자연의 목소리에 다시 귀를 기울여야 하고, 그리하여 처음부터 자연이 자신 앞에 놓아주었던 음식을 선택해야 하며, 물, 빛과 공기, 그리고 지구 등등과 다시 관계를 맺기 위해 열심히 노력해야 한다. 자연은 원래 인간을 위해 설계되었다.(Just 1903: 3)

우리가 위험을 무릅쓰고 위반하는 자연의 '법'을 언급한다는 점에서 유스트는 그 시대의 전형적인 인물이었다. 그러한 거역할 수 없는 지시는 자연식품 식생활이 개인적 취향의 문제가 아니라 모든 인간이 자신들의 잠재력을 실현할 수 있는 유일한 방법이라는 것을 의미한다. 반드시 따라야 하는 일단의 절대적인 규칙에 대한 이러한 믿음은 자연식품 식생활을 어중간하게 채택하는 것에 대해 경멸하는 일이 빈번히 벌어지고 자연식품 식생활을 준수하거나 무시하는 것이 초래하는 결과를 놓고 거창한 주장들이 펼쳐지는 것을 설명하는 데 도움을 준다. 이를테면 자연식품을 건강관리를 위한 '헤이 시스템Hay system'의 중심으로 삼은 의사 윌리엄 하워드 헤이William Howard Hay는 1934년에 이렇게 주장했다. "뛰어난 요리 기술은 다른 모든 원인을 합친 것보다도 문명국가들의 타락과 더 많이 관련되어 있었다. 그 이유는 바로 요리사들은 통상적으로 소화 법칙의 모든 교의를 위반하기 때문이다"(Hay 1934: xv).

자연식품 지지자들은 자신들의 논의에서 식품 그 자체를 묘사하기 위해 자주 삶과 죽음의 이미지를 이용했다. 식품은 자연에 가까울수록 더 살아 있는 반면, 자연상태에서 멀리 떨어져 있으면 죽은 것이 된다. 고기를 생산하는 사람들이 살인자들과 동일시되었던 것과 마찬가지로, 가공식품 제조자들은 장의사에 비유되기도 했다. 최초의 건강식품 잡지 중 하나인 ≪캘리포니아 건강 뉴스California Health News≫를 창간한 클라크 어빈Clarke Irvine은 1935년에 인간이 "식품을 벤조산나트륨과 여타 방부제 액체가 든 캔에 보존하기" 때문에 "사람이 아픈 것은 놀랄 일이 아니다"라고 썼다(Irvine 1935: 4). **가공식품**이라는 용어는 20세기 초 몇십 년 동안에는 아직 일반적으로 보급되지 않았었다. 대신에 자연식품 신봉자들은 식품으로부터 좋은 것, 건강한 것, 살아 있는 것, 그리고 자연적인 것을 제거하는 과정을 언급하기 위해 '변질된' 식품이나 '활력을 빼앗긴' 식품에 대해 이야기했다. 이러한 우려는 육류, 밀가루, 설탕, 크래커, 유제품, 통조림된 과일과 채소의 생산에 복잡한 처리를 하고 여러 물질을 첨가하고 산업적 방법을 적용하는 거대 기업들이 성장하면서 훨씬 더 절박한 문제로 보였다.[3]

무엇을 어떻게 먹어야 하는가에 대한 다양한 모순된 믿음들은 자연의 본질적 선함에 대한 믿음으로부터 나왔다. 스위스 의사이자 뮈슬리Müsli의 창립자인 막스 비르허 베너Max Bircher Benner와 같은 사상가들에게서 영향을 받은 한 분파(Meyer-Renschhausen and Wirz 1999)는 사람들이 먹는 것을 조리되지 않은 것, 즉 날것으로 제한할 것을 제창했다. 또 다른 분파는 식품의 조합 자체에 관심을 가지고, 어떤 식품들을 함께 섭취해서는 안 되는지를 구체화했다. 아르놀트 에레트Arnold Ehret와 같은 다른 자연식품 지지자들은 실베스터 그레이엄 시대의 테마를 계속해서 이어가며, 식품 섭취를 제한할 것을 강조하고 몸에서 불순물을 씻어내는 방법으로 자주 단식을 할 것을 조언했다(Ehret 1924; 1926). 이러한 조류들 각각 — 날음식, 올바른 식품 조합, 그리고 단식 — 은 오염물질과 빈 필러filler들을 제거함으로써 신체의 자연적인 균형을 회복하고자 하는 것이었다. 이러한 생략의 철학philosophy of omission의 이면을 이루고 있는 것이 바로 내가 곧 논의하듯이 최고의 건강식품 — 즉, 건강을 증진시킬 수 있는 식생활 첨가물 — 을 찾아내는 것이었다.

자연식품 식생활에 대한 믿음은 종종 자연요법에 대한 헌신과 함께 이루어졌다. 때로는 자연치료법이라고도 불리는 자연요법은 천연 재료나 자연적 삶에 바탕을 둔 다양한 건강요법 — 식이요법뿐만 아니라 수치료법, 풍욕과 일광욕, 운동, 약초 요법까지도 — 을 한데 모았다. 그리고 나중에 이 용어에는 동종요법homeopathy[질병과 비슷한 증상을 일으키는 물질을 극소량 사용하여 병을 치료하는 방법 _옮긴이]과 지압요법도 포함되었다. 19세기와 20세기 초에는 특히 아돌프 유스트, 제바스티안 크나이프Sebastian Kneipp, 루이 쿠네Louis Kuhne — 이들 모두는 독일에 기반을 두고 있었다 — 와 같은 사람들의 실천과 가르침을 통해 중앙 유럽에서 정교한 자연치료 이론이 발전했다. 그들의 구체적인 치료법은 달랐지만, 각 치료법은 자연적인 과정을 통해 신체가 스스로 치유되도록 돕는 것을 포함하여 '약을 쓰지 않는' 치료를 선호했다. 그리고 그 치료법들 모두에서 가공식품을 뺀 채식주의적인 (자주) 날음식 식단이 핵심이었다.[4]

존 하비 켈로그와 다른 미국인들은 유럽으로 여행을 가서 자연 의사들의 건강센터를 방문했고, 분명히 그들에게서 영향을 받았다. 그러나 자연치료의 이상은 미국에 정착한 이민자들 — 그중에서 가장 영향력 있는 인물이 베네딕트 러스트였다 — 을 통해 미국의 자연식품 운동에 아주 완벽하게 통합되었다. 러스트는 1892년 스무 살에 독일에서 미국으로 처음 건너왔다. 그는 결핵으로 중병을 앓게 되자 유럽으로 돌아가 제바스티안 크나이프의 식이요법과 수치료법 체계에 입각하여 성공적으로 치료를 받았다. 1896년 러스트는 크나이프의 방법을 보급시킬 생각으로 이번에는 뉴욕으로 이주했다. 시간이 흐르면서 러스트는 자기 나름의 자연요법 체계를 발전시켰고, 자신과 아내 루이사Louisa가 설립한 수많은 판로 — 요양원, 자연요법 대학, 미국자연요법협회American Naturopathic Association, 그리고 몇몇 영향력 있는 책과 정기 간행물 — 를 통해 추종자들을 찾았다(Kirchfeld and Boyle 1994). 러스트는 또한 1896년에는 뉴욕시에 아마도 최초였을 다각화된 건강식품 가게를 설립했다.[5]

자연적 삶

19세기 미국 자연식품 운동에 주요한 국제적 영향을 미친 나라가 영국이었다면, 20세기 초기의 관념들은 독일에서 왔다.[6] 러스트와 에레트 모두 독일 이민자였고, 또 다른 저명한 자연요법 이론가인 헨리 린들라르Henry Lindlahr와 20세기 전반기에 아마도 가장 잘 알려진 미국의 건강식품 주창자였을 벤저민 가예로드 하우저Benjamin Gayelord Hauser 역시 독일 이민자였다. 하우저의 독일적 뿌리는 그를 불신하게 하려는 주류 건강 전문가들의 커다란 관심사였다. 이를테면 미국의학협회American Medical Association: AMA는 그에 대해 논의할 때마다 그의 성姓(오이게네 헬무트 하우저Eugene Helmuth Hauser)과 생가(독일 튀빙겐)를 빼먹지 않고 언급했다.[7] 이민자들이 자신들의 이름을 미국화하는 것은 아주 일반적이었지만, AMA의 보고서는 건강식품 지지자들이 자신들이 지닌 철학의 외국 기원을 공중에게 속이려 하고 있다는 점을 그런 식으로 넌지시 내비추고자 했다. 실제로 주류 의학과 관련하여 가장 당황스러운 것은 그들이 이들 이민자에 대해 보인 무례한 태도였을 것이다. 이미 19세기 후반경에 독일에서는 자연치료의 열렬한 지지자들이 이미 조직화되어 있었고, 자신들의 이익을 지키는 데 적극적이었다(Weindling 1989: 22~23). 반대자들에 맞서 싸우는 (그리고 맞서는 데 성공한) 그들의 전통은 건강, 식이요법, 라이프 스타일에 대한 자신들의 철학과 함께 미국으로 들어왔다.

그들의 사상이 혼합되어, 미국 자연식품 운동이 이전에 신체적 욕구(성욕을 포함하여)의 억제를 강조하던 것에서 벗어나게 하는 데 일조했다. 그리하여 이제 육체성의 표현을 숨기기보다는 드러내 보이는 것에 더 많은 관심을 가지게 되었다. 이와 관련하여 영향을 미친 것이 바로 1800년대 후반부터 1930년대까지 독일에서 유행한 생활 개혁 운동이었다.[8] 생활 개혁에는 채식주의, 자연치료, 나체주의, 의복 개혁(코르셋과 같은 꽉 끼는 옷 입지 않기를 포함하여), 야외 운동 등과 같은 자연적 삶의 여러 표현뿐만 아니라 금주와 페미니즘을 포함한 다른 문화적·정치적 표현들도 포함되어 있었다. 생활 개혁 참여자들이 이러한 관행들 모두를 채택하는 경우는 드물었다(가장 공통적으로 채택한 것은 채식주의와 자연치료였다). 또한 이 운동을 지지하는 사람들 사이에는 정치적으로 상당한 차이가 있었다. 거기에는 사회주의자, 무정부주의자, 그리고 급진적 위생학자들 모두가 포함되어 있었다.[9] 그러나 이러한 다양한 관행을 하나로 묶은 것은 산업화와 도시주의에 대한 비판이었는데, 이 두 가지 모두는 세기의 전환기에 독일에 큰 영향을 미치고 있었다. 개혁가들은 그러한 힘들과 싸우는 방법은 근대성의 유해한 경향을 상징적·실질적으로 거부하는 라이프 스타일을 채택하는 것이라고 믿었다.

독일 자연식품 신봉자들이 미국으로 이주하면서 이러한 문화적 스타일들은 미국의 자연식품 장으로 통합되었다. 이들 이민자는 자연식품 철학자로서의 역할을 했고 많은 이주자가 자신의 건강식품 사업을 시작했기 때문에 그들은 수에 비해 미국 자연식품 장에 큰 영향을 미쳤다. 독일 이민자들의 물결은 캘리포니아를 자연식품 장의 중심지로 굳히고 열성적인 자연식품 애호자의 정형적 이미지를 유머 없는 뉴잉글랜드인에서 자유분방한 캘리포니아인으로 바꾸는 데에도 일조했다.

독일 이민자들이 세기의 전환기에 미국에 도착하기 전에도 캘리포니아에는 이미 상당한 자연식품이 존재하고 있었다. 채식주의협회들이 로스앤젤레스와 샌프란시스코 둘 다에 존재하고 있었다.[10] 공동생활을 하면서 실험하는 채식주의자 집단거주지도 형성되어 있었는데, 1880년대 베이커스필드Bakersfield 근처에 아이작 럼퍼드Isaac Rumford가 설립한 조이풀 뉴스Joyful News와 1870년대에 게오르그 힌데George Hinde와 루이 슐레진저Louis Schlesinger가 플라센티아Placentia에 설립한 소시에타스 프라테르니아Societas Fraternia가 그것들이다. 이 두 집단은 종교적인 이상이 동기가 되었다. 즉, 조이풀 뉴스는 독실한 기독교 신앙을, 그리고 소시에타스 프라테르니아는 심령주의의 한 변종을 기반으로 했다. 특히 힌데의 집단은 악명을 얻었다. 그들의 성원들은 언론에 의해 '풀을 먹는 사람들'로 칭해졌다. 언론은 그들이 오렌지카운티 집단거주지에서 자유연애를 실천하고 배고픈 아이들에게 채식을 강요한다는 소문을 보도했다. 그 성원들이 우유를 생과일로 대체하여 아기를 굶겨 죽였다고 고발당했던 때처럼, 그들의 비관례적인 라이프 스타일은 법적 문제를 야기하기도 했다.[11]

비록 관심을 덜 끌기는 했지만, 식품 개혁 역시 그 지역의 일부 요양원과 수치료 시설에 터전을 마련했다. 남부 캘리포니아는 따뜻한 기후로 인해 1870년대 이후 건강 휴양지로 특히 인기 있는 장소였다(Baur 1959). 그중에서도 세인트헬레나Saint Helena(1878년 설립), 파라다이스 밸리Paradise Valley(샌디에이고 근처)와 글렌데일Glendale(둘 다 1904년 설립), 로마 린다Loma Linda(1905년 설립)에는 제7일 안식일 예수재림파 요양원이 있었다. 건강식품은 세인트헬레나와 로마 린다 시설에서 생산되었다.

캘리포니아의 기발하게 혼합된 문화적 실험 속에서 독일의 자연식품 옹호자들은 하나의 거주지를 구축했다. 독일 채식주의 단체들은 1880년대에 캘리포니아 이민협회Immigration Association of California를 통해 처음으로 캘리포니아로 사람들을 끌어들였다.[12] 그러나 20세기 초의 몇십 년 동안에 훨씬 더 많은 수의 사람이 그곳으로 몰려들었다. 일부는 독일에서 직접 왔고, 다른 사람들은 미국의 다른 곳에 거주하다가 그곳으로 왔다. 그들의 행렬 속에는 작가이자 강사인 에레트[1922년에 에레트가 죽은 후 프레드 S. 허시Fred S. Hirsch가 이너-클린Inner-Clean(나중에는 이너클린Innerclean)이라는 이름으로 판매되기 시작한 약초 완하제를 개발했다],[13] 또 다른 영향력 있는 로스앤젤레스 작가 오토 카르케(역시 1905년부터 자연식품을 재배하고 판매했다),[14] 이매뉴얼 브로너Emanuel Bronner 박사(1940년대 후반에 로스앤젤레스에서 미네랄 조미료를 처음 제조했고, 그 다음에는 자신의 철학을 라벨에 인쇄한 천연비누 제품들을 개발했다)(Frost 1990), 그리고 허먼 섹사우어Herman Sexauer(산타바바라에 있는 그의 건강식품 가게는 1930년대와 1940년대에 비관례적인 사고들의 중심지가 되었다)(Kennedy 1998: 159~162)가 포함되어 있었다. 이러한 예들에서 알 수 있듯이, 독일 이민자들은 남부 캘리포니아를 다양한 방식으로 자연식품의 삶을 가르치고 판매하는 장소로 만드는 데 일조했다.

일부 이민자들은 또한 특히 캘리포니아식 반문화 스타일이 자연식품과 연관된 것으로 인식되게 만드는 데에도 기여했다. 미국의 반문화에 대한 표준적인 설명들에 따르면, 반문화는 1950년대의 비트족Beats[1950년대 중반 미국에서 현대 산업사회를 부정하고 기존의 질서와 도덕을 거부하며 문학의 아카데미즘을 반대한, 방랑자적인 문학가 및 예술가 세대를 이르는 말 _옮긴이]을 선조로 하는 1960년대와 1970년대의 현상을 일컫는다. 그러나 제2차 세계대전 이후의 반문화 스타일 중 많은 것의 뿌리는 실제로는 훨씬 더 시간을 거슬러 올라간다. 반문화적 스타일을 가진 초기 실험자들 가운데는 자연식품 신봉자들이 많았다. 우리는 19세기의 미국 초월주의자들이 채식주의와 공동체적 삶을 추구하며 긴 머리에 옷을 길게 늘어뜨려 입고 있었던 것을 볼 수 있다(Sears 1915: 19). 매사추세츠가 초월주의의 중심지였던 반면, 캘리포니아는 독일 자연인naturmenschen의 특정한 특징들을 채택한 사람들에게 특히 호의적인 환경이었음이 입증되었다. 자연인들은 날음식 식단을 유지하고, 머리카락과 수염을 기르고, 헐렁한 튜닉을 입고 샌들을 신었다(Kennedy 1998: 57~59; M. Green 1986: 57~62). 캘리포니아에서는 신선한 과일과 채소를 쉽게 얻을 수 있었고, 온화한 기후로 인해 일 년 내내 야외에서 거주할 수 있었다.

날것, 장발, 헐렁한 옷, 가끔의 나체주의, 그리고 야외에서 사는 것을 선호하는 것으로 구별되는 한 무리의 남성들이 1920년대에 캘리포니아에서 주목을 받았다. 그중 한 사람인 윌리엄 페스터William Pester라는 이름의 독일 이민자는 관광객들이 그의 팜 스프링스 전초기지에 와서 얼빠진 듯이 바라보고 사진을 찍을 정도로 호기심의 대상이었다(Wild 2008). 건강식품 산업에 아주 깊이 관여했던 집단의 성원인 집시 부츠Gypsy Boots는 이렇게 기술했다. "우리는 그 시기[1940년대]에 꽤 많은 관심을 끌었는데, 그 이유는 주로 우리 가운데 그렇게 많은 사람이 거기에 있었고 우리가 함께 여행했기 때문이었다. …… 때로는 우리 가운데 15명이나 되는 사람들이 언덕에서 함께 살면서 동굴과 나무에서 잠을 잤다"(Boots 1965: 7). 비록 그들의 수는 한정되어 있었지만, 그들의 문화적 영향은 적지 않았다. 그들의 독특한 외모와 자연적 삶에 대한 헌신 때문에, 그들은 공중이 자연식품과 반문화적 기행奇行을 확실하게 연관시키는 데 일조했다. 이 이미지는 「네이처 보이Nature Boy」라는 곡이 1948년 최고의 히트곡 중 하나가 되면서 그 노래를 부른 가수 냇 킹 콜Nat King Cole의 커리어를 끌어올리자 특히 더 주목을 받았다. 「네이처 보이」의 가사가 자연식품을 직접 언급하지는 않지만, 인습에 매이지 않는 그 곡의 작곡가 에덴 아베즈Eden Ahbez는 공중의 상상력을 사로잡았고, 보도에서는 그의 긴 머리, 그가 좋아하는 야외에서의 삶, 그리고 날음식 식단을 자주 언급했다.[15] 아베즈가 먹는 음식은 맨발로 다니는 그의 습관과 물질적 소유에 대한 그의 경멸만큼이나 이상한 것으로 여겨졌다.

네이처 보이라는 용어 역시 인기를 끌며, 그 음악적 기원을 넘어서는 하나의 생명을 얻었고, 그것은 조롱의 꼬리표로서뿐만 아니라 감탄과 자기기술self-description의 부호로도 사용되었다. 이를테면 1949년에 ≪아메리칸 베지테리언American Vegetarian≫에 실린 광고에는 "네이처 걸들은 우리에게 편지를 써주세요: 네이처 보이즈 박스 257, 테카테, 칼리프"라고 간단하게 적혀 있다.[16] 집시 부츠는 자신과 자신의 패거리를 네이처 보이즈라고 불렀다(Boots 1965). 그리고 비트 감성을 포착한, 아마도 가장 널리 읽히는 책일 잭 케루악Jack Kerouac의 1957년 소설 『길 위에서On the Road』에서 주인공은 로스앤젤레스에서 다양한 인종이 섞여 있는 모습에 대해 논평하면서 "가끔 수염을 기르고 샌들을 신은 네이처 보이 성자"를 발견한다고 적고 있다(Kerouac 1991: 86).

캘리포니아나 그 밖의 다른 지역에서 일어난 자연식품 운동을 네이처 보이 미학으로 축소시키는 것은 분명 실수일 것이다. 20세기의 전반기에는 자연식품 신봉자들을 특징짓는 다른 많은 생활양식이 존재했다(그리고 그것들 또한 반문화적이었다). 그러나 네이처 보이 스타일은 중요한데, 그 까닭은 내가 제6장에서 논의하듯이 네이처 보이 스타일이 1960년대에 꽃을 피운 반문화를 고집했기 때문만은 아니다. 건강식품 산업은 비관례적인 고객들에게 기꺼이 부응했고, 비관례적인 사업 파트너들을 위한 공간도 기꺼이 마련하고자 했다. 에덴 아베즈의 노래가 히트 쳤을 때쯤에 그 전통은 이미 확고하게 자리 잡고 있었다.

식품을 통해 전도하기

미국 상업계의 이 작은 모서리에서는 주류 사회에서 항상 환영받지 못하던 집단들이 하나의 직업을 찾을 수 있었다. 20세기 전반기의 건강식품 산업에서 나타나는 주목할 만한 특징 중 하나는 그 산업의 대표성이 특정 종교와 민족집단에 크게 편중되어 있었다는 것이다. 제7일 안식일 예수재림교도들은 배틀 크릭 푸드 코Battle Creek Food Co.(존 하비 켈로그의 회사는 1921년경에는 이렇게 불렸다)를 통해서뿐만 아니라 전적으로 교회가 소유한 로마 린다 푸드Loma Linda Foods, 교회와 제휴한 워딩턴 푸드Worthington Foods(원래는 1939년 오하이오주에서 설립되어 스페셜티 푸드Specialty Foods라고 불린), 그리고 가게, 레스토랑, 제조 직판장을 운영하던 교회 신도 개인들을 놓고 보더라도 여전히 하나의 주요한 존재로 남아 있었다.

로마 린다 푸드는 재림파의 건강식품 회사들을 특징짓는 사업과 종교적 목적의 결합을 잘 보여주는 회사였다. 로마 린다 푸드는 1906년에 남부 캘리포니아의 새로운 요양원에 딸린 제과점으로 시작했다. 다른 재림파 요양원들과 마찬가지로 로마 린다는 요양원 식품 회사라는 이름 아래 배틀 크릭 제품들을 모델로 하여 다양한 건강식품을 생산했다. 그러나 로마 린다의 야망은 대부분의 다른 재림파 전초기지들의 야망을 능가했다. 그 요양원은 다방면의 의료센터로 성장했고, 식품 제조 사업을 크게 확대했다. 이 식품 제조 사업은 1933년에 로마 린다 푸드라는 이름을 채택함으로써 자신의 지역 정체성과 의료센터와의 제휴를 부각시켰다.[17] 로마 린다 푸드는 1935년 법인의 정관에서 회사의 목적에 판매, 교육, 종교적 목적을 명시적으로 포함시켰다.[18] 몇 년 동안 종교적 동기는 여전히 그 기업의 중심을 이루었고, 자주 재확인되었다. 이를테면 1942년 판매 보고서는 회사의 구성원들에게 회사가 "주님의 지시와 조화롭게" 운영되도록 최선을 다했다는 점을 확인시켰다.[19] 로마 린다는 자신의 사명을 도덕적인 것이라고, 따라서 대부분의 영리 노력과는 다르다고 보았다.

배틀 크릭 푸드, 로마 린다 푸드, 워딩턴 푸드가 다양한 제품을 만들었지만, 그들이 지배한 것은 고기 대용품(즉, 식물성 고기meat analog라고 불리게 된 것) 시장이었다(〈그림 2〉를 보라). 혼합 견과류, 콩, 곡물 조제물들 — 대부분 캔에 담은 형태로 판매되는 — 이 확산되면서,[20] 그 회사들은 자신들의 제품의 채식주의적 측면을 첨가물 기피와 광범위한 가공보다 더 내세웠는데, 이러한 입장은 자연식품 장의 일부로부터 비난을 초래했다. 이들 회사는 이따금 자연식품 세계의 성원 자격과 관련하여 자신들의 입장을 방어하기 위해 노력하기도 했다. 이를테면 워딩턴 푸드는 "MSG는 자연식품 성분이다"라고 소비자들을 안심시킴으로써 자신들이 글루탐산나트륨을 사용하는 것에 대해 변명했다.[21] 그러나 제7일 안식일 예수재림파 소비자에 기반을 두고 있었기 때문에, 이 세 회사는 자신들의 생산 기법에 대한 불만으로 인해 해를 입지 않았고, 1960년대까지 판매는 강세를 유지했다.

제7일 안식일 예수재림파는 다른 어떤 기독교 교파보다도 가장 광범하게 산업에 참여하고 있었지만, 다른 종파들 또한 자신들이 신이 명한

〈그림 2〉 1930년 배틀 크릭 푸드 컴퍼니의 광고 책자. 이 광고는 고기 대용품인 프로토스와 발효 분말 조미료인 사비타를 크게 다루고 있다.
자료: 저자의 개인 소장품.

것으로 믿는 삶을 영위하고 자신들의 교리를 전파하기 위한 사명의 일부로 자연식품 장에 진출했다. 제조업에 진출한 또 다른 집단이 1942년 뉴욕의 셔먼Sherman에 오순절 교회파Pentecostal 목사 유진 크로스비 먼로Eugene Crosby Monroe가 설립한 기독교 공동체 집단거주지인 실로

Shiloh였다.[22] 하지만 레스토랑은 종교 집단에 의해 가장 자주 행해지는 모험적인 사업이었다. 이들 종교 집단 가운데에는 재림파 신도들에 가깝지만 또 다른 기독교 교리를 따르는, 이스라엘 다윗의 집Israelite House of David(나중에는 마리아의 다윗의 도시Mary's City of David라고 불렸다)이라는 이름을 가진 미시간 서부 종파도 있었다. 마리아와 벤저민 퍼넬Benjamin Purnell에 의해 설립된 이 집단은 1908년에 최초의 채식주의 레스토랑을 설립했다(Cawley 2000: 100). 채식주의와 신앙을 결부시킨 또 다른 종파가 신사상New Thought[인간의 신성神性을 강조하고 올바른 사상이 질병과 과실을 억제할 수 있다고 주장하는 일종의 종교 철학 _옮긴이]의 한 분파로, 미주리주 캔자스시티에서 찰스 필모어Charles Fillmore와 머틀 필모어Myrtle Fillmore가 창시한 기독교 일체파Unity School of Christian이다(Donald Meyer 1988: 40~42). 일체파는 1906년에 채식주의 레스토랑을 열었는데, 그 식당은 수십 년간 꽤 인기가 있었고, 1960년대 초까지 완전한 채식주의를 유지했다(Ferruza 2012). 이 집단은 요리책 중 하나에서 자신들의 목적을 다음과 같이 설명했다. "일체파 식당Unity Inn은 상업 벤처로 운영되는 것이 아니라 과일, 견과류, 채소로 이루어진 식단이 육류 식단보다 인간의 체계에 실제로 더 적합하다는 것을 공중에게 납득시키기 위한 교육 운동의 하나로 운영된다"(Unity School of Christianity 1923: 3). 일체파와 같은 집단의 경우에 상업적 환경에서 음식을 제공하는 것은 주로 소비자들에게 친숙한 영역을 이용하여 잠재적 지지자들에게 다가가기 위해서였다. 이러한 인식 때문에 그 집단은 이윤을 위해서라기보다는 선을 위해 사업을 하는 것으로 볼 수 있었다.

이들 기독교 종파 모두는 더 큰 교파들에 의해 괴상하다고 여겨지는 교리를 신봉하고, 자주 주류 사회와 자신들을 분리시키는 유토피아적인 삶의 실험을 확립하는 등 문화적으로 주변적이었다. 집단주거지에 살든 그렇지 않든 간에, 대부분의 경우에 그 종파들은 자신들의 교회 구조와 신체적으로 결합되어 있는 사업을 운영했다. 이러한 실제적 결합은 그 사업이 공동체의 노력을 표현하는 것이라는 점을 끊임없이 상기시켜 주는 역할을 했고, 소비자들에게 시각적 유인을 제시함으로써 소비자들로 하여금 그 집단에 동기를 부여하는 영적인 이상과 관련된 것들을 더 많이 발견하게 했다.

윤리적 틈새

이와는 대조적으로 건강식품 산업의 주요 민족집단 중 두 집단 — 독일인과 유대인 — 이 사업하는 환경은 대부분 아주 달랐다. 그들이 기독교 종파들과 공통점을 가지고 있다는 사실은 자주 다른 미국인들로 하여금 그들을 의심이나 적개심의 대상으로 삼게 했다. 유대인들은 20세기 전반에는 주기적으로 부정적인 고정관념에 시달렸고, 독일 출신 거주자들의 지위는 두 세계대전 내내 수년간 매우 불안정했다. 그러나 그들의 활동을 내가 지금까지 설명한 기독교 집단들과 그대로 비교할 수는 없다. 왜냐하면 유대인과 독일인 모두의 건강식품 사업은 민족 거주지에 위치하지 않았고, 그러한 사업들이 다른 기업들처럼 일반적으로 민족과 제휴되어 있지도 않았기 때문이다. 그들은 많은 재림파 회사의 경우처럼 자신들의 공동체에 봉사하는 것을 지향하지 않았고, 일체파나 실로처럼 건강식품 산업을 통해 민족적 또는 종교적 정체성의 전초기지를 건설하는 경향도 없었다. 나는 자연식품 장에서의 독일 이민자들과 독일계 미국인들의 존재에 대해서는 물론 미국 자연식품 장과 독일 자연치료 운동의 직접적인 연관성 – 이것들은 그들이 미국에서 비슷한 노력을 하는 것을 설명하는 데 도움을 준다 – 에 대해서도 이미 논의했다. 하지만 건강식품 산업에서 유대인이 많은 까닭은 간단하게 설명할 수 있는 것이 아니다. 이 문제는 이 산업이 전형적인 사회운동 경로 밖에서 자연식품 장을 발전시키기 위해 일하던 사람들을 어떻게 운동에 끌어들일 수 있었는지를 해명하는 데 도움이 되기 때문에 좀 더 고찰할 필요가 있다.

20세기 초반에 유대인들이 건강식품 고객 가운데 얼마를 차지했는지를 알 수 있게 해주는 신뢰할 만한 자료는 존재하지 않는다. 하지만 1910년대부터 1950년대까지 건강식품 산업에 종사하는 유대인의 수가 많았던 것은 확실하다. 이 장과 이후의 장에서 논의하는 개인 중 많은 사람이 유대인들 – 이를테면 네이처 보이즈인 집시 부츠와 에덴 아베즈, 그리고 누구보다도 미국에 유기농을 도입하는 데 도움을 준 제롬 어빙 로데일 Jerome Irving Rodale 같은 – 이었다. 널리 알려진 건강식품 사업의 유대인 소유주로는 닥터 브로너스Dr. Bronner's의 주인 이매뉴얼 브로너, 네이처레이드Naturade의 주인 슐만 가족, 시렉트Seelect의 소유자 레신Lessin 가족, 베지트레이츠Vegetrates의 주인 유진 (빌리) 함부르크Eugene Billy Hamburg, 시프 바이오 푸드Schiff Bio Food의 주인 유진 시프Eugene Schiff, 그리고 뉴욕의 소매상인들로는 브라우니스Brownies의 소유자 샘 브라운 Sam Brown, 헬스 푸드 디스트리뷰터스Health Food Distributors의 소유자 샘 로젠블룸Sam Rosenbloom, 큐비스Kubie's의 주인 솔로몬 큐비Solomon Kubie 등이 있었다. 그렇다고 해서 20세기 전반기의 건강식품 제조업자나 소매업자의 대다수가 유대인이었다고 말하는 것은 아니다. 거기에는 유대인이 아닌 플레이어들도 많았다. 그러나 건강식품 기업가, 특히 자신의 회사가 성공하고 오래 존속한 기업가 가운데에서 유대인의 수가 일반인에 비해 더 많았던 것은 분명하다. 놀랄 것도 없이 유대인들이 가장 많이 집중되어 있었던 곳은 뉴욕이지만, 유대인들은 특정한 지리적 장소에만 국한되지 않았다. 그들은 미국 대부분의 지역에서 건강식품 사업을 벌였다.

하지만 유대인들이 대다수가 아니었기 때문에, 사람들은 건강식품의 제조와 소매에서 유대인들이 갖는 대표성이 어째서 중요한지와 관련한 주장에 대해 의문을 가질 수도 있다. 하지만 도매상의 경우에 상황은 더 분명했다. 그 당시 그 업계의 대다수 대형 도매상은 실제로 유대인이었다. 뉴욕의 밸런스드 푸드Balanced Foods와 셔먼 푸드Sherman Foods, 시카고의 헬스 푸드 자버스Health Food Jobbers, 그리고 하나로 합병된 로스앤젤레스의 칸 앤 레신Kahan & Lessin의 소유자들도 유대인이었다. 디트로이트의 헬스 푸드 디스트리뷰터스(이는 뉴욕의 소매상과는 무관한 회사이다)의 설립자는 유대인은 아니었지만, 설립한 지 얼마 지나지 않아 그 회사를 21세기까지 유지한 유대인 가족에게 팔았다. 실제로 1920년대와 1930년대에 설립된 주요 도매회사들(그 회사들 모두가 계속해서 1970년대까지 건강식품 유통을 지배했다) 가운데서 오직 샌프란시스코의 랜드스톰Landstrom과 털사Tulsa[오클라호마주 동북부에 있는 도시 _옮긴이]에 있는 애킨Akin만이 유대인에 의해 설립되거나 유대인에게 넘어가지 않는 회사였다.

유대인이 여전히 타자로 여겨지던 시대에 동료들에게 누가 유대인이고 누가 아닌지는 분명하게 드러났다. 자연식품 장에서 그들의 존재는 때때로 특정한 논평을 하게 하기도 했다. 이를테면 1922년에 「운동의 진보The Progress of the Movement」를 다룬 ≪베지테리언 매거진Vegetarian Magazine≫의 한 칼럼은 "최고의 채식주의 레스토랑은 유대인이 운영하고 있고, 대체로 비유대인보다는 유대인이 단골손님이다"라고 진술했다.[23] 하지만 이것은 적어도 공개적으로는 그리 많이 논의되지 않는 주제처럼 보였다. 유대인 고참들에게 그 산업에 유대인의 수가 특히 많았느냐고 물었을 때, 그들은 그것을 대수롭지 않게 생각했다. 어떤 사람은 "내 생각으로는 특별히 그랬던 것 같지는 않아, 아냐. 단지 우연이었을 거야"라고 말했다. 그러나 다른 사람들은 "꼭 그렇지는 않지만, 꽤 많았어"라고 모호하게 말했다. 반유대주의가 너무나도 일반적이었던 시절에 대한 기억을 지닌 이 남성들은 그 업계의 그러한 특징에 관심을 두지 않는 것에 익숙해졌을 가능성이 꽤 있다. 다음 세대인 1940년대와 1950년대에 태어난 사람들은 그러한 특징을 더 많이 인정했고, 그것이 불러일으킬 수 있는 감성을 더 잘 알고 있었다. 대부분은 그러한 특징을 진기한 현상으로 보았지만, 그것에 별 중요성을 부여하지는 않았다. 하지만 한 응답자는 유대인 사업가들 간의 공통성이 서로 편하게 느끼는 사람들의 집단을 만들어냈고 그것이 경쟁자들 사이에서조차 많은 협력을 할 수 있게 만들었다고 시사했다.

물론 유대인과 상업 간에는 오랜 역사적 관계가 존재한다. 학자들은 자주 다른 직업에서 유대인이 배제된 것까지로 거슬러 올라가서 이것을 추적한다(Muller 2010). 이런 점에서 건강식품은 20세기 초에 유대인들이 참여했던 많은 다른 상업 영역과 유사할 수도 있다(Kobrin 2012). 그리고 유대인들이 특히 유통 영역에서 과다하게 대표되는 것은 그들이 특정 직업에 많이 진입하는 것을 묘사하는 데 이용되어 온 '이산 유대인 상인 소수집단diasporic merchant minorities'이라는 관념과도 부합한다

(Muller 2010: 7). 하지만 건강식품은 에드나 보나시치Edna Bonacich가 '중개자 소수집단middlemen minorities' 개념을 기술하면서 제시한 고전적 모델에 완전하게 들어맞지는 않는다. 보나시치는 왜 유대인, 아르메니아인, 중국인, 그리고 다른 민족집단들이 이를테면 생산자와 소비자, 또는 소작인과 지주들 사이에서 중개 기능을 하는 직업에 빈번히 종사하는지를 분석하면서, "동화에 저항하는 [그리고 자본이 유동하는 직업을 선택하는] 고도로 조직화된 공동체"(Bonacich 1973: 586)를 하나의 원인으로 상정한다.[24] 하지만 이러한 묘사는 건강식품 산업에 종사하는 유대인들의 경우에는 정확히 들어맞지 않는다. 왜냐하면 그들은 대부분 동화주의자의 길을 따랐기 때문이다.

특히 주목할 만한 것은 건강식품 산업에 종사하는 유대인들은 대체로 세속적이거나 그리 관습을 지키지 않는다는 점이다. 재림파 신도들과 달리 자연식품에 대한 그들의 애착은 종교적 신념에서 나오지 않았다. 그와는 대조적으로 유대교는 특히 유럽에서 그러했던 것처럼 전통적으로 고기 중심의 식습관을 가지고 있으며, 미국에서 정통 유대인들은 일반적으로 채식주의를 고려할 만한 가치가 있는 것으로 생각하지 않았다(Jochnowitz 1997). 게다가 청결한 식생활과 관련한 유대교적 전통은 다른 기독교적 가르침처럼 19세기 자연식품 철학의 한 변종을 낳지도 않았다. 요컨대 유대인이 자연식품에 관여하는 것은 공동체의 충동으로부터, 즉 종교적 이상으로부터 나오지 않았다. 특히 동유럽 태생의 유대인들 사이에는 자연적인 것에 대한 기존의 문화적 이끌림과 관련한 어떠한 증거도 존재하지 않는다.

건강식품 산업에 종사하는 유대인 성원들의 경우에 건강식품 장에 대한 초기의 애착은 건강식품 장이 주류 밖에서 떠도는 경제적 기회였다는 점과 매우 크게 관련되어 있는 것으로 보인다. 노인과 병자(사회보험 프로그램이 가난을 얼마간 해결해 주기 이전 시대의) 내지 종교적 광신자로 간주되는 사람이나 반문화적 관행에 관여하는 사람들에게 식품을 공급하는 산업은 자연식품을 시험적으로 사용해 보고 싶어 하는 사람과 그 영역에 진입할 때 함께 따라오는 조롱과 낮은 지위를 기꺼이 감수할 수 있는 사람 누구에게나 넓게 열려 있었다. 건강식품 소매업에는 사회적으로 주변화된 집단들이 그 장에서 일하는 것을 가로막는 장벽이 존재하지 않았다. 인근에 있는 일반적인 소기업들과 달리, 건강식품 가게는 이웃과의 좋은 관계에 의존하는 사업이 아니었다. 고객들은 자신들이 다른 곳에서는 찾을 수 없는 제품을 손에 넣기 위해 우편주문을 하거나 도시를 가로질러 여행했다. 지역 교회나 엘크스 클럽Elks Club — 즉, 유대인에게는 폐쇄되어 있는 종류의 시설들 — 의 훌륭한 회원이 되는 것은 사업 확장의 열쇠가 될 것처럼 보이지 않았다. 그 대신 색다른 철학과 라이프 스타일을 가진 다양한 사람들에게 봉사하려는 의지는 하나의 자산이었다.

그러나 그것이 단지 이용 가능한 어떤 직업적 틈새로 들어가기 위한 도구적 행동인 것만은 아니었다. 그렇게 많은 다른 미국인과는 달리, 유대인들은 특히 일반 식품과 건강관리 체계 밖에서 일하는 것에 대해 개방적이었다. 유대인의 음식규율Kosher laws은 유대인들이 식생활 제한을 인식하고 수용하는 데 익숙하다는 것을 보여주는데, 이것은 음식물을 실제로 만드는 방법으로까지 확대되었다. 하지만 그들은 그러한 제한을 지키지 않았다. 게다가 유대인들은 이미 별도의 의료기관을 가지고 있었다. 폴 스타Paul Starr가 지적했듯이, 그 시기에 병원은 유대인 동화주의 패턴에서 예외였다. 유대인들은 기존 시설들이 자신들에게 드러내는 편견에서 벗어나고 자신들에게 의료행위를 할 기회를 제공하기 위해 자신들만의 지역병원을 건설했다(P. Starr 1982: 173~176). 이러한 비표준적인 방법으로 음식과 건강의 욕구를 충족시킨 경험들은 이미 그러한 제품의 소비자였던 유대인 개인들에게 건강식품 산업을 직업으로 선택할 수 있는 영역으로 보이게 만들었을 것이다. 자연식품장의 다른 사람들과 함께 유대인 기업가들은 건강식품 시장을 확대했고 그와 더불어 자연식품 운동의 이상을 확산시키는 일을 도왔다.

건강식품 산업의 확장

1901년 뉴욕 이스트 59번가에 소재한, 베네딕트 러스트가 소유한 크나이프 헬스 스토어Kneipp Health Store가 광고한 제품의 목록을 살펴보면, 배틀 크릭 새너토리엄과 그것의 지사들 밖에서 건강식품 산업이 당시에 어떤 제품을 제공해야 했는지를 알 수 있다. (러스트의 가게는 켈로그의 어떤 제품도 취급하지 않은 것으로 보였다. 그것이 원칙인지 아니면 경쟁 때문인지는 말하기 어렵다.) 크나이프 스토어는 통밀을 중시하면서 좋은 품종의 곡물, 시리얼, 빵을 판매하고 있었다. 거기에는 엄선한 다양한 약초와 약초 치료제가 있었다. 그 가게에는 또한 커피와 유제품의 대체물, 견과류로 만든 버터, 꿀, 간장, 몇 가지 종류의 코코아, 그리고 '건강식품'이라는 범주 아래 나열된 몇 가지 다른 잡동사니 제품도 있었다. 크나이프 또는 러스트라는 자사 브랜드의 제품을 제외하고는 17개의 브랜드만 진열되어 있었다. 이 상점의 식품 대부분은 그곳에서 판매하는 대부분의 비식품 제품들 — 화장품류와 린넨 제품 옷 — 과 마찬가지로 실제로 유럽에서 수입되었다. 하지만 판매용으로 제공되는 책들은 미국에서 생산되었다(Kneip [1901]의 광고를 보라).

36년 후에 샌프란시스코에 소재한 플라이너스 헬스 푸드 스토어Pleiner's Health Food Store와 홀 휘트 베이커리Whole Wheat Bakery는 자사 브랜드와 일반 제품 외에 93개 회사(거의 모든 국내 회사)에서 생산한 이용 가능한 제품을 나열한 카탈로그를 발행했다. 그 회사 이름들 가운데서 1901년에 러스트가 광고한 브랜드와 일치하는 회사는 오직 한 곳, 즉 랠스턴Ralston뿐이었다. 1937년 카탈로그에 실린 많은 회사, 이를테면 앨비타Alvita, 배틀 크릭, 헤인Hain, 카르케, 그리고 모던 헬스 프로덕트Modern Health Products는 수많은 별개의 제품들을 생산했다. 플라이너스는 수백 가지에 이르는 다양한 제품을 선별하여 제공했다. 그래도 그 제품들은 1901년의 크나이프 헬스 스토어의 판매 물품에 비하면 훨씬 친숙해 보였다. 통곡물과 곡물 제품은 여전히 주요한 관심의 대상이었다. 식물성 기름, 꿀, 견과류 버터 같은 제품들은 여전히 찾아볼 수 있었다. 그러나 러스트가 그러한 식품들 각각을 한두 종류씩 열거했다면, 플라이너스는 여러 품목을 갖추어놓고 있었다. 그리고 플라이너스의 카탈로그에는 선물용 코코아만 들어 있던 것이 아니라 당뇨병 환자들을 위한 다양한 '건강 사탕'과 단것을 특집으로 전체 세션을 다룬 면들도 있었다. 더 나아가 이제는 완전히 새로운 범주들이 나타났는데, 그중 일부는 견과류와 햇볕에 말린 과일 같은, 엄밀한 의미에서의 명실상부한 자연식품이었고, 다른 것들은 육류 대체식품과 비타민 같은 복합 건강식품이었다. 오늘날까지도 자연식품 가게 바깥에서는 찾기 힘든 다른 재료들(한천, 해초류, 캐럽)도 1930년대경에 건강식품점 목록의 일부가 되었다.[25]

갖출 만큼 잘 갖추어놓았지만, 플라이너스조차도 오늘날 건강식품 산업이 제공해야 하는 모든 종류와 브랜드의 제품을 포괄적으로 구비해 놓지는 못했다. 샌프란시스코의 마켓 스트리트Market Street 바로 위쪽에 있는 루스스 헬스 푸드 스토어Ruth's Health Food Store, 그리고 그 반대편인 뉴욕시에 있는 헬스 푸드 디스트리뷰터스와 브라우니스 내추럴 푸드 스토어Brownies Natural Store는 플라이너스에서 발견된 것과 동일한 제품 중 많은 것이 구비되어 있지만, 또한 각 상점은 다른 상점에서는 찾을 수 없는 브랜드의 제품도 판매하고 있었다.[26] 종합해 볼 때, 그들이 판매하는 물품과 그들이 고객들을 충분히 끌어들여 사업을 유지하는 능력은 건강식품 산업이 전문화되고 서로 경쟁하고 조정하는 수많은 회사로 이루어진 진정한 산업으로 발전했다는 것을 보여주었다.

러스트가 처음에 가게를 열어서 그 상태에 이르기까지는 많은 시간이 걸렸다. 건강식품 제조업자와 소매업자들이 더 많이 생겨나기 시작한 1920년대에 이르러 자연식품의 상업적 공급은 레스토랑과 카페테리아와 함께 매우 확고하게 자리 잡았다. 하숙집 전통은 물론 제7일 안식일 예수재림파 신도들이 세우고 싶어 했던 건강식품 레스토랑으로부터 발전되어 나온 채식주의 카페들도 20세기 첫 10년 동안 미국 여기저기에서 생겨났다. 하지만 얼마나 많은 채식주의 카페가 존재했는지를 정확하게 말할 수는 없다. 1904년에 풀턴E. G. Fulton은 자신의 1904년판 『채식주의 요리책Vegetarian Cook Book』에서 그중 22곳을 열거했는데, 이것은 확실히 총수보다는 적다. 이 레스토랑들은 뉴욕시에서부터 웨스트버지니아주의 페어몬트Fairmont에 이르기까지 크고 작은 도시들에서 찾아볼 수 있었다(Fulton 1904: 251).

레스토랑들은 건강식품 산업과 자연식품 운동이 발전하는 데서 중요한 역할을 했다. 레스토랑은 자연식품 옹호자들의 모임 장소와 토론 장소로 기여했다. 채식주의 레스토랑들은 자연식품 형태의 요리와 특정한 건강식품 — 특히 배틀 크릭 새너토리엄 사업에서 나온 식품 — 을 자주 저녁 식사에 도입했다. 이를테면 1906년에 제7일 안식일 예수재림파 교회 신도인 풀턴이 관리하는 샌프란시스코의 베지테리언 퓨어 푸드 카페Vegetarian Pure Food Cafe는 두 개의 서로 다른 브랜드 — 홀릭Horlick의 맬티드 밀크Malted Milk와 그랜트Grant의 하이제닉 크래커Hygienic Cracker — 도 메뉴에 제시되어 있었지만, 레몬을 곁들인 너톨린, 프로토스 샌드위치와 같은 배틀 크릭 식품을 기반으로 한 요리도 많이 제공했다.[27] 레스토랑들이 채식주의 요리만 제공한 것은 아니었다. 제7일 안식일 예수재림파 교도들과 제휴한 많은 레스토랑은 가게 안에서 배틀 크릭 새너토리엄 제품들도 팔았다.[28] 그 후 수십 년 동안 채식주의 레스토랑들은 자신의 식사를 준비하기 위해 식품을 구매하는 고객들에게 판매장이 되어주었다.

레스토랑들은 미리 준비해 놓은 채식주의 식사를 제공했다. 다른 한편 가정에서 자연식품을 조리하는 사람이 하는 일은 건강식품 선택지가 시장에 더 많이 나옴에 따라 더 간단해지는 동시에 더 복잡해지고 있었다. 제품들은 건강 해법을 편리하게 패키지로 제공했지만, 또한 전문화되고 손에 넣기 어려운 상품들을 자신들의 식이요법에 끌어들일 필요가 있었다. 20세기 첫 20년 동안에는 건강식품 생산자 중 많은 사람이 통곡물을 강조하는 그레이엄의 유산과 켈로그와 여타 아침 시리얼 제조업자들이 누린 성공을 이어가는 곡물과 곡물 제품의 공급자였다. 그러나 1920년대경에 제조업자들은 다른 종류의 품목에도 손을 뻗었다. 그러한 제품 중 많은 것은 사실 직접적인 의미에서의 식품이 아니라 이상적인 자연식품 식생활을 적절히 지킬 수 없는 소비자들을 위해 마련된 상품이었다.

다른 많은 문제에서와 마찬가지로 배틀 크릭 새너토리엄 회사들이 그 길을 이끌었다. 1907년에 시장에 출시된 캘랙스Calax는 많은 배틀 크릭 자연 완하제의 첫 번째 제품군 중 하나였다. 1920년대에는 앞서 언급한 이너-클린과 같은 다른 브랜드의 완하제들이 쏟아져 나왔을 뿐만 아니라 건강식품 산업의 대들보가 될 회사들도 설립되었다. 그러한 회사 중 하나는 1926년에 네이선 슐만Nathan Schulman이 캘리포니아 롱비치에 설립한 네이처레이드였다. 창립한 지 몇 년 안 되어 이 회사의 레이-오-랙스Ray-o-Lax, 콜렌-아데Kolen-Ade, 쓰리-인-원 랙스3-in-1 Lax라는 제품들은 건강식품 판매 1위를 차지했다. 완하제는 확실히 건강식품 시장 밖에서 쉽게 구할 수 있었다. 그러나 네이처레이드는 "혼합물이나 화학제품"을 첨가하지 않은, 그리고 미네랄로 만든 것 말고는 살충제나 비료를 사용하지 않기로 하는 농업 재배 계약에 따라 생산한 천연 식물 재료만을 자사 제품에 사용하겠다고 약속했다.[29]

1930년대에는 재정 측면에서 가장 중요한 새로운 제품군인 비타민 보충제가 건강식품 시장에 확실하게 진입했다. 비타민 — vitamin은 원래는 vitamine이라고 불렸다 — 은 2010년에 과학자들에 의해 발견되었지만, 1920년대에 주로 대구 간 오일cod-liver oil의 형태로 일반 소매상들에 의해 보충제로 판매되기 시작했다(Apple 1996; Griggs 1986: 30~39). 비타민 보충제의 판매는 1935년부터 비타민 합성 과정이 발견되면서 크게 활기를 띠었다. 1930년대 후반경에는 약방과 백화점들에서 비타민의 좋은 공급원으로 판매되던 대구 간 오일 및 다른 물질들과 함께 비타민 C, D 등으로 간단한 명칭을 붙인 합성 비타민 알약을 판매하기 시작했다.

비타민이 발견되자, 자연식품 장은 곧 관심을 가졌다. 식품에서 발견되는 비타민에 대한 존중은 자연적인 것을 숭배하는 철학과 부합하는 것일 수 있었다. 왜냐하면 비타민이 채소, 과일, 통곡물의 핵심 영양물로 이해될 수 있었기 때문이다. 실제로 비타민의 중요성에 대한 과학의 인정은 자연식품 지지자들의 주장을 뒷받침하는 것처럼 보였다. 비타민이 풍부하다는 자연식품의 성질은 자연식품의 지지자들에 의해 탈활력화된 (그리고 탈비타민화된) 고기나 정미된 곡물, 기타 가공식품에 비해 자연식품이 지닌 우수성을 더욱 확인시켜 주는 것으로 인식되었다.

자연식품 장에서는 단지 비타민이 풍부한 식품에 대해서가 아니라 비타민 보충제의 장려에 대해 논쟁이 벌어졌다. 이 논쟁은 제7장에서 좀 더 자세하게 논의될 것이다. 여기서는 천연 재료 — 합성 제품과 대비되는 것으로서의 — 로 비타민 보충제를 만들려는 노력이 어떻게 1930년대에 완전히 새로운 범주의 건강식품 — 시간이 흐르면서 공중에게 매우 인기 있고 수익성이 매우 높아진 — 을 만들었는지를 집중적으로 다룬다. 많은 점에서 비타민의 제조는 건강식품 공급자들이 이미 생산하고 있던 약초·해초류·미네랄 치료제 생산을 논리적으로 확장한 것이었다. 건강식품 산업에서 초기에 비타민을 제조한 사람들 가운데 한 사람은 윌리엄 T. 톰슨William T. Thompson이었다. 그는 1934년에 로스앤젤레스에서 약초 수입 회사를 시작했다. 이듬해 그는 시렉트 브랜드의 약초차를 만들었다. 그러나 그는 점점 더 비타민에 관심을 가지게 되었고, 1930년대 후반에는 천연 재료로 비타민과 미네랄 보충제를 제조하는 일에 주력하기 위해 그의 차 사업을 조지프 레신Joseph Lessin(네이처레이드의 슐만 가족과 관계가 있는)에게 팔았다. 톰슨 코Thompson Co.는 21세기까지 건강식품 산업에서 주요 비타민 생산업체의 하나로 남아 있었다.

비타민 보충제를 개발한 또 다른 초기 건강식품 회사로는 헬스 파운데이션 오프 캘리포니아Health Foundation of California가 있었는데, 이 회사는 베지트레이트Vegetrate라는 자사 '영양 보조제' 제품들을 생산했다. 그 회사의 제품에는 위장 장애, 당뇨병, 신경과민, 체중 조절을 위한 보충제들뿐만 아니라 비타민 A, B, C, E를 공급한다고 광고된 베지트레이트의 뉴트리셔널 블러드 리인포스먼트Nutritional Blood Reinforcement와 같은 결핍성 질환을 위한 보충제도 있었다. 그 회사는 신선한 채소가 가장 좋다는 점을 인정했지만, 자연식품 이데올로기를 포기하지 않고도 타협을 이룰 수 있음을 넌지시 비추었다. 그 제품안내서는 아이와 어른 모두가 "자기가 먹고 싶은 대로 먹으려고 한다"라고 경고하고 나서는, "만약 당신의 아이가 6살이든 46살이든 간에 '이것도 먹지 않으려고 하고 저것도 먹지 않으려고 한다면' 그가 건강과 생명을 유지하는데 필요한 필수 유기 미네랄 성분을 섭취할 수 있도록 그의 식단을 **야채수프**vege-broth로 보충하라"라고 조언했다.[30] 편식하는 사람의 문제에 대한 이러한 해결책은 건강식품 산업이 어떻게 자연식품 라이프 스타일에 더 유연하게 접근할 수 있게 도움을 주었는지를 보여준다. 소비자들은 식생활 선택에서 순수함을 주장하기보다는 엄격한 기준을 지킬 수 없거나 그렇게 하고 싶어 하지 않는 사람들을 위해 만들어진 제품을 구매할 수 있었다.

운동의 최전선에 선 건강식품 가게들

이 시기에 브랜드 건강식품이 급증한 것은 전혀 특이한 일이 아니었다.

그것은 일반 식품 브랜드의 확산과 유사했다. 하지만 건강식품 사업의 중요한 독특한 특징 중 하나는 단순한 상업 이상의 것에 성패가 달려 있다는 것이었다. 대부분의 초기 기업가들은 그들 자신이 사용할 제품을 찾는 사람들만큼이나 건강식품의 개념에 철학적으로 헌신하는 경향이 있었다. 건강식품 사업에 진입한 구체적인 동기가 아주 한결같지는 않았지만, 몇 가지 이유가 두드러졌다. 내가 논의한 바와 같이, 몇몇 기업가는 자연식품과 결부되어 있는 자연요법적 믿음이나 종교적 신념에 사로잡혀 있었다. 개인의 건강 우려는 건강식품 산업에 진입하게 하는 또 다른 중요한 요인이었다(그리고 이는 계속되고 있다). 나의 정보제공자 중 한 사람은 자신의 할아버지가 1920년대 중반에 만성 질환이 있는 아들을 위해 건강 치료법을 찾던 중에 사업을 시작하게 되었다고 말했다. 유사하게 다른 응답자도 그의 할머니가 건강식품이 자신의 아픈 아이들에게 도움이 된다는 것을 알게 된 후 그의 조부모님이 1949년에 건강식품 가게를 열었다고 보고했다. 이 두 경우 모두에서 응답자들은 자신들이 그 산업에서 '태어났다'고 보고했다. 이는 자연식품 장에 진입하는 또 다른 공통 경로였다. 실제로 내가 실시한 50번의 인터뷰 중에서 15번은 다세대 건강식품 산업 가족과 한 인터뷰였다. 그들은 20세기의 많은 시기 동안 그 산업이 어떻게 구성되어 있었는지를 잘 보여준다.

자연식품 생활방식을 발전시키려는 노력을 담고 있는 그 산업의 홍보물들은 자주 자연식품의 가치에 대해 열정적으로 진술했고, 역으로 일반 식품 및 보건 부문에 대해서는 단호하게 반대했다. 이를테면 뉴욕의 소매업체 헬스 푸드 디스트리뷰터스의 1935~1936년 카탈로그는 135쪽에 걸쳐 제품 목록, 광고, 건강과 요리에 대한 조언, 자연식품 식생활을 채택해야 하는 이유에 대한 조언 등을 싣고 있었다. 그 제목들에는 "콩류 — 동물성 단백질보다 우수하다", "불신받는 정통 의약", "자연식품은 최고의 건강 보험", "상업 농업의 사악한 재배법" 등이 포함되어 있었다. 헬스 푸드 디스트리뷰터스는 고객들에게 자신들이 확대되는 운동의 승자 편에 서 있다는 것을 느끼도록 고무했다.

> 예전에 '괴팍한 사람', '괴짜', '멍청이', '광신자', '극단주의자'라고 조롱받고 박해받던 뿔뿔이 흩어져 있던 하찮은 계층 — 아이러니하게도 모든 시대에 자신들의 신념에 대한 비전과 용기를 가지고 끊임없이 진보의 길을 개척하여 모두 순교자의 영예를 얻은 사람들 — 이 쑥쑥 성장하고 있으며, 그 수가 점점 더 많아지고 있다. 어제의 박해받고 기소당한 비순응주의자들과 이단자들은 다양한 질병에서 벗어나고 싶어 하는, 절망하여 어찌할 줄 모르는 대중으로부터 존경받고 숭배받는 은인과 수호성인이 되어가고 있다.[31]

이 소매상인의 경우에 자연식품이라는 주변적 지위는 명예의 배지로 바뀔 수 있었다.

수익이 낮고 자연식품에 대한 공중의 존중 또한 똑같이 낮다는 것을 고려하면, 특히 건강식품 소매업은 그 제품을 진정으로 믿는 사람들만이 진입할 수 있는 사업 영역으로 보였다. 몇몇 예외를 제외하고는 20세기 전반에는 건강식품만을 판매하는 가게가 거의 없었다. 그러한 식품을 원하는 소비자들은 우편 주문에 의존하거나, 아마도 빵집, 레스토랑, 요양원 또는 그 제품을 전문품 외의 물품으로 판매하는 특별 행사장을 찾아야만 했다. 배틀 크릭 새너토리엄 식품들은 20세기 첫 10년 동안 일반 식료 잡화상과 중개인들이 십여 개의 제품들을 취급했던 탓에 좀 더 널리 유통되었다.[32] **건강식품**이라는 명칭이 붙은 상품이 시장에 더 많이 출시됨에 따라, 그 상품들은 또한 때때로 일반 약방이나 백화점에서 발견되었다. 로스앤젤레스의 메이 코May Co. 백화점은 1920년대 후반부터 자체의 건강식품부까지 가지고 있었다. 그러나 그러한 제품들 전체를 제대로 구매하기 위해서는 건강식품 전문 가게를 찾아야만 했다. 그러한 특판장은 1920년대에 생겨나기 시작했다.

예상할 수 있듯이, 건강식품 산업의 역사에서 그 시기에는 생산 부문과 유통 부문 간의 분업이 완전히 확고하게 이루어져 있지 않았다. 자연식품이 보다 분화되어 궁극적으로 전문화되기 이전에는 많은 기업이 이 두 가지 기능을 모두 수행했다. 오토 카르케는 아마도 자연식품의 옹호와 자연식품의 생산·유통·판매를 연결하는 방법을 가장 잘 구체화한 인물이었을 것이다. 1935년에 죽을 때까지 카르케는 책과 신문 칼럼을 썼고, 자연식품의 가치에 대해 폭넓게 강의했다. 그는 그러한 소통 활동을 통해 일반 식품 부문의 밑바닥에 깔려 있는 경제적·정치적 이해관계를 강력하게 비난했다. 카르케에게 자연식품을 생산하고 판매하는 것은 진정으로 부패한 식품 체계의 대안이 되기 위한 일이었다. 하지만 그는 다음과 같이 말함으로써 **건강식품**이라는 용어를 거부했다. "**특정 질병의 치료를 위한 특정 식품이 존재하지 않는 것처럼 이른바 '건강식품'이라는 것도 존재하지 않는다**. 건강은 기본적으로 자연의 법칙과 조화를 이루며 살아가는 것의 결과이다"(Carqué 1925: 96, 강조는 원저자). 카르케는 캘리포니아에서 과일과 견과류의 재배자로서 자연식품 장에서 상업적인 노력을 시작했다. 그는 특히 과일을 자연적으로 보존하는 방법에 관심이 있었으며, 화학약품이나 설탕 방부제를 첨가하지 않고도 포도 과즙을 저장하고 운반하는 과정을 개발했다.[33] 그 후 그는 건강식품 가게의 주요 식품이 된, 유황이 첨가되지 않는 건조 과일을 생산하기 시작했다. 그는 품목을 확대하여 견과류 버터, 올리브 오일, 꿀, 밀가루를 생산하는 사업에도 진출했다. 1912년경에 그의 카르케 퓨어 푸드 코Carqué Pure Food Co.는 우편 주문으로 소비자들이 이용할 수 있는 제품을 만들었고, 1920년대경에는 로스앤젤레스에서 점포를 운영했다.

시카고의 베르할터스Berhalter's나 보스턴의 네이처 푸드 센터Nature Food Centres와 같은 몇몇 건강식품 가게들은 기존의 빵집에서 성장했다. 그러나 1930년대경에는 건강식품 전문 가게가 정식으로 설립되고 있었다. 그래도 그런 가게는 여전히 수가 한정되어 있었다. 1936년에 브라우니스가 사업을 시작했을 때, 그 가게는 맨해튼에 있는 단 네 개의 건강식품 전문 가게 중 하나였으며, 나머지 세 개의 가게는 루스스 헬스 푸드(구 크나이프 헬스 스토어), 1931년경에 문을 연 헬스 푸드 디스트리뷰터스, 그리고 1927년경에 문을 연 큐비스 헬스 숍Kubie's Health Shoppe이었다. 그 당시 건강식품 가게는 남부 캘리포니아에 가장 집중되어 있었고, 그리하여 그곳이 건강식품 생산의 중심지가 되기에 적합했다. 1938년에 ≪헬스 뉴스Health News≫는 샌디에이고에서 산타바바라에 이르는 지역에 있는 49개의 건강식품 가게를 열거했다.[34] 다른 도시와 타운들도 아마도 하나의 가게를 운영할 수 있는 여건이 갖추어져 있었을 것이다. 그러나 산업이 새로운 가게를 내기 위해 공동의 노력을 하지 않는 한, 가게를 차리는 것은 개인의 의지에 달려 있었다.

가게들은 작았고 아주 적은 돈으로 운영되는 경향이 있었다. 그 가게들은 일반 식품 소비자들에게 서비스를 제공하려고 노력하지 않았고, 대개는 지역에서 다른 건강식품 소매상들과 어떠한 경쟁도 하지 않았기 때문에, 심미적인 것에 많은 투자를 해야 한다는 압박을 거의 받지 않았다. 실제로 가게들의 꾀죄죄한 물리적 외양이 건강식품 산업의 지지자들에게 하나의 약점이 되었다. 하지만 그것은 또한 진입 비용이 낮다는 것을 의미했다. 한 정보 제공자는 그 시절에 대해 이렇게 말했다. "가게가 얼마나 작은지 예를 하나 들어보면, 버몬트 애비뉴에 스티츨러스 헬스 푸드 스토어Stichler's Health Food Store라는 이름의 건강식품점이 있었어요. 그들은 자신의 집 앞 회랑, 즉 집 앞쪽에 있는 아주 작은 현관을 가게로 이용했는데, 거기에는 건강식품 몇 개가 놓여 있었고, [그것을 가지고] 이른바 건강식품 사업을 했어요." 1960년대까지 건강식품 판매점이 부족했기 때문에, 건강식품 지지자들은 자신들이 그 장 — 사업가가 될 필요가 없고 어떤 적절한 경험을 가지고 있지 않아도 되는 — 에서 상인이 될 수 있다고 확신하게 되었다. 저자이자 강사인 가예로드 하우저는 이렇게 썼다. "두 가지 주제 — 식품과 사람 — 만 좋아하고 이해한다면, 건강식품 가게는 당신 인생의 후반기에 흥미로울 뿐만 아니라 수익성이 있는 모험이 될 수 있다. 그러나 가게를 작고 음침하고 건강에 **좋지 않은** 식품점의 하나가 아니라 매력적이고 건강에 좋은 식품 가게로 만들어라. 교사, 의사 부인, 장관 부인, 간호사, YWCA 활동가들이 이런 종류의 프로젝트에 특히 더 적합하다"(Hauser 1950: 239). 하우저의 논평이 시사하는 바와 같이, 자연식품 소매업 — 제조업과 달리 — 은 여성들이 건강식품 산업에 종사할 수 있는 길을 열어주었다.

자연식품 철학과 철학자들을 서로 이어주는 하나의 장이 부재하는 상황에서 대면적 상호작용을 할 수 있는 자발적 결사체들도 거의 존재하지 않았기 때문에, 자연식품 개념에 헌신하는 사람들에 의해 운영되는 건강식품 가게는 자연식품 신봉자들이 서로 교류하는 주된 장소가 되었다. 건강식품 사업은 자연식품 선언서 역할을 하는 책과 정기간행물을 배포하는 주요 수단이었고, 제4장에서 좀 더 논의하듯이, 소매업자들이 건강식품 강사의 단골 스폰서였다. 그러나 이러한 전통적인 형태의 통신수단 외에, 광고 전단 카탈로그, 그리고 심지어 제품 라벨도 자연식품 삶을 채택하는 것과 관련한 정보와 영감을 제공했다. 그 당시 사람들은 가게 선반 위에 있는 문헌에서 자연식품 장의 다양한 관념들이나 자연식품과 건강 치료제 제조 물질에 관한 정보를 발견할 수 있었다. 좀 더 개인적인 맥락에서는 가게 주인들이 자연식품 라이프 스타일에 관심이 있는 사람들에게 지도와 조언을 해주었다. 그러한 조언에는 DIY를 제안하는 것도 물론 포함되어 있었지만, 고객이 기성 제품 — 자연적인 것에 헌신한다는 것을 보여주는 증표가 되어가고 있던 — 을 구매하도록 유도하고자 하는 동기도 분명히 작동하고 있었다. 따라서 건강식품 산업은 자연식품 운동의 가시적인 얼굴의 하나였다. 산업은 또한 사람들에게 자연식품 이상에 헌신함으로써 생계를 유지할 수 있는 기회도 제공했다.

옹호 단체의 형태들

건강식품 사업에 종사하는 사람들이 자연식품과 관련하여 가지고 있던 이데올로기는 다양했다. 그러나 그들이 자연식품의 대의 및 자연식품과 얽혀 있는 자신들의 경제적 이익 모두를 진전시킬 수 있다는 인식은 1930년대에 동업조합의 결성으로 이어졌다. 시사회는 업계 성원들이 공통의 관심사를 논의할 수 있는 환경을 제공했다. 그러한 행사 중 하나로 1933년에 캘리포니아 헬스 쇼와 사업박람회California Health Show and Trade Exposition가 로스앤젤레스에서 개최되어 강연이 이루어지고 실물이 선전되고 전시되었다.[35] 그 직후 건강식품 생산자인 에이다 앨버티Ada Alberty가 50개의 제조업체와 소매업자들이 참석한 회의를 주도했고, 거기서 미국자연식품제품협회American Natural Food Products Association가 결성되었다.[36] 힘찬 출범식에도 불구하고, 캘리포니아에 기반한 이 조직은 곧 흐지부지되어 버린 것으로 보인다.

4년 후, 미국 동부의 절반으로부터 더 많은 사람을 끌어모은 시사회는 그들이 함께 뭉칠 수 있는 또 다른 노력을 할 수 있는 기회를 제공했다.[37] 건강식품 가게 주인인 토니 베르할터Tony Berhalter는 1937년에 업계 인사들을 소비자 단체인 미국건강식품협회American Health Food Association — 1년 전에 베르할터가 결성한 — 에 끌어들이는 기회가 될 수 있다는 생각으로 시카고에서 하나의 회의를 개최했다. 약 150명의 업계 성원들이 이 회의에 참석했는데, 아마도 이 회의는 당시까지 개최된 모임 중 가장 큰 모임이었을 것이다. 하지만 새 조직에 대한 논의는 결국 분열되었고, 대다수는 업계의 모든 부문을 포함하되 소비자를 배제하는 동업조합을 구성하기로 결정했다(Phillipps 1976). 그 결과로 생긴 전국건강식품협회National Health Foods Association는 빠르게 그 산업을 대표하는 주요 기구이자 자연식품 이상을 홍보하는 몇 안 되는 진정한 전국 기관 중 하나가 되었다. 이 단체와 그 이후에 생긴 이 단체의 화신들은 건강식품 강사를 후원했고, 통신 기관을 만들었으며, 무면허 의료행위를 한 혐의로 기소된 사람들에 대한 법적 지원을 확대했고, 우호적인 입법을 위해 지방 및 연방 정부에 로비를 벌였다. 그 단체는 매년 회의를 열었고, 그 회의는 개인들의 네트워크를 강화하여 서로를 매우 잘 알 수 있게 해주었다.

이 단체는 지역 지부와 함께 여전히 소규모인 건강식품 산업이 더욱 단결하고 협력하게 하는 데 일조했으며, 자연식품 운동의 목표를 명확하게 표명할 수 있는 포럼을 열었다. 하지만 하나의 동업조합이기에 이 단체는 개별 시민들에게는 여전히 접근이 차단되어 있었다. 건강식품 산업의 이익과 건강식품 소비자의 이익을 어떻게 조화시키고 산업이 그러한 이익들을 어떻게 대변할 수 있는지에 관한 하나의 가정이 설정되었다. 그러나 훨씬 더 근본적으로는 자연식품 라이프 스타일을 받아들이지만 자신을 건강식품 소비자라고 밝히지 않는 일반 시민들은 실제로 그 조직의 준거 틀 내에 자리할 여지가 전혀 없었다.

그렇지만 이 협회의 결성과 함께 건강식품 산업은 자연식품 운동에서 공식 지도부를 확보했다. 산업 종사자들은 자연식품의 대의를 진전시키기 위해 다른 조직화된 노력도 계속해서 경주했다. 사실 20세기 전반기에는 어떤 식으로든 상업적 노력과 결부되어 있지 않을 경우 자연식품을 홍보하고 나서는 조직은 거의 없었다. 그렇다고 해서 자연식품 운동을 하는 모든 사람이 그 분야의 사업가들이었다고 말하는 것은 아니다. 자연식품 운동의 일부 지도자들은 자신들과 건강식품 산업 사이에 거리를 두려고 노력했다. 그중에서도 허버트 셸턴Herbert Shelton과 그의 미국자연위생협회American Natural Hygiene Association가 가장 두드러졌다. 셸턴은 "특허 의약품을 판매하기는커녕 특허 식품을 판매하고 있다"라고 주장하며 자주 건강식품 사업을 비난했다.[38] 그는 자연에서 직접 추출한 단순한 식품을 먹는 것에서 벗어나려는 움직임을 자연식품 철학에 대한 배신이라고 생각했다. "오늘날의 건강식품 가게 대부분은 건강에 좋은 자연식품을 제외한 거의 모든 것을 판매하는 전국적인 거대 상업조직의 일부이다. 우리 자신을 속이지 말자. 순수한 자연적 삶과 자연치료 운동이 순수한 건강식품 운동의 단계를 넘어 사악한 시대와 사악한 길로 빠져들었다. 상업주의는 건강식품의 생기를 갉아먹는 자벌레이다."[39] 하지만 상업주의에 대한 그러한 항의는 다소 솔직하지 못했다. 셸턴은 제조된 식품들을 계속해서 거부했고 자기 방식으로 만든 식품들을 판매하지는 않았지만, 그의 출판물들 — 그의 책뿐만 아니라 자신의 건강 학교도 — 은 광고로 가득 차 있었다. 이와 유사하게 이 운동의 많은 다른 지도자들도, 비록 반드시 브랜드 제품을 제조하거나 판매하지는 않더라도, 자연식품 철학을 옹호하는 활동과 상업 활동을 겸했다. 가장 일반적으로는 그들은 출판물을 저술하거나 건강 스파를 운영하거나 컨설팅 서비스를 제공했다. 이런 식으로 자기 홍보가 대의의 홍보와 결합하게 되었고, 자연식품의 삶에 대한 진심 어린 생각들과 그 삶을 실행하는 수단들이 실제로 다양한 형태로 판매되고 있었다. 이런 상황에서 이익 지향적 활동과 시민 지향적 활동 간을 구분 짓는 선은 그리 명확하지 못했다.

자연식품 장에서 공평무사한 시민들로만 구성된 사회개혁협회들은 찾아보기 힘들었지만, 자연치료협회와 채식주의협회들이 전국에 산재해 있었다. 중요한 것은 많은 자발적 결사체, 특히 채식주의를 중심축으로 하는 협회들이 여전히 기독교적 도덕성과 준거 틀을 가지고 있다는 것이었고, 이것이 유대인과 다른 비기독교인들에게는 그러한 협회들을 불편한 곳으로 만들 수 있었다. 뉴욕채식주의협회New York Vegetarian Society에서 활동한 사람 가운데 하나인 시몬 굴드Symon Gould는 1948년 미국채식주의당American Vegetarian Party을 창당했고, 1960년에는 그 당의 후보로 대통령 선거에 출마하기까지 했다(Iacobbo and Iacobbo 2004: 158~164). 부분적으로는 그의 당이 가진 야망 때문에 굴드는 다른 채식주의 지도자들과 빈번히 갈등을 겪었고, 그러한 긴장은 한때 굴드의 유대인 지위를 놓고 공적 논란을 불러일으키기도 했다. 장황한 반유대주의적인 비난이 포함되어 있지만 특별한 개인을 겨냥하지는 않은 편지가 ≪아메리칸 베지테리언≫에 발표된 후(Kalus 1948), 그 신문의 편집인인 프랫E. L. Pratt은 그 편지가 자신이 부재중이었던 인쇄 개시 시간에 넘겨졌다고 주장하는 사과문을 게재했다(E. Pratt 1949b). 프랫은 각주에서 굴드의 정직성을 공격하는 것으로 자신의 초기 대응을 끝맺었지만(E. Pratt 1949b: 8), 나중의 사설에서는 굴드가 다른 계획들 ― 프랫의 말에 따르면, 채식주의의 대의를 훼손할 수 있는 ― 과 함께 그 편지를 이용하여 "유대 신앙의 독자들을 기부금을 낼 정도로까지 흥분시켜서" 경쟁 출판사에 자금을 공급하려 했다고 비난했다(E. Pratt 1949a, 1). 프랫과 굴드의 싸움은 진보적인 개혁가들 사이에서조차 기만적이고 탐욕스러운 유대인이라는 고정관념이 불쑥 생겨날 수 있다는 것을 상기시켜 주는 역할을 했다. 또한 시민에 기반을 둔 자연식품 옹호 단체들이 얼마나 내분에 휘말리는 경향이 있었는지를 조명해 보는 것도 가치 있는 일이다. 건강식품 산업이 유대인과 다른 종교적·민족적 소수집단들이 비교적 자유롭게 활동할 수 있는 좀 더 관대한 장소가 될 수 있었던 것은 사업 세계가 더 윤리적이거나 계몽된 사람들로 구성되어 있기 때문이 아니었다. 그것은 분명히 그렇지 않았다. 오히려 건강식품 산업은 시민 옹호 단체들만큼 자연식품의 순수성을 지키려고 하지도 않았고 그 대의에 충성하지도 않았다.

실제로 1950년대까지 자연식품 장에서 전국 규모의 거의 모든 시민 옹호 단체는 설립자들의 철학을 엄격히 지켰고, 그 단체들이 새로운 방향으로 나아가기를 원하는 회원들을 환영하지 않았다. 미국자연요법협회American Naturopathic Association(베네딕트 러스트가 설립한 이 협회는 이전에는 Naturopathic Society of America라고 불렸다)와 미국자연위생협회(허버트 셸턴이 1948년에 설립한) 같은 단체들은 설립자의 올바른 생활 규칙을 의심하거나 위반하는 사람들을 거의 용인하지 않았다. 이와 대조적으로 건강식품 산업의 기업가들은 일반적으로 자신들의 개인적인 생활에서 자연식품 원칙을 충실히 따르지 않는 사업 동료들과도 아주 기꺼이 협력했다. 이러한 관대한 태도는 시장 환경을 고려하면 충분히 이해할 수 있다. 자본주의적인 맥락에서는 기업가가 추구하는 개인적 가치에 의해 고객과 동료들을 판단하는 것이 아니라 오직 고객과 동료들이 기업의 경제적 건전성에 얼마나 기여하는지에 근거하여 고객과 동료들을 판단할 때, 사업이 번창할 가능성이 더 크다. 좋은 공급자 또는 좋은 고객이 반드시 자연식품 원칙의 가장 진실한 신자이거나 가장 확고부동한 실천가일 필요는 없다. 보다 엄격한 옹호 단체와는 달리, 기업들은 자연식품 원칙에 거의 관심이 없는 소비자들도 환영했고, 고기를 먹고 담배를 피우며 백설탕과 밀가루를 먹거나 다른 비난받는 행동을 하는 동료 산업 성원들도 피하지 않았다. 이후 장에서 살펴보듯이, 업계 인사들의 개인적인 식습관과 건강 습관보다 더 논란이 된 것은 기업이 제조에 사용하는 재료를 선택하는 데서 또는 상점에서 판매하는 제품을 만드는 데서 적당히 타협하는 것이었다. 시민단체들은 자연식품에 대한 헌신의 징후를 찾기 위해 회원들의 사적인 행동을 면밀하게 조사했지만, 기업들은 어떤 단체나 대표자가 진정한 자연식품 지지자로서의 자격을 갖추었는지를 평가할 때 그 단체나 대표자의 공적 얼굴을 살펴보았다.

이질적인 동료 집단과 협력할 수 있는 능력은 산업 단체들로 하여금 자연식품 장을 더욱 발전시킨다는 목적하에 자연식품 철학 — 옹호 노력을 포함하여 — 의 세세한 사항을 둘러싼 견해 차이를 무시할 수 있게 해주었다. 그러나 그렇게 하여 발전된 목적은 금욕적이고 자족적인 라이프 스타일을 강조하던 19세기 자연식품 운동으로부터 고무된 목적과는 점점 더 달라 보였다. 20세기 자연식품 운동에서 중심을 차지한 것은 주나 의료 전문가의 간섭 없이 건강식품 상품을 자유롭게 제조·판매·구매·소비할 권리를 보호하는 것이었다.

건강식품 산업의 작은 규모, 주변적 지위, 대중시장에 대한 무관심 등은 나체주의자, 종교적 헌신자, 예방접종 및 생체해부 반대 운동가, 그리고 괴짜나 극단주의자로 간주되는 여타 사람들에게 문을 열어주더라도 잃는 것이 거의 없다는 것을 의미했다. 이는 자연식품의 핵심 지지자를 위태롭게 하지 않으면서도 사업을 하는 데서 비관례적인 기준과 반문화의 상징을 채택할 수 있게 해주었다. 그러나 점점 더 많은 회사가 설립되면서, 건강식품 산업은 건강식품 시장의 확대에 점점 더 많은 관심을 가지게 되었다. 건강식품 시장의 확대는 대부분의 미국인으로 하여금 자연식품을 멀리하게 만든 문화적 이미지를 적어도 일정 정도 바꾸어놓았다. 다음 장에서 논의하듯이, 이 변덕스러운 건강식품 산업의 성공은 그 산업으로 하여금 주류와의 화해를 모색하게 했다.

제4장

유력인사 지원하기

정당성 획득의 경로

대부분의 다른 소비재들과는 대조적으로 “모든 사람이 먹는다”는 사실은 어느 누구든 잠재적으로 특정 식품을 받아들일 수 있다는 것을 의미한다. 따라서 특정 자연식품 품목이나 식생활에 대해 유명인의 인정을 받는 것이 오늘날 옹호자들이 선호하는 홍보 장치라는 것은 놀랄 만한 일이 아니다. 식품 회사와의 공식적인 합의를 통해서이든, 아니면 어떤 사람의 식습관에 대한 비공식적인 홍보를 통해서이든 간에 자연식품에 자신의 이름과 얼굴을 빌려주는 공인의 이미지는 일반적이지 않은 개인들은 일반적이지 않은 결과를 얻기 위해 일반적이지 않은 식품을 먹기로 결정한다는 사실을 부각시켜 준다.

수년간 공중의 호기심을 끈, 퍼스트레이디 미셸 오바마Michelle Obama가 백악관에서 가꾼 유기농 채소밭은 그녀의 건강과 피트니스 캠페인의 상징뿐만 아니라 그녀의 감탄을 자아내는 체형과 세련된 외모의 중심 상징이 되었다. 뉴먼스 오운Newman's Own의 천연 드레싱, 소스 및 여타 조리식품의 모든 포장지를 장식해 온 폴 뉴먼Paul Newman의 사진은 방부제가 들어가지 않은 식품이 그 영화 우상을 젊어 보이게 했을 수도 있다는 점을 끊임없이 상기시킨다. 전 보디빌더이자 배우이고 캘리포니아 주지사였던 아놀드 슈왈제네거Arnold Schwarzenegger는 체력단련 식이요법의 일환으로 자연식품을 선호했다고 주장했으며, 2013년에는 자신의 영양 보충제 제품을 출시했다. 이들 사례 각각 및 그들과 유사한 많은 다른 사람들의 경우에서도 유명인사들은 자신들이 먹는 자연식품의 질에 대한 증거로서 자신의 건강, 수려한 외모, 힘, 그리고 매력을 암묵적으로 또는 명시적으로 뽐낸다.

자연식품과 정치·엔터테인먼트·스포츠 유명인사 간의 이러한 연관성은 전혀 새로운 것이 아니다. 실제로 이러한 연관성은 건강식품 산업이 설립되자마자 시작된 길고 느린 주류화 과정에서 핵심이었다. 존 하비 켈로그가 자신의 요양원에서 상류사회 손님들의 환심을 사려 한 것을 시작으로, 건강식품 기업가들은 엘리트 인사들이 자신들의 제품을 사용한다는 것을 홍보함으로써 자연식품 장의 음울한 이미지를 개선할 수 있다는 것을 깨달았다. 이 과정은 건강식품 산업이 엘리트 연예인과 운동선수를 포함하여 많은 수의 신봉자를 끌어들이는 대변자 집단을 육성한 후, 1950년대와 1960년대에 마침내 결실을 맺기 시작했다. 이 시기 동안 건강식품 산업은 자연식품을 문화적으로 정당한 식품 관행으로 확립하는 데서 처음으로 진정한 성공을 맛보았다.

자연식품 생활방식이 자신의 정당성을 획득하고자 하는 욕망은 자연식품 장의 초기부터 현재까지 끊임없이 계속되어 온 관심사였다. 19세기에 자연식품 운동이 일어나자마자 자연식품 옹호자들은 자신들이 받는 조롱과 의심에 분개했고, 더 큰 신뢰가 자신들의 이상을 더 성공적으로 전파할 수 있게 해줄 것이라고 인식했다. 20세기에 식품 공급의 산업화가 강화되면서, 자연식품 옹호자들에게는 정부와 다른 사회적 중심 기관들로 하여금 토지는 물론 인간의 육체적 건강 및 정신적 웰빙에 파괴적인 관행에서 벗어나게 하는 것이 아주 시급한 일처럼 보였다. 그러나 20세기 동안 건강식품 산업 또한 성장하면서, 단순히 자연식품 지지자들의 믿음과 정체성을 입증받는 것보다 더 많은 것에 그 산업의 성패가 달리게 되었다. 게다가 업계는 재정적으로는 건강식품의 고객 기반을 확대하는 데 관심을 가지게 되었고, 1930년대 내내 건강식품 고객의 대부분을 차지했던 비주류 집단을 넘어설 필요가 있었다.

건강식품 산업이 광범위한 주민에게 다가가기 위해 단 하나의 프로그램만 이용해 온 것은 결코 아니었다. 20세기 중반에 건강식품 산업은 자연식품 식생활에 대해 의사들의 승인을 받고자 하는 일반적으로 무익한 시도에서부터 건강식품에 전문성, 과학, 심지어 일반 식품 자체 등이 갖는 관례적인 가치를 부여하기 위한 보다 조직화된 노력에 이르기까지 다양한 전략을 사용했다. 하지만 이 장에서 논의하듯이, 건강식품을 일반 식품으로 만들려는 노력은 단지 제한적으로만 성공을 거두었다. 자신들이 영양과 건강관리에 관한 지배적인 믿음과 관행을 거부한다는 사실을 숨기는 동시에 강조하는 것이 갖는 모순은 솔직히 너무나도 분명했다. 게다가 자연식품 장의 참여자 모두가 주류화에 관심이 있는 것도 아니었다. 어떤 사람들은 인습적인 감성을 달래기 위한 어떠한 타협도 용납하지 않고 자연식품 라이프 스타일에 전적으로 헌신하는 것이 더 중요하다고 믿었다. 그러한 당당한 비순응주의자들이 계속해서 눈에 띈다는 사실은 건강식품이 평범한 미국 소비자들의 또 다른 선택일 뿐이라는, 성장 지향적인 산업 성원들의 주장과도 모순되는 것이었다.

오히려 건강식품을 홍보하는 데 가장 효과적인 것으로 입증된 것은 할리우드 스타와 피트니스 스타를 활용한 홍보였다. 아이러니하게도 건강식품 산업이 일반 미국인들로 하여금 건강식품을 먹어보게 하기 위해서는 사회에서 가장 비정형적인 일부 사람들의 도움이 필요했다. 자연식품이 정당성을 획득하는 길을 여는 데 도움이 된 것은 바로 배우, 보디빌더, 역도 선수들이 건강식품에 대해 보여준 열광적인 지지였다.

이 장은 건강식품 장이 스타 대변자들 — 처음에는 강사, 그다음에는 저술가, 나중에는 그 둘이 좀 더 혼합된 텔레비전 유명인사의 형태로 — 을 만들어낸 1930년대부터 1960년대까지에 주로 초점을 맞춘다. 이 대변자들은 신체문화physical culture 집단과 할리우드 집단에 상당한 영향을 미쳤다. 대변자와 건강식품 산업 사이에는 여러 가지 직접적인 사업적 연계 — 식품 판매뿐만 아니라 자연식품 라이프 스타일을 홍보하는 커뮤니케이션 매체들과도 연관된 — 가 있었다. 강사 폴 C. 브래그Paul C. Bragg, 잡지 발행인 밥 호프먼Bob Hoffman, 텔레비전 진행자인 잭 라랜Jack LaLanne과 같은 신체문화의 지지자들, 그리고 할리우드 영화 관객들이 가장 사랑하는 사람이자 작가 겸 강사인 가예로드 하우저, 이들 모두는 그들 자신의 판매용 건강식품 제품들을 가지고 있었다. 이들 개인 각각은 연예인과 운동선수 사이에서뿐만 아니라 일반 공중 사이에서도 건강식품에 대해 더 큰 관심을 불러일으키는 데 도움을 주었다.

보디빌더와 영화배우들은 별개의 세계를 차지하고 있었지만, 채식주의와 건강식품에 대한 그들의 공동의 관심은 건강식품 산업에 새로운 고객들을 공급했을 뿐만 아니라 자신들의 비관례적인 식생활 습관을 공개함으로써 잃을 것이 없는 지지자들에게 자신을 겉으로 드러내게 해주었다. 이들 집단은 주류 밖에 있었기 때문에 건강식품의 특이한 이미지를 영속시키는 데 일조했다. 그러나 공연자로서의 그들의 지위는 자연식품을 매력적으로 보이게 만들었고, 더불어 이 식품 범주에 얼마간의 정당성을 부여했다. 보디빌더와 할리우드 인물들을 더욱 하나로 묶어준 것은 두 집단 모두가 건강을 위해서뿐만 아니라 개인의 외모를 돋보이게 할 목적으로도 건강식품을 받아들인다는 것이었다. 이를 가장 잘 포착한 것이 아마도 하우저의 1950년 베스트셀러의 제목 『더 젊게 보이고 더 오래 살기Look Younger, Live Longer』였을 것이다. 이러한 측면에 대한 강조는 공중에게 그러한 식단을 채택하게 하는 새로운 중요한 동기를 제공했다. 그것은 또한 건강식품 산업으로 하여금 지배적인 식품 체계의 경제적·환경적 측면에 이의를 제기하기보다는 건강식품의 장점과 미용적 속성에 초점을 맞추게 했다. 20세기 중반경에 산업 주도의 자연식품 운동은 새로운 열광적인 지지자들을 끌어들이는 데 실제로 성공하고 있었다. 그러나 그 성공으로 인해 지지자들이 자연식품의 윤리를 정의하는 방식에 많은 변화가 일어났다.

비관례적인 것을 관례적인 것으로 만들기 위한 노력들

지지자들은 자연식품 생활방식의 정당성을 획득하기 위해 노력하면서, 식품 선택이 만들어내는 장애뿐만 아니라 그러한 식품을 먹는 사람들이 만들어내는 장애들에 대해서도 검토했다. 어떤 경우에는 자연식품의 장을 그것의 가장 주변적인 경향으로부터 떼어놓으려고 노력하기도 했다. 레이 반 클리프Ray Van Cleef는 1949년에 잡지 ≪체력과 건강Strength and Health≫에 실은 한 기고문에서 다가오는 미국 채식주의 대회American Vegetarian Convention와 관련하여 다음과 같이 썼다.

> 나는 그 대회가 큰 성공을 거두기를 바란다. 확고하고 합리적인 기반 위에 조직을 구축하기 위해서는 '괴상한' 요소를 통제하는 것이 매우 중요하다. 채식주의 운동은 그 대의의 기본 원칙에 한정된 건전한 기반 위에서 추진되어야 한다. 너무 많은 분파와 서로 다른 프로젝트들이 채식주의 운동과 동맹을 맺음으로써 채식주의 운동으로 하여금 확실히 그 자산보다 훨씬 더 큰 책임을 지게 만들어왔다. 채식주의 운동을 조롱받게 만들고 채식주의 운동에 대해 매우 왜곡된 인상을 가지게 해온 요소들을 제거하는 것이 필수적이다. 현실을 무시하고 환상적인 주장을 펼치는 것이 목적이 되어서는 안 된다. 채식주의 운동에서 실질적인 진전이 이루어지기 위해서는 철저한 집 청소가 필요하다.[1]

하지만 다른 사람들이 깨달았듯이, 그러한 집 청소는 지지자들을 잃는 희생을 치르게 될 것이었다. 건강식품 산업의 성원들은 자신들의 성원들 사이에서 벌어지는 부정한 관행들에 대해 주기적으로 우려를 표명했지만, 특이한 믿음을 가지거나 그 믿음을 특이한 방식으로 표현하는 사람들을 몰아내라는 반 클리프의 충고를 좀처럼 받아들이지 않았다.

건강식품 산업에서 이상한 인물들을 차단하려고 시도하는 것보다 훨씬 더 일반적이었던 것이 바로 건강식품을 관례적인 스타일과 가치, 때로는 심지어 일반 식품 자체와 연관시킴으로써 존중과 정상성을 놓고 일반 식품과 경쟁하는 하나의 이미지를 제시하는 것이었다. 이 후자의 전략은 주요 제7일 안식일 예수재림파 건강식품 회사들에서 가장 분명하게 드러났다. 20세기 내내 배틀 크릭 푸드 코, 로마 린다 푸드, 워딩턴 푸드는 자신들의 제품을 탈신비화하기 위해, 그리고 채식주의 라이프 스타일을 채택하는 것이 문화적 주류 바깥에 존재하는 것을 요구하지 않는다는 것을 소비자들에게 확신시키기 위해 열심히 노력했다.

이 관례적 식품화 접근방식이 이용한 가장 노골적인 방법은 채식주의 제품을 고기와 등치시키는 것이었다. 존 하비 켈로그는 견과류 식품을 판매하기 시작한 직후 이 전략에 착수했다. 1890년대에 개발되어 너트 치즈Nut Cheese라고 불린 그의 첫 번째 견과류 제품 중 하나는 성공하지 못하고 곧 중단되었다. 마찬가지로 베지터블 에그로 불린 제품도 출시하자마자 실패작으로 보였다.[2] 그러나 금지된 육식 식품을 대신하고자 했던 견과류 제품은 잘 팔렸다. 프로토스의 초기 광고는 '채소 고기'라는 표제 아래에 실제의 상품 이름을 묻어버린 다음에 그것이 "최고의 소고기와 구별할 수 없는 맛"이라고 단언했다.[3] 켈로그의 견과류와 글루텐 조제품은 곧 '고기 대용품' — 1970년대에 더 과학적으로 들리는 '식물성 고기'로 대체되기 전까지는 업계에서 이 명칭이 널리 사용되었다 — 으로 판매되었다.

소비자들은 그러한 제품이 고기와 같은 맛이 나면서도 고기와는 다른 특성을 가지고 있다고 확신했다. 배틀 크릭 푸드 홍보 팸플릿은 "배틀 크릭 베지터블 앙트레Battle Creek Vegetable Entrees가 보편적인 매력을 갖는 한 가지 중요한 이유는 색깔, 질감, 일관성 면에서 고기, 미트 스프레드, 해물처럼 보인다는 점이다"라고 지적했다.[4] 배틀 크릭은 협회를 납득시켜 가면서 1940년대에 통조림 베지터블 스테이크Vegetable Steaks, 베지터블 스캘럽Vegetable Skallops, 베지터블 버거Vegetable Burger라는 제품을 판매했다. 그리고 배틀 크릭은 고기와 비슷한 방식으로 이들 재료를 이용하는 레시피들 — 프로토스 햄버거Protose Hamburger, 프로토스 볼Protose Ball과 베지터블 볼Vegetable Ball, 스파게티에 곁들이는 소이 프로토스 굴라시Soy Protose Goulash, 그리고 너트 미트 필렛Nut Meat Fillet과 같은 — 을 제공했다.[5] 이는 채식주의자들이라고 해서 완전히 새로운 요리 방식을 개발할 필요가 없다는 메시지를 전달하는 것이었다. 고기를 포기하는 것은 통조림 식품을 하나의 브랜드에서 다른 브랜드로 바꾸는 것만큼이나 쉬운 일이었다.

육류를 비난하는 동시에 가능한 한 고기와 유사한 대체식품을 만들려고 시도하는 부조화는 채식주의 옹호자들에게서 계속되었다. 워딩턴 푸드의 출판물인 ≪초플레터Chopletter≫ — 이 이름은 가장 인기 있는 제품인 초플레츠Choplets의 이름을 따서 붙여졌다 — 가 추수감사절에 칠면조 형태로 초플레츠를 만들자는 제안을 하자, 어떤 사람이 이에 항의하는 편지를 썼다. 편집자들은 "칠면조처럼 구운 구이를 만드는 것은 그저 추수감사절 초기의 전통을 따르는 것일 뿐"이라고 말함으로써 그 생김새를 정당화했다.[6] 그들의 의도는 추수감사절을 그냥 옆에서 구경하던 채식주의자들이 주류가 사랑하는 휴일 전통에 참여할 수 있도록 도와주려는 것이었다. 때로는 기업들이 자신들의 고기 모방을 더욱 적극적으로 방어하기도 했다. 1958년부터 발간된 로마 린다 푸드의 간행물은 독자들에게 다음과 같이 말했다.

> 표면적으로는 약간 엉뚱해 보일지 모르지만, 실제로 그 식품의 제조에는 많은 생각이 들어 있다. 고기를 먹는 습관을 버리는 것이 현명하다는 것

> 을 깨닫는 사람들이 매일 점점 더 많아지고 있지만, 맛과 질감에서 고기인 것 같은 식품이 실제로 필요하다고 느끼는 사람도 많다. 채식주의로 새로 개종한 사람들은 평생 익숙해진 스테이크, 촙 또는 소시지의 친숙한 맛을 그리워하며 무엇이 그것들을 대체할 수 있을지와 관련한 중요한 문제를 제기한다. 로마 린다와 다른 식품 제조업체들이 그러한 입에 맞는 제품을 완성하려고 노력해 온 것은 이 많은 사람의 요구를 충족시키기 위해서이다.[7]

하지만 워딩턴 푸드가 1957년 레시피 경연 대회에서 일등 수상자에게 밍크 스카프를 상품으로 수여한 것처럼, 회사들은 때때로 자신들이 모순된 메시지를 보내고 있다는 것을 전혀 알아채지 못하는 것처럼 보였다.[8]

1950년대 동안에는 밍크 모피 옷이 여성 사치의 강력한 상징이었고, 대중문화는 모피를 원하는 여성의 욕망에 대한 언급으로 가득했다. 레시피 경연 대회를 통해 워딩턴 푸드는 채식주의 주부들이 다른 여성들과 전혀 다르지 않다고 시사했다. 고기 대체용 판매 재료는 빈번히 그러한 종류의 전통적인 이미지에 의지했다. 이는 건강식품을 채택하는 사람들이 아무런 문제없이 주류를 차지할 수 있다고 선언하는 것처럼 보였다. 잘 차려입은, 밝은 피부를 가진 행복한 가족들이 잘 갖추어진 환경에서 건강식품을 먹는 것을 보여주는 삽화에서부터 파티 식품과 오락 팁을 추천하는 것에 이르기까지에서 건강식품 산업이 전달하고자 하는 메시지는 건강식품 소비자들은 고기를 먹는 이웃들과 동일한 열망과 라이프 스타일을 가지고 있다는 것이었다.

한편에서는 고기 대용품을 만드는 회사들이 건강식품을 일반 식품과 가까운 복사본으로 만들기 위한 캠페인을 아주 노골적으로 벌였던 반면, 다른 한편에서는 건강식품을 규범적인 것과 결부시키고자 했다. 후자의 방법이 실제로 건강식품 산업에 더 널리 퍼져 있었다. 그런 방법들에는 전문화를 추진하는 것도 포함되어 있었다. 이를테면 건강식품에 모종의 전문지식을 덧붙임으로써 건강식품 장의 가치를 외부인에게 더 합리적이고 덜 위험한 것으로 보이게 만들 수도 있었다. 이러한 전문화는 헌신적이고 경험이 풍부한 전문가들로 하여금 자신들이 설정한 일단의 기준과 관리하에 건강식품을 제조하게 함으로써 건강식품 장의 가치를 관례화하는 역할을 했다. 나는 1930년대에 결성되기 시작하여 야심 찬 기업가들에게 모범 경영과 관련한 정보를 보급하는 임무를 맡은 건강식품 장의 동업조합과 업계의 잡지를 통해 업계가 전문화를 지원하고 있음을 발견할 수 있었다.

건강식품에 보다 전문적인 이미지를 투사하려는 시도에는 공중에게 특정한 인상을 심어주기 위해 의식적으로 상징을 이용하는 것도 포함되어 있었다. 1930년대와 1940년대에 뉴욕의 건강식품 가게 브라우니스의 주인은 직원들에게 전문적인 느낌을 주는 외모를 연출하기 위해 흰색 실험실 가운을 입게 했다(Tardosky 1990). 이너클린과 같은 건강식품 제조업체는 텍스트 외에는 어떠한 이미지도 없는 제품 라벨로 비슷한 결과를 얻었는데, 이는 그 내용을 마음속으로 전달하는 현실적 접근방식을 시사하는 것이었다. 가장 성공한 건강식품 제조업체 중 하나인 모던 헬스 프로덕트Modern Health Products는 언어를 이용하여 그러한 효과를 얻었는데, 그 회사의 이름 자체는 자연식품 운동이 공히 근대성의 유해한 효과를 비판하던 데서 이탈한 것이었다.

자연식품의 주변성을 극복하는 데서 비록 모순적이지만 가장 널리 사용된 방법은 아마도 과학과 합리성에 호소하는 것이었을 것이다. 자연적 방법이 가장 합리적인 방법이라고 주장하는 오토 카르케의 저서 『합리적 식생활Rational Diet』(1923)이라는 제목에 요약되어 있듯이, 자연식품 지지자들은 일반적으로 자신을 합리성, 진보, 계몽과 병치시켰다. 자연식품 옹호자들은 또한 빈번히 그들 자신의 연구와 다른 사람들의 과학적 연구를 언급하며 신뢰성을 주장했다. 워딩턴 푸드는 과학과 합리성의 특징 — 표준화, 체계적인 행동, 청결, 교육 자격증 — 을 십분 활용하여 고객에게 확신을 심어주었다.

> 제품의 기본 제조법을 구축하고 균일한 제품을 보장하기 위해 제어 절차를 갖춘 공장에는 근대적인 실험실이 있다. 실험실에서는 분석적인 세균학적 분해와 재생연구가 이루어지며, 신제품을 위한 실험연구가 끊임없이 진행되고 있다. 식품 레시피는 실험실의 일부를 구성하는 아주 깨끗한 흰색 주방에서 구상되고 테스트된다. 1946년 10월부터 이 공장에서 일하는 화학자인 워런 하트먼Warren Hartman 씨는 미시간대학교에서 이학석사 학위를 받았다. 그는 미시간주 보건부 실험실에서 6년 동안 근무한 후 워딩턴 푸드로 왔다.[9]

하지만 과학과 제휴하고자 하는 그러한 시도는 위험한 전술이었다. 스티븐 엡스타인(Steven Epstein 1996: 335~336)은 에이즈 운동가들에 관한 자신의 연구에서 사회운동이 과학의 영역 내에서 신뢰를 얻을 수 있는 조건 — 이를테면 과학 내에 이미 존재하는 분열, 또는 과학과 동일한 언어로 말하는 활동가들 — 을 묘사한다. 그러한 조건은 20세기 중반의 자연식품 운동에는 존재하지 않았다. 과학계는 자연식품의 관념을 거부하는 데서 하나로 뭉쳐 있었다. 동시에 자연식품 옹호자들은 식품을 **활력 있는 것**이나 **활력을 빼앗긴 것**으로, **산성**이나 **알칼리성**으로, **자연적인 것**이나 **탈자연적인 것**으로 묘사할 때, 과학자들이 사용하는 언어와는 거리가 먼 용어를 사용한다. 자연식품 옹호자들은 과학이 자신들 편이라고 주장하고자 노력할 수도 있었지만, 제도화된 과학은 자신이 자연식품 옹호자들과 생각이 다르다는 점을 분명하게 밝혔다. 전체적으로 볼 때, 관례적인 정체성을 주장하는 전략은 새로운 지지자들을 찾는 데서 특별히 효과적이지 않다는 것이 입증되었다. 20세기 중반기에 새로운 신봉자들을 끌어들이는 데서 가장 효과적이었던 것은 차가운 합리적인 과학이 아니라 카리스마적인 유명인들과의 만남이었다.

순회강연

중개 기술과 동의어인 매스 커뮤니케이션 때문에, 오늘날에는 강연자가 물리적으로 존재할 때조차도 입으로 하는 말의 힘을 잊기가 쉽다. 그러나 매스 미디어가 다수의 자연식품 신봉자에게 활기를 불어넣는 데 이용되기 전에는 건강식품 강사들이 크고 작은 군중에게 자연식품 생활방식을 시도해 볼 것을 촉구했다. 20세기 초에 그 일을 솔선하고 나선 사람이 또다시 존 하비 켈로그였다. 켈로그는 거의 50권의 책과 자신이 주요 기고자인 수많은 저널과 뉴스레터를 발간하고 수많은 논설과 소논문을 쓴 엄청난 커뮤니케이터였다. 그렇지만 그는 아마도 평생에 걸쳐 5000번 이상의 대중 강연을 한 것으로 가장 잘 알려져 있을 것이다(Schwarz 1970: 82~87). 자연식품 옹호자들의 대중 강연은 곧 자연식품 장에서 표준적인 관행이 되었다. 유의미한 자연식품 운동이 일고 있던 도시들에서는 지역 옹호자들이 정기적으로 회합했다. 이를테면 그러한 활동이 많았던 로스앤젤레스에서 카르케는 단골 연사였고, 척추지압사인 피에트로 로톤디Pietro Rotondi는 몇 년 동안 자신의 집에서 매주 강의를 했다. 다른 토착 교수자 - 철학자들로는 건강식품 가게와 채식주의 레스토랑 경영자, 치과의사, 그리고 자연요법사들이 있었다.

초기 시기에는 그러한 회합이 대부분 지역적인 모임이었지만, 1930년대와 1940년대에는 자연식품과 여타 자연건강 치료법에 관한 경연을 하기 위해 전국을 돌아다니는 순회 강사들이 전성기를 누렸다. ≪캘리포니아 건강 뉴스California Health News≫는 1933년에 단 두 달 만에 건강 강사 7명이 로스앤젤레스를 방문했고, 곧 더 많은 방문이 있을 것이라고 보도했다.[10] 그런 강사가 많이 있었지만, 가장 인기 있었던 인물은 아마도 브래그, 하우저, 레로드 코르델Lelord Kordel, 마틴 프레토리우스Martin Pretorius였다. 그들이 처음 강연을 시작했을 때, 강연은 건강식품 가게나 같은 생각을 가진 클럽과 협회에 의해 주최되었다. 강사들의 명성이 널리 퍼지면서 그들은 더 큰 장소를 물색했는데, 일반적으로 자신들의 강의를 위해 회관을 빌렸다. 1932년에 ≪로스앤젤레스 타임스Los Angeles Times≫에 실린, 트리니티 오디토리엄Trinity Auditorium에서 세 번 열리는 프레토리우스의 저녁 강연을 알리는 광고는 "2300개의 무료 좌석!"을 약속했다.[11] 프레토리우스와 같은 스타도 그렇게 큰 홀을 채우지 못할 것 같았지만, 소수의 유명 건강식품 강사들이 수백 명의 관객, 그리고 때로는 심지어 1000명이 넘는 관객을 끌어들이는 것은 실제로 드문 일이 아니었다. 그렇기는 하지만, 자기계발을 목적으로 대중 강연에 참석하던 19세기 전통에서 비롯된(Scott 1980) 이 행사들이 인기가 있었던 것은 자기계발 못지않게 오락거리였기 때문이다. 군중은 건강에 이르는 길에 관한 별난 생각을 하고 감동적인 이야기를 하는 것으로 소문 난 그런 인물들을 보고 싶어 했다. 무료 강연이 끝난 후, 강사들은 자신의 책과 주로 자신의 이름으로 포장된 식료품을 팔곤 했다. 자리를 떠나기 전에 그들은 돈을 받고 자주 영양과 자연식품에 대한 추가 수업을 했다.[12] 이들 강사는 강연과 수업을 통해 건강식품에 대한 수요를 자극했고, 종종 자연식품 운동에 새롭게 헌신할 열성가들을 만들어냈다.

강사와 건강식품 산업 사이에는 긴밀한 협력이 있었다. 동업조합은 회원들의 사기와 열정을 북돋우기 위해 대회와 모임에 가장 잘 알려진 연사를 출연시켰다. 그리고 대부분의 강사가 전국을 순회하면서 자신들의 강연 장소와 홍보를 위해 업계 인사들에게 의존했다. 건강식품 가게들은 특히 열성적으로 도움을 주었다. 이를테면 뉴욕시의 브라우니스는 가게에 강의실이 딸려 있었고, 주인인 샘 브라운Sam Brown은 현지 강사와 방문 강사들을 초청하여 일주일에 한두 번씩 무료 강의를 제공했다. 그는 이렇게 말했다. "사람들은 공짜로 무언가를 얻지. 그러고는 물건을 사지." 다른 경우에는 소매상이나 도매상들이 일부 청중이 장기 고객으로 바뀔 수 있다는 것을 알고 강의 공간을 예약하는 것을 도와주었다.

스타 대변자의 영향은 상당하곤 했다. 하우저가 소비자들에게 건강식품 가게에서 자신이 추천한 다섯 가지 '경이로운 식품' — 폐당밀, 양조효모, 맥아, 탈지분, 요구르트 — 을 찾도록 지시한 후(Hauser 1950: 25), 이전에는 알려지지 않았던 이들 제품의 판매가 급증했다. 하우저는 건강식품 산업을 홍보하는 데서 모범적이었다. 그의 모던 프로덕트 브랜드의 광고들은 정기적으로 "모든 곳의 건강식품 가게에서"라는 슬로건을 포함하고 있었다.[13] 소매상들은 강사들의 그러한 명시적인 지원이 없을 때조차도 고객들을 끌어들이기 위해 강사들의 권위에 의존했다. 이를테면 1957년에 시카고에 새로운 건강식품 판매점이 개장한다는 사실을 알리는 광고 전단에서는 다음과 같이 쓰여 있다. "우리는 일류 건강 강사인 가예로드 하우저, 하워드 인치스Howard Inches, 월터 호드슨Walter Hodson, 폴 브래그, 가튼M. O. Garten, 아이론스V. E. Irons, 마틴 프레토리우스, 에드워드 매콜럼Edward McCollum과 플로렌스 매콜럼Florence McCollum, 버나드 젠슨Bernard Jensen이 보증하는 모든 제품을 취급하고 있다."[14] 이런 인물들의 이름을 단순히 나열하는 것도 공중의 관심을 끄는 방법의 하나였다.

많은 강사가 자신들의 동료들이 운영하는 기업을 후원하는 것을 넘어, 형편에 따라 건강식품 가게를 소유하거나 건강식품 제품들을 제조하는 방식으로(후자일 가능성이 크다) 그 산업에 직접 관여하고 있었다. 가장 성공한 기업으로는 1925년에 하우저가 설립한 모던 프로덕트(원래는 모던 헬스 프로덕트라고 불렸다)와 브래그 라이브 프로덕트Bragg Live Products(브래그가 1930년대에 시작한 벤처사업의 후손)가 있다. 둘 다 현재까지 살아남아 있다. 하우저와 브래그 자신도 수십 년 동안 순회강연을 계속하며, 호기심 많은 구경꾼과 자신들의 식이요법을 깊이 신뢰하는 헌신적인 신봉자들을 계속 끌어들였다. 그들은 또한 수많은 책을 썼고, 각기 한동안 헬스센터를 운영하면서 조언을 하고 식이요법과 운동 프로그램을 구체화했다. 두 사람 모두 자연식품 라이프 스타일의 전형적인 서사를 자세하게 이야기하면서, 각기 자신이 어떤 약으로도 고칠 수 없는 심신을 쇠약하게 하는 질병에 걸렸으나 자연식품 식단을 채택하고 나서 치유되었을 뿐만 아니라 완벽한 건강의 표본으로 변했다고 주장했다. 게다가 하우저와 브래그는 건강식품에 중요한 지지자들을 공급했던 두 개의 세계, 즉 피지컬 피트니스 열광자들과 영화와 텔레비전 연예인들을 상징한다. 첫 번째 집단을 이해하기 위해서는 20세기 초로 잠시 돌아가야 한다.

체력 보충하기

20세기 초의 다른 건강식품 옹호자들처럼, 하우저와 브래그는 둘 다 신체문화의 아이콘인 버나 맥패든Bernarr Macfadden의 영향을 받았다. 맥패든이 정의하고 홍보하는 데 일조한 신체문화운동은 활발한 운동과 적절한 식이요법을 통해 힘, 근육질 체형, 좋은 건강상태를 만들어내는 신체 개선에 중점을 두었다. 맥패든은 자연에 대한 경의를 공유하면서도 신체적 표현과 적극적인 성생활을 찬양한다는 점에서 동시대인인 켈로그와 달랐다. 모순적이게도 맥패든은 자신이 기독교 신자라고 주장했지만, 그의 종교적 신념은 다소 열의가 없었다. 맥패든은 자신의 견해를 더 잘 유포하기 위해 1899년부터 ≪신체문화Physical Culture≫라는 잡지를 발행하기 시작했다. 이를 시작으로 그는 계속해서 건강 및 피트니스 정기간행물뿐만 아니라 보다 수익성 있는 ≪진실한 고백True Confessions≫과 ≪트루 디텍티브True Detective≫ 같은 통속잡지, 그리고 ≪모던 매리지Modern Marriage≫와 ≪모형 비행기 뉴스Model Airplane News≫ 같은 상업과 소비자 라이프 스타일 간행물까지 포함하는 잡지 제국을 만들었다.[15]

맥패든의 운동에 대한 강조를 보완하는 것이 바로 자연요법과 자연식품이 건강에 가져다주는 이득에 대한 믿음이었다. 엄격한 채식주의자는 아니었지만, 맥패든은 생채소의 소비를 홍보하고 잦은 단식을 주창했으며, 흰 빵과 고도로 가공된 재료로 만든 다른 식품들을 공공연히 비난했다. 맥패든의 피트니스 잡지는 그가 쓴 많은 책과 함께 자연식품에 대한 그의 열의를 전달하는 수단이 되었다. ≪신체문화≫는 또한 자연식품 운동을 하는 다른 사람들이 종종 논설을 기고하거나 광고를 하는 통로였다. 맥패든은 자신을 건강식품 산업의 일원으로 결코 규정하지 않았으며, 자신의 저서에서 다음과 같이 단언했다. "유일한 진정한 건강식품은 자연이 제공하는 음식뿐이다. 그리고 그런 단순한 식품을 철저하게 고수하고 당신의 소화 능력을 넘어서는 먹기를 삼간다면, 어느 누구도 다른 영양 공급수단을 찾을 이유가 없을 것이다"(Macfadden 1901: 97). 하지만 그는 적어도 하나의 식품 제품, 즉 멜린Meline이라고 불린 아침 식사용 시리얼을 시장에 내놓았다(Ernst 1991: 117). 더 나아가 그는 건강에 좋은 저렴한 식품을 제공하는 여러 피지컬 컬처 레스토랑Physical Culture Restaurant을 운영했다. 1902년에 뉴욕시에서 첫 번째 레스토랑이 문을 열었고, 1911년경에 그 프랜차이즈가 다양한 도시에서 20개의 점포 체인으로 성장했다(Ernst 1991: 28~29). 1929년에 맥패든은 뉴욕 댄스빌에 있는 제임스 케일럽 잭슨 소유의 옛 요양원을 매입하여, 현재는 피지컬 컬처 호텔Physical Culture Hotel로 개명된 그곳에 새로운 활기를 불어넣었다(A. Merrill 1958). 그 리조트는 자연요법 치료, 격렬한 운동, 그리고 자연적인 식품 원리에 부응하는 식사를 제공했다. 그 리조트 철학의 많은 것이 맥패든이 사망하고 몇 년이 지난 1959년에 그 리조트가 후원한 편지쓰기 대회에서 압축적으로 표현되었는데, 그 주제는 "채식주의, 건강식품, 유기농, 자연적 삶, 신체문화, 그리고/또는 자연 위생이 어떻게 나의 건강을 향상시켰는가"였다.[16]

맥패든이 자연식품 장에서 갖는 중요성은 그가 출판 제국을 통해 자연식품과 피트니스 간의 연결을 강화한 것이었다. 그러한 연계는 다른 곳에서도, 이를테면 독일 생활 개혁 운동과 같은 곳에서도 이루어져 왔다. 그러나 맥패든은 튼튼한 몸을 만들고 과시하는 데 주로 관심 있는 미국인들을 대상으로 이야기했다. 그런 미국인들에게 자연식품은 자연 세계에 대한 철학적 애착을 포함하는 라이프 스타일의 중심적 요소가 아니라 오히려 건강한 몸 자체를 만드는 데 잠재적으로 유용한 도구였다. 특히 보디빌더와 역도선수들이 자연식품에 관심을 가졌다. 맥패든 외에도 미국과 독일의 몇몇 저명한 근육맨들은 채식주의, 날음식 또는 통곡물 식생활을 채택했다(Roach 2004; Wedemeyer 1994). 그 결과 자연식품 옹호자들이 그러한 집단에서 여전히 소수자였음에도 불구하고, 그들은 자주 동료 신체 문화인들 사이에서 주목받았다. 이를테면 체력단련을 하는 사람들이 자주 찾는 캘리포니아주 샌타모니카에 있는 한 지역인 머슬 비치Muscle Beach는 그 지역의 중심적 인물인 라랜과 여성 보디빌더 렐나 브라운Relna Brown — 이들은 또한 샌타모니카 건강식품 가게에서 일하기도 했다 — 을 비롯한 자연식품의 열성적인 애호가들을 환영했다(Zinkin and Hearn 1999).

건강식품의 잠재적 이점을 신체문화 집단에 소개한 가장 눈에 띄는 초기 건강식품 기업인 가운데에는 폴 브래그라는 강사가 있었다. 브래그의 삶의 세부 내역은 다소 수상쩍다. 건강 주창자들이 기적적인 치료 이야기들을 꾸며내는 것으로 알려진 건강식품 장에서 자신의 삶과 일에 대한 브래그의 설명은 특히 믿을 수 없었으며, 그 패턴은 1976년에 브래그가 사망한 후 그의 사업 상속자인 전 며느리 패트리샤 브래그 Patricia Bragg에 의해 강화되었다. 브래그 가족은 폴의 업적을 마음대로 과장했는데, 그중에서도 특히 폴이 미국 최초의 건강식품 가게를 설립했고, 최초의 비타민을 생산했으며, 약초 차와 꿀을 처음으로 전국적으로 이용할 수 있게 만들었고, 미국 최초의 순회 건강 강사였다고 (그릇되게) 주장했다.[17] 폴 브래그의 기업들이 훨씬 더 오랜 계보를 가지고 있다고 자랑했지만,[18] 폴 브래그가 1920년대까지 건강식품 산업에 관여했음을 보여주는 독립적인 증거는 실제로 없다. 폴 브래그는 워싱턴 DC에서 자란 후 1920년대 초경에 로스앤젤레스에 정착했다. 그곳에서 1924년경에 브래그는 이너클린의 제조자인 프레드 허시와 손잡고 헬스 푸드 프로덕트 코Health Food Products Co.라는 가게를 운영했다. 1925년에 그 가게는 헬스센터Health Center로 개명되어, 야간강연, 식당, 체육관으로 확장되었다.[19] 브래그는 1928년 후반에 허시와 결별하고, 단독으로 브래그 헬스센터Bragg Health Center를 시작한 것으로 보인다. 그는 또한 그 무렵부터 강의 투어의 폭을 넓히기 시작했다. 한동안 브래그는 허시와 직접 경쟁하는 것 같았다. 두 헬스센터 모두는 헬스 카페테리아, 장 질환을 치료하는 클리닉, 머리숱이 빠지는 것을 치료하는 전문가, 그리고 당연히 식이요법과 자연치료법에 대한 강의를 내세웠다.[20]

자신을 과장하는 브래그의 성향에도 불구하고, 그는 실제로 유난히 인기 있는 건강 강사였고, 그의 회사의 일부 제품들, 특히 사과즙 식초는 21세기까지도 건강식품 진열대에 하나의 표준으로 남아 있다. 브래그의 자연식품 철학은 그가 살던 시대의 다른 사람들과 아주 비슷했다. 그는 건강은 회복될 수 있고, "가공되고 표백되고 착색되고 체질되고 변성되고 탈균되고 탈염되고 오염되고 화학 처리되고 '정제된' 식재료

— 보통 식단에서 가장 큰 부분을 차지하고 있으며 미국인에게 질병과 질환이 만연하게 된 데 책임이 있는 — 를 전혀 포함하지 않는 식사가 건강에 좋고 식욕을 돋우고 미각을 만족시킬 수 있다"라고 믿었다(Bragg 1935: 12~13). 그러나 브래그를 다른 많은 자연식품 강사보다 돋보였던 까닭은 그가 격렬한 신체 운동을 강조했기 때문이었다. 그는 신체문화의 추종자였으며, 로스앤젤레스 헬스센터와 제휴하기 전에는 학교와 YMCA의 체육 교육 지도자로 활동했다. 그의 강연 일정에는 자신의 근육을 과시하는 것, 그리고 때로는 힘의 재주를 보여주고 인내력을 발휘하는 것이 일부 포함되어 있었다. 말년에 그의 시범에는 사람들로 하여금 자신의 배에 올라타게 하는 것 — 이는 원래 맥패든이 실행했던 묘기였다 — 이 포함되었고, 브래그는 심지어 1960년대 텔레비전 프로그램인 〈스티브 앨런 쇼Steve Allen Show〉에서 그 묘기를 실행하기도 했다(J. Kotulak 1963; Ernst 1991: 55). 브래그는 자신의 건강상태를 더욱 극화하기 위해 실제보다 10살이나 나이가 더 많다고 주장하며 자신의 나이를 속이기도 했다.

브래그의 메시지는 자연식품 신봉자들을 질병에서 벗어나기를 간절히 원하는 병자나 노인으로 바라보는 지배적인 이미지에 단호하게 맞서는 것이었다. 1940년에 실린 자신의 식료품 광고와 월간 뉴스레터의 헤드라인에서 브래그는 자연식품이 "유약한 사람들을 위한 것이 아니다!"라고 선언했다(〈그림 3〉을 보라).[21] 이와 유사하게 1940년 요리책에 실린 속표지 가족사진에는 나이 든 사람과 어린아이가 포함된 네 명의 브래그 가족이 찍혀 있는데, 그중 세 남자는 가슴을 드러내고 있으며, 어른들은 울퉁불퉁한 근육을 가지고 있다. 야외에서 콘크리트 블록 벽에 앉아 포즈를 취하고 있는 그 사진에는 자연식품에 대해서는 말할 것

FIGURE 3. Advertisement for Bragg Foods appearing on the inside back cover of a 1940 magazine issued by Pavo's Natural Dietetic Foods of Minneapolis and St. Paul. Paul Bragg bridged the health food and physical culture worlds. From the personal collection of the author.

〈그림 3〉 미니애폴리스와 세인트폴에 있는 파보스 내추럴 다이어테틱 푸드(Pavo's Natural Dietetic Foods)가 발행한 1940년 잡지의 속표지에 실린 브래그 푸드 광고. 폴 브래그는 건강식품과 신체문화 세계를 연결시켰다.
자료: 저자의 개인 소장품.

도 없고 식품에 관한 표시조차 전혀 없으며, 오직 다음과 같은 진술만 있을 뿐이다. "여기 네 세대의 건강한 브래그 가족이 있다. 그들 각각은 정상 체중이고 에너지가 풍부하고 활력이 있으며 전혀 병이 없는, 최고 유형의 신체적 완벽함을 보여준다. 그들은 자신들이 지닌 유선형 몸매의 기능적 완벽함이 자신들이 온갖 미네랄, 비타민, 그리고 튼튼한 몸을 만드는 데 필수적인 성분들로 구성된 식품을 먹기 때문이라고 생각한다"(Bragg 1941: 3). 브래그는 천연 재료와 브랜드 건강식품이 힘을 키우고 조각 같은 몸을 만드는 데서 어떤 중요한 역할을 하는지를 계속해서 강조함으로써 점점 성장하고 있던 피트니스 애호자들의 세계와의 가교를 건설했고, 다른 건강식품 기업가들이 세상 밖으로 나올 수 있는 길을 닦았다.

신봉자들 가운데에는 뉴욕 신체문화 집단의 중심 인물인 빅 보프Vic Boff가 있었다. 그는 1950년대에 성공한 건강식품 가게 세 곳을 운영했다. 또한 지역 신체문화 환경 속에서 자랐지만 계속해서 일반 공중들 사이에서 상당한 명성을 얻어가고 있던 잭 라랜도 있었다. 라랜은 10대 때 폴 그래그의 강연을 듣고 처음으로 자연식품 철학을 접했다. 1930년대에 라랜은 캘리포니아주 오클랜드에 체육관과 주스 바를 열었고, 현지에서 근육맨이라는 명성을 얻게 되었다. 라랜의 명성은 그가 건강식품도 판매하는 운동 텔레비전 프로그램인 〈잭 라랜 쇼Jack LaLanne Show〉를 진행하면서 널리 퍼졌다. 1951년에 샌프란시스코 베이 에어리어에서 처음 방영된 이 신디케이트 쇼syndicated show[독립 방송국에 직접 판매하는 TV쇼 프로그램 _옮긴이]는 1959년부터 1970년까지 전국 시청자에게 방송되었고, 그다음에는 재방송되었다. 이 쇼는 의료 전문가나 여타 전문가의 도움 없이 적극적으로 건강을 추구하는, 당시 증가하고 있던 인구집단을 상징하는 일종의 문화적 표준과 같은 것이 되었다. 라랜은 방송에서 일반 식품 및 건강 체계를 비판하는 것을 자제했지만, 혼합 과일 주스와 야채 주스 및 여타 자연식품은 열성적으로 홍보했다. 그는 또한 단백질 분말, 보충제 및 여타 전형적인 건강식품을 포함한 자신의 제품들을 유선 방송으로 판매했다(Delugach 1984; Goldstein 2011; Sandomit 2004; Stein 1988). 라랜은 텔레비전이라는 매체를 통해 자신의 체격과 힘, 그리고 자신의 좋은 건강상태를 건강식품과 그리 친숙하지 않았거나 건강식품에 거의 관심이 없던 많은 시청자에게 효과적으로 과시했다. 따라서 그는 소비자들이 건강식품을 개인의 웰빙을 증진시키기 위한 선택지로 점점 더 받아들이게 하는 데 일조했다.

라랜이라는 유명인사의 매력이 평범한 미국인들을 건강식품의 궤도로 끌어들였다면, 다른 기업가들은 신체문화에 열광하는 사람들과 건강식품 간의 연계를 강화했다. 가장 주목할 만한 것은 이러한 기업가들이 영양 보충제의 범주를 많은 피트니스 식이요법의 핵심 부분으로 만드는 데 일조했고, 따라서 보충제가 더욱 빨리 건강식품 산업에서 가장 수익성이 높은 자리를 차지하게 하는 데에도 일조했다는 것이다. 1950년에 건강식품 판매상을 대상으로 한 조사에서는 비타민과 미네랄이 이미 가게 수익의 34%를 차지하고 있는 것으로 나타났다(Bernardini 1976). 그러나 1950년대까지 영양 보충제는 주로 비타민, 그리고 채소, 미네랄 또는 약초로 만들어진 혼합물들로 구성되었는데, 이것은 다양한 질병, 특히 변비를 완화하기 위한 것이었다. 때때로 이 제품들은 저체중 개인이 몸집을 키우는 것을 돕기 위해 시판되었고, 거의 항상 에너지와 활력을 증가시켜 준다고 단언했다. 하지만 체력 향상을 위해 특별히 홍보된 건강식품은 신체문화 집단의 사람들이 그 영양 처방이 갖는 성과 향상력을 실험한 다음에야 급격히 인기를 끌었다. 역도선수, 보디빌더, 그리고 다른 운동선수들 사이에서 특히 인기를 끈 것은 단백질 분말이었다. 초창기의 제품 중에는 1950년에 등장하여 건강식품 가게와 보디빌딩 스튜디오 모두에서 판매된 케보코스 44Kevo Co.'s 44가 있었다(Roach 2004: 30). 얼마 지나지 않아 시장에 출시된 또 다른 단백질 분말인 하이-프로틴Hi-Proteen은 건강식품 업계에서 가장 많이 팔리는 제품 중 하나가 되었다. 하이-프로틴은 건강식품과 피트니스 세계에 기민하게 발을 내디딘 기업가 밥 호프먼이 만든 것이었다.

호프먼은 역도선수였다. 1938년에 설립된 그의 요크 바벨 컴퍼니York Barbell Company는 훈련 장비를 팔았으며, 그는 많은 역도선수 스타들을 영입하고 지도했다. 호프먼은 또한 1932년에 창간하여 미국 주요 피트니스 정기간행물 중 하나가 된 잡지 ≪체력과 건강≫을 발간했다(Fair 1999). 호프먼은 자연식품 원칙을 지지했으며, 맥패든이나 브래그처럼 자연식품 식단이 체력단련을 하는 사람들에게 이익을 준다고 믿었다. 그는 이렇게 충고했다. "식단에서 영양 없는 식품을 몰아내라. 그리고 가능한 한 자연식품을 먹어라"(Hoffman 1962: 9). ≪체력과 건강≫은 호프먼의 영양 사상을 전파하는 수단은 물론 그의 제품을 홍보하는 매개물이기도 했다.

역사학자인 홀과 페어(Hall and Fair 2004)는 브래그가 1946년에 호프먼에게 건강식품 사업에 뛰어들라고 처음으로 제안한 것으로 보고 있다. 호프먼은 몇 년 후인 1951년에 요크 비타민-미네랄 푸드 서플리먼트York Vitamin-Mineral Food Supplement를 판매하기 시작했고, 이듬해에는 밥 호프먼스 하이-프로틴 푸드Bob Hoffman's High-Protein Food(이는 보디빌더 어빈 존슨Irvin Johnson이 개발한 것과 비슷한 제품을 발전시킨 것으로, 곧 하이-

프로틴으로 이름이 바뀌었다)를 판매했다(Hall and Fair 2004).

1950년대에 역도선수로 활동했던 한 건강식품 제조자는 호프먼의 단백질 분말이 처음 나왔을 때를 회상하며 "정말 맛없었어!"라고 말했다. 그는 그런 사실에도 불구하고 체육관의 단골손님들은 어쨌든 그것을 먹었다고 덧붙였다. 이 정보 제공자가 지적했듯이, 신체문화의 열성적 애호자들은 근육을 만들기 위해 무슨 일이든 할 것이었고, 호프먼의 출판물은 적당한 종류의 단백질을 섭취함으로써 얻을 수 있는 엄청난 결과에 관한 이야기로 가득 차 있었다.

호프먼은 자신의 제품들에 더 많은 보충제를 추가했지만, (맛을 개선한 후) 하이-프로틴은 수십 년 동안 여전히 그의 회사에서 가장 많이 팔리는 제품이었고, 1960년대에는 호프먼 매출의 절반을 차지했다(Fair 1999: 208). 그즈음에 몇몇 다른 회사들도 운동선수들을 겨냥한 보충제들을 판매하고 있었다. 1950년대 초에도 호프먼 혼자만 그러한 사업을 한 것은 결코 아니었다. 조 웨이더Joe Weider는 또 다른 피트니스 잡지의 발행인이자 운동 기구 제작자였으며, 단백질 분말과 다른 보충제의 제조자였다. 그는 호프먼의 주요 경쟁자이기도 했다. 실제로 이 두 인물 간의 경쟁은 은퇴와 사망 후에도 오랫동안 계속되었는데, 동료들은 그 중 한 사람 또는 다른 사람이 더 많이 기여했다고 주장하거나 아니면 반대로 더 부도덕하게 처신했다고 주장했다. 웨이더 역시 운동선수들에게 건강식품 보충제가 중요한 제품이 되게 하는 데 일조했지만, 호프먼이 건강식품 산업에 더 많이 관여했다. 또한 호프먼은 자신의 사업 이익을 위해서뿐만 아니라 건강식품 산업을 발전시키기 위해서도 노력했다. 호프먼은 업계에서 명성을 쌓았다. 1966년 전국식이요법식품협회National Dietary Foods Association 대회(당시 건강식품 산업의 주요한 대회)

즈음에 호프먼의 하이-프로틴 프로덕트Hi-Proteen Products와 요크 바벨 회사들만큼 넓은 면적의 매장을 차지한 전시자는 단 한 곳뿐이었다.[22] 호프먼은 또한 1960년대 동안에 전국식이요법식품협회에서 유스 피트니스 위원회Youth Fitness Committee 위원장을 맡았다.

호프먼과 같은 신체문화인들은 피트니스 애호자들에게 자연식품에 대한 관념을 홍보함으로써 자연식품 라이프 스타일에 대한 관심을 넓혔다. 게다가 건강식품의 문화적 이미지는 신체문화인들로부터 지원을 받았다. 확실히 보디빌딩은 대부분의 미국인에게 해득하기 어려운 활동으로 남아 있었다. 근육맨과 근육우먼들은 일반적으로 롤 모델로보다는 호기심의 대상으로 인식되었다. 그러나 그들은 건강식품을 운동선수의 기량과 연관시키는 데 일조했고, 그 결과 보통 사람들로 하여금 자신들의 능력을 향상시킬 목적으로 지역 건강식품 가게를 찾게 했다. 비타민, 단백질 분말 및 여타 식품 보충제들 — 여전히 1950년대와 1960년대의 건강식품 가게에서 주로 발견되는 — 이 자연식품 운동에 참여하지 않는 야심 찬 운동선수들에 의해 점점 더 애용되었다. 이들 소비자는 자연식품 철학을 확산시키는 데에는 관심이 없었지만, 건강식품 가게의 중요한 고객이 되었고 산업을 보다 건전한 재정 기반 위에 올려놓는 데 기여했다. 그들은 또한 건강식품이 그러한 제품을 낳은 이데올로기적 장치와는 무관하게 선택적으로 소비될 수 있다는 것을 보여주었다.

할리우드와 건강식품

잭 라랜과 미스터 아메리카Mr. America가 된 사람들만이 20세기 중반에 건강식품을 공개적으로 받아들인 유명인사들이었던 것은 아니다. 공중의 눈에 훨씬 더 들어온 사람들은 자연식품 신봉자가 된 영화와 텔레비전의 거주자들이었다. 할리우드는 1920년대부터 신체문화의 상징이었다(Addison 2003: 39). 1930년대경에는 할리우드는 또한 건강식품의 상징 중 하나가 되었다. 이러한 제휴가 이루어진 가장 분명한 이유는 스크린의 배우들이 자신들의 외모의 모든 측면을 관리하는 데 관심이 있었고, 그들을 찬미하는 사람들은 그들이 어떻게 그러한 외모를 가지게 되었는지에 관심을 가졌기 때문이다. 배틀 크릭 푸드의 한 출판물은 일찍이 1927년에 영화산업이 건강식품을 기꺼이 맛보고자 하는 것에 대해 끄덕이며 다음과 같이 보고했다.

> 최근에 할리우드의 영화배우 가운데 한 명인 니타 카빌리어Nita Cavilier 양은 정말 맛좋은 차를 대접했으며, 그것을 건강식품을 제공하는 기회로 삼았다. 매력적인 여주인인 카빌리어 양은 자신이 차린 매력적인 요리로 할리우드 친구들을 매료시켰고, 손님들에게 유명한 배틀 크릭 헬스 푸드 형식으로 아름답게 만들어주고 힘이 나게 하는 맛있는 음식들을 준비했다고 넌지시 속삭였다. 그리고 브로드웨이의 말투를 빌리면, 파티는 갈채를 받았다. 알다시피 영화 스타가 하면, 멋지다.[23]

남부 캘리포니아에 미국 자연식품 신봉자들과 건강식품 사업이 가장 많이 집중되어 있다는 사실은 영화산업 종사자들이 건강식품을 발견하고 자연식품 옹호자들과 관계를 맺는 것을 용이하게 만들었다. 몇몇 기업가는 자신들의 평판을 끌어올리기 위해 그러한 유대를 돈독히 했다. 이를테면 폴 브래그는 자신에게 조언을 구하는 스타들에 대해 자주 언급했다(예컨대 Bragg 1946). 브래그가 유명인 고객들을 가지고 있었지만, 할리우드의 매력과 건강식품을 공중의 마음속에서 연결시키기 위해 최선을 다한 사람은 건강식품에 새로운 소비자를 끌어들이는 데 이미 탁월한 재능을 가지고 있던 벤저민 가예로드 하우저였다.

가예로드 하우저의 배경은 다른 많은 자연식품 신봉자의 배경과 유사했지만, 적어도 그가 끌어들인 군중의 규모와 주류 청중에게 다가가는 그의 능력에 비추어 볼 때, 그는 당대의 건강식품 강사 중 가장 성공한 사람이었다. 10대 때 하우저는 독일에서 동생 오토가 살고 있는 미국으로 이주했지만 병에 걸렸고, 미국의 기존 약품으로는 호전의 기미가 전혀 보이지 않자 곧 유럽으로 돌아갔다. 그는 스위스에서 자연요법 치료를 받아 건강을 회복했고, 연구 기간을 보낸 후에 미국으로 돌아왔다. 그곳에서 그는 지압요법 훈련을 받았고, 1923년에 시카고에 자연요법 클리닉을 열었는데, 거기에는 식이요법 조언이 포함되어 있었다. 그는 그 일을 하면서 동료이자 사업 파트너가 된 프레이 브라운Frey Brown을 만났고, 하우저는 클리닉에서 강의를 시작했다. 1926년에 하우저가 전국을 돌며 강연을 시작하면서 그들은 시카고를 떠났다. 그 무렵 이 커플은 밀워키의 한 건강식품 회사 — 원래는 밀워키 홀 푸드 프로덕트Milwaukey Whole Food Products로 불리다가 그다음에는 모던 헬스 프로덕트Modern Health Products가 된 — 의 파트너가 되었고, 하우저의 다른 가족 성원들도 이 회사에 관여했다. 당시에 그 회사의 주요 제품은 스위스 크리스Swiss Kriss라고 불린 완하제와 누-베지-살Nu-Vege-Sal이라고 불린 조미료였다.[24] 20년도 안 되어 하우저의 이름이 보증을 하고 브라운이 그 사업을 운영하는 데 더 직접 참여함으로써 모던 프로덕트Modern Products(결국에는 그렇게 불렸다)는 건강식품 산업에서 가장 수익을 내는 회사

중 하나가 되었다.

상냥하고 잘생긴 하우저는 강연자로서의 평판이 점점 더 높아졌다. 자주 순회강연을 다니던 하우저와 브라운은 1930년쯤 남부 캘리포니아에 정착했다. 하우저는 탭댄스 영화배우 프레드 애스테어Fred Astaire의 여동생이자 영국 귀족과 결혼한 후 레이디 캐번디시Lady Cavendish가 된 아델 애스테어Adele Astaire를 통해 상류사회에 알려지게 되었다. 하우저는 1930년대를 영국과 프랑스에서 보내면서 식품 개혁에 관심이 있는 유럽의 사회적 엘리트들에게 신임을 얻었다(Hauser 1944; Leman 1951). 그는 미국으로 돌아와서도 새로운 미국 귀족들, 즉 영화 스타들 사이를 돌아다녔다. 특히 하우저가 공중 사이에서 부상하게 된 것은 여배우 그레타 가르보Greta Garbo와의 우정과 그녀의 후견 때문이었다. 1939년에 그들이 만났을 때쯤 가르보는 이미 채식주의자였지만(de Acosta 1960: 306), 하우저는 그녀의 식단에 더 많은 변화를 주었고, 그것이 그녀의 건강을 향상시키는 것처럼 보였다. 그녀가 하우저, 브라운과 좋은 친구가 되자, 가십 칼럼니스트들은 가르보와 하우저 간의 '로맨스'에 대해 자주 보도하면서, 그의 비관례적인 영양 취미에 대해 언제나 언급했다. "가르보의 식단을 관리하는 남자가 그녀가 결혼할 남자가 되어서는 안 되는 이유라도 있는가?"(Haynes 1940). 많은 언론이 하우저가 동성애자이고 가르보가 양성애자라고 보도하는 데 공모하고 있는 것 같았는데, 이처럼 두 사람을 공개적으로 짝짓는 것은 좋은 기사가 아니라 좋은 홍보였다. 몇 년 후 로맨스의 허울은 벗겨졌지만, 하우저는 가르보와의 우정을 이어갔고, 진 할로Jean Harlow, 마를레네 디트리히Marlene Dietrich, 폴레트 고다드Paulette Goddard, 글로리아 스완슨Gloria Swanson, 반 존슨Van Johnson, 자자 가보Zsa Zsa Gabor, 밥 호프Bob Hope 등 다른 유명 연예인들에게도 조언했다(F. Murray 1985).

하우저는 자신의 사교 관계를 자주 언급하며, 그것을 공중에 대한 자신의 매력을 강화하는 데 이용했다. 그는 1950년 저서 『더 젊게 보이고 더 오래 살기』에서 자신이 레이디 멘들Lady Mendl로 알려진 엘시 드 울프Elsie de Wolfe와 내부자 지위에 있음을 과시하며 다음과 같이 썼다. "그러나 '우리 엘시'를 잘 아는 우리는 그녀를 국제적으로 유명한 배우일 뿐만 아니라 세계에서 가장 존중받는 여성 중 한 명으로 만든 것은 그녀의 엄청난 체력, 즉 그녀의 삶에 대한 사랑이라는 것을 알고 있다. 레이디 멘들은 오래전부터 나의 '더 젊게 보이고 더 오래 살기'의 원칙을 채택했다"(Hauser 1950: 212~213). 하우저는 1949년에는 자신의 잡지인 ≪다이어트 다이제스트Diet Digest≫에서 더 친근한 어조로 비밀을 털어놓았다. "기회가 되면 나는 윈저 공작부인이 내게 여자 옷에 대해 가르쳐준 것에 대해 말하려고 한다. 우리는 점심을 같이했다. 물론 공작도 거기에 있었다."[25] 이런 종류의 발언들이 자기 본위적이었을 수도 있지만, 유명인들이 건강식품에 관심을 가지고 있었던 것은 사실이었다. 칼럼니스트 아트 버크월드(Art Buchwald 1959)는 할리우드에 진출한 '건강 괴짜들'을 조롱하는 텔레비전 작가 래리 겔바트Larry Gelbart ― 나중에 TV 드라마 〈M*A*S*H〉로 유명해진 ― 의 말을 인용했다.

> 누군가의 집에 식사 초대를 받는 것은 매우 위험하다. 우선, 당신은 그들의 잔디밭 위를 걸을 수 없다. 왜냐하면 그게 당신의 저녁 식사일 수도 있기 때문이다. …… 저녁 식사? 저녁 식사는 삶은 땅콩 물, 밀 배아 팬케이크, 집주인이 만든 간장으로 조리한 콩, 당근 샐러드, 사과 식초로 이루어져 있었다. 그러나 그게 다가 아니었다. 우리가 음식을 먹고 나자 집사가

알약 병들이 가득 담긴 은쟁반을 들고 들어왔다. "그것들은 무엇에 쓰는 겁니까?" 나는 어리석게 물었다. "이건 보충제들이에요." 여주인이 설명했다.

채식주의, 유기농업, 자연식 식사법을 주창했던 글로리아 스완슨과 같은 일부 연예인들은 자연식품 운동에 자신의 명성을 기꺼이 빌려주었다. 로스앤젤레스에 있는 한 지역 건강식품 가게 주인은 영화 〈선셋 대로Sunset Boulevard〉를 촬영할 때 그 가게의 단골손님인 스완슨이 손님들과 만나 "독보다 벌레를 먹는 것이 낫다"라고 말하면서 유기농 제품을 권하기로 동의했다고 자세히 이야기했다. 보다 일반적으로 말하면, 연예인들은 자신들의 선호를 알리지도 숨기지도 않았고, 자신들의 식단에 자연식품을 그냥 포함시켰다. 공중이 평균적인 개인들과는 다를 것으로 예상하는, 그리고 살아남기 위해서는 전시할 몸을 만들 것을 요구하는 사회세계에 발을 담근 연예인들은 다른 상황에서는 신분 상실을 초래할 수도 있는 식습관을 채택하는 데 크게 개의치 않을 수 있었다.

자연식품에 대한 할리우드의 관심에 주목한 것은 하우저와 브래그만이 아니었다. 1930년대부터 1960년대까지 건강식품 산업은 광고와 다른 홍보물을 통해 자연식품과 할리우드 간의 연관성을 자주 선전했다. 또한 캘리포니아가 그러한 관계를 확립하고 있는 유일한 기지인 것은 아니었다. 1958년에 시카고에서 흑인 고객을 대상으로 하는 미국 최초의 흑인 소유 건강식품 가게를 연 앨베니아 풀턴Alvenia Fulton은 특히 딕 그레고리Dick Gregory, 어샤 킷Eartha Kitt, 오시 데이비스Ossie Davis, 루비 디Ruby Dee와 같은 인물들에게 조언하면서 "스타에게 하는 식생활 조언"이라는 구절을 사용했다.[26] 할리우드 테마는 개별 기업가에 의해 자신들의 이익을 위해 강조되기도 했지만 산업의 대표자들에 의해 전체 산업의 이익을 위해 강조되기도 했다. 그러한 언급은 1930년대 후반부터 나타나기 시작했으며,[27] 이후 20년 동안 훨씬 더 빈번해졌다(〈그림 4〉를 보라). 전국식이요법식품협회는 1944년 대회에서 영화배우 바바라 헤일Barbara Hale을 미스 헬스 푸드Miss Health Foods로 명명했다.[28] 1940년대 중반부터 1950년대까지 건강식품 산업과 관련하여 가장 널리 읽히는 정기간행물 중 하나였던 ≪레츠 라이브Let's Live≫는 대부분의 표지를 연예인들로 장식했으며,[29] 1945년 한 해 동안에는 "자신들의 건강을 돌보는 영화학교 학생들에 관한" 월간 뉴스 칼럼을 실었다.[30] 건강식품 가게를 통해 유통되는 월간 소비자 잡지 ≪베터 뉴트리션Better Nutrition≫도 1940년대와 1950년대까지 영화 스타를 표지에 실었고,[31] 1950년대 후반에는 할리우드의 건강식품 팬에 대한 프로필을 중심 내용으로 하는 "할리우드 리포트Report from Hollywood"라는 제목의 자체 정규 칼럼도 실었다. 한 전형적인 기사에서 배우 빈센트 프라이스Vincent Price는 독자들에게 다음과 같이 알렸다. "나는 자연식품, 특히 과일을 매우 좋아한다. 사실 나는 과일 중독자인데, 최고의 과일은 오직 건강식품 가게에만 있다"(Braun 1964에서 인용). 이런 논평은 자연식품 원리뿐만 아니라 건강식품 사업에 대해서도 지지를 표명했다. 이런 식으로 건강식품 장의 핵심 기관들은 자연식품 라이프 스타일을 많은 미국인의 문화적 롤 모델이던 유명인물과 연관시킴으로써 자연식품의 이미지를 탈바꿈시키기 위해 노력했다. 유명인사의 도움으로 자연식품은 주류와 조금씩 더 가까워졌다.

〈그림 4〉 유나이티드 아티스트(United Artists)의 스타 일로나 매시(Ilona Massey)의 사진을 실은 ≪살기 위해 먹기: 건강 저널(Eat to Live: Journal of Health)≫의 표지. 1941년 11월호는 소비자 건강식품 잡지들이 영화배우를 표지 모델로 쓴 초기 사례 중 하나이다.
자료: 저자의 개인 소장품.

주류에게 말 걸기

자연식품 관념에 관심이 있는 잠재적인 청중이 증가함에 따라, 강연은 자연식품이라는 단어를 퍼뜨리는 또 다른 방법들의 보조물이 되기 시작했다. 물론 강사들은 오랫동안 다양한 미디어 플랫폼을 이용하여 자신들의 영역을 넓혀왔다. 그들은 책을 출판했고, 신문 칼럼을 썼으며, 가끔 라디오 쇼를 진행했다. 그러나 수십 년 동안 라이브 연사live speaker는 자연식품 운동의 주요한 견인력이었다. 1950년대경에도 강사들은 여전히 중요했지만, 더 많고 더 분산된 청중에게 다가갈 수 있는 여타 매체들이 힘을 발휘하기 시작했다. 자연식품 정기간행물들은 대부분 독자층은 적었지만, 그 수가 늘어났다. 하나의 중요한 예외가 있었는데, 그것이 바로 제롬 어빙 로데일이 창간한 일련의 잡지들이었다. 로데일은 유기농업의 초창기에 미국에서 유기농업의 옹호자 중 가장 영향력 있는 인물이었다. 로데일의 출판물들, 특히 1942년에 창간된 잡지 ≪오가닉 가드닝Organic Gardening≫과 그 뒤를 이어 1948년에 창간된 ≪오가닉 파머Organic Farmer≫(이 두 잡지는 1954년에 통합되었다)는 미국에서 유기농 식품에 대한 관심을 촉발시켰다. 1950년에 창간된 그의 잡지 ≪프리벤션Prevention≫은 보다 광범한 자연 건강 지향성을 가지고 있었으며, 결국 1980년대 중반경에 상위 20개 잡지 가운데 미국에서 가장 많이 팔리는 정기간행물 중 하나가 되었다.[32] 로데일의 출판물들은 앞서 언급한 ≪레츠 라이브≫와 ≪베터 뉴트리션≫ 같은 일부 다른 소비자 정기간행물들뿐만 아니라 건강식품 산업과도 공생했다. 통신 매장들은 그 내용을 편집하여 건강식품을 홍보했고, 건강식품 광고주들은 그 출판물들을 재정적으로 지원했다.

정기간행물뿐만 아니라 팸플릿과 요리책을 포함한 다른 자연식품 관련 인쇄물들도 주요한 교육 도구였다. 1950년대에 이르러서는 책이 많은 그리고 더 주류에 속하는 고객들에게 다가갈 수 있다는 것이 분명해졌다. 하우저는 1950년 2월에 자신의 저서 『더 젊게 보이고 더 오래 살기』를 출판했다. 그 책은 그해에 세 번째로 많이 팔린 비소설 서적이었으며, 1951년에는 최고 베스트셀러(소설과 비소설)에 등극했다(Hackett and Burke 1977: 152~156). 『더 젊게 보이고 더 오래 살기』는 많은 논란을 일으켰다. 이를테면 주요 언론 매체들은 어떻게 건강식품 지지자가 그렇게 유명해질 수 있었는지에 대해 경탄을 금치 못했다. 심지어 ≪리더스 다이제스트Reader's Digest≫ 같은 근엄한 출판물이 그 책을 발췌하기도 했다. 그 책이 베스트셀러가 되게 한 것은 그 책을 팔려는 서적상들의 의지였다. 실제로 『더 젊게 보이고 더 오래 살기』 이전에는 대부분의 서점이 자연식품 책들의 판매를 기피했다. 하지만 건강식품 가게들은 여전히 많은 양의 책을 팔았다. 1950년에 그 책은 서점을 통해 약 20만 부가 팔렸고, 건강식품 가게를 통해서도 7만 5000부가 넘게 팔렸다(Hackett and Burke 1977: 163). 실제로 하우저의 책이 자연식품 책들이 서점에 진열되는 것을 가로막던 장벽을 제거했지만, 건강식품 유통망은 책의 중요한 공급원으로 남아 있었다. 그러한 저력은 1965년에 브라우니의 건강식품 가게가 칼튼 프레더릭스Carlton Fredericks의 책 『식품: 사실과 오류Food: Facts and Fallacies』를 하루에 1100부를 판매하여 뉴욕시 책 사인회 사상 모든 종류의 책을 포함하여 일일 최대 판매기록을 수립하면서 다시 한번 입증되었다.[33]

하우저의 다양한 책은 다른 책들과 마찬가지로 수년 동안 계속해서 잘 팔렸는데, 1980년대경에는 5000만 부 이상 팔렸다(F. Murray 1985).

또 다른 인기 있는 자연식품 책은 1958년에 첫 출간된 자비스D. C. Jarvis의 『민간요법: 버몬트 박사의 건강 가이드Folk Medicine: A Vermont Doctor's Guide to Good Health』였다. 이 책은 1959년 미국에서 두 번째로 많이 팔린 비소설 책이 되었고, 1960년에는 비소설 부문에서 1위를 차지했는데, 그 2년 동안에는 50만 부가 팔렸고, 1975년경에는 450만 부가 팔렸다(Hackett and Burke 1977: 177, 181, 12). 자연식품 옹호자인 아델 데이비스Adelle Davis의 가장 많이 팔린 책인 『제대로 요리하자Let's Cook It Right』(1947), 『건강을 유지하기 위해 제대로 먹자Let's Eat Right to Keep Fit』(1954), 『건강해지자Let's Get Well』(1965)도 큰 인기를 끌며 1975년까지 총 1000만 부가 팔렸다(Hackett and Burke 1977: 15). 이들 책의 인기는 그러한 독자들이 완전한 자연식품 라이프 스타일을 채택해 왔다는 것이 아니라 소비자들이 자신의 개인적인 건강과 식습관에서 조금 더 대담해지기를 원하고 있다는 것을 보여주었다. 소비자들은 아마도 사과 식초를 감기 치료제로 쓰거나 식품 저장실에 약간의 꿀이나 밀 배아를 넣어두었을 것이지만, 베스트셀러 작가들이 비난한 "과잉가공되고 과잉정제된"(Davis 1954: 223) 식품을 좀처럼 완전히 포기하지는 않았을 것이다.

훨씬 더 광범위한 부문의 사람들이 텔레비전이라는 새로운 매체를 통해 자연식품 관념에 노출되었다. 건강식품 옹호자인 루이스 아놀드 파이크Lewis Arnold Pike는 아마도 자연식품을 다룬 최초의 텔레비전 프로그램인 〈다이어트 다이어리Diet Diary〉 — 이 프로그램은 1952년에 로스앤젤레스에서 방영되었다 — 를 진행했다. 1970년대에는 파이크는 비록 단명한 지역 프로그램이기에 청중이 제한되었지만 유명인들이 대거 출연했던 신디케이트 쇼 〈뷰포인트 온 뉴트리션Viewpoint on Nutrition〉 — 이 프로그램은 주요 건강식품 동업조합이 후원했다 — 을 계속해서 진행했다.

1960년대에 방송된 〈잭 라랜 쇼〉는 그보다 훨씬 더 널리 배급되었다. 하지만 네트워크 프로그램이 아닌 신디케이트 프로그램이었기 때문에, 그 프로그램이 전달되는 범위는 일정하지 않았다. 그 프로그램은 교육 성향 프로그램이 아니라 1960년대 초반의 코미디 토크쇼였다. 그 쇼는 자연식품 철학의 플랫폼을 제공하는 최초의 대중 방송물로, 사회자 스티브 앨런Steve Allen에게 힘입은 바 컸다. 텔레비전은 그러한 쇼를 통해 공중이 자연식품에 대해 더욱 관심을 가지게 했다. 그러나 텔레비전은 자연식품 옹호자들의 기이함을 가장 극적으로 보여주기를 좋아했고, 하우저식의 근엄하고 분별력 있는 이미지를 극단주의와 비합리성으로 되받아쳤다.

이를테면 1963년에 〈스티브 앨런 쇼Steve Allen Show〉에 브래그가 출연했을 때, 앨런은 브래그의 가슴 위에서 펄쩍펄쩍 뛰었다. 그리고 이 시기에 자연식품 옹호자임을 자처하는 인물 가운데 텔레비전에서 정식 게스트가 된 유일한 인물이 바로 집시 부츠 — 야외에 살면서 날견과류와 과일을 먹는 것을 좋아했던 운동선수이자 이색적인 '네이처 보이'였던(제3장을 보라) — 였다는 것은 분명 우연이 아니다. 부츠는 1955년에 그루초 막스Groucho Marx가 진행하는 〈유 벳 유어 라이프You Bet Your Life〉에 경쟁자로 참가하여 처음으로 공중의 주목을 받았다. 그러나 부츠는 〈스티브 앨런 쇼〉에 여러 번 출연함으로써 전국적으로 인정받았다. 그는 1962년부터 1964년까지 건강식품 '기인'의 역할을 맡으면서 적어도 열 번은 게스트로 출연했다. 앨런은 분명히 부츠를 존경했지만, 그 쇼는 부츠의 유별난 점을 강조하여, 그의 먹기 습관을 중심으로 유머의 많은 부분을 끌어냈다. 전형적인 방송 중 한 회에서 부츠는 앨런에게 견과류와 건포도를 먹였고, 앨런은 "이 이상한 것을 먹는 짓을 멈추게 하기 위해 무엇이든" 할 것이라고 말했다.[34] 부츠에게 그러한 종류의 연극조의 언동은 그가 전국 텔레비전에 출연하는 대가였다. 부츠는 이렇게 회상했다. "나는 스티브의 쇼에서 뛰어다니며 소리를 질렀지만, 그 밑바닥에는 모두 건강을 증진시키기 위한 진지한 노력이 자리하고 있었다"(Boots 1965: 62). 부츠는 자연식품 운동이 더 널리 인정받는 데 기여했지만, 텔레비전이 가진 오락적 편견은 부츠의 기이한 면은 부각시키는 반면 진지한 면은 얼렁뚱땅 처리해 버렸다. 그러한 기괴한 짓은 이미 자연식품을 멀리할 생각을 하고 있던 시청자들에게 회의감을 강화시켰다. 보통의 미국인들이 자신들의 식생활에 기꺼이 자연식품을 받아들이게 하기 위해서는, 그들에게 자연식품 라이프 스타일에 여전히 들러붙어 있는 반문화적인 인습들을 채택하지 않고도 특정한 물질을 이용할 수 있다는 것을 확인시킬 필요가 있었다.

시장 넓히고 의미 변화시키기

가예로드 하우저와 같은 스타 대변자들이 청중을 사로잡은 것과 미국인들이 자연식품과 건강식품의 장점을 증명한 유명인사들에게 매혹된 것은 광범위한 부류의 미국인들이 그러한 식품들을 실험해 보게 하는 데 일조했다. 그러나 주류로 가는 길을 만드는 데서 똑같이 중요한 것은 메시지 자체의 변화였다. 이제 메시지 속에서 자연식품을 먹어야 하는 종교적인 근거는 그리 언급되지 않았다. 나아가 자연을 숭배하거나 산업사회에 대해 비난하지도 않았다. 좋은 건강과 에너지에 대한 확신은 과거의 진술과 일관되었지만, 이제 전면에 내세우는 것은 식생활 선택의 결과로서의 아름다움과 외모였다. 하우저의 책들, 즉 『먹고 아름다워지기Eat and Grow Beautiful』(1936), 『더 젊게 보이고 더 오래 살기』(1950), 『거울, 벽에 걸린 거울: 아름다움으로의 초대Mirror, Mirror on the Wall: An Invitation to Beauty』(1961)가 지닌 호소력은 제목에 포함되어 있었다. 하우저는 독자가 비타민, 야채 주스 및 여타 건강식품을 섭취함으로써 좋은 외모를 유지할 수 있을 것이라고 단언했다. 미모에 대한 강조가 더 강력해지는 것은 1940년대부터 시작하여 그 후 수십 년 동안 계속해서 자연식품 잡지에 실린 많은 기사 — 이를테면 「검은 여드름」("염증이 생긴 뾰루지에 약간의 레몬주스를 바르라"),[35] 「영양이 네 명의 미인을 만든다」("이 네 명의 젊은이는 모델이다. ……그들은 자신들의 젖니가 썹을 수 있기 시작하자마자 곡물 시리얼, 많은 과일, 생채소를 먹었다"),[36] 그리고 「40세 이후의 아름다움」("미모의 첫 번째 규칙은 내적으로 깨끗하고 위생적이고 건강한 몸을 가지는 것이다")(Layna 1958) — 에서 분명하게 나타나 왔다. 1955년 내내 미국채식주의연합American Vegetarian Union의 월간지인 ≪아메리칸 베지테리언-하이제니스트American Vegetarian-Hygienist≫의 매호에는 채식과 자연적 삶이 어떻게 아름다움을 증진하는지를 예증하는 표지 모델 미인이 포함되어 있었다. 한 전형적인 설명문은 이렇게 기술했다. "이번 달 우리의 '표지 모델 미인'은 펜실베이니아주 필라델피아에서 사랑받는 채식주의자 레노라 글릭Lenora Glick 양이다. 레노라는 야외생활을 즐기는 소녀로, 자연적 삶이 미모를 위해 어떤 일을 할 수 있는지를 보여주는 매력적인 사례이다."[37]

1940년대와 1950년대는 자연식품이 다양한 일련의 경쟁하는 의미를 지니면서 자연식품 운동에서 전환점이 된 시기였다. 자연에서 직접 얻은 단순한 식품과 상업적인 제조업자들이 제조한 복합 건강식품 간의 긴장은 켈로그의 초기 제품 이후로 줄곧 존재해 왔다. 그러나 이제는 자연적 라이프 스타일의 의미가 훨씬 더 확장되었다. 이를테면 하우저의 『더 젊게 보이고 더 오래 살기』는 식생활 조언으로 끝나지 않았다. 하우저는 자연적인 (그러나 불완전한) 몸을 개선하기 위한 성형수술, 얼굴의 털 제거 및 다른 기법들을 옹호하면서 그것이 갖는 어떠한 모순도 인식하지 못했다. 개인의 웰빙과 개인적 변신을 강조하는 그의 메시지는 산업 질서가 자연 세계와 사회세계에 대해 가하는 폐해를 강조했던 다른 지도자들의 선언과 공존했다. 그러한 지도자 가운데 한 사람인 로데일은 건강상의 이유로 유기농 재배 농산물을 먹으라고 권했을 뿐만 아니라 1950년대에는 '화학 이데올로기'의 확산으로 이익을 본 기업들과 식품 공급의 악화를 서로 연관시키면서 이렇게 말했다. "우리는 서로에게 해로운 것들을 파는 것에 기초한 경제적 산업체계, 즉 경쟁적인 현금 문화에 참여하고 있다. 우리는 직접적으로든 간접적으로든 달러를 벌어들일 때마다 일정량의 독을 섭취해야만 한다. 우리의 운명을 지배하는 권력자들은 그렇게 하지 않으면 우리의 모든 번영이 붕괴될 것이라고 믿는다. 얼마나 웃기는 일인가! 그리고 이 미친 체계는 화학비료와 독성 살충제를 사용한다"(J. Rodale and Adams 1954: 193). 새로운 소비 기회를 찾아보라는 하우저의 낙관적인 초대와 소비자 문화의 거짓 약속에 대한 로데일의 강력한 경고는 많은 점에서 모순적이었다. 그러나 이 두 이상은 모두 자연식품 운동이 앞으로 나아가면서 상징하게 될 것에서 중요한 자리를 차지했다.

마찬가지로 19세기에 자연식품 운동의 원형적 표현이었던 채식주의도 여전히 일부 자연식품 옹호자들에게서 핵심적인 가치였지만, 20세기 중반의 저명한 대변자들에 의해 점점 더 자연식품의 배후로 밀려났다. 하우저는 초기에는 신체적으로 가장 활동적인 사람이더라도 매주 이틀은 전혀 고기를 먹지 말아야 한다고 말하면서, 고기를 최소한으로 먹으라고 충고했다(Hauser 1930: 21~23). 하지만 1940년대 중반경에 그는 자신이 채식주의자가 아니라고 독자들을 안심시켰고, 영양학을 공부하지 않고는 엄격한 채식주의를 채택하지 말라고 경고했다(Hauser 1944: 4, 16). 아델 데이비스는 훨씬 더 나아가서 고기가 영양의 필수적인 원천이라고 주장했다. 그녀는 특히 뇌, 간, 신장, 그리고 다른 장기에 관심이 많았다. 그녀는 살아 있는 동물에서 그 장기들의 기능은 중요한 생명 과정을 수행하는 것이기 때문에 그 장기들을 먹는 것은 인간에게 동일한 기능의 일부를 제공하는 데 도움을 준다고 추론했다. 밀배아와 미국 치즈로 만든, 그녀의 브레인 인 캐서롤Brains in Casserole 레시피는 주류 스타일과 점점 더 많은 미국인의 호기심을 자극하는 비관례적 스타일의 뒤범벅을 보여주는 사례였다.

로데일은 건강식품 산업에서 하우저와 데이비스만큼 존경을 받았다. 그리고 그 산업은 여전히 엄격한 채식주의자들을 성원으로 하고 있었다. 그러나 건강식품 산업의 재정적인 이익은 공중에게 농업경제학적 체계 전체를 거부할 것을 명시적으로 요구하는 로데일 같은 사람들보다는 미국인들을 구슬려서 자신들의 식생활에 몇 가지를 추가하게 만든 하우저 같은 대변자들에게서 더 많이 나왔다. 온건한 접근방식은, 비록 얄팍한 약속으로 소비자들을 끌어들여서 성취한 것이기는 하지만, 건강식품을 얼마간 먹으면서도 문화적 주류 안에 머무는 것이 가능하다는 것을 보여줌으로써 건강식품 시장을 넓혔다. 건강식품을 가끔 소비하는 집단이 증가하면서, 건강식품 산업은 좀 더 확대될 수 있었다. 그러나 그러한 소비자들의 존재는 또한 자연식품의 두 가지 주요 목표, 즉 지지 기반을 넓히는 것과 사람들의 먹기 습관과 식품 생산 체계를 근본적으로 개혁하는 것이 서로 충돌할 수 있음을 분명하게 보여주었다.

하우저와 같은 스타 대변자들이 많은 사람의 마음을 움직이기는 했지만, 그럼에도 불구하고 그 당시에 자연식품이 획득한 정당성의 정도가 과장되어서는 안 된다. 텔레비전이 자연식품을 다루는 방식이 증명하듯이, 비관례적인 것과 매력 간의 연계고리는 여전히 쉽게 깨질 수 있는 것이었다. 다음 장들에서 논의하듯이, 1960년대 이후에도 건강식품은 일반적인 음식물에 비해 맛이 없고 주변적이라는 평판을 여전히 받고 있었고, 자연식품을 삶의 방식으로 삼은 열성적 지지자들은 여전히 유별나거나 자신의 믿음에 크게 미혹된 사람들로 여겨졌다. 게다가 유명인사들이 자연식품을 도덕보다는 자기실현과 관련된 것으로 만들었음에도 불구하고, 자연식품 운동은 탈정치화되지 않았다. 다음 장에서 기술하듯이, 자연식품 장은 기존의 당국들에 대해 여전히 반항했고, 당국들은 다시 자연식품 장을 무력화시키고자 했다. 이러한 역학관계는 자연식품 운동과 건강식품 산업 간의 이해관계가 점점 더 일체화되는 데 일조했다.

제5장

권위 의문시하기

국가와 의료계가 반격하다

20세기 중반에 새로운 지지자들 사이에서 발판을 마련했음에도 불구하고, 자연식품 운동은 1970년대까지 그 영향력이 여전히 작고 제한적이었다. 대부분의 미국인은 자연식품 운동의 원대한 선언을 진지하게 받아들이지 않았고, 미국 주요 기관들 대부분 — 기존의 정부, 농업, 공업, 의료 및 교육 체계 — 은 그 운동의 지지자들이 제창한 개혁을 터무니없는 것으로 일축했다. 표면적으로는 이 운동이 지배적인 식품과 건강 관행에 거의 위협이 되지 않는 것처럼 보였다. 그러나 자연식품 운동과 그 운동을 이끈 건강식품 산업은 일부 사람들의 격렬한 저항을 받았고, 20세기 초반 이후로는 국가로부터 상당한 제재를 받았다.

이 장에서 나는 자연식품 옹호자들과 반대자들 간에 발생하고 있는 갈등, 즉 20세기의 대부분 동안 계속된 적대감을 기술한다. 자연식품 운동은 잠재적으로 식품 부문의 경제적 이익을 해칠 수 있지만, 20세기 후반까지는 그 가능성을 실현할 수 있는 능력이 미미했다. 재래식 농업과 식품 회사들은 이 영역에서 이 운동이 영향력을 발휘하지 못하는 점을 강조하면서, 대체로 1960년대 이전에는 자연식품 장을 무시했다. 오히려 건강식품 산업이 생겨난 후 곧 격렬한 비난을 불러일으킨 것은 인체 관리에서 전문지식을 주장하는 사람들의 권위에 대해 자연식품 운동이 제기한 도전이었다. 그러한 도전의 밑바탕에는 어떤 건강 관행이 개인에게 최선인지를 결정할 때 그러한 권위자들이 이용하는 표면상으로 합리적인 기준 — 즉, 과학적 합의와 효능의 측정 수단 — 에 대한 거부가 깔려 있었다. 이런 점에서 자신이 먹는 것에 대해 외견상 사적으로 내려지는 결정은 합리성이라는 근대적 기준에 근거하여 사회적으로 내려지는 판단을 대리하는 것이 되었다.

따라서 의사, 치과의사, 식이요법사를 포함한 건강 전문직들은 건강식품 조달업자들 및 그와 관련된 자연치료 요법사들의 활동을 단지 경제적 경쟁자로 본 것뿐만 아니라 의과학적 세계관의 토대 자체를 의심하는 문화적 경쟁자로도 보았다. 자연요법 철학의 지속성에 경각심을 느낀 보건 전문직들은 자신들의 특권과 지위를 보호하기 위해 국가에 도움을 구했다. 이 싸움을 주도한 것이 미국의학협회American Medical Association: AMA로, AMA는 사람들이 자연식품의 원리와 장려자들을 불신하도록 만들기 위해 적극적인 캠페인을 벌였다. AMA는 정부 기관, 특히 미국식품의약국US Food and Drug Administration: FDA, 연방통상위원회Federal Trade Commission: FTC, 미국 우정공사Postal Service뿐만 아니라 거래개선협회Better Business Bureau 및 일반 식품동업조합과 같은 비정부 기관들과도 긴밀하게 협력하여 자연식품 옹호 활동을 억압했다. 그 결과 1930년대부터 1960년대까지 가장 두드러진 자연식품 옹호자 가운데 많은 사람이 체포되었고, 그중 일부는 일반적으로 사기성 건강 주장과 관련된 혐의로 기소되어 실형을 선고받았다.

건강식품 산업은 그러한 활동의 특별한 표적 가운데 하나였다. 상업적 기업들이 자연식품 운동에 깊이 개입하면서, 그러한 기업들은 경제적 자기 이익을 추구하고 취약한 소비자를 이용한다는 혐의를 받게 되었다. AMA와 그 동맹자들은 자신들에게 호의적인 언론인과 교육자들을 양성했으며, 자신들의 출판물을 이용하여 공중으로 하여금 건강식품 제품과 건강식품 사업을 멀리하게 했다. 언론 매체와 강연장은 건강식품 대변자들이 그곳을 건강식품을 홍보하는 플랫폼으로 이용하지 못하게 하라는 압력을 받았다. 특히 20세기 후반에는 산업 활동을 제한하는 법률이 자주 제출되었다. 그리고 1940년대부터 1960년대까지 정부는 건강식품 가게를 불시 단속하여 책과 다른 홍보 책자를 압수함으로써 건강식품 가게를 자연식품 운동과 그 반대자들 간 갈등에서 최전선에 서게 했다.

제도화된 권위자들이 건강식품 기업을 표적으로 삼은 것은 다음의 세 가지 중요한 점에서 공적 논쟁의 조건을 규정하고 자연식품 옹호 활동의 방향을 정하는 데 일조했다. 첫째, 적대자들은 자연식품 기업과 그 기업을 비난하는 주류 제도 간의 차이를 강조함으로써 건강식품 산업의 주변적인 문화적 지위를 강화했다. 둘째, 자연식품 반대 캠페인은 그 산업의 성원들에게 자신들이 개인적 생계보다는 더 큰 대의에 참여하고 있다는 의식을 심화시켰다. 그리고 셋째, 그러한 반대 캠페인들은 자연식품 기업이 상업적 활동에 참여하고 상업적 기업이 자연식품 운동의 중심 목표를 후원할 수 있는 권리를 만들어냈다.

자연식품에 대한 반대가 갖는 성격과 그러한 반대에 대응하여 건강식품 산업의 상품과 서비스를 소비할 권리가 갖는 중요성은 그 운동에 강력한 자유주의적 조류를 도입했다. 자연식품 옹호자들은 규제 기관들이 자신의 몸을 어떻게 돌볼 것인지에 대한 개인의 결정을 방해하는 것에 대해 반발했다. 정부와 조직화된 의료계가 약물 중심의 건강 관행을 강요하려고 시도하며 전횡적인 모습을 보이자, 자연식품의 지지자들은 백신접종 반대 및 불소첨가 반대 캠페인을 포함하여 여타 자연요법적인 '건강의 자유health freedom' 대의['건강의 자유'란 누구나 자신이 원하는 치료를 받을 권리가 있으며 정부는 여기에 간섭해서는 안 된다는 주장이다 _옮긴이]를 주장하는 세력들과 자주 힘을 합쳤다. 그러한 동맹은 정부와 보건 전문가들이 자연식품 장에 대해 갖는 부정적인 시각을 더욱 심화시켰다. 그러나 그러한 동맹은 또한 기꺼이 건강식품 산업을 옹호하고 나서고자 하는 지지자들의 대열을 키워주었다. 1950년대경에 건강식품 거래를 옹호하기 위한 조직화된 노력은 동업조합뿐만 아니라 시민 옹호 단체들로부터도 나왔는데, 그중 가장 인상적인 것이 전국건강연합National Health Federation이었다. 그러한 활동들에는 규제 입법에 반대하기 위해 공중을 규합하고, 법원을 이용하여 정부의 조치에 이의를 제기하고, 적어도 한 번쯤은 워싱턴으로 행진하는 것 등이 포함되어 있었다.

그 결과 20세기 중반경에, 자연식품의 정치는 주로 건강 문제에 대한 전문 의료계의 배타적인 관할권 주장과 그와 관련된 국가의 온정주의적 정책에 저항하는 것과 관련하여 정의되었다(그리고 그 성과는 현재까지 지속되고 있다). 특히 유용성이 입증되지 않은 비정통적인 제품을 소비하는 행위가 정치적 의미를 가지게 되었다. 왜냐하면 그러한 행위는 국가의 보호와 공인된 전문가의 지도를 의식적으로 거부한다는 것을 의미했기 때문이다. 건강식품 산업에 반대하는 사람들의 노력은 제조된 소비재와 그 소비재를 판매하는 기업이 자연의 우월성을 상징하는 상황을 만들어내는 데 일조했다.

의문시되는 문화적 권위

20세기를 거치며 자연식품 운동이 소비자본주의와 더욱 뒤얽히면서, 일부 자연식품 신봉자들은 산업자본주의 체계 전체를 폐기할 것을 주장하기도 했다. 아마도 20세기 전반기에 가장 잘 알려졌던 인물은 땅으로 돌아가기 운동back-to-the-land movement의 모델이 된 랠프 보르소디Ralph Borsodi와 헬렌 니어링Helen Nearing과 스콧 니어링Scott Nearing이었을 것이다. 1930년대부터 보르소디 가족과 니어링 가족은 (별개로) 시장관계에서 벗어나서 완전히 자급자족하기 위해 노력하면서, 잉여를 생산하기 위해서가 아니라 자신들의 욕구를 충족시키기 위해 먹을거리를 재배했다. 두 가족은 모두 일자리를 간절히 원하는 노동자들을 노예로 만드는 공장들로 구성되는 산업경제와 질이 낮은 영양물을 생산하는 공장식 식품 생산 체계를 연관시켰다(Borsodi 1933, 1947~1948; Nearing and Nearing 1954). 보르소디 가족과 니어링 가족의 노력은 합성첨가물이나 산업적 가공에 의해 오염되지 않은 식생활(니어링 가족의 경우에는 채식주의 식생활)을 하는 라이프 스타일을 상징할 뿐만 아니라 작은 규모의 공동체적인 자급농업의 시도 속에서 자본주의에 대한 해독제를 찾는 윤리도 상징했다.

특히 니어링 가족은 후일 DIY 코뮌 거주자들do-it yourself communards의 세대에게 영감을 주었다. 하지만 자연식품 운동에 참여한 동시대의 사람들 대부분은 반자본주의적인 어젠다를 그 운동에 끌어들이지 않았다. 그들은 대기업들이 소규모 농부들을 몰아내고 식품에서 품질과 건강보다 이익을 우선시하는 산업화 과정에 대해 자주 비판적이었다. 그러나 적어도 1960년대 이전에는 상업에 완전히 등을 돌린 자연식품 지지자는 거의 없었다. 실제로 아주 많은 사람이 작은 기업을 운영하고 있었고(그리고 소수는 그 과정에서 얼마간의 부를 얻었다), 그들은 자유시장이 제공하는 경제적 기회를 지지하는 경향이 있었다.

자연식품 운동은 일반적으로 급진적인 경제개혁을 표명하지는 않았지만, 지배적인 식품 생산·유통·소비 체계를 변화시키기 위해 노력했고, 그러한 노력은 광범위한 일련의 민간 기업 및 그와 연관된 연구자와 컨설턴트들의 네트워크를 잠재적으로 위협했다. 그러나 20세기 전반기의 3분의 2 동안 대부분의 일반 식품 생산자와 유통업자들은 여느 때처럼 사업의 종말에 대해 걱정하지 않았다. 실제로 그들은 자연식품 운동에 좀처럼 관심을 기울이지 않았다. 상업적인 관점에서 볼 때, 그들이 자연식품 운동에 관심을 가져야 할 이유가 전혀 없었다. 소비자들은 식료품점에서 건강식품을 찾지 않았고, 소매상들은 공급자들에게 자연식품 제품들을 요구하지 않았으며, 농부들은 합성 비료 제조자들에게 다른 대체 투입물에 대해 문의하지 않았다. 건강식품이나 유기농 농산물의 판매량은 솔직히 너무 적어서 그것들에 대한 출자를 자극하지 못했다. 따라서 대부분의 일반 농식품 분야에서 자연식품은 그 본질상 적합한 영역이 아니었다.

마찬가지로 자연식품 운동이 오랫동안 추진해 온 다른 목표들도 그 목표를 달성할 수 있을지는 여전히 미지수였다. 자연식품 옹호자들은 인간과 자연의 관계에 대한 주류의 가정, 특히 자연은 인간의 목적을 위해 조작되어야 하고 진보는 기술을 끊임없이 정교하게 발전시키는 것이라는 견해에 계속해서 도전했다. 그리고 그들은 이를테면 고기의 우월성에 대해 의문을 제기하며 특정한 식품 물질과 식생활 관습의 상징적·실제적 우수성에 대한 지배적인 믿음을 논박했다. 그러나 그러한 이상들이 공중에게 미치는 호소력은 제한되어 있었고, 일반 식품 체계에 대한 정치경제학적 비판과 마찬가지로 그러한 이상들은 20세기 후반에 들어서야 잠재적으로 대규모 변화를 일으키기에 충분할 정도의 공명을 얻을 수 있었다.

따라서 자연식품 운동의 경제적·환경적·요리적 도전은 그 운동의 철학과 목표에 반대하는 사람들에 의해 수십 년 동안 계속해서 쉽게 무시되었다. 다른 한편 국가가 지원하는 전문 의학, 영양학, 과학 분야에 대한 자연식품 운동의 반항은 계속해서 격한 반발을 불러일으켰다. 보건 전문직의 반발은 처음에는 이해할 수 없는 수수께끼 같아 보였다. 왜냐하면 자연식품 신봉자들이 일반 의학을 버림으로써 보건 전문직이 입는 경제적 손실에 비해 보건 전문직의 반발이 너무나도 격심했기 때문이다. 하지만 보건 전문가들이 왜 그토록 반대했는지는 자연식품 운동이 그들의 문화적 권위에 제기하는 도전을 고려할 경우 더 잘 이해할 수 있다. 이들 집단은 위태로운 경제적 이익을 지키려는 열망뿐만 아니라 자신들의 전문지식 분야에서 공중으로부터 받는 존중을 지키려는 강한 열망도 가지고 있었다. 자연식품 운동에 반대하는 그들의 대대적인 캠페인은 문화적 위협이 경제적 이익에 대한 위협만큼이나 강렬하게 느껴질 수 있다는 것을 보여준다.

폴 스타는 19세기 의료 전문직의 부상과 의료 전문직이 궁극적으로 행사할 수 있는 문화적 권위에 대해 설명한 바 있다. 그는 문화적 권위를 “사실과 가치의 규정을 통한 현실의 구성”이라고 정의한다(Starr 1982: 13). 스타에 따르면, 공인된 의사들의 전문적 권위가 정당성을 획득한 후에야 의사들은 시장 통제와 정부 규제를 기반으로 의료행위에 대해 거의 전적인 독점권을 획득했고 산파나 지압사 같은 여타 종류의 의료행위자들을 배제할 수 있었다. 그렇게 하여 배제된 사람 가운데에는 자연요법 의사들과 자연식품을 건강 치료제로 사용하는 사람들이 포함되어 있었다. 국가는 의사들이 그러한 경쟁 의료행위자들을 차단하기 위한 공식적인 장벽을 세우는 데 대체로 협조적이었지만, 공중이 보기에 전문 의학의 문화적 권위는 경쟁자들을 탈정당화하기 위한 지속적인 노력이 있어야만 유지될 수 있었다. 이 목적을 달성하는 데서 전문 의학은 완전히 성공하지는 못했다.

의료 전문직만이 몸 관리 영역의 전문지식을 가진다는 의사들의 주장에 대해 자연식품 운동이 반박하는 주요한 방법은 실제로 라이벌 의사 요원들을 내세우는 것이 아니라 어떠한 종류의 의사도 대부분 필요하지 않다는 점을 암시하는 것이다. 조셉 거스필드는 자연식품 운동은 ‘대중 의학popular medicine’ ― 전문 의사들에게 의존하는 것이 아니라 오히려 일반 사람들이 자신의 건강을 이해하고 관리할 수 있다고 보는 ― 을 지향한다고 지적한다(Gusfield 1992: 78~79). 자연식품을 채택하는 개인이 일반 의학을 거부하는 정도에는 실제로 상당한 차이가 있지만, 간섭주의적인 의사보다는 자연을 질병에 대한 최고의 치유자로 보는 철학은 제도화된 권위와 지식의 원천에 얼마간 냉담할 뿐만 아니라 대체로 합리적-기술적 논리가 지배해 온 영역에 유용성을 판단하는 대안적 수단을 도입한다. 자연식품 지지자들은 자신들이 의료기관과 문화적으로 경쟁하고 있음을 잘 알고 있었고 그 사실을 솔직하게 드러냈다. 1967

년 미국 ≪전국보건연맹회보National Health Federation Bulletin≫에 실린 사설은 다음과 같이 진술하고 있다. "AMA의 고고한 척하는 태도는 참으로 유감스럽다. 치유하는 것은 의사가 아니라 자연이라는 것을 모든 의사가 알고 있기에 특히 그렇다. 만약 의사가 정직하다면, 그러한 사실을 인정할 것이다. 사실 각자가 서로 다른 도구를 사용하지만, 최종적인 결정적 요소는 환자의 자연적인 생명력이다. **따라서 그 치유능력은 AMA에만 한정되어 있는 것이 아니다**"(강조는 원저자).[1]

자연식품 운동의 건강 철학은 단순히 자연에 관한 믿음에서뿐만 아니라 보다 넓은 차원, 즉 다음과 같은 세 가지 측면에서도 전문 의학의 논리와 충돌한다. 첫째, 전문 의학이 의료 지식이 반복 가능한 경험적 증거들을 비교 검토하는 전문가들 사이에서 합의를 이룬 것임을 강조하는 것과 대조적으로, 자연식품 운동 신봉자들은 진리의 확실한 결정요인으로서의 개인적 경험을 선호한다. 둘째, 자연식품 운동은 식품 소비 전략을 개발하고 그 결과를 평가할 때 효과와 효력을 측정하는 수단과 동등한 것으로서의 종교적, 윤리적 또는 정치적 이상을 중시한다. 그리고 셋째, 주류 의학이 일반적으로 사고와 행동 모두에서 치우침이 없는 것을 실질적으로나 도덕적으로 우월한 것으로 보는 것과 달리, 자연식품 철학은 원칙에 입각한 극단주의를 신봉하기도 한다. 요컨대, 자연식품 지지자들이 자신들의 행동의 우수함을 평가할 때 의존하고 사용하는 지식과 기준은 과학적 방법을 충실하게 적용하여 나온 결과에 기초한 것이 아니며, 또한 공인된 과학적 전문가들이 내린 신중한 판단과 반드시 연관되어 있지도 않다.

과학의 측면에서 볼 때, 자연식품 철학이 주장하는 내용의 대부분은 비록 그 주장이 거짓임을 명확하게 증명할 수 없지만, 또한 진실임을 명확하게 증명할 수도 없다. 과학적 연구는 그냥 내버려두면 자연이 항상 치유해 주지 않는다는 것을 분명하게 보여준다. 실제로 오늘날과 같은 전문 의학적 도구가 없었던 시기에 얼마나 많은 아픈 사람들이 질병이 악화되어 죽었는지를 알기 위해서는 항생제가 없던 시대에 호흡기 질환자들이 겪은 고통을 되돌아보기만 하면 된다. 게다가 오늘날까지 과학적 연구는 어떤 단일 식품 물질이 특정 질병을 치료한다거나 심지어는 예방한다는 점을 좀처럼 입증할 수 없었다. 그리고 정부가 승인한 대부분의 첨가물, 살충제, 제초제, 또는 생명공학 식품과 특정 질병 간의 직접적인 연계가 과학적으로 밝혀지지도 않았다.[2] 또한 유기농 식품이 일반 식품보다 더 많은 영양소를 가지고 있다는 증거도 없다.

하지만 자연식품의 관점에서 볼 때, 의학의 방법 — 대체로 협소한 방식으로 의문을 제기하고 일관되고 반복되는 결과들을 강조하며 명확하게 인과적 메커니즘을 밝힐 것을 요구하는 — 은 자연식품의 가치를 인식하지 못하게 할 가능성이 큰 일종의 터널성 시각tunnel vision[좁은 시야나 사고 _옮긴이]이다. 의학은 사람들을 집합체로 다루고 통계적 확률에 의존하는 경향이 있으며, 특정한 모집단에서 어떤 치료가 위약僞藥, placebo보다 더 효과가 있다는 것이 입증될 때에만 그 치료를 선택한다. 반면 자연식품 지지자들에게서는 개인의 주관적 감정 상태를 통해 개별적인 긍정적 반응이 나타날 경우 그것은 그 자연식품이 효능을 가지고 있음을 보여주기에 충분한 증거이다.[3] 이러한 관점에서 보면, 모집단 전체에 걸쳐 동일한 결과가 나타나지 않는 것은 자연식품을 신뢰하지 말아야 하는 이유가 아니다. 오히려 사람들이 그러한 음식물에 반응하는 방식에서 나타나는 개인적 차이를 인정하는 것이 중요하다. 게다가 특정 영양소를 검사하거나 그 영양소에 대한 특정한 생리적 반응의 지표를 만드는 과학의 환원적 속성은 자연요법 철학의 '전인론holism'과 상충된다. 전인론은 전체 건강체제 — 식생활, 운동, 휴식 등 — 가 에너지, 활력, 그리고 다른 불명확하지만 (개인의 경험적 관점에서는) 건강의 필수적인 척도에 영향을 미치는 방식을 고려한다.

20세기 내내 자연식품 지지자들이 과학이라는 개념 자체를 거부하지는 않았다는 점을 강조할 필요가 있다. 내가 앞에서 논의한 바와 같이, 자연식품 지지자들은 종종 자신들의 결론을 지지하거나 자신들이 수행한 과학적 연구를 언급함으로써 과학적 권위의 망토를 걸치고자 했다. 자연식품을 옹호하는 사람들이 대체로 거부한 것은 무엇이 좋은 과학이고 무엇이 그렇지 않은지를 정하는 제도화된 문지기들의 권한과, 자연식품 식생활은 비효율적이고 일반 식품이 건강하다는 주류 과학 공동체의 단합된 주장이었다.[4]

게다가 자연식품 지지자들은 자신들이 선택한 식생활의 효과를 평가할 때 과학적 접근방식과 가치 함축적인 여타 고찰 간에 방화벽을 세울 필요성은 인정하지 않았다. 이러한 입장은 자주 자연식품에 대한 지지를 심리적인 측면에서 프레이밍하는 운동 비판가들 — 자연식품 신봉자들이 지배적인 과학적 증거를 받아들이지 않는 데에서 비합리적인 감정적 반응을 발견하는 — 을 어리둥절하게 했다. 건강식품에 대한 관심을 푸드 패디즘food faddism[식품이 건강에 주는 영향을 과대평가하는 것 _옮긴이]과 동일시하는 한 의학 연구자는 다음과 같이 단언한다. "나는 푸드 패디즘이 지속하는 까닭은 특정 식품의 특별한 효력을 부정하는 명백한 과학적 증거에도 불구하고 패디스트들이 사람들의 지성이 아니라 감정적 충동에 효과적으로 호소하기 때문이라고 믿는다"(Olson 1955: 777; 또한 특히 Olson 1958; R. Smith 1960: 145; Gittelson 1972도 보라). 일부 사례에서 논평자들은 자연식품 신봉자들이 솔직히 심리적인 장애 상태에 있는 것이 틀림없다고 가정했다. 자연식품 열광자들이 퍼스낼리티 장애를 가지고 있다는 의심은 1960년대와 1970년대에 그들의 정신 건강이나 사유 과정을 조사하거나 단순하게 논평하는 많은 연구를 낳았다(New and Priest 1967; Bruch 1970; West 1972; Calvert and Calvert 1975).

하지만 자연식품 신봉자들이 과학적 증거에만 의존하는 지식에 대해 냉담했던 까닭은 심리적 결함 때문이 아니었다. 오히려 그것은 상당한 과학적 불확실성으로 특징지어졌던, 그리고 계속해서 특징지어질 영양 논쟁에서 종교적, 정치적 또는 윤리적 관념들이 결정적인 역할을 하던 것과 관련되어 있었다. 특히 과학자들이 특정 식품을 얼마만큼 먹는 것이 가장 좋은지를 자신 있게 말할 수 있을 만큼 충분히 알지 못할 때, 그리고 과학자들의 견해가 주기적으로 바뀔 때, 겉으로 보기에 보다 영원한 다른 가치들이 권위를 가질 수 있다. 자연식품 운동은 이런 식으로 영양 분야를 도덕적 지형으로 규정했다. 그리고 자연식품 옹호자들이 볼 때, 의료 전문직들이 도덕의 편에 있지 않다는 것은 아주 분명해 보였다.

패디즘의 재앙

오늘날에는 신선한 과일과 채소, 그리고 통곡물들이 풍부하게 갖춰진 식단이 건강한 식단이라는 것이 상식처럼 보일지 모르지만, 이 견해는 미국 공중과 영양 전문가들 대부분에게서 최근에야 받아들여진 지혜이다. 이와는 대조적으로 20세기 대부분 동안 과학자, 정부 관계자, 그리고 의료기관들은 가공식품과 고기 위주의 식단을 지지했고, 채식주의, 건강식품, 유기농업, 그리고 자연식품 철학의 여타 측면들을 비웃었다. 일반 공중이 자연식품 관행을 단순히 웃어넘기는 경향이 있었다면, 영양사, 영양학자, 치과의사, 내과 의사를 포함한 많은 건강 전문가와 그들의 협회는 자연식품 운동, 특히 하나의 특정한 표적으로서의 건강식품 산업과 싸우기 위한 자원을 확보하는 데 전력을 다했다.

보건 전문가들은 저렴한 식품을 대량으로 생산하는 근대 산업화된 체계를 찬양하는 반면 유기농 식품과 건강식품이 무가치하다는 점을 역설했다.[5] 비판자들이 자연식품을 신봉하는 사람들을 묘사할 때 사용하기 좋아하는 꼬리표가 바로 '한순간 어리석게 열광하는 사람들'을 뜻하는 '패디스트'라는 용어로, 이는 자기 홍보와 이익을 위해 노력하는 대변자들에게 쉽게 휘둘리는 사람들을 지칭했다. 보건 전문가들이 보기에, 패디즘이 지닌 진짜 문제는 패디스트들이 대안적인 치유 관행을 (또는 심지어는 건강관리에 대한 자신들의 직감까지도) 훈련된 의사나 영양사의 전문지식, 그리고 일반 의학을 움직이는 축적된 지식체계와 동등한 것으로 여길 수 있다는 것이었다. 그 결과 자연식품 지지자들은 의사의 지시와 특정 식품 물질이나 식단의 가치 — 또는 무가치 — 에 대한 의사의 평가를 태평하게 무시하거나, 심지어 일반 의사들과의 상담을 전적으로 거부하기도 한다는 것이었다. 이러한 우려는 1947년의 한 소송에서 연방 순회 항소법원 판사가 건강식품 제조업자이자 장려자인 레로드 코르델을 자신의 제품에 대해 잘못된 주장을 했다는 혐의로 기소하면서 분명하게 진술되었다. "건강식품 체계가 위험한 까닭은 물품 자체가 확실히 건강에 좋지 않기 때문이 아니다. 물품 그 자체에는 아무런 책임도 없으며, 그 물품 자체는 전혀 무해한 것일 수도 있다. 그 물품이 위험한 까닭은 무지하고 속아 넘어가기 쉬운 사람들이 병을 낫게 하거나 예방할 수 있는 조건에 대해 전문적인 조언을 구하는 대신에 그 물품에 의존할 가능성이 크다는 사실 때문이다."[6] 30년이 지나서도 이 문제는 영양학 문헌에서 거의 동일하게 논급되고 있었다. 두 연구자가 간결하게 진술했듯이, "가장 심각한 문제는 푸드 패디즘의 다른 측면들과 관련하여 앞서 언급한 것처럼 독자가 자신에 대한 진단자와 의사가 된다는 것이다"(McBean and Speckermann 1974: 1076).

영양사, 영양학자, 가정학자들은 오랫동안 건강식품을 유행과 사회문제로 규정함으로써 자신들의 직업적 신뢰를 강화하고 싶어 해왔고, 20세기 대부분 동안 자연식품 철학을 비난하는 데서 계속해서 핵심 플레이어 역할을 해왔다.[7] 마찬가지로 그들은 또한 빈번히 일반 식품 산업의 지지자였고, 또 그 산업에 의해 지지받아 왔다. 20세기 중반의 몇십 년 동안 자연식품에 대해 가장 많이 그리고 소리 높여 비판한 사람은 아마도 영양사 프레더릭 J. 스테어Frederick J. Stare였을 것이다. 그는 하버드대학교의 영양학과 학과장이었고 1941년에 설립된 영양재단Nutrition Foundation — 식품 생산자와 화학물질 생산자의 조직으로, 식품 관련 연구에 필요한 자금을 조달하고 그 식품을 홍보하는 일에 관여했다 — 에서 가장 눈에 띄는 대변인이었다. 4반세기 동안 스테어는 영양재단이 발간하는 ≪영양학 평론Nutrition Reviews≫의 편집장으로 일했으며, 35년 이상 동안 전국적으로 유포되는 신디케이트 신문에 칼럼을 씀으로써 보다 일반적인 독자들과도 소통했다. 스테어는 이들 기관을 이용하여 자연식품 운동과 건강식품 산업에서 발견되는 일련의 경향을 비난하고 식품 첨가물, 흰 밀가루, 농약 사용을 옹호했다.[8] 스테어는 자연식품 장을 묘사하면서 희생된 신봉자와 이윤을 추구하는 장려자 — 공중의 공포를 이용하여 공중에게 불필요한 제품을 판매하는 ― 를 서로 뚜렷하게 대비시킨다. 그는 일반 식품에 대한 방어와 자연식품에 대한 비판을 결합하여 1964년에 미국 상원의 한 위원회에서 다음과 같이 증언했다. "의학 문헌에는 어떤 사람이 농약이나 살충제 잔류물이 남아 있는 어떤 식품을 먹어서 건강을 해쳤다는 것을 보여주는 사례는 단 한 건도 존재하지 않는다. …… 따라서 살충제가 사용되지 않은 유기농 식품을 사야 한다는 말로 사람들을 겁주는 것은 그런 식품을 파는 사람들뿐이다."[9]

스테어는 정부의 규제 기관과 긴밀한 관계를 맺고 있었다. 그는 FDA와 FTC가 대안 의료행위를 한 사람들에게 제기한 소송에 자주 증인으로 나왔다. 그는 AMA를 비롯한 다른 식품 및 보건 기관들과도 협력했다. 그리고 이미 자신에게 자신의 견해를 발표할 플랫폼을 제공해준 대중 매체들과 관계를 맺어왔다. 스테어의 자연식품에 대한 공격은 자연식품에 대한 인기가 높아지면서 더욱 강해졌고, 건강식품 산업의 성원들로부터 명예훼손 혐의로 두 차례 고소당하여 광범위한 심문을 받았다. 스테어는 한 소송에서는 무죄판결을 받았고, 다른 소송은 연방법원에서 기각되었다.[10] 미국에서는 명예훼손으로 간주되는 것에 대한 기준이 상당히 높기 때문에, 이 두 소송의 결과는 놀랄 만한 일이 아니었다. 원고들이 진짜 이길 것으로 생각했는지는 실제로 의문이다. 오히려 그들이 그러한 법적 싸움에 얼마 없는 자원을 투입하기로 결정한 까닭은 스테어를 미리 제압하여 그가 건강식품 산업을 공격하지 못하게 하려는 노력이었을 가능성이 더 크다(F. Murray 1984: 180을 보라). 자연식품 장이 공중의 지지를 점점 더 많이 받고 있던 시기에, 스테어의 반대 운동은 자칫 건강식품에 대한 공중의 이미지를 해칠 뿐만 아니라 정부의 규제 당국으로 하여금 건강식품을 제한하는 입법을 추진하게 할 우려가 있었다.

AMA의 반대 운동

스테어는 수년 동안 건강식품 산업에 하나의 가시로 남아 있었다. 그러나 스테어와 그의 영양재단이 벌인 활동조차도 미국의학협회AMA가 벌인 활동들과는 비교할 수 없었다. 자연식품 운동에 반대하는 협회의 캠페인은 다른 어떤 집단의 활동보다 더 오래 지속되었고 광범위하게 조직되었다. AMA의 캠페인이 자연식품을 주변화시키는 일에 그토록 집착한 까닭은 그 일이 어떤 개인의 헌신을 훨씬 넘어서는, 의료 전문직과 그 조직체의 사업 자체에서 핵심을 차지하는 것이었기 때문이다. AMA는 1847년에 설립된 이래로 엉터리 치료라고 여겨지는 많은 다양한 의료 관행을 근절시키기로 결의해 왔다. 그러한 노력에는 1913년에 협회 내에 선전부Propaganda Department를 설치한 것이 포함되어 있었다. 선전부는 아서 J. 크램프Arthur J. Cramp 박사의 지휘 아래 건강 물질, 건강 고안품, 건강 치료법의 효능을 조사하여 그것들의 기만적 주장에 관한 보고서를 펴냈다. 부서의 명칭은 1925년에 조사국Bureau of Investigation으로 바뀌었고, 그 후 1958년에 조사부Department of Investigation로 바뀌었다. 1975년에 폐쇄될 때까지 60년 이상 동안 그 부서는 불법 활동으로 의심되는 사람들에 대한 자료를 모았고, 그 자료를 그 사람들을 믿지 않게 하는 여러 수단으로 활용했다(Halling 1947; Field 1982; Hafner, Carson and Zwicky 1992: viii~ix; Young 1967: 129~137).[11] 그 부서의 권한에는 광범위한 가짜 약, 특허 약품, 그리고 의사자격증이 없는 자칭 의사들을 단속하는 것이 포함되어 있었다.

식품은 AMA의 조사부와 다른 부서에서 상당히 주목하는 영역이었다. ≪미국의학협회지Journal of the American Medical Association≫의 모리스 피시베인Morris Fishbein 편집장은 엉터리 치료를 다룬 한 특집호에서 다음과 같이 썼다. "전 세계의 모든 사람들 중에서 미국인들 사이에 패디스트가 가장 많다. 온갖 패디스트들 가운데서 우리의 관심을 끄는 것은 푸드 패디스트들이다. 그들은 가장 괴상하고 가장 우스꽝스럽다"(Fishbein 1932: 252). 1929년에 AMA는 식품위원회Council on Foods를 구성했는데, 나중에는 식품영양위원회Council on Food and Nutrition라고 불렸다. 이 위원회는 영양에 관한 보고서를 간행하고, 식품 광고를 감시했다. 이 위원회는 사람들이 푸드 패디즘으로 간주되는 것에 빠지지 않게 하는 데 헌신했다. 위원회는 그러한 목적을 달성하기 위해 정기적으로 ≪미국의학협회지≫에 칼럼을 실었고, 때때로 특별한 교육 자료도 만들었다.[12]

1930년대에서부터 1970년대에 이르기까지 자연식품에 대해 AMA가 제기한 비판의 성격은 크게 바뀌지 않았다. AMA는 자연식품 철학의 변종들 대부분을 공개적으로 비난했지만, AMA의 진짜 분노는 건강식품 장려자들과 건강식품 개념 자체를 향해 있었다. 이 라이벌 건강관리 형태에 대한 의사들의 우려는 건강식품 산업이 영리 기업으로 구성되어 있다는 사실로 인해 더욱 악화되었고, 이는 건강식품 공급자들이 가진 동기의 순수성에 의문을 제기하게 만들었다. AMA 관계자들은 작은 가게에서 사람들이 자연식품 생활방식을 진지하게 판매하는 것을 묘사하고는, 건강식품 판매자들은 더 나은 건강을 제공한다는 솔깃한 약속으로 잘 속아 넘어가는 공중을 속여 돈벌이를 하고 있을 뿐이라고 진술했다.

물론 건강식품 장려자들이 종종 건강식품 물질을 통해 얻을 수 있는 것에 대해 상당히 과장했고 건강식품 장려자들이 내세우는 주장의 골자가 판매 촉진이었다는 것에는 이론의 여지가 없다. 이를테면 베지트레이츠의 1930년대 홍보 카탈로그는 베지트레이츠를 활용한 다양한 조리법이 소화 장애, 두통, 꽃가루병, 천식, 고혈압, 좋지 않은 안색, 생리통, 그리고 전반적인 '정신적·육체적 파탄'을 치료할 수 있다고 단언했다.[13] 20세기를 거치면서 회사들은 점점 덜 과감하게 주장했지만, 건강식품 언론 매체에 실린 광고들은 여전히 종종 제품의 우수성과 관련하여 믿기 어려운 주장을 했다. 그러한 광고들은 1959년의 슈퍼브 Superb 광고 — 알려진 대로라면, 이 제품은 "30년 된 백발 또는 희끗희끗한 머리칼을 30일 만에 원래의 색깔로 되돌려"줄 것이다[14] — 처럼 구체적인 것에서부터 같은 해 포크너스 슈퍼 올 내추럴 B-콘센트레이트Faulkner's Super All-Natural B-Concentrate 광고 — "만약 당신의 기력이 쇠하고 삶에 대한 열정이 떨어졌다면, 만약 당신이 우울하고 짜증이 나거나 집중을 할 수가 없다면, 매일의 식단에 **비타민 B 콤플렉스**Vitamin B Complex를 더해라. 당신은 그 결과에 기뻐할 것이다!"[15] — 처럼 매우 모호한 것에 이르기까지 다양했다. 그러한 주장은 분명히 과장되거나 심지어 터무니없었다. AMA는 이러한 선언들을 묵과하지 않았다. 하지만 주요 식품 회사들이 자신들의 제품에 내세운 영양 주장들에 대해 AMA가 똑같이 회의적으로 바라보지 않았다는 것을 기억할 필요가 있다. 하지만 일반 식품 회사들은 자신들의 제품을 **건강**식품이라고 부름으로써 의약품의 영역을 침범하지는 않았다.

AMA 및 그와 유사한 비판자들이 용인할 수 없었던 것은 자연식품 지지자들이 자신들의 행동을 개인적 이익을 증진시킬 뿐만 아니라 사회적 이익도 증진시키는 것으로 여김으로써 두 가지 동기, 즉 건강식품의 장점에 대한 진정한 믿음과 건강식품을 이용하여 돈을 벌려는 욕망이 하나로 결합될 수 있다는 것이었다. 건강식품 산업의 성원들과 달리 AMA는 전형적인 돈벌이꾼과 진정한 신봉자를 구별하려고 하지 않았다. 즉, 의료 관계자들이 보기에 건강식품을 판매하는 것은 본질적으로 자기 이익을 챙기기 위한 사업일 뿐이었다. 건강식품 기업들이 자연식품을 옹호하는 데에는 분명하게 금전적 이해관계가 자리하고 있기 때문에, 그 산업은 여전히 강매행위와 소비자 착취로 비난을 받을 소지가 많았다. 의사들이 환자를 치료하는 데에도 금전적 이해관계가 자리하고 있기는 하지만, 기업가라기보다는 전문가로 인정받는 그들의 지위가 의사들로 하여금 사욕이 없다고 공언할 수 있게 해주었다. AMA는 건강식품 기업가들 — 그들이 도덕적 책무를 동기로 하든 그렇지 않든 간에 — 을 무력화시키기 위해 의료 전문직의 위세뿐만 아니라 상당한 물질적 자원도 활용했다.

AMA는 많은 출처로부터 자연식품 옹호에 관한 정보를 수집했다. 관련 의사, 일반 식품 회사, 시민들이 자연식품 문헌, 강의 및 기타 행사의 선전 문구, 심지어 건강식품이나 그 라벨의 샘플까지 보냈다. AMA는 뉴스 기사를 오려내고 때로는 상업 정보 서비스를 이용했다.[16] 아마도 가장 공격적인 것은 AMA가 때때로 자체 비밀 조사관을 보낸 것이었을 것이다. 1932년에 폴 브래그가 "폴리네시아인들의 성 비밀Sex Secrets of the Polynesians"을 주제로 행한 일련의 강연에 관한 '특수 요원'의 보고서는 그 강연을 "어떠한 질문도 없는, 우리가 지금까지 영어로 들어본 것

중에서 가장 추잡하고 가장 문법에 맞지 않는 장황한" 강의라고 개탄하고, 샌프란시스코 지방 검찰청San Francisco District Attorney's Office이 브래그에게 소환장을 발부한 것에 대해 만족을 표했다.[17] 요원들은 1960년대에도 계속해서 브래그의 강연에 참석하여 브래그가 전문 의료에 대해 어떤 경멸적인 발언을 하는지에 특히 주목했다.[18] AMA의 또 다른 주요 표적은 전국건강연합이었다. 적어도 두 명의 AMA 요원이 1966년에서 1970년까지 그 조직의 회원이 되어 그 단체의 문헌을 받고 일부 모임에 참석했다.[19]

하지만 그 자료 파일들은 여전히 긁어모아 놓은 채로 있었다. 아마도 AMA가 너무 많은 수의 사람과 경향에 관심을 두었기 때문이었을 것이다. 그 자료에는 몇몇 큰 회사, 동업조직, 출판물에 관한 것은 아무것도 없었던 반면, 자연식품 장의 그리 중요하지 않은 플레이어들에 대한 세세한 사항들은 포함되어 있었다. 또한 정보가 중서부에 치중하여 수집되어 있었는데, 이는 AMA 본부가 시카고에 있었기 때문이다. AMA는 자신이 부정한 의료행위로 간주하는 것에 대한 정보센터가 되기 위해 엄청난 노력을 기울였음에도 불구하고, 자연식품 운동에 대해 매우 부분적이고 자주 부정확한 그림을 그렸고, 그 그림에 의거하여 행동했다.

AMA는 보건 전문가, 교육자, 언론인, 시민 지도자, 정부 관계자, 시민들에게 의료 종사자들 및 의료 전달자들이 적법한 사람인지를 확인하기 위해 자신에게 조언을 구할 것을 권고했다. AMA가 그러한 정보를 얼마나 열심히 제공했는지는 이를테면 매사추세츠 농업 시험장Massachusetts Agricultural Experiment Station의 한 교수가 1937년에 푸드 패드food fad에 관한 회보에 실을 건강 강사 정보를 요청하자 그 단체가 아홉

쪽에 달하는 회답을 한 것에서 알 수 있다.[20] 1950년대와 1960년대에 AMA는 의료계, 학교, 클럽 및 지역 사회 단체에 푸드 패디즘에 대한 인쇄물 형태의 자료와 식품 보충제를 강제로 판매하는 방문 판매원의 모습을 보여주는 기록물을 제공했다. AMA는 또한 푸드 패디즘을 확산시키는 강사들의 문제를 집중적으로 부각시킨 영화 ≪떠돌이 약장수The Medicine Man≫를 제작했다. AMA는 1964년에 그 영화가 1000회 이상의 텔레비전 방송을 포함하여 1만 4000회 이상 상영되었다고 자랑스럽게 보고했다.[21] 몇몇 노력은 다음 세대를 염두에 두고 구체적으로 청소년과 교사들을 지향했다. 과학과 사회 교과서는 독자들에게 AMA에 돌팔이 의사 및 그와 유사한 주제에 대한 정보를 요청할 것을 제안했다(Halling 1947: 1036). 그리고 1960년대에 AMA는 돌팔이 의료행위에 관한 내용을 가르칠 교사를 양성하는 과정에 사용할, 건강식품과 지압 치료에 초점을 맞춘 자료를 제공했다. 타코마Tacoma의 한 건강식품 업주는 그러한 프로그램을 접한 어린아이들이 자신의 가게에 잠시 들러 "사기꾼, 사기꾼"이라고 외치고 가게 창문에 침을 뱉곤 했다고 자신의 고통을 토로했다(Carpenter and Moffett 1967: 4~7).

AMA는 자신들의 입장을 알리려고 노력했을 뿐 아니라 건강식품 산업이 보다 광범한 공중에게 다가가는 것을 최소화하기 위해서도 노력했다. FDA 검사관 출신으로 1948년부터 1973년까지 AMA 조사부장을 지낸 올리버 F. 필드Oliver F. Field는 건강식품 지지자들에게 그들의 견해를 전파할 수 있는 공간을 제공하는 단체들과 특히 적극적으로 접촉했다. 이를테면 1966년에 그는 로스앤젤레스 카운티 의학협회Los Angeles County Medical Association의 사무총장에게 편지를 썼는데, 그 편지에는 시더스 오브 레바논 호스피털Cedars of Lebanon Hospital에서 열린 사진 클럽 행사에 강사 버나드 옌센Bernard Jensen이 초청되어 강연을 해왔다는 사실에 대해 자신이 느낀 놀라움과 불쾌함을 담고 있었다. 사무총장은 그 다음 주에 필드에게 답장을 써서 이 문제가 해결되었고 시더스가 더 이상 강연을 진행하지 않을 것이라는 점을 알렸다.[22] 마찬가지로 필드는 때때로 여러 신문에 연락하여, 그 신문이 건강식품 인사들과 맺고 있는 관계를 문제 삼았다. 이를테면 1963년에 그는 ≪시카고 데일리 뉴스Chicago Daily News≫ 광고 서비스 매니저에게 그 신문사가 싣고 있는 폴 브래그 강의 광고에 대해 불만을 표출하는 전화를 하고 또 편지도 썼다. 그달 초에 브래그에 관한 일단의 특집 기사를 내고 그의 강연에 대한 광고를 실었던 ≪시카고 트리뷴Chicago Tribune≫은 필드로부터 수년 동안 정부가 브래그에게 취한 조치를 상세히 설명하는 편지를 받았다. 거기에다 필드는 브래그의 세금 사기와 미성년자 유혹 혐의를 다룬 27년 전의 기사를 추가로 첨부했다. 필드는 다음과 같이 썼다. "이런 상황에서 ≪트리뷴≫은 독자들에게 브래그 씨를 홍보하는 몹쓸 짓을 하고 있는 것으로 보인다. [리포터] 브라우닝Browning 양이 시카고의 돌팔이 의사들을 폭로했을 때, 우리는 그것이 훨씬 더 큰 서비스를 제공하고 있다고 생각했다."[23]

저널리스트들의 입장은 그들이 자연식품 운동에 대한 정보를 얻기 위해 전문 의학에 얼마나 많은 의견을 구했는지에 따라 크게 달랐다. 일부 사례에서 AMA는 저널리스트들로 하여금 그 운동을 비난하는 듯한 글을 쓰게 하는 데 성공했다. 건강식품에 대한 AMA의 설명을 잘 반영하는 수많은 기사가 1970년대 초에 ≪뉴욕 타임스≫, ≪보그Vogue≫, ≪라이프Life≫와 같은 출판물에 등장했다.[24] 「이른바 건강식품이라는 것들에 관한 사실들The Facts about Those So-Called Health Foods」을 다룬 ≪굿

하우스키핑Good Housekeeping≫의 1972년 기사는 비판가들이 일반적으로 제기하는 다음과 같은 주장을 자세히 이야기했다. 건강식품은 불필요한 지출이었다, 식물들은 화학 비료와 유기 비료를 구별하지 않는다(후자는 자연식품 비판가들에 의해 유기농 지지자들이 선호하는 퇴비가 아니라 동물 비료로 정의된다), 빈약한 농작물 산출로 인한 기아와 영양실조는 화학 농약과 비료를 포기한 결과일 수 있다, 강화식품은 자연에 비해 향상된 것이다, 건강식품에 대한 믿음은 사람들이 의사들에게서 필요한 치료를 받는 것을 늦추게 할 수 있다 등등. 이 기사는 어떠한 건강식품 지지자도 실제로 승인하지 않는 **건강식품**의 정의를 이용하여 "게다가 굿하우스키핑 연구소Good Housekeeping Institute는 어떤 단일 식품도 인간이 필요로 하는 모든 영양소를 필요한 비율로 공급하지 않기 때문에 '건강식품'과 같은 것은 존재하지 않는다고 말한다"라고 결론지었다.[25]

때때로 언론의 보도는 과학적인 것보다 외설적인 것에 훨씬 더 초점을 맞추었다. 유명인과 공중 사이에서 가예로드 하우저가 누리던 인기는 그를 자주 정밀한 조사의 대상으로 만들었고, 그의 섹슈얼리티는 저널리스트들이 그의 평판을 떨어뜨릴 수 있는 수단의 하나였다. 언론이 그가 게이라고 대놓고 진술한 적은 전혀 없지만, 비판적인 기사들은 이를테면 하우저가 프레이 브라운과 주거지를 공유하는 것에 대해 논의하면서 자주 브라운이 하우저가 벌어오는 돈에 주로 관심이 있는 것처럼 묘사하는 식으로 빗대어서 말했다(Lehman 1951; Busch 1951). 한 가십 잡지는 더 노골적이었다. 1956년의 한 기사는 "게이 게이로드Gay Gaylord[원문 그대로]는 마치 개가 벼룩을 유혹하는 것처럼 부유한 여자들을 유혹한다. 눈썹 하나 까딱하지 않고 사프란 주스에서 섹스로 전환할 수 있는 능력을 지닌 이 정중하고 잘생긴 행상인의 내막을 밝힌다"라는 헤드라인과 함께 이렇게 썼다. “브라운과 하우저는 단지 사업 동료만이 아니다. 그들은 ‘건강 개혁운동’을 시작한 이후 줄곧 함께 살았다. 하우저가 가르보와 한창 불륜을 저지르고 있을 때조차 두 남자는 떨어질 수 없었고, 이는 일부 냉소자들로 하여금 하우저의 식이요법을 다소 ‘수상한 삶의 설계’라고 부르게 했다”(Mabrie 1956). 하지만 건강식품 비판가들을 위한 플랫폼을 제공하던 그 잡지는 또한 일시적 유행이라는 건강식품에 대한 자신의 평판과 상반되게 건강식품에 관한 관심이 증가하고 있다고 보고하곤 했다. 이런 식으로 매체들은 건강식품 반대 캠페인에서 신뢰할 수 없는 동맹자였다. 다른 사회적 기관들, 특히 연방정부의 기관들은 건강식품의 활동을 줄이기 위해 의료 전문직과 일관되게 협력하는 보다 충실한 반대자임이 입증되었다.

의료계·기업·국가의 동맹

보건 전문직이 자연식품 장과의 싸움을 주도했지만, 자연식품 장을 하나의 위협으로 바라보는 것은 보건 전문가들만이 아니었다. 다른 사회 부문들도 자연식품 옹호자들의 활동에 반대하기 위해 동원되곤 했다. 1970년대까지만 해도 일반 식품 산업에 종사하는 사람들 가운데에는 건강식품을 심각하게 받아들이는 사람이 거의 없었다. 그러나 그들이 항상 안주하는 것은 아니었다. 그리고 보건 전문가들은 가능하면 언제든 조직화된 기업과 이해관계를 공유할 수 있는 공통의 대의를 만들어내고자 했다. 19세기와 20세기 전반기에는 일반 식품 산업 가운데서도 특히 제분과 제빵 분야의 제조업자들은 자연식품의 옹호자들이 흰 밀가루와 합성 식품 재료를 비난하는 것에 대해 우려와 짜증을 자주 표출하고 있었다.[26] 1933년에 한 베이킹소다 제조업체 대표는 AMA 조사국에 편지를 보내 베이킹소다의 위험성에 관한 팸플릿을 배포해 온 시카고 헬스 푸드 컴퍼니Chicago Health Food Company에 대해 질문했다. 그 편지를 쓴 사람은 ≪미국의학협회지≫의 한 광고주로서 자신의 회사가 담당해 온 역할을 상기시키며, "베이킹소다에 대한 악랄한 공격에 맞서 싸우는 최선의 방법"에 대해 물었다. AMA의 아서 크램프는 팸플릿 재료가 "아주 터무니없기 때문에 매우 큰 피해를 줄 것으로 보기는 어렵다"라는 확신에 찬 답변을 했다.[27] AMA는 계속해서 상업용 발효제의 안전을 옹호했고, 1940년대에 흰 밀가루에 비타민과 미네랄이 강화되기 시작한 후에는 제빵산업과 손을 잡고 흰 빵을 지지했다(Council on Foods of the American Medical Association 1939: 377; Wilder 1956).

자연식품 장에 대항해서 AMA와 업계가 협력하여 벌인 주요 형태의 노력들은 식품 산업에서 나온 것이 아니라 전국의 거래개선협회 지부들을 통해 나왔다.[28] 거래개선협회는 지역 사업의 정당성에 대한 지부들의 견해를 빈번히 AMA에 의지했고, 다시 그러한 정보들을 지지자들에게 제공했다. 이를테면 1947년에 스포캔Spokane[미국 워싱턴주 동부에 있는 도시 _옮긴이]의 거래개선협회는 현지 신문사가 칼튼 프레데릭스의 책 광고를 싣기 전에 거래개선협회에 승인을 구하자 지침을 받기 위해 AMA에 연락했다. AMA로부터 답신을 받은 다음부터 그러한 광고에 대해서는 승인이 전혀 이루어지지 않았다.[29] 1960년대 중반경에 전국 거래개선협회는 언론 매체들이 건강식품 광고를 받지 않도록 설득하는 데 진전이 있었다고 보고했다.[30] 거래개선협회는 또한 회원 기업들이 기업 행사에 건강 강사를 위한 공간을 제공하지 않도록 독려했다.

이런 방식으로 거래개선협회는 믿을 수 있는 기성 기업들의 대변자가 되어서, 건강식품 회사를 불법적이고 대중의 의심을 받아 마땅한 것으로 규정하는 데 일조했다.

그러한 조치들은 건강식품의 주변적 지위를 강화시켰고, 자연식품 옹호자들은 그 조치들을 부당한 괴롭힘으로 경험했다. 하지만 건강식품 산업을 방해하고 의심받게 하는 훨씬 더 효과적인 방법은 국가 권력을 통하는 것이었다. AMA는 연방 정부, 주 정부, 지방 정부의 기관들과 빈번하게 교류했다. 이들 기관의 각 부서는 건강식품에 관련된 사람과 단체들을 감시하고 기소하는 일을 더 잘 조정하기 위해 정보를 공유했다. 정부의 조치는 특히 20세기 초의 몇십 년 동안에는 얼마간 식품 관련 오보나 저질 식품에 대한 우려에 기반을 두고 있었다. 하지만 건강식품 산업에 대한 정부의 단속은 시민들이 가끔 제기하는 불만을 수용하는 수준보다 훨씬 더 강력했다. 하지만 정부가 기꺼이 AMA와 협력하려 한 것을 단순히 정부가 특히 목소리가 큰 집단의 말을 들어주려 하기 때문이라고만 여겨서는 안 된다. 미셸 푸코(Michel Foucault 1990: 2153)가 주장했던 것처럼, 근대의 권력 형태는 (사형집행과 같이) 생명을 빼앗기보다는 생명을 관리함으로써 자신의 힘을 보여주며, 그러한 권력을 구성하는 핵심 요소가 바로 생물학적 과정을 규제하는 것이다. 국가는 전문 의학과 협력하여 먹기 관행과 건강 관행에서 수용할 수 있는 행동과 그렇지 않은 행동의 경계를 설정함으로써, 보다 효과적으로 생명을 관리하고 외견상 사적으로 보이는 문제와 관련된 사람들의 선택을 통제할 수 있었다.

미국에서 건강식품, 특히 영양 보충제와 관련하여 벌어진 핵심적 논쟁 중의 하나가 이 범주를 법적으로 식품으로 규정해야 하는가 아니면

약품으로 규정해야 하는가 하는 것이다. 이 결정은 건강식품에 대한 규제 방식에 중요한 함의를 지닌다. 왜냐하면 식품이라는 품목은 약품과는 달리 판매되기에 앞서 유익한 효과를 입증하지 않아도 되고, 구매 수량 또는 유통원에 대해서도 제한을 받지 않기 때문이다. 1976년에 연방 법률이 건강식품을 확실하게 식품으로 분류할 때까지 건강식품의 지위는 모호했으며, 주 법률 간에는 편차가 존재했고, 법원의 견해도 일치하지 않았다.[31] 건강식품은 1976년의 입법 이전과 입법 이후 모두 연방 수준에서 식품의약국Food and Drug Administration: FDA의 관할 아래에 있었다. FDA는 식품과 약품 모두의 안전을 보호하고, 물질에 대한 정확한 설명을 보장하며, 건강 주장이 약품에 대해서만 할 수 있는 진술의 선을 넘는지를 감시하는 권한을 가지고 있다. FDA는 빈번히 자신의 권한을 이용하여 건강식품을 공공에 대한 위협으로 낙인찍어 왔다. 그러나 1980년대까지 특정 품목의 본질적인 안전성에 대한 우려 때문에 그렇게 한 경우는 거의 없었다. 대신에 FDA의 초점은 거의 항상 부정 표시 — 즉, 제품에 대한 허위 주장이나 오해를 불러일으키는 주장 — 와 건강식품과 관련한 주장을 펼치는 사람들의 적법성에 맞추어졌다.

이러한 감시자의 자격으로 FDA는 AMA와 다방면에서 협력했다. AMA는 자주 의료 관계자들이 보기에 나쁜 행동에 관여하고 있다고 생각되는 FDA 직원, 회사 또는 자발적 결사체에 주의를 주었다. AMA는 또한 건강식품 공급자들에 대해 비슷한 불만을 가진 시민들에게 FDA에 연락할 것을 권했다. AMA와 FDA는 자신들의 공적 홍보 활동의 일환으로 공중이 건강식품을 이용하지 않게 하기 위한 교육 자료를 생산하는 데 긴밀히 협력했다. 돌팔이 의료행위에 관한 전국대회National Congress on Medical Quackery는 그들의 협업을 잘 보여주는 계획의 결과로,

이는 1961년부터 1968년까지 네 번 개최되었다. 이 행사들은 워크숍, 정부 관계자와 의료 관계자들의 대담, 그리고 돌팔이 의료행위로 여겨지는 다양한 관행에 대한 전시회로 가득 차 있었고, 건강식품이 자주 그 중심 무대에 올랐다. ≪뉴 리퍼블릭New Republic≫에 실린 한 회의적인 기사는 이렇게 보도했다. "사람들은 자신이 밀고자 훈련 캠프에 있었다는 느낌을 받으며 이틀간의 회의를 떠났다. 그곳은 사람들이 집으로 돌아가는 길에 언제든지 FDA에 수신자 부담 전화를 걸어 미국의료협회의 회원 — 모든 사람이 FBI 배지만큼이나 진정한 것으로 동의하는 하나의 신임장 — 이 아닌 의사를 밀고하도록 부추겼다"(Lideway 1963). FDA는 건강식품 산업에 대한 관심이 높아진 시기 — 이는 자주 AMA 활동이 고조되는 시기와 일치했다 — 에 그 산업에 대한 조사를 실시했다. 건강식품에 대한 경계를 강화했던 시기 동안에 FDA가 건강식품 영역에 대해 시행한 감시에는 건강식품 지지자들이 제품에 대해 법이 허용하는 선을 넘어서는 허위 주장을 할 것이라는 예상하에 그들의 말을 엿듣기 위해 비밀 조사관들을 파견하여 강사의 수업에 등록하게 하거나 외판원으로 일자리를 신청하게 하는 것이 포함되어 있었다. 그다음에 고발이 이어지곤 했다(Crawford 1951).

연방통상위원회Federal Trade Commission — 광고에서 주장하는 내용을 규제하는 권한을 가진 — 와 미국 우정공사 — 물품이나 그 홍보물들이 승인되지 않은 목적으로 우편을 통해 배포될 때 징벌적 조처를 취할 수 있는 — 를 비롯한 다른 연방 정부와 주 정부 기관들도 건강식품 산업에 대해 조치를 취했다. 정부의 조치는 종종 경고, 벌금, 집행유예의 형태를 취했지만, 그것은 때로는 어떤 회사가 문을 닫는다거나 건강식품을 제조하거나 판매하는 사람들이 감옥에 간다는 것을 의미했다. 건강식품 기업가에 대한 연방 정부의 초기 조치 중에는 1910년에 헬스 푸드 컴퍼니의 대표인 프랭크 풀러(제2장 참조)가 자신의 빵 제품인 헬스 푸드 마나나 글루틴 베스트 푸드Health Food Manana Gluten Best Food에 부정 표시를 했다는 혐의로 그를 기소한 것이 포함되어 있었다. 미국 농무부는 제품 라벨에 포함되어 있는 진술 — "환자에게서 아주 좋은 효과가 있었다" — 이 그 제품에 약효가 있다는 것을 암시했기 때문에 거짓이고 오해의 소지가 있다고 주장했다. 풀러는 유죄를 인정하여 집행유예를 선고받았다(United States Department of Agriculture 1910). 또 다른 초기 건강식품 업계 인물로, 법 집행의 빈번한 표적이 된 사람은 자연요법 의사이자 건강식품 가게 주인인 베네딕트 러스트였다. 1899년부터 러스트는 대체로 면허 없이 의료행위를 했다는 혐의로 뉴욕주 공무원들에 의해 16번, 연방 정부 당국에 의해 3번 체포되었다(Kirchfeld and Boyle 1994).[32]

면허 없이 의료행위를 하거나 의료 자격을 허위로 주장했다는 죄명은 건강식품 장려자들, 특히 강사들이 직면하는 문제 중 한 가지 유형이었다. 여러 번 법에 저촉된 브래그는 1936년에 워싱턴 DC에서 일련의 강연을 한 후 100달러의 벌금을 물었다. 당국은 브래그의 강연이 질병을 진단하고 자신의 제품을 처방한 것과 유사하다고 판단했다.[33] 하지만 보다 일반적으로는 건강식품 장려자들은 부정 표시를 했다거나 제품에 관해 사기 주장을 했다는 혐의로 소환되었다. 1950년대 후반에서 1960년대 초 사이에 FDA는 부정 표시를 했다는 이유로 200번 이상의 조치를 취했다(Herbert and Barrett 1981: 92~93). 그러한 조치들은 저명하고 존경받는 건강식품 업계 인사들과 눈앞의 이익만 챙기는 기업가들을 똑같이 덫에 걸려들게 했다.

그 사람들은 자신들이 기소된 행위의 죄를 지었는가? 의심할 여지없이 그들은 때로는 그렇게 했다. 하지만 다른 경우에는 사람들은 다소 적용 범위가 넓은 정의 — 이를테면 "면허 없이 의료행위를 하는 것"과 같은 — 에 대해 이의를 제기할 수도 있었다. 왜냐하면 그 기소는 군중에게 한 강연을 건강 진단과 동등한 것으로 단정한 채 이루어졌기 때문이다. 하지만 여기서 내가 지적하고자 하는 것은 건강식품 사업가들의 사업적 거래가 도덕적이었다는 것이 아니다. 왜냐하면 그렇게 하지 않는 사람이 분명 많았기 때문이다. 오히려 건강식품 장려자들이 제품과 서비스의 장점을 크게 과장하는 것과 같은 행동 — 상업에서 통상적인 마케팅 관행으로 흔히 받아들여지는 — 을 하기 위해 선발되었다는 것을 인식하는 것이 중요하다. 법조문을 일반 식품 사업보다 건강식품 사업에 훨씬 더 불공평하게 선택적으로 적용하여 집행한 것은 자연식품 옹호자들로 하여금 자신들을 악의적으로 괴롭힌다고 인식하게 만듦으로써 그들 사이에 연대감과 헌신을 창출했다.

위험한 책들

연방 정부가 건강식품 산업 및 그와 연관된 자연식품 운동을 잠재우기 위해 취한 가장 놀라운 조치는 핵심적인 커뮤니케이션 채널을 폐쇄하려는 시도와 함께 나왔던 것으로 보인다. 건강식품 비판자들에게 그다지 협력적이지 않았던 기관 중 하나가 연방통신위원회Federal Communications Commission: FCC였다. 1961년에 AMA와 하버드대학교 영양사 프레더릭 스테어는 FCC에 '무자격' 영양사들이 진행하는 라디오 방송에 대해 조치를 취할 것을 촉구했다. 이 제안은 어쩌면 그러한 방송을 허용한 60개 라디오 방송국의 면허를 취소시킬 수도 있었다. 스테어와 AMA는 특히 건강식품 강사이자 저술자인 칼튼 프레데릭스를 표적으로 하고 있었는데, 그는 전국에서 매일 청취하는 라디오 프로그램을 진행하고 있었다. 이런 경우 FCC는 올바른 영양 자문의 조정자가 되기를 정중히 사양했지만, 사기가 발생했다고 판단될 경우에는 개입할 수 있는 권한을 가지고 있었다.[34] 몇 년 후 스테어는 FCC가 '사기'를 느슨하게 단속한다고 다시 불평했다. 왜냐하면 FCC가 프레데릭스와 텔레비전 운동 프로그램 진행자 잭 라랜이 방송을 계속하는 것을 허용했기 때문이다.[35]

이와는 대조적으로 정부 기관들은 인쇄물을 찾는 데에는 더 적극적이었다. 제4장에서 논했듯이, 책은 20세기 중반에 자연식품 철학을 전파하는 데서 중요한 역할을 했다. 텔레비전에 출연하는 건강식품 옹호자들이 아주 빈번히 익살꾼으로 캐스팅된 반면, 책 저자들과 그들에게 공감하는 출판사들은 독자들이 수용하는 메시지에 대해 더 큰 통제권을 행사할 수 있었기 때문에 책은 그 시기에 텔레비전보다 자연식품의 대의를 훨씬 더 잘 전달했다. 수정헌법 제1조의 강력한 보호 전통과 상대적으로 약한 명예훼손 법으로 인해 미국에서 일반적으로 저술가들 — 특히 성적인 내용을 피하는 저술가들 — 은 외부의 간섭을 크게 받지 않고 자신의 견해를 인쇄물로 표현할 수 있었다.[36] 그럼에도 불구하고 프레데릭 스테어와 같은 사람들은 의회가 건강식품 서적을 금지하는 법을 제정할 수 있는 방법을 검토할 것을 제안하기도 했다.[37] 비록 입법자들이 사전 억제라는 법적 지뢰밭에 발을 들여놓는 데 동의하지 않았지만, 연방 정부는 자연식품 서적을 주로 실제 건강식품의 확장물로 재정의함으로써 규제하고자 했다. 1950년대와 1960년대에 FDA와 FTC는 다양한 건강식품 물질에 대한 언급을 특정 건강식품에 대한 표시 또는 광고라고 주장함으로써 자연식품에 관한 책자, 그 출판업자, 그리고 그 출판물들을 판매한 건강식품 상점과 유통업자들을 표적으로 삼아 단속했다.

이 캠페인의 발단이 된 것이 바로 코르델 사건이었다. 레로드 코르델은 20세기 중반에 활동한 보다 저명한 강사이자 저자 중 한 사람이었다. 다른 건강식품 장려자들처럼 그는 자신의 이름을 붙인 일단의 브랜드 제품을 판매했다. 1945년에 연방 정부는 코르델에게 자신의 제품을 약품으로 잘못 표시한 혐의로 기소하여 4000달러의 벌금을 부과했다. 코르델은 주 전역의 판매상들에게 자신의 비타민·미네랄·약초 보충제를 발송하면서 관절염과 다른 건강 주제에 대한 팸플릿과 광고 전단 — 이들 보충제를 논의하는 — 도 함께 발송했다. 그 인쇄물 각각에는 그 인쇄물의 가격이 찍혀 있었지만, 어떤 상인들은 팸플릿을 따로 판매한 반면 어떤 상인들은 보충제를 판매하면서 인쇄물을 끼워주었다. 잇따른 법적 사건의 핵심은 인쇄물 — 때때로 보충제와 같은 용기에 담겨 판매상들에게 발송되었지만, 대개는 그렇지 않은 — 이 코르델 보충제와 '함께 제공'되었는지에 달려 있었다. 정부의 입장을 지지하는 1948년 미국 대법원 판결에서 윌리엄 O. 더글러스William O. Douglas 판사는 다음과 같이 기술했다. "이 사건에서 약물과 인쇄물은 공통의 기원과 공통의 목적지를 가지고 있었다. 그 인쇄물은 그 약제의 판매에 사용되었다. 인쇄물은 그 약제의 용도를 설명했다. 구매자는 그 약제를 사용하는 방법에 대해 조언을 받을 다른 곳이 없었다. 인쇄물은 그 포장물에 부착된 라벨에 필수적인 보충물이었다. …… 모든 분류 표시는 어떤 의미에서는 광고이다. 우리가 여기서 가지고 있는 광고는 그 광고가 기사에 실려 있든, 용기에 적혀 있든, 포장지에 적혀 있든 간에 동일한 기능을 수행한다."[38] 이 사건의 판결은 후일 정부 기관과 법원이 자연식품 문헌과 특정 건강식품 기사를 연결짓는 것이 합법적임을 뒷받침하는 데 사용되는 선례의 하나가 되었다.

코르델 사건이 처리된 이후, FDA와 FTC는 몇몇 다른 유명 건강식품 저작의 저자들을 추적했고, 분류 표시와 소책자 간의 연관성에서 분류 표시와 공식적으로 출판된 책 간의 연관성으로 이동했다. FDA는 1951년에 뉴욕 로체스터의 한 건강식품 가게에서 플랜테이션 블랙스트랩 몰라시스Plantation Blackstrap Molasses 120병, 가예로드 하우저의 베스트셀러 『더 젊게 보이고 더 오래 살기』 25부, 『미가공 폐당밀Crude Blackstrap Molasses』이라는 시릴 스콧Cyril Scott의 소책자 26부를 압수했다. 플랜테이션 몰라시스의 제조사인 앨리드 몰라시스 코Allied Molasses Co.는 "가예로드 하우저가 추천하고 보증했다"라는 문구와 함께 라벨에 하우저의 사진을 사용하기로 하우저와 합의했다. 로체스터 네이처 푸드 센터Rochester Nature Food Centres 상점에 당밀과 이 책이 함께 전시되자, 정부는 이 책들이 당밀의 라벨 역할을 했다고 말했다. 그리고 하우저가 책에서 폐당밀의 이점을 극찬했다는 이유로(특정 브랜드를 전혀 언급하지는 않았지만), FDA는 그를 부정 표시로 고발했다.[39] 그 후 『더 젊게 보이고 더 오래 살기』의 출판사인 파라, 스트라우스 앤 영Farrar, Straus & Young은 건강식품 가게에 『더 젊게 보이고 더 오래 살기』에 언급된 식품을 판매할 때 어떤 식으로든 그 책을 언급하지 말 것을 권고했다.[40]

1950년대와 1960년대에 건강식품 소매상들은 FDA 검사관들이 자신의 가게에 들어와서 인쇄물과 제품 라벨을 검사했다고 보고했다.[41] FDA가 건강식품 서적을 분류 표시 위반으로 간주하여 취한 조치 중에는 1961년에 일리노이주 바르나에 있는 건강식품 가게에서 칼튼 프레더릭스의 저서 『생으로 먹고 즐기기Eat Live and Be Merry』와 함께 보충제를 압수한 일과 1962년에 허먼 톨러Herman Taller의 베스트셀러 『칼로리는 중요하지 않다Calories Don't Count』 1600부와 함께 5만 8000개의 홍화유 정제를 압수한 일이 있다.[42] 코르델은 1961년에 FDA로부터 또 다른 두 번의 조치를 받았다. 첫 번째에는 FDA로부터 디트로이트 소매점에서 꿀에 관한 소책자 및 리플릿과 함께 꿀 198병을 압수당했고,[43] 두 번째에는 코르델이 일련의 강연에서 자신의 책과 식품을 판매한 후에 기소되었다. 코르델은 후자의 사건으로 벌금 1만 달러를 선고받고 1년간 복역했다.[44]

FDA가 분류 표시에 해당하는 것으로 보이는 책들에 초점을 맞춘 반면, FTC는 광고 형태에 해당하는 책들을 추적했다. 이는 실제로 이중 전략이었는데, FTC는 주로 책이 건강식품 품목에 대한 광고 역할을 추가적으로 하고 있는지를 판단하기 위해 책을 홍보하는 마케팅 자료의 내용을 면밀하게 조사했고, 그다음으로는 실제 책의 내용이 건강식품 광고에 해당하는지를 검토했다. FTC가 일반적으로 책을 통해 생각을 표현하는 것을 금지할 권한을 갖고 있지는 않았지만, FTC는 책 형태의 홍보물들까지 책 자체와 동일한 보호를 받는 것은 아니라고 주장했다. FTC는 적어도 1957년부터 자연식품 서적 광고에 나타나는 허위 주장들에 대해 고소를 제기하기 시작했다.[45] 하지만 그러한 조치의 대부분은 1960년대 초에 이루어졌다. 이를테면 1963년에 FTC는 FDA가 1년 전에 표적으로 삼았던 것과 동일한 책인 『칼로리는 중요하지 않다』를 고발했다. FTC는 사이먼 앤 슈스터Simon & Schuster가 발간한 그 책이 홍화유 캡슐 광고로 사용되었으며 그 책의 홍보 내용이 허위 의료 주장을 하고 있다고 말했다.[46] 같은 달에 FTC는 출판사 파라, 스트라우스 앤 영과 두 출판사의 광고 대행사가 하우저 책 『거울, 벽에 걸린 거울』을 광고하면서 건강에 대한 거짓 주장이자 현혹적이며 오해의 소지가 있는 주장을 했다는 혐의로 그 회사들을 기소했다. 그 고소장에는 광고 자체와 책 표지 카피 모두를 감정한 내용이 포함되어 있었다.[47] 이와 유사하게 FTC는 1964년에 제롬 어빙 로데일의 저서 『헬스 파인더The Health Finder』의 광고 브로셔에 대해 이 브로셔가 근거 없는 건강 주장을 했다는 이유로 광고 중지 명령을 내렸다(Kilpatrick 1965: 1967). 그 시대에 가장 많이 팔린 자연식품 서적들 일부에 대한 이러한 소송이 있은 후, 출판사들은 자연식품 서적들의 출판을 완전히 중단하지는 않았지만, 광고에서 그 서적들에 대해 보다 신중하게 언급했다.

FDA와 FTC가 취한 이러한 조치들 모두는 자연식품 운동으로 하여금 크게 경악하게 했지만 공중의 관심을 그리 받지는 못했다. 그 이유는 아마도 표적이 된 책 중 많은 책의 뒤에 주류 출판사들이 있기는 했지만, 정부가 단속한 것은 일반 서점이 아니라 그리 존중받지 못하는 건강식품 가게들이었기 때문일 것이다. 정부 기관들은 자신들의 조치를 통해 자신들이 건강식품 산업에 대해 반대한다는 것뿐만 아니라 건강식품에 대한 철학적인 관념들과 그 관념들을 물질적 형태로 구현한 섭취할 수 있는 상품들은 당연히 분리될 수 없는 것으로 생각한다는 것도 보여주었다. 이렇듯 인쇄물과 식품을 연결시키는 것은 건강식품 판매를 방해하는 동시에 건강식품 옹호자들로 하여금 자연식품의 이상을 널리 알리지 못하게 하는 방법이었다.

문헌들을 압수하는 문제는 1964년 말에 판결이 내려진 또 다른 법정 소송으로 마침내 정점에 달했다. 이 사건에서는 D. C. 자비스의 『민간

요법』과 『관절염과 민간요법Arthritis and Folk Medicine』이라는 제목의 인기 있는 두 권의 책이 사과 식초 — 이 두 책에서 제조업체가 언급된 꿀 제품이다 — 와 함께 뉴욕 건강식품 도매점 밸런스드 푸드에서 압수되었다. 밸런스드 푸드는 이 사건에 대한 첫 재판에서 맞서 싸웠고, 미국 순회 항소 법원은 도매업자에게 유리한 판결을 내렸다. 다수의 의견을 낸 에드워드 럼바드J. Edward Lumbard 판사는 그 책들과 식품들이 공동으로 홍보되었다는 증거가 전혀 없다고 말했다. 게다가 수정헌법 제1조의 보호 조항에 대해서 언급하지는 않았지만, 판사는 FDA가 문자 언어를 감시할 수 있는 능력에 대해 선을 그었다. 그는 이렇게 적었다. "[자비스의] 주장이 오해의 소지가 있다는 데에는 논쟁의 여지가 없지만, '연방식품·의약품·화장품법Federal Food, Drug and Cosmetic Act'은 일반적으로 오해의 소지가 있는 주장을 다루기 위해 만들어진 것이 아니었다. 우리 견해로는, '식품·의약품법'은 제품의 판매와 직접적으로 관련된 경우에만 그러한 주장을 다루기 위한 것이었다."[48] 이 판결 이후 FDA는 자연식품 서적들에 반대하는 캠페인에서 물러섰다. 문헌은 여전히 때때로 가게에서 압수되었지만, 오직 그 문헌이 식품 품목에 바로 인접해 놓여 있을 때만 그랬다. 실제로 건강식품 가게들은 책을 비치하기 위한 별도의 구역을 만드는 경향이 있었다. 이런 식으로 건강식품 소매상들은 식품의 공급자와 철학의 공급자 간의 경계를 넘나들 수 있었다.

운동을 조직화하다

1960년대 후반경에 자연식품 서적 판매권이 더욱 확고해지자, 정부는 사업 운영을 막기 위해 다른 장벽들을 계속해서 세웠다. 1960년대와 1970년대에는 지역 공무원들이 공중위생법, 구역 제한, 건축 법규를 이용하여 건강식품 가게를 괴롭혔는데, 이 가게 중 일부는 신선식품이나 섬유질 식품을 판매하고자 할 때 방해받았다(Roth 1977: 60). 그러나 더 큰 위협은 건강식품 산업 재정의 중심축을 이루는 보충제 판매를 억제하기 위한 정책이 제안되면서 제기되었다. 그 정책들에는 1966년에 FDA가 제안한 것들이 포함되었는데, 그 제안은 무엇보다도 보충제의 최소 효능과 최대 효능 — 효능은 일반적으로 보충제마다 크게 다르다 — 을 제시할 것과 보충제를 일상적으로 사용해야 하는 과학적 근거는 전혀 없다는 내용을 라벨에 공지할 것을 요구했다.[49] 이러한 규정 및 여타 제안된 규정들은 의회 청문회와 법원에 수년간 묶여 있었다. 아마도 가장 논란이 된 제안은 1973년에 FDA가 비타민 A와 D를 다량 복용할 경우 의사의 처방을 요구한 것이었을 것이다. 이 경우에 **다량 복용**은 FDA의 일일 권장량의 150% 이상으로 정의되었으며, 거기에는 건강식품 가게에서 판매되는 비타민 A와 D의 상당 부분이 포함될 것으로 추정되었다(Schmeck 1973; Bentsen 1973). 하지만 그 시기에 건강식품 산업과 그 동맹자들은 이 제한 조치에 맞서기 위해 시민들을 대거 동원했다.

20세기 전반기 동안에는 개별 자연식품 지지자들이 당국에 대항하기는 했지만, 정부의 조치에 반대하는 조직화된 집합적 노력은 흔치 않았다. 건강식품 산업 지도자들이 가장 많은 신경을 쓰고 있던 것은 정당성의 획득이었으며, 특히 공중의 지원이 그리 많지 않은 상황에서 정부와의 대립은 건강식품의 주변적 지위만을 부각시킬 가능성이 컸다. 트러블을 피하고 싶은 욕망은 왜 업계 일각에서 자신들의 사업을 묘사하기 위해 **건강식품**이라는 용어보다 **식이요법 식품**이라는 다소 모호한 용어를 사용했는지, 마찬가지로 왜 주요 동업조합인 전국건강식품협회가 1943년에 전국식이요법식품협회National Dietary Foods Association: NDFA로 이름을 바꾸었는지를 설명하는 데 도움을 준다(〈그림 5〉 참조). 그러나 1950년대경에 건강식품에 대한 공중의 관심이 높아지면서, NDFA와 지역 협회들은 더 적극적으로 반격에 나섰다. NDFA의 후원하에서 업계는 1955년에 홍보, 교육, 법률, 입법, 로비를 위한 프로그램들을 구축했다. 처음에는 주로 홍보에 초점을 맞췄지만, 1959년에 밀턴 배스Milton Bass 변호사를 법률 고문으로 고용하면서 보다 전투적인 단계가 예고되었다(Bernardini 1976; F. Murray 1984: 201~206). 수십 년 동안 배스는 업계와 정부의 싸움과 관련된 소송 대부분에서 수석 변호사로 활동했다. 그 후 동업조합 명칭을 계속 바꾼 것도 업계로 하여금 자신감을 가지게 했다. 전국식이요법식품협회는 1970년에 전국영양식품협회National Nutritional Foods Association로 이름이 바뀌었고, 2009년에는 천연제품협회Natural Products Association가 되었다.

건강식품 산업 동업조합들은 자신들과 동맹을 맺은 시민 옹호 단체인 전국건강연합과 함께 1960년대와 1970년대에 보충제 제한에 반대하는 캠페인을 선도했다. 이들 단체의 활동에는 의회 앞에서 증언하기, 로비하기, 그리고 소송 제기하기가 포함되어 있었는데, 이 모든 전형적인 활동은 민간 이익집단들이 실행하는 것들이었다. 그러나 이들 단체는 또한 그 운동의 아웃사이더 지위에 대해 말하는 활동도 했다. 1963년에 AMA와 FDA가 돌팔이 의료행위에 관한 전국대회를 개최하자 전국건강연합은 이 돌팔이 의사 행사에서 불과 2마일 떨어진 곳에서 보건독점에 관한 전국대회National Congress on Health Monopoly를 열었다.[50] 그리고 건강식품 소매상, 제조업자, 도매상들로 구성된 한 단체

〈그림 5〉 1956년 캘리포니아주 패서디나에서 열린 전국식이요법식품협회 대회의 연회.
자료: 로스앤젤레스의 위버 포토(Weaver Photo)가 찍은 사진. 저자의 개인 소장품.

는 기업인들도 거리시위에 참여하고 있다는 것을 보여주기 위해 1975년에 워싱턴 DC의 주의회 의사당 건물로 행진했다(F. Murray 1984: 126~127). 그러나 공공 정책에 영향을 미치는 데서 가장 결정적이었던 것은 건강식품 옹호자들이 제한 규정에 반대하는 데 시민들을 성공적으로 동원했다는 것이었다.

소매업자들은 고객들에게 정부 당국자들에게 편지를 쓸 것을 독려했고, 전국건강연합은 지지자들에게 정부 당국에 보낼 엽서를 배포했다. 전국의 동업조합들은 라디오와 텔레비전에 대변인들이 출연할 수 있도록 주선했고, 그 대변인들은 자신들의 원망을 입법자들에게 알려줄 것을 가장 헌신적인 건강식품 이용자들뿐만 아니라 일반 소비자들에게도 요청했다(F. Murray 1984: 133). 이러한 캠페인 내내 옹호자들은 건강과 식생활 문제가 선택의 자유에 해당하는 문제라는 점을 강조했다. 1966년에 FDA가 비타민의 최대 효능을 제한하는 규정을 발표한 후 전국식이요법식품협회는 ≪워싱턴포스트≫에 한 건강식품 가게의 주인과 고객들 간의 가상 대화를 묘사한 효과적인 광고를 냈다. 그 광고에서 한 고객은 "이게 소비자 보호라면, 나는 그런 것 없이도 잘 지낼 수 있어!"라고 말한다. 가게 주인이 "FDA는 비타민의 일상적 사용에 대해 아무런 과학적 근거가 없다고 주장해요. 그들은 비타민이 필요 없다고 말해요"라고 말하자, 광고 속의 또 다른 고객은 "내가 무엇을 필요로 한다는 과학적 증거를 정부에 제출해야 한다고? 그냥 **원하면** 안 돼?"라고 답한다(강조는 원저자).[51] 이 광고는 20세기에 발전한 자연식품 정치의 핵심을 말해준다. 문제는 자연식품 — 특히 건강식품 — 의 판매와 소비의 조건이었다. 옹호자들은 국가와 과학 엘리트들에게는 개인에게 건강관리의 효능에 관한 자신들의 기준을 강요하거나 생산자와 소비자 간의 상호 바람직한 관계에 개입할 권리가 없다고 주장했다.

이러한 캠페인은 소비자들이 자신들의 식생활 선택에 정부가 간섭하는 것에 대해 반발하게 하는 데 매우 효과적이었다. FDA는 보충제 사용에 대해 규제를 강화하려는 시도에 항의하는 편지와 탄원서가 계속해서 쇄도하고 있다고 자주 보고했다.[52] 의회 대표자들도 비슷한 일을 겪었다. 1973년에 다량의 비타민 복용을 의사의 처방을 받아야 하는 약품으로 분류하자는 제안을 한 후, 의회 의원들은 이 문제와 관련하여 약 100만 통의 편지를 받았다(Lyons 1973; F. Murray 1984: 134). 규제에 반대하는 이 모든 노력은 마침내 성공을 거두었다. 1976년에 보건 연구 및 보건 서비스 개정안Health Research and Health Services Amendments이 법률로 제정된 것이다. 이 법안에 포함된 비타민과 미네랄 조항으로 인해 보충제가 자유롭게 판매될 수 있게 되었고, 비타민과 미네랄은 식품으로서의 법적 지위를 부여받았다.[53]

건강식품 산업이 보충제 판매에 대한 통제권을 자신이 가지고자 하는 과정에서 소비자의 지원을 얻어낼 수 있었다는 것은 기업들이 지지자들을 동원하여 공공 정책에 영향을 줄 수 있다는 것을 보여준다. 그러나 이것이 민간 기업이 시민 옹호 단체와 동일한 방식으로 행위한다고 말하는 것은 아니다. 대의에 대한 헌신으로 정의되는 시민 옹호 단체들은 자주 드러내놓고 목표를 천명하고, 그 목표를 의심하는 사람들을 해고하고, 적을 비난한다. 대담한 제스처와 열정적인 수사는 지지자들을 고무시키고 반대자들로 하여금 그러한 노력에 주목하게 할 수 있다. 이와 대조적으로 고객, 공급자, 규제 기관과 관계를 유지해야 하는 기업들은 이견을 표현하는 것이 파트너들과 불화를 일으킬 수 있기 때문에 다른 의견을 드러내는 데 보다 신중을 기하는 경향이 있다. 이

것이 사회운동에서 기업 참가자들의 급진주의를 제한할 수도 있지만, 바로 이 같은 경향이 업계로 하여금 시민단체에 비해 옹호 노력에 더 지속적으로 참여하는 것이 가능하게 해줄 수도 있다. 오늘날 건강식품 산업의 주요 시민단체 동맹자 중 하나인 전국건강연합이 수행한 역할은 사회운동 활동에서 민간 기업과 자발적 결사체 간의 이러한 차이 중 일부를 잘 드러내 보여준다.

전국건강연합은 1955년 프레드 J. 하트Fred J. Hart에 의해 설립되었는데, 하트는 이전에 전기 치유 장치를 제조하는 활동을 하여 FDA와 트러블을 일으킨 적이 있었다. 전국건강연합은 시민이 자신의 건강관리 형태를 스스로 선택할 수 있는 권리를 보호하는 것을 목표로 하는 '건강 자유' 단체로 결성되었다. 이 단체는 AMA에 대해 직설적으로 비판하면서, 전문 협회가 정부 기관에 '전횡적 영향력'을 행사하고 있으며 기존 의학의 지도 원리에 대한 논쟁을 가로막고 있다고 비난했다(C. Pratt 1966). 전국건강연합은 미국에서 생긴 그러한 종류의 조직 중 최초의 조직은 아니었다. 이미 1910년대에 미국의료자유연맹American Medical Liberty League과 전국의료자유연맹National League for Medical Freedom이 건강 문제에 대한 정부의 개입을 반대하고 기존 의학 이외의 건강 철학을 지원하기 위해 결성되었다(Petrina 2008). 하지만 이전의 건강 자유 단체들은 수명이 짧았고, 전국건강연합이 받았던 것과 같은 종류의 공중의 지지를 얻지 못했다. 1971년 말까지 전국건강연합은 대략 4만 9000명의 회원과 13명의 직원을 보유하고 있었다(Crecelius 1972).

전국건강연합은 수돗물 불소첨가 반대, 의무 예방접종 반대, 비정통적 암치료의 지원 — 이는 지배적인 과학적 지혜와 상당한 거리가 있는 입장들이다 — 을 포함하여 건강 어젠다와 관련한 많은 문제를 제기했다. 문화적 주변 집단이라는 평판에도 불구하고, 그 조직이 초기부터 내세운 중심 목표 중 하나가 건강식품 산업을 옹호하는 것이었다. 실제로 전국건강연합과 건강식품 산업 간에는 밀접한 관계가 있었다. 전국건강연합의 임원 중 몇 명은 직접 건강식품 사업을 하고 있었는데, 이를테면 커트 돈스바흐Kurt Donsbach는 남부 캘리포니아에서 건강식품 가게를 운영했고, 로얄 리Royal Lee는 비타민 제조자이자 널리 배포된 수많은 자연식품 팸플릿의 저자였다. 그 단체의 장기 회원과 재정 후원자 중에는 제조업자, 도매업자, 소매업자, 잡지 출판업자를 포함하여 업계의 많은 저명한 개인과 기업들이 포함되어 있었다.[54]

하지만 건강식품 산업과 전국건강연합의 긴밀한 협력은 그 집단이 전국적으로 가시화되면서 결국 끝이 났다. 전국건강연합은 설립되고 나서부터 1970년대 중반에 이르기까지 약 20년 동안 입법에서 성공을 거두도록 도움을 주는 데서, 그리고 자연식품 운동의 영향력을 보여주는 데서 매우 효력을 발휘했다. 그러나 1980년에 조직 지도자들 사이에서 자금의 잘못된 관리와 관련한 소송을 둘러싸고 분열이 발생하면서 조직이 크게 약화되었다.[55] 전국건강연합 이전의 다른 자연식품 시민 옹호 단체들에서와 마찬가지로, 강한 퍼스낼리티를 지닌 지도자들은 불화의 불씨가 되었고, 내분 기간은 그 조직을 매우 편협하게 만들었다. 아래의 장들에서 논의하듯이, 비록 그 산업의 동업조합들 또한 갈등의 시기를 겪었지만, 사업을 하기 위해서는 산업 구성원들이 이데올로기적·개인적 차이를 제쳐둘 필요가 있다는 사실이 관계를 유지하고 건강식품 산업이 계속해서 자연식품 운동에서 하나의 세력으로 남아 있게 하는 데 도움을 주었다.

자유지상주의적 정치

전국건강연합이 중요한 것은 정치적 영향력을 행사했기 때문만이 아니다. 더 나아가 이 단체 및 이 단체가 옹호한 각종 이슈는 자연식품 운동 정치의 다소 특이한 경향을 잘 보여준다. 자연식품을 지지하는 사람들이 정치적 스펙트럼의 왼쪽을 차지하고 있다는 오늘날의 가정에도 불구하고, 자연식품 운동은 실제로 자연식품 정치를 좌 또는 우로 특징짓고자 하는 그 어떤 단순한 시도도 옳지 않다는 것을 보여준다. 오히려 그 운동에서 가장 널리 공유되어 있는 정치적 조류는 자유지상주의적인 것이었으며, 좌파적 변종과 우파적 변종 모두가 관찰되었다. 기성 당국으로부터 가해지는 너무나도 많은 억압에 직면하여 자연식품 운동은 개인이 의학적 의견이나 국가의 온정주의를 지배하는 견해에 예속되지 않고 자신의 건강 관행을 스스로 결정할 권리를 발전시키는 일에 깊이 헌신했다. 이러한 자유지상주의적 철학은 전국건강연합과 같은 단체가 어떻게 반문화적인 자연식품 운동을 지지할 수 있었는지, 그리고 수돗물 불소첨가와 공산주의를 동일시하는 것과 같은 입장에 대해 어떻게 공감을 나타낼 수 있었는지를 이해할 수 있게 해준다.[56]

통상적으로는 정치적으로 앙숙관계일 수 있는 사람들이 자연식품 운동에서는 실제로 자신들이 뜻밖의 동지라는 사실을 발견하기도 했다. 이 운동은 앞서 논의했던 인물들인 보르소디, 니어링 부부, 로데일처럼 좌파적 입장에서 일반 농식품 세력을 공격해 온 전통을 가지고 있었다. 그러나 거기에는 자유기업에 대한 사회주의적 침해를 두려워하는 우파의 사람들도 있었다. 이를테면 자연식품 옹호자인 하워드 인치스Howard Inches는 공산주의자들이 식품 개혁 운동에 잠입하여 발판을 마련하기 위해 애쓰고 있다고 경고했는가 하면, ≪아메리칸 오피니언 American Opinion≫을 간행하는 존버치협회John Birch Society[미국의 반공 극우 단체 _옮긴이]는 비타민을 통제하려는 FDA의 '빅 브라더'적 시도에 대해 장황하게 비난했다(〈그림 6〉 참조).[57] 자연식품 운동이 정치적 권리에 대해 갖는 의미는 아마도 수십 년 동안 의회에서 건강식품 산업을 가장 강력하게 지지한 사람이 (건강식품 기업이 많은 주인) 유타주의 공화당 상원의원 오린 해치Orrin Hatch였다는 사실에서 가장 잘 예증될 것이다.

자연식품 운동에 참여하는 다양한 분파들이 계속해서 공유하고 있던 것이 바로 개인들이 자신의 몸을 다루고 자신의 웰빙을 평가하는 방식을 결정하는 데에 국가와 보건 부문이 온정주의적으로 개입하려는 것에 대한 반감이었다. 20세기 중반에 좌파와 우파는 하나로 결합하여 고압적인 규제를 거부했고, 또한 대안적인 건강 치료제를 공급하는 기업인들을 지원함으로써 사람들이 계속해서 건강식품을 이용할 수 있게 했다. 따라서 자연식품 운동이 국가에 대해 제기했던 주요한 요구, 이를테면 살충제 제거와 같은 자연식품의 목표가 공공 정책을 통해 실행되게 하고자 하는 노력은 그다지 이루어지지 않았다. 그 결과 건강식품 산업의 이익이 자연식품 운동 그 자체와 그 목표를 정의하는 데서 중심적인 것이 되었다. 그리하여 사업에 대한 제한을 반대하고 건강식품 가게를 후원하고 건강식품들을 소비하는 것이 자연식품 정체성을 표현하는 핵심적인 수단이 되었다. 건강식품 산업은 이러한 방식으로 경제적·도덕적 지원을 받아 자연식품 운동에서 자신의 리더십을 확장하고 유지할 수 있었다.

건강식품 산업이 비타민을 판매할 권리를 확보하는 것과 동시에 자연식품 신봉자의 수가 증가하고 다양해졌다. 환경주의와 반문화가 급

〈그림 6〉 존버치협회의 계열사인 아메리칸 오피니언이 1973년 발간한 소책자의 앞면 표지. 비타민 판매를 제한하려는 FDA의 제안에 대항하는 것은 통상적으로 정치적 알력관계에 있는 집단들을 협력자로 만들었다.
자료: The John Birch Society, JBS.org.의 허가를 받아 실었다.

격히 확산되면서, 자연식품을 접한 젊은이와 건강한 사람들이 종래의 핵심적 지지자들 — 노인과 환자 — 에 합류했다. 1960년대 후반경에 이르러서는 사회에서 식품이 생산되고 판매되고 소비되는 방식에 대한 보다 급진적인 비판들이 광범위하게 이루어질 수 있었고, 자연식품의 생산과 유통에서도 새로운 형태의 혁신이 이루어졌다. 비타민 싸움에서 승리한 이후에도 건강식품과 FDA 및 의료 당국 간의 싸움은 계속되었다. 그리고 FDA와 의료 당국은 자연식품 라이프 스타일을 수용하는 데서 여전히 공중의 관심을 따라가지 못했다. 그러나 1980년대에 정부의 법 집행이 달라지면서 자연식품 운동은 10년 전과는 크게 달라졌다. 지난 10년간 이루어진 다양화와 급진화는 역설적이게도 자연식품이 주류에 더 가까이 다가가는 데 도움을 주었다.

제6장

스타일

자연식품 고객 찾기

엄청난 규모, 번쩍거리는 내부 설비, 식견 있는 미식가의 마음을 끄는 매우 다양한 종류의 신선식품과 포장 식품, 제품이 지역사회와 환경에 미치는 영향에 대한 진지한 설명, 그리고 적어도 일부 품목에서의 프리미엄 가격 — 이것들만큼 현대 자연식품의 장과 홀푸드 마켓의 이미지를 잘 포착해 주는 것은 없다. 하지만 현재 자연식품 산업의 지배적인 회사 중 하나인 홀푸드의 시설은 종래의 건강식품 가게들과는 그 스타일 면에서 전혀 다르다. 작고 어수선하고 우중충한 공간, 오래되어 보이는 빈약한 각종 제품, 나이 들고 병든 고객을 겨냥한 진열품, 그리고 **건강식품**이라는 용어 자체는 이제 옛이야기이다. 홀푸드의 외관, 판매물품, 서비스, 고객, 그리고 심지어는 그 이름까지도 건강식품 사업에서뿐만 아니라 자연식품에 부여된 문화적 의미와 지위에서도 그간 극적인 변화가 일어났다는 것을 상징적으로 보여준다.

자연식품의 사회적 위상이 상승하고 그러한 제품을 소비하는 고객의 기반이 확대되는 과정은 점진적으로 이루어지다가 1980년대부터 크게 가속화되었다. 자연식품의 이러한 운세의 상승은 그 범주의 스타일 — 즉, 자연식품의 판매 및 소비와 관련된 심미적 선택과 상징 — 의 변화와 함께 이루어졌다. 자연식품 운동의 초기부터 지지자들은 자연식품에 대한 공중의 이미지를 통제하기 위해, 그리고 자연식품 장이 사회적으로 주변화된 사람들이 소비하고 광신자나 돌팔이 의사가 판매하는 맛없는 품목들을 연상시키지 않게 하기 위해 분투해 왔지만, 대체로 성공하지 못했다. 이제 스스로를 자연식품 산업이라고 부르기 시작한 건강식품 산업이 건강에 좋을지는 모르지만 사서 먹기에는 불쾌한 이상한 재료라는 자연식품에 대한 평판을 떨쳐버릴 수 있는 수단을 찾아낸 것은 1980년대 — 자연식품에 대한 의료계와 정부 당국의 반발이 격렬하고 대중문화 매체들의 조롱이 고조되고 새로운 세대의 반문화주의자들이 자연식품을 수용하고 난 다음의 시기 — 에 들어서고 나서였다.

그 같은 성공을 거둔 데에는 자연식품 마케팅에 스타일을 이용한 것이 매우 중요했다. 건강식품 사업가들은 광고, 제품 이름, 라벨을 만드는 데서 이를테면 자연 또는 과학을 암시하는 등 항상 특정한 이미지를 활용했다. 그러나 스타일은 20세기 후반에 자연식품 장에서 상업의 역할을 강화했는데, 이는 스타일이 정치와 어떻게 결합할 수 있는지에 대한 예리한 의식 — 이러한 의식이 발전한 것은 1960년대와 1970년대였다 — 이 낳은 유산이었다.[1] 이 수십 년 동안 사람들이 입은 옷, 그들의 머리카락 길이, 그들이 집에서 쓰는 가구에 사용한 재료, 그리고 그들의 저녁 식사 접시에 올라온 음식들의 배합은 자주 정치적 진술 — 자신의 가치관을 공표하고 지배적인 사회적 관행에 대한 자신의 입장을 드러내는 것 — 의 역할을 했다.

자연식품은 그 시대의 라이프 스타일 정치에서 중요한 역할을 했다. 자연식품은 인공적인 생활방식에 대한 거부감과 자연과 인간의 웰빙에 가해진 폭력을 상징하는 것으로 널리 인식되었다. 1960년대와 1970년대의 반문화로 알려지게 된 것은 자연식품 장에 종래의 자연식품 신봉자 세대보다 상당히 젊은 새로운 지지자 세대로 이루어진 커다란 물결을 만들어냈고, 그것은 자연식품과 반체제적 가치의 연관성을 강화했다. 이러한 경향에는 의료·정부·기업·언론 당국에 대한 불신과 부활될 DIY 윤리 — 코뮌식의 '땅으로 돌아가기' 모험에서 가장 충실하게 실현된 — 가 포함되어 있었다. 그래놀라를 먹는 히피들의 정형화된 이미지는 자연식품 장이 계속해서 문화적으로 주변적인 위치에 머무르게 했지만, 방대한 자연식품 시장이 새롭게 열리고 의미 있는 삶을 살아가는 방법을 찾는 세대가 등장하고 건강식품 산업이 신참자들에게 개방됨에 따라 자연식품 장에 새로운 기업들이 유입되었다. 그중 많은 기업이 드러내놓고 정치적인 임무를 수행했다면, 몇몇 기업은 대안적인 경영과 소유 구조를 구축하는 데 헌신했다. 이러한 새로운 기업들은 종래의 조직들을 대체하는 것이 아니라 오히려 그 조직과 공존하며 매우 다양하고 역동적인 건강식품 산업을 창출했다.

1970년대 후반경에 사회적 분위기가 변하고 반문화가 쇠퇴했지만, 기업들은 개인의 정체성을 주장하는 데서 스타일이 갖는 중요성을 계속해서 인식하고 있었고, 그 결과 기업들은 고객을 끌어들이기 위해 스타일을 보다 의식적으로 그리고 계산적으로 이용했다. 자연식품 시장의 지속적인 확대 여부는 이제 반문화적 상징과 대안적 이상을 주류 감상에 적합하게 재가공하는 것에 달려 있었다. 이러한 확장을 달성하는 데서 중요하게 기여한 핵심적인 요소 중 하나가 자연 개념을 전면에 내세우면서도 과거 어느 때보다도 성공적으로 주변 집단의 표지 대부분을 일소시킨 심미성the aesthetic을 발전시킨 것이었다. 세련된 (그리고 자원 집약적인) 포장과 광고에 통합된 디자인 요소들이 그러한 심미성을 가시화시켜 주었다. 특히 중요한 것이 건강식품 가게의 외관에서 나타난 커다란 변화였다. 남부 캘리포니아에 소재한 한 체인점인 미시즈 구치스Mrs. Gooch's는 새로운 심미성을 확산시키는 데서 가장 큰 영향을 미쳤다. 깨끗하고 효율적이면서도 연극적인 환경을 창조함으로써, 창업자 샌디 구치Sandy Gooch는 전통적인 건강식품 가게보다 덜 이상해 보이지만 여전히 색다른 경험을 약속하는 상점을 만들었다. 1993년에 홀푸드가 미시즈 구치스를 인수했을 때, 홀푸드 역시 그러한 스타일을 채택했고, 홀푸드는 자신의 성장하고 있던 제국의 다른 매장들까지도 (주변성을 전달하는 것과는 거리가 먼) 세련됨과 직업적 전문성의 이미지를 입힌 화려한 고급 슈퍼마켓으로 바꾸어놓았다.

비록 21세기로의 전환기에 들어서야 고급 자연식품 시장이 그 이전의 반문화적 식품매장과 현저하게 달라졌지만, 1980년대에 시작된 주류화 과정은 실제로는 반문화의 인구학적·스타일적 특징이 낳은 산물이었다. 이 같은 이유에서 나는 이 장에서 1960년대와 1970년대를 돌아보며, 이 20년이 단지 다채로운 변칙의 시기였던 것이 아니라 그 시기를 거치면서 자연식품의 장이 주변적 지위에서 벗어나게 되었다는 것을 보여주고자 한다. 이 시기 동안 많은 사회적 요인이 자연식품의 의미를 새로운 방식으로 개념화하는 데 기여했고, 다양한 사람들이 그러한 먹기 방식에 관심을 가지게 하는 데 도움을 주었다. 그러한 요인들로는 제2차 세계대전 이후의 문화적 순응주의에 대한 반발(이는 더욱 '진정성'을 추구하게 했다), 점점 더 사회를 지배하는 거대 기관들에 대한 분노, 다양한 사회운동의 확산과 고조된 활동, 그리고 미국인들이 직접적인 해외여행 경험과 미국에 정착한 이민자들과의 더 많은 직접 접촉을 통해 얻은 글로벌 전망을 들 수 있다.

1960년대부터 1980년대까지 자연식품 장에서 일어난 변화를 자세히 열거하면서, 나는 상징적 환경이 건강식품 산업의 운명을 진전시키는 데서, 그리고 자연식품 운동의 목표를 규정하는 데서 갖는 중요성에 특히 주목한다. 요리책, 소매점, 광고, 뉴스레터 및 기타 문화적 표현의 장소들에서 나타나는 수많은 스타일적 요소들은 자연식품 생산의 사회적 조직들과 상호작용하면서 자연식품 장의 가치에 관한 가정들을 틀 지어왔다. 재미 또는 진지함을 강조하는 어조, 색다른 또는 익숙한 재료들에 주어지는 관심, 종교적 언급의 이용 또는 언급하지 않음 — 이것들 모두는 자연식품 생활방식을 채택하는 이유 및 목적에 관한 무언가를 전달했다.

그 시기에 자연식품 라이프 스타일을 이해하는 서로 다른 방식 간에는 상당한 긴장이 목도되었다. 종래의 전통을 잇고 있는 한편에서는 자연식품은 단순한 삶, 그리고 대량소비 체계에 대한 거부를 상징했다. 헬렌 니어링이 자신의 고전적인 요리책 『좋은 삶을 위한 단순한 음식 Simple Food for the Good Life』(1980)에서 말했듯이, "이 책은 …… 요리에 대한 관심보다는, 즉 맛있고 정교한 요리를 준비하고 먹는 것보다는 마음속에 아주 중요한 다른 어떤 것을 가지고 있는 단순 생활자들을 위한 책이다. 이 책은 먹는 것 자체에 관심이 있는 사람들을 위한 것이 아니다. 이것은 몸에 영양을 공급하기 위해 먹고 자기탐닉적인 우아함은 미식가들에게 남겨두는, 소박하고 절제하는 사람들을 위한 책이다. …… 우리가 알고 있는 수백 명의 농가 거주자는 자신들의 먹을거리를 재배하며 이렇게 말한다. '사지 말고 기르세요. 불필요한 것을 사지 말고 가지고 있는 것을 사용하세요'"(Nearing 1980: 8~9, 58).

다른 한편에서는 자연식품을 바라보는 새로운 방식이 출현하여, 자연식품이 요리와 소비의 즐거움에 대한 또 다른 쾌락주의적 추구임을 시사했다. 1978년에 출판된 또 하나의 고전인 『채식주의적 미식가 제2권The Vegetarian Epicure Book Two』에서 저자 안나 토머스Anna Thomas는 자신의 저작을 "정말로 맛있는 음식이 주는 만족에 타협할 생각이 없는" 채식주의자들을 위한 요리책이라고 묘사했다(Thomas 1978: 5). 이를테면 토머스는 디저트에 관한 절에서 사치를 찬양했고, 소비자의 사치와 자연식품에 대한 헌신 간에 어떤 충돌도 발견하지 못했다. "훌륭한 와인, 진귀한 향신료 같은 것과 함께하는 화려한 디저트는 음식의 세계에서 분명 사치품 중 하나이기 때문에, 사람들은 그것들을 생각하는 것에서조차 실용성에 대한 모든 생각을 버려야 한다. 추운 날에 잔디를 심거나 가족을 위해 수프를 끓일 때는 실용적이 되는 것도 좋지만, 그렇다고 해서 오페라 입장권을 선택하거나 향수나 다이아몬드를 사거나 특별한 디저트를 만드는 것이 전적으로 잘못된 태도는 아니다"(Thomas 1978: 323).

『좋은 삶을 위한 단순한 음식』과 『채식주의적 미식가 제2권』 모두는 처음 출판된 지 거의 40년이 지난 지금도 여전히 출간되고 있지만, 결국 성공을 거둔 것은 토머스의 비전이었다. 1990년대경에 자연식품장은 금욕주의와 자발적 내핍을 특징짓는 요소들 대부분을 뒤로 하고, 새로운 경험에 대한 약속, 폭넓은 선택, 그리고 지속가능성이라는 세속적 이상을 지지해 왔다. 자연식품의 가치에 대한 이러한 사고방식은 의심의 여지없이 시대의 경향을 반영하는 것이었지만, 시장 확대를 꾀하는 산업의 영향력을 보여주는 것이기도 했다. 자연식품 운동은 여전히 자연을 존중하고 농식품 체계를 개혁하고 의료 당국에 대항하여 개인의 건강을 지키는 데 전념했다. 그러나 점점 더 주류 소비 관행과 양립할 수 있는 조건에서 그렇게 하고자 했다.

소비에 대한 새로운 접근방식들

소비 기회의 증대와 새로운 소비 감성의 발전은 사실 부분적으로는 특정한 종류의 금욕적 관행과 산업주의에 대한 비판 — 1960년대와 1970년대에 널리 추종자들을 획득한 — 에 의해 촉발되었다. 이러한 문화적 이상과 관행은 삶의 실험에 대한 개방적 태도와 자연식품 소비자들 사이에서의 질質의 추구 — 수십 년 후에나 더욱 완전하게 실현될 — 의 토대를 마련했다. 그것들은 또한 자연식품의 시장을 넓히고 심화시키는 소비지향적 사회의식을 생산하는 데에도 도움을 주었다.

우선, 새로운 환경주의적 에토스는 점점 더 많은 미국인에게 반향을 불러일으키는 정치를 자연식품의 장에 제공했다. 이 시기 동안 자연식품은 환경운동과 더욱 긴밀하게 제휴했다. 왜냐하면 재래식 농업 관행이 지구에 미치는 파괴적인 영향이 정밀 조사를 받게 되었기 때문이다. 이처럼 농업에 초점을 맞춘 까닭은 산업화된 농업 관련 기업이 성장했고, 특히 제2차 세계대전 이후의 시기 동안 살충제의 사용이 엄청나게 증가했기 때문이다. 로버트 고틀립(Robert Gottlieb 1993: 83)이 지적하듯이, "1950년대 후반경에 농약이 다른 모든 병충해 방제방법과 곤충 퇴치 캠페인을 완전히 밀어냈다. 농약이 야생 생물에게 해를 끼치고 농장 노동자들의 건강에 직접 영향을 미친 중요한 사건들이 전국에서 보고되기 시작했을 정도로 농약의 사용량은 막대했다.” 제롬 로데일과 자연식품 장의 여타 사람들이 수년 동안 이 문제를 우려하고 논의해 온 까닭은 이 문제가 이제 대단히 심각해 보일 뿐만 아니라 억제되지 않은 기술개발이 야기한 다른 새로운 생태학적 문제들 — 당시에 출현하고 있던 — 과도 아주 유사해 보이기 때문이었다.

자연식품 운동과 환경운동 모두에게 획기적인 사건 중 하나는 1962년에 레이첼 카슨Rachel Carson이 『침묵의 봄Silent Spring』을 출판한 것이었다. 카슨은 살충제 DDT 및 그와 관련된 화학물질이 우리에게 공급되는 식품 속에 존재한다는 사실을 입증하면서, 그것들이 인간의 건강에 미치는 해로운 영향과 그러한 화학물질이 야기하는 환경 재해에 대해 묘사했다(R. Carson 1962). 카슨의 책은 엄청난 충격을 주었고, 보다 광범한 공중이 화학물질이 없는 식품의 소비에 대해 관심을 가지게 하는 데 일조했다. 『침묵의 봄』은 농약, 제초제, 또는 비료의 사용과 연관된 식품 공포 경향을 주기적으로 불러일으켰는데, 이것은 유기농 농산물의 판매를 급증시키곤 했다. 1961년에 로버트 로데일Robert Rodale(제롬의 아들)은 독자들에게 우리가 구입할 수 있는 유기농 식품이 너무나도 적기 때문에 “여전히 자신의 먹을거리 대부분을 스스로 재배해야 한다”라고 조언했지만, 1972년경에는 미국에서 유기농 식품 판매량이 연간 5억 달러에 이른 것으로 추정되었다(R. Rodale 1961; R. Kotulak 1974).

『침묵의 봄』이 미국인에게 자연식품을 탐구하게 했다면, 카슨이 제시한 더 큰 환경주의 메시지는 이미 자연식품 식생활에 헌신하고 있던 사람들에 의해 신뢰를 부여받았다. 한 건강식품 유통업자는 『침묵의 봄』이 자연식품 신봉자들 사이에서 인기가 있었다는 점을 강조하면서 "순식간에 수천 권의 책을 팔았다"라고 회상했다.[2] 자연식품 옹호자들이 오염된 식품에 대한 자신들의 비판과 대기오염 및 수질오염에 대한 환경주의적인 비판 사이에서, 또는 채식주의에 대한 헌신과 고래를 구하기 위한 캠페인 사이에서 공통의 근거를 찾을 가능성은 점점 더 커졌다. 생태학적 우려에 대한 이러한 공감은 업계 잡지 ≪건강식품 소매업 Health Food Retailing≫에서 분명하게 드러난다. 이 잡지는 1970년경에는 건강식품 영역과 아무런 관계가 없었던 환경 주제에 관한 기사를 주기적으로 실었다. 하지만 흥미롭게도 카슨은 자연식품 운동과 동질감을 느끼지 않았다. 카슨 자신은 모든 상업적 이익으로부터 거리를 두고자 했던 반면 건강식품 산업이 자연식품 운동을 지배한 것이 그 이유 중 하나였을 가능성이 크다(Murphy 2005: 45). 그럼에도 불구하고 건강식품 업계 사람들은 그녀를 자신들의 대의를 옹호하는 사람으로 인식했고, 업계의 주요 동업조합은 오늘날까지도 매년 수여되는 레이첼 카슨상Rachel Carson Award을 제정할 정도로 그녀를 건강식품 산업의 사명과 긴밀히 연결시켰다.

환경주의는 자연식품 운동에 그 운동의 한 축인 자연 숭배를 위한 중요한 근거를 제공하기보다는 소비자들이 더 쉽게 접근할 수 있는 이데올로기를 제공했다. 자연식품 운동은 자연식품 라이프 스타일을 자기 자신을 구하기 위해 자연에 빠지는 것이 아니라 자연과 멸종위기에 처한 지구의 자연자원을 구하기 위한 노력의 일부로 개념화함으로써, 이제 대대적인 개인적 변화를 요구하지 않는 어젠다를 제공할 수 있게 되었다. 적어도 덜 급진적인 버전의 환경주의 담론에서는 생태친화적으로 생산되기만 한다면 현대 문명이 제공하는 신체적 안락을 포기할 필요는 없다. 따라서 만약 유기농 사료로 사육된 소로 만든다면, 스테이크와 같은 것도 자연식품 식단에 받아들여질 수 있다.

자연식품 장에서 이루어진 또 다른 중요한 발전은 동아시아와 남아시아의 철학과 요리 방식을 채택한 것으로, 이는 먹기를 통해 건강과 도덕적 목적 둘 다 찾기를 희망하는 새로운 추종자들을 끌어들이고 상업적으로 유용한 자연식품에 다양성을 더했다. 미국의 자연식품 옹호자들은 힌두교와 자이나교가 채식주의의 전통을 가지고 있다는 것을 오랫동안 알고 있었다. 그러나 미국 자연식품 장에 힌두교와 자이나교가 미치는 영향은 아시아 이민자들이 건강식품 산업에 통합된 20세기 마지막 3분의 1까지 상당히 제한되어 있었다.[3] (아마도 인도의 정신적 지도자 파라마한사 요가난다Paramahansa Yogananda는 주요한 예외적 인물일 것이다. 그는 1920년대부터 미국 자연식품 옹호자들에게서 존경받았으며,[4] 그가 설립한 자아실현협회Self-Realization Fellowship는 1940년대경에 남부 캘리포니아에서 채식주의 카페를 운영했다.) 1960년대와 1970년대에는 주류문화에 대한 정신적·실질적 대안을 모색했던 많은 미국인이 영감의 원천으로 아시아로 눈을 돌렸다. 그러한 경향의 일환으로 사람과 음식 및 자연의 관계와 관련한 동양의 실제적 또는 상상된 종교사상이 자연식품 이데올로기로 통합되었다. 이런 점에서 일본은 특히 믿음, 관행, 스타일의 비옥한 원천임이 입증되었다. 제2차 세계대전과 전후 점령기 동안 형성된 미국의 일본에 대한 적개심은 1960년대에 들어와서는 미국인들이 독특하고 진기한 일본식 전통으로 인식한 것에 대한 감탄으로 바뀌었다(Moeller 1996: 34). 이러한 견해와 함께 유럽계 미국인 자연식품 신봉자들(특히 가예로드 하우저와 같은 사람들)이 할리우드에 중점을 두고 호소하는 것에 지친 사람들은 이제 다른 수행의 길을 약속하는 메시지를 수용하게 되었다.

이러한 욕망에 부합하는 하나의 조직이 바로 1962년에 일본의 선불교 승려 스즈키 순류 로시Shunryu Suzuki Roshi가 설립한 샌프란시스코 선불교 센터San Francisco Zen Center였다. 1960년대 중반경에 선불교 센터는 선불교 가르침에 호기심을 가진 많은 미국인을 끌어들이고 있었고,[5] 1967년에 캘리포니아의 카르멜 계곡 근처에 있는 옛 건강 휴양지의 한적한 곳에 타사하라Tassajara라고 불리는 수도원을 설립했다. 그 후 선불교 센터는 재정적으로 자급자족하기 위한 노력으로 몇 개의 사업을 시작했는데, 사업 대부분은 결국 음식과 관련되어 있었다. 이러한 식의 진전은 선불교 철학의 직접적인 발전이기보다는 우연한 것이었다. 1970년에 타사하라의 수석 요리사인 에드워드 에스페 브라운Edward Espe Brown은 『타사하라 브레드 북The Tassajara Bread Book』을 출간했는데, 이 책은 빵 굽는 과정에 대한 의미심장한 선불교식 접근방식을 시사하는 실질적인 지시와 서사들로 많은 독자를 얻었다. 이 책의 인기와 타사하라에서 제공하는 빵들의 인기는 1976년에 샌프란시스코에 소매점인 타사하라 베이커리Tassajara Bakery를 설립하는 계기가 되었다. 3년 후 선불교 센터는 샌프란시스코에도 그린스 레스토랑Greens Restaurant을 열었다. 다른 벤처기업으로는 유기농 채소를 재배하는 그린 걸치 팜Green Gulch Farm과 그린 걸치 그로서리Green Gulch Grocery가 있었다.

초창기에 그린스 — 여전히 미국에서 최고로 간주되는 채식주의 레스토랑의 하나인 — 는 채식주의 음식을 제공하는 데서 정신적인 가치를 찾던 옛 기독교 채식주의 레스토랑 경영자들 세대가 거친 전철을 밟았다. 하지만 그린스는 또한 채식주의 조리법이 어떤 요리 스타일 못지않게 창의적이고 질도 높을 수 있음을 보여주기 위한 목적도 가지고 있었다. 그린스에서 일어난 이러한 임무들의 결합은 사람들에게 주류의 가치와 반문화적 가치를 혼합한 식사를 경험할 수 있게 해주었다. 이 레스토랑의 관계자 중 한 사람은 이렇게 말했다. "전체 목표는 이곳을 아주 세련된 장소처럼 느끼게 하는 것이었다. 하지만 초기에는 선불교 수도승들이 손님을 기다리고 있었다. 솔직하게 말하면, 그것은 세상에서 가장 빠른 서비스는 아니었다. 그리고 그중 일부는 당신보다 약간 더 신성했을지도 모른다." 그린스와 타사하라 베이커리(1999년에 문을 닫은)가 결과 지향적인 전문주의와 효율성보다 찰나적 과정을 중시하는 세계관에 기원을 두고 있음에도 불구하고, 이 두 레스토랑 모두는 전문적인 기준을 마련했고, 마침내 맛과 분위기에 기초하여 일반 식품점들과 경쟁할 수 있는 자연식품 시설의 모델을 제공하게 되었다. 그린스에서의 식사나 타사하라 베이커리에서의 대접은 고결한 탐닉virtuous indulgence — 더 이상 형용모순처럼 보이지 않는 — 을 약속했다.

매크로바이오틱스macrobiotics[동양의 자연사상과 음양 원리에 뿌리를 두고 있는 식생활법 _옮긴이]는 동양 철학과 요리 스타일을 또 다른 방식으로 혼합함으로써 소비자들로 하여금 새로운 모험을 할 수 있게 해주었다. 선불교와 도교에서 차용한 일단의 원리인 매크로바이오틱스는 일본과 유럽에서 조지 오사와George Ohsawa에 의해 개발되었다. 오사와의 제자들인 미치오 쿠시Michio Kushi와 애블린 쿠시Aveline Kushi 부부, 그리고 코넬리아 아이하라Cornellia Aihara와 허먼 아이하라Herman Aihara 부부가 미국에 매크로바이오틱스를 도입하는 데서 가장 중요한 역할을 했다. 보스턴에서는 쿠시 부부가, 그리고 캘리포니아주 치코Chico에서는 아이하라 부부가 매크로바이오틱스에 대한 지식을 진전시키기 위해 연구 센터를 설립하고 간행물(각각 ≪이스트-웨스트 저널East-West Journal≫과

《매크로바이오틱스 투데이Macrobiotics Today》)을 발간했다. 게다가 그들의 후원하에 1960년대에 후일 주요한 (그리고 서로 경쟁하는) 자연식품 회사가 된 기업들이 설립되었다. 쿠시 부부와 폴 호큰Paul Hawken은 에레혼Erewhon을 세웠고, 아이하라 부부와 밥 케네디Bob Kennedy는 치코-샌Chico-San을 차렸다. 두 회사는 일본에서 수입한 매크로바이오틱스 제품들의 유통업체로 출발하여 국내 생산으로 확대했다. 에레혼은 보스턴과 로스앤젤레스 지역에 몇 개의 자체 소매점도 가지고 있었다.[6]

적절한 음식 조합을 강조하는 매크로바이오틱스 식단은 재료의 단순성을 선호하며, 자연에서 획득하고 현지에서 제철에 자란, 그리고 가능한 한 통째로 제공되는 채소 식품을 특징으로 한다. 매크로바이오틱스는 외견상의 간단한 먹기 지침과 광범한 삶의 철학을 혼합함으로써 1960년대와 1970년대에 많은 추종자를 만들어냈다. 매크로바이오틱스의 인기는 자연식품 반대자들을 놀라게 했다. 자연식품 반대자들은 그 학설을 노골적으로 비난했고, 신봉자들의 열광을 매크로바이오틱스가 가진 광신적 종교집단의 성격을 보여주는 증거라고 보았다(Stare 1970; Dwyer et al. 1974a; Dwyer et al. 1974b). 대중문화에서는 현미와 해초로 연명하는 사람들에 대한 농담이 난무했고, 수년 동안 언론 보도는 단 하나의 사례 — 매크로바이오틱스 식단으로 굶어 죽은 뉴욕 여성의 사례 — 를 항상 매크로바이오틱스의 비정상성을 보여주는 것으로 언급했다.[7] 하지만 매크로바이오틱스 식단이 소박해 보일수록, 그 식단은 자연식품 레퍼토리에 새로운 성분 — 이를테면 미소, 세이탄, 다시마, 매실 같은 — 을 도입함으로써, 매크로바이오틱스의 원리를 지지하지 않는 사람들을 포함하여 자연식품 신봉자들의 미각을 넓히는 데 도움을 주었다. 매크로바이오틱스는 그 인기가 시들해진 후에도 자연식품 운동에 새로운 활기를 불어놓은 인식, 즉 식생활은 개인의 웰빙뿐만 아니라 세계 전반에서 균형과 조화를 회복하는 데에도 중요하다는 인식을 남겨주었다.

반문화와 자연식품

이것들은 1960년대와 1970년대의 반문화와 공명하는 테마였다. **반문화**는 예의 바름과 좋은 삶에 대해 주류가 상정한 가정을 의식적으로 거부하는 다양한 표현형태와 삶의 방식에 붙여진 라벨이다. 비록 청년 문화와 동일하지는 않지만, 반문화는 젊은 사람들 ― 그중 많은 이가 물질적·직업적 성취의 부재함을 자유와 도덕적 청렴의 상징으로 바꾸어놓았다 ― 에 의해 가장 열광적으로 받아들여졌다. 시어도어 로작Theodore Roszak이 『반문화의 형성The Making of a Counter Culture』에서 자세하게 이야기했듯이, 미국의 젊은이들은 효율성을 중시하는 기술 관료들이 지배하는 사회에 직면하여 부모 세대의 피동성을 크게 못마땅해 하고 있었다. 반대로 "가장 좋게 보면, 이 젊은 보헤미아인들은 위대한 사회를 지적으로 거부하는 것을 넘어 유토피아적 세계를 건설하고자 하는 개척자들이다. 그들은 신좌파 정치의 문화적 기반을 발명하고, 권력 정치, 부르주아 가정, 소비사회의 저편에서 새로운 종류의 공동체, 새로운 가족 유형, 새로운 성적 관습, 새로운 종류의 생활양식, 새로운 형태의 심미성, 새로운 개인적 정체성을 발견하려고 한다"(Roszak 1995: 66). 자연식품은 기성 권위와 산업적 형태의 조직에 대한 노예적인 복종을 거부하는 반문화와 잘 들어맞았으며, 새로운 진정한 경험 ― 감각적 경험과 정신적 경험 모두 — 을 추구하는 반문화주의자들에게 하나의 해답을 제공했다. 반문화를 지지하는 사람들 대다수가 자연식품 식생활을 채택했다고 주장하는 것은 엄청난 과장일 것이다. 그러나 반문화주의자들은 일반 사람들보다 자연식품에 도전해 보려는 데서 더 개방적이었고, 매우 눈에 띄는 반문화 기관과 철학 중 많은 것이 자연식품의 원리를 수용했다.

반문화와 자연식품의 친화성은 대안적인 라이프 스타일을 구성하는 데 적합하다고 여겨졌던 '도구들'(즉, 책과 다른 판매용 제품)을 모아놓은 유명한 목록집인 『홀 어스 카탈로그The Whole Earth Catalog』와 같은 출판물에서 찾아볼 수 있었다. 1974년판 『홀 어스 카탈로그』에는 음식과 요리에 관한 14쪽의 세션과 카탈로그의 여러 곳에 흩어져 있는 다른 식품 관련 목록이 포함되어 있었다. 이 세션에서 언급된 거의 모든 책과 식품 공급업체들은 자연식품이나 건강식품 카테고리에 속하는 것들이었다. 그 인쇄물에는 또한 아델 데이비스와 『타사하라 브레드 북』의 레시피, 그리고 채식주의 요리책에 대한 긴 추천 도서목록이 실려 있었다. 반문화와 자연식품 철학 모두가 공유하는 DIY의 입장을 반영하여, 그 카탈로그에는 유기농업, 통조림 제조, 도축에 관한 정보의 출처와 함께 자신의 곡물을 빻고 자신이 쓸 배양토를 만드는 도구들이 포함되어 있었다(Brand 1974).

반문화 진영에서 나온 또 다른 정기 간행물이 1970년대의 잡지 ≪내추럴 라이프 스타일Natural Life Styles≫로, 이 잡지는 처음에는 뉴욕주의 뉴팔츠를, 그리고 다음에는 캘리포니아주의 펠튼을 근거지로 했으며, 자연, 자신의 동료 인간, 그리고 자기 자신과 보다 긴밀한 관계를 이루는 법에 관한 지침과 성찰을 제공하는 것을 목적으로 했다. 그 잡지의 창간호는 "몸과 영혼을 위한 **진정한 음식**이 우리의 주된 관심사이다"라고 선언했다.[8] 한 전형적인 간행본은 자연분만, 자신의 돌집 짓기, 약초를 통한 몸 관리, 연방 환경정책에 관한 기사들과 함께, 다양한 레시피는 물론 유기농업, 조합 결성, 고기 먹기 여부, 버섯 채집을 다룬 단편 기사들로 꾸려졌다.[9] ≪내추럴 라이프 스타일≫이 대부분의 잡지보다 음식에 더 중점을 두었지만, 1970년경에 반문화 뉴스레터들은 일반적으로 자연식품을 입수하고 요리하는 것만 다루는 칼럼을 정기적으로 게재하거나 일반 식품 생산과 먹기 관행을 비난하는 기사를 이따금 실었다.

이 시기의 반문화와 자연식품 운동의 교점은 워런 벨라스코Warren Belasco의 가치 있는 연구인 『변화에 대한 욕구Appetite for Change』에서 잘 입증된 바 있다. 하지만 벨라스코의 주장과는 반대로 그 시대에 자연식품 생활방식과 연관된 비순응주의적 관념과 스타일들은 특별히 새로운 것이 아니었다. 오히려 그것들은 수십 년 전부터 계속해서 문화적으로 발전되어 온 것이었다. 이를테면 1940년대 네이처 보이즈 스타일의 유산이 1960년대와 1970년대 반문화로 이어지면서, 남성 히피들이 머리카락과 수염을 길렀고, 남성과 여성 모두 헐렁한 옷을 입었으며, 샌들이나 맨발을 선호했다. (캘리포니아 히피의 상징이 된 독일산 버켄스탁Birkenstock 신발이 원래 건강식품 가게에서 판매된 것은 결코 우연이 아니다.) 마찬가지로 1960년대와 1970년대의 채식주의 코뮌과 땅으로 돌아가기 모험은 자주 헬렌 니어링과 스콧 니어링의 버몬트 농가와 같은 초기 실험으로부터 직접적인 영향을 받았다. 실제로 기존의 자연식품 운동에서 발견되는, 전통적 권위에 대한 비순응주의와 경멸이 새로운 반문화주의 세대로 하여금 자연식품 운동에 매력을 느끼게 하는 데 기여했다. 내가 곧 논의하듯이, 1960년대와 1970년대의 반문화는 자연식품 운동과 건강식품 산업을 대대적으로 개편했다. 그러나 새로운 신봉자들은 그 운동이나 그 운동에 기여한 산업 어느 쪽도 창조하지 않았다. 한 소매업자가 내게 말한 대로, 그들은 "자연식품을 세상에 알렸을" 뿐이다.

반문화적인 자연식품 라이프 스타일을 가장 완전하게 표현한 것은 아마도 1960년대 중반부터 1970년대 후반까지 농촌 코뮌을 세운 '땅으로 돌아가기' 운동에서 찾아볼 수 있을 것이다. 이들 코뮌이 가장 집결되어 있던 지역이 바로 캘리포니아와 뉴잉글랜드였다. 이들 코뮌은 시골 생활을 부패한 사회로부터의 탈출과 해독제로 보는 목가적 이상을 받아들이는 경향이 있었다. 많은 참가자가 산업 시대의 소비재와 생산기술 없이 살아가는 라이프 스타일을 창조하겠다는 신념을 가지고 있었다(Berger 1981: chap. 4; Edgington 2008; T. Miller 1999). 자주 고립된 지역에 정착한 코뮌 거주자들은 그들 자신의 먹을거리를 재배하고 그들 자신의 옷을 짓고 그들 자신이 필요로 하는 다른 품목들을 만드는 등 자급자족하려고 노력했다. 하지만 성원들은 작물이나 은신처가 자신들이 겨울을 나기에 불충분할 때 자신들이 자주 위험한 상태에 처한다는 것을 알게 되었다. 그러한 상황에서 육체적으로 스스로를 유지하고 함께 조화롭게 생활하는 데에는 어려움이 따랐고, 이는 상당수의 거주자로 하여금 코뮌을 이탈하게 만들었다. 그리하여 대부분의 농촌 코뮌 실험은 오래가지 못했다.

그토록 많은 '땅으로 돌아가기' 코뮌들이 실패한 것은 19세기의 프루틀랜드 거주자들과 마찬가지로 땅에 의지해서 사는 것에 대해 매우 비현실적인 생각을 가진 순진한 개인들에게 초래된 예측 가능한 결과로 이해될 수 있었다. 그러나 농촌 코뮌의 종말은 자연식품 라이프 스타일의 맥락에서 금욕주의를 성취하려는 대규모 노력에 최종적인 타격을 가한 것이라는 점에서 자연식품 운동에 더 많은 것을 의미했다. 다양하고 풍부한 소비재에 대한 의존을 피하고 최소한의 양만 먹는 평범하고 단순한 음식으로 이루어진 식단을 지지하는 생활방식에 대한 도덕적 헌신은 반문화적 문화권 내의 또 다른 경향인 쾌락주의와 탐닉에 대한 찬양에 자리를 내주었다. '땅으로 돌아가기' 운동이 더 이상 운동이 아니라 사적인 라이프 스타일의 선택이 될 무렵, 금욕적인 자기 규율과 극기의 표현은 자연식품 장에서 작은 구석으로 밀려났다.

새로운 이상, 새로운 기업

이전의 농촌 반문화주의자들이 비록 땅으로 돌아가기의 꿈을 포기했지만 자연적 삶의 이상을 완전히 버린 것은 아니었다. 최소한의 투입으로 경작하고 먹을거리를 찾아다니며 그 먹을거리로 직접 식사를 만들어 먹던 경험은 많은 사람에게 자연식품 먹기에 평생 관심을 가지게 했으며, 더 즉각적으로 그들 중 상당수가 시장에 기반한 자연식품 활동으로 나아가게 했다. 그곳에서 그들은 대안적 형태의 일, 소비, 그리고 성공의 정의 방식을 찾고 있던, 같은 생각을 가진 다른 반문화주의자들을 발견했다. 캘리포니아대학교 산타크루스 캠퍼스에 위치한 한 레스토랑은 자신의 임무를 이렇게 기술했다. "홀 어스 레스토랑Whole Earth Restaurant은 홀 어스의 새로운 감성과 홀 어스와의 연대 회복에 헌신한다. 와일더니스Wilderness와 가든Garden 사이의 중간에 위치한 홀 어스 레스토랑은 우리 모두가 따르기를 요구받는 제도적 속박으로부터 탈출하는 일에 참여한다"(P. Lee 1972: viii). 반문화주의자들은 주류 사회의 억압적인 제도에 둘러싸여 있을지라도 자연 및 서로와 관계 맺는 새로운 방법을 개척할 수 있다고 믿었다.

내가 인터뷰한 업계의 몇몇 성원들은 1960~1970년대 반문화에 기반한 자신들의 뿌리와 반문화가 어떻게 자신들을 자연식품 추종자로 만들었는지에 대해 말했다. 어떤 경우에 정보 제공자들은 자신이 어떻게 자연식품을 접하게 되었는지에 대해 설명하면서 캘리포니아의 도시나 지구들을 그냥 언급하기도 했다. 그중 한 사람은 이렇게 말했다. "음, 나는 [샌프란시스코의] 하이트Haight[지구]에서 살았었어. …… 그래서 그 당시 출현하던 히피 문화 주변을 어슬렁거렸었지." 또 다른 사람은 이렇게 설명했다. "짧게 말하면, 나는 1970년대 초반에 여기[산타크루스]로 왔어." 그러한 반문화적 삶의 중심지에 있다는 것은 사람들이 적어도 자연식품의 이상에 접하게 된다는 것을 의미했다.

내가 여기서 길게 인용하는 다음 이야기는 세상을 더 나은 곳으로 만들 방법을 찾고 있는 반문화주의자들에게 건강식품 산업이 갖는 매력과 함께, 옛 스타일의 기업과 새로운 반문화와 관련된 사람들 간의 세대 차이도 보여준다. 자연식품 시사회의 반문화적인 버전을 우연히 접한 나의 정보 제공자는 주류에 의해 받아들여지기를 열망하는 건강식품 산업에 새로운 세대가 도전하는 것을 목격했다. 그리고 과거와 현재 모두의 자연식품 옹호자들이 기여한 바를 알게 되면서, 그는 생계를 꾸리는 동시에 자신이 도덕적 노력으로 인식하는 일에 참여할 수 있는 수단을 발견했다.

나는 실제로 1970년 6월에 한 친구와 히치하이킹을 하고 있었어. 그리고 마침내 차 한 대가 멈췄고, 그 안에는 두 커플이 타고 있었지. 알고 보니 그들은 아르카타Arcata 식품 협동조합 소속이었어. 그들은 샌프란시스코에서 온 프레드 로Fred Rohe가 설립한 단체인 OM, 즉 유기농상인회Organic Merchants의 모임에 가는 길이었지. 우리는 샤스타Shasta에 도착했는데, 알고 보니 그곳은 시사회장 같았어. 하지만 산장까지 하이킹을 해야 했고, 사실 텐트와 침낭을 가져왔어야 했어. 그곳에는 사람들이 모여 있었는데, 지금은 잘 기억할 수 없지만 아마도 50명, 어쩌면 100명 정도 있었을 거야. 어쩌면 더 적었을지도 몰라. 그들은 캘리포니아 북부에서 자연식품 협동조합을 운영하는 사람들이었어. 나는 내가 어떻게 살아갈지를 궁리하는 중이었고, 그래서 캠핑을 가던 중이었지. 그러나 나는 그 집단의 가장자리에 앉아 귀를 기울였어. 그리고 나는 프레드와 그들이 하는 말을 경청했지. 하지만 내게 가장 중요한 순간은 로마 린다에서 온 사람들이 도착했을 때였어. 그들은 산 위로 걸어 올라왔어. 그들은 그 집단을 대상으로 연설하기 위해 정장 차림에 날개 모양의 가죽 장식이 코끝에 달린 구두를 신고 걸어 올라왔어. 그리고 그들이 도착했을 때, 그 집단은 그들에게 야유를 보냈지. 그 당시 협동조합의 사람들 대부분은 채식주의자였고, 물론 로마 린다는 채식주의 제품을 만드는 회사였지. 그러나 그들은 그 집단이 규칙 위반이라고 느끼는 통조림 고기와 말린 식물성 고기를 만들고 있었어. 채식주의자라면서 왜 고기를 모방해? 왜 그런 걸 먹어? 왜 그런 짓을 해? 그래서 프레드는 그 집단에게 버럭 화를 내고, 그들에게 제7일 안식일 예수재림파, 로마 린다, 켈로그에 대해 강의했어. 그래서 나는 영감을 받았지. 왜냐하면 나는 내가 전쟁 기계, 군산복합체, 광폭한 야만적 자본주의로 간주한 것에 한몫하지 않는 어떤 일을 할 것인지를 궁리하고 있었기 때문이지. 내가 회피할 수 없는 수많은 일이 있었어. 그래서 나는 감히 그 남자한테 내가 히치하이킹을 해서 여기에 왔다고 말할 용기가 생겼고, "나는 LA로 돌아가서 자연식품 가게를 열 겁니다"라고 말했어.

그리고 결국 그는 그렇게 했다.

이처럼 반문화는 새로운 방식으로 자연식품 고객들을 넓혔을 뿐만 아니라 산업도 확장했다. 일부 반문화주의자들에게 그것은 기존의 건강식품 기업에서 일자리를 갖는 것을 의미했다. 그러나 일터에서 대안적인 스타일을 표현하기를 원하는 사람들이나 기존 사업의 경영 기법과 수익 지향에 반대하는 사람들 가운데는 같은 생각을 가진 사람들과 협력하여 자신의 일을 시작하는 것을 선호하는 사람들이 많았다. 그 결과 비전통적인 형태의 조직이나 생산 방식을 가진 새로운 기업들이 많이 생겨났다. 그러한 것들로는 협동조합, '식품 공모단food conspiracies'이라고 불린 구매클럽, 공동 농장, 제조 공동체, 그리고 (경쟁자본주의에 대한 혐오감을 가공되지 않은 순수한 재료만을 사용하겠다는 서약과 결합시킨) 레스토랑과 빵집들이 있었다. 반문화주의자들이 수제 두부·치즈·빵 및 여타 식품을 생산하는 기업들을 발전시킴에 따라 거기서도 수공기술을 연마하고자 하는 열망이 표출되었다. 그러한 기업가들은 일반 식품 산업에 대한 실질적인 대안을 창출하고 싶어 했고, 시장 참여와 자신들의 정치를 드러내놓고 결합시키고자 했다. 이런 식으로 그들은 미국 사회에서 경쟁하기보다는 협력하는, 그리고 순응보다는 창의성을 중시하는 새로운 시대를 이끌고 싶어 했다.

이들 벤처기업은 일반적으로 이전 세대의 자연식품 옹호자들과 달리 자연건강 운동에 특별히 헌신하지 않았다. 오히려 반문화적인 자연식품 장려자들은 '대문자 운동The Movement'으로 불렸는데, 이 운동은 수많은 좌파 성향의 정치적 표현을 포괄하며 사회를 철저하게 변화시킨다는 하나의 통합된 목적을 가지고 있었다. 그 결과 이들 기업은 건강식품 산업에 새로운 종류의 급진주의를 도입했다. 반문화주의자들은 자신들의 전임자들과 마찬가지로 생계를 꾸려나갈 필요성과 자연식품 철학을 진전시킬 필요성을 결합시키고 있었다. 그들의 정치는 정부·보건·농업 당국에만 도전한 것이 아니었다. 그리고 그들의 성공은 단지 대규모 법인기업들의 그늘에서 독자적으로 행동하는 능력에 의해 측정되지도 않았다. 새로운 급진주의는 실제로는 이 모든 것과 관련되어 있었지만, 반문화적 기업가들은 더 나아가 노동자와 경영자, 그리고 소비자와 생산자 간의 경계를 모호하게 하거나 심지어 지움으로써 자본주의적 기업과 시장의 핵심 원리에 드러내놓고 도전하고자 했다.

반문화적 이상에 헌신한 가장 가시적인 형태의 대안 기업은 자연식품 협동조합이었다. 소비자들이 소유권을 공유하고 자신들의 식품을 분배하는 일에 관여하는 식품 협동조합은 1920년대부터 식료품점에 대한 하나의 대안이 되어왔다. 회원들이 스스로 노동의 일부 또는 전부를 수행하고 도매가격으로 식품을 구입하지만 전통적인 상점의 간접비가 없기 때문에, 협동조합은 회원들에게 저렴한 비용으로 식품을 제공할 수 있었다. 협동조합은 또한 협동 정신을 표현하는 하나의 방법이었고, 실제로 초기에는 자주 노동운동이나 포퓰리즘 운동과 결합되어 있었다(Fowler 1936). 그러나 1960년대에 식품 협동조합은 자연식품과 밀접한 관계를 가지게 되었고, 이 둘의 연합은 1970년대에 보다 완전하게 실현되었다(Ronco 1974; Wickstrom 1974). 특히 적절한 수입이 보장된 반문화주의자들은 대안적인 경제 형태를 실험하는 데 열심이었다. 그리고 그들은 자신들의 식품을 자신과 가까운 거리에서 공급받는 것의 가치와 산업화된 식품 공급체계에 대한 적대감을 식품 유통 수단에까지 확장시켰다. 이러한 가치들이 협동조합의 디자인 요소에 반영되면서, 포장도 비닐과 종이로 식품을 밀봉하던 방식에서 고객이 식품을 직접 만질 수 있도록 식품을 포장하지 않고 큰 상자에 담아두는 방식으로 바꾸었고, 슈퍼마켓의 현대적인 외관도 옛 시골 상점을 연상시키는 목재 재질과 낡음의 미학으로 대체되었다.

협동조합은 농촌 코뮌처럼 회원들의 헌신에 의존했고, 많은 시간이 걸리고 지속하기 어려운 대인 교섭을 요구했다. 1980년대경에 많은 협동조합이 회원들을 잃고 폐업하거나 재래식 경영구조로 전환되었다(Knupfer 2013: 138). 반면에 반문화적 정체성과 스타일을 고수하면서도 전형적인 자본주의적 소유와 경영구조에 의거하여 사업을 시작한 기업들은 더 오랫동안 존속했다. 진정한 집합체들과 마찬가지로 그러한 기업들은 식품의 생산과 유통이 일반 기업들이 했던 방식보다 더 협력적이고 자연 존중적인 감성을 체현할 수 있다는 것을 보여주고 싶어 했다.

건강식품에서 다시 자연식품으로

반문화 기업들은 자신들을 일반 식품 회사들뿐만 아니라 기존의 건강식품 산업과도 차별화하기를 원했다. 특히 소매점의 경우에 신생 업체들과 기존 건강식품 산업 간의 가장 중요한 차이 중 하나는 반문화 기업들이 신선식품을 강조하고 보충제로부터 등을 돌렸다는 것이었다. 반문화주의자들은 분명 꿀과 통곡물 같은 품목들을 쇼핑하는 건강식품 가게의 좋은 단골손님들이었지만, 그들은 그러한 가게들 대부분에서 부족한 점을 발견했다. 그들이 자주 지적한 아이러니는 전통적인 건강식품 가게에는 입수할 수 있는 식품이 많지 않다는 것이었다. 한 전직 소매업자는 이렇게 말했다. "대부분의 사람이 가지고 있던 건강식품 가게에 대한 이미지는 그저 수많은 알약의 이미지였다. 1950년대와 1960년대 초에 건강식품 가게의 이미지에는 거의 아무런 식품도 존재하지 않았다. 그곳들은 건강식품 가게라고 불렸지만, 판매하는 것은 주로 보충제였다. 누군가가 건강식품 가게에서 [정기적으로] 쇼핑할 수는 없었다." 재래식 사업을 피하고자 했던 반문화주의자들에게 건강식품 가게가 실행 가능한 대안적 식품 매장이 되지 못한다는 것은 실망스러운 일이었다.

건강식품 가게들이 알약 생산을 선호하는 데에는 몇 가지 현실적인 이유가 있었다. 포장된 상품, 특히 보충제의 이윤 폭이 신선식품보다 훨씬 높았기 때문이다. 게다가 신선식품은 저장하기가 어려웠다. 신선식품의 많은 것이 냉장 설비를 필요로 했다. 즉, 신선식품은 빨리 상했고 자주 보충해 주어야 했다. 그리고 정규 건강식품 유통업자들은 그러한 품목들을 공급하지 않았다. 상점 주인들에게는 수많은 다른 주요 식료품의 천연 대안 제품을 찾는 것뿐만 아니라 신뢰할 만한 유기농 생산물 공급처를 찾는 것도 솔직히 어렵고 시간이 많이 드는 프로젝트였다. 그러나 새로운 세대의 반문화 소매상들은 종종 모든 품목의 식품을 진열하는 데 따르는 장벽은 아랑곳하지 않은 채 그들 나름대로 규칙을 만들 수 있는 미지의 영역으로 들어간다는 자부심을 가지고 밀고 나갔다.

공급처가 없을 경우 그들은 친구들에게 소규모 농장이나 생산시설을 운영하라고 권유하거나 직접 그 일을 하고 나섰다. 그리고 결코 작지 않은 문제이지만, 수익 동기에 대한 그들의 원칙적인 무관심이 그들로 하여금 적어도 일시적으로 빈약한 수입에도 만족할 수 있게 해주었다.

이러한 노력과 함께 반문화 기업가들은 옛 스타일의 건강식품 가게와 자신들의 차이를 분명하게 알리고 싶어 했다. 한 도매업자는 이렇게 설명했다. "그래서 그 운동이 변화하기 시작했을 때, 그러니까 아마도 1973년에서 1970년대 중반 사이쯤이지. 가게들은 먹는 데 필요한 모든 것, 즉 전 품목의 농산물과 식료품들을 진열하기 시작했지. 그때 우리는 **자연식품 가게**라는 용어를 사용하기 시작했는데, 그 용어가 우리의 임무가 무엇인지를 더 정확하게 나타냈기 때문이야." **건강식품**에서 **자연식품**으로 용어가 변화한 사실을 업계 밖에서도 항상 인식한 것은 아니었다. 일시적인 소비자들은 수십 년 동안 이 용어들을 서로 바꿔 쓸 수 있는 용어로 사용하는 경향이 있었다. 그렇지만 용어의 변화는 1960년대와 1970년대 동안에 일어났던 또 다른 중요한 변화들을 보여주는 것이었다. 다시 말해 그것은 자연식품 운동의 정치적 초점이 지난 몇십 년 동안 건강관리를 개념화하는 대안적인 방법에서 자연계에 대한 환경주의적인 관심으로 바뀌었다는 것을 말해주는 것이었다. 그것은 또한 건강/자연식품 산업의 경제적 잠재력이 강화되었음을 나타내는 것이기도 했다. 왜냐하면 이 범주가 당시에 소비자들이 먹는 모든 일반 식품 품목에 대해 하나의 대안을 제시하는 것으로 확장되고 있었기 때문이다. 건강식품 산업의 매출액을 측정한 이래 처음으로 업계 소매상들이 판매한 **식품**의 매출액이 보충제, 책, 그리고 다른 비식품 품목의 매출액보다 더 많았던 1978년 무렵에는 실제로 그 추세가 역전된 것처럼 보였다(Spielman 1979).

신참자들이 그 사업에서 실험하고 혁신하고 자신들의 명성을 알릴 수 있었던 것은 부분적으로는 건강식품 산업이 여전히 상대적으로 쉽게 진입할 수 있었기 때문이다. 건강식품과 자연식품에 대한 수요는 빠르게 증가하고 있었다. 하지만 많은 인근 지역에, 그리고 심지어는 도시 전체에도 그러한 식품을 파는 매장이 부족했다. 그리고 고객들이 작고 평범한 건강식품 가게에 익숙해져 있었기 때문에, 매장을 여는 데 자본이 그렇게 많이 필요하지 않았다. 게다가 이 산업은 사업을 하는 데 사회적 장벽이 거의 없었고 그 분야에서 경험이 별로 없는 사람들에게도 아주 관대했기 때문에 여전히 문화적으로 열려 있는 장소였다. 건강식품 산업에서는 독실한 기독교도, 보디빌더, 나체주의자 모두가 보금자리를 찾을 수 있는 전통이 이어지고 있었기 때문에, 성장을 추구하는 이 산업의 후원자들 역시 사업을 운영하는 데 정통한 사람들은 물론 반자본주의 운동가들도 환영했다. 현실적으로 말하면, 그것은 기성 공급자들이 신생 회사들에게 기꺼이 신용과 조언을 제공하고 판매 교육을 해준다는 것을 의미했다. 진입 장벽이 낮다는 것은 이 시기에 새로 문을 연 건강식품 가게가 급속히 증가한 것에서도 알 수 있다. 1965년에 미국에는 약 1000개의 건강식품 가게가 있었는데, 1971년경에는 그 수가 거의 2000개로 두 배 늘어났고, 1976년경에는 4200개가 되었으며, 1981년에는 7100개로 크게 증가했다(Dunning 1965; Pacey 1972; Spielman 1979; 52; Simmons Market Research Bureau 1981: [iii]).

하지만 그렇게도 많은 반문화주의자가 고객과 사업 동료 모두로서 급속하게 진입한 것은 이제는 반문화주의자들에 비해 고루해 보이는 구세대들에게 불안감을 줄 수도 있었다(〈그림 7〉 참조). 업계 잡지 ≪건

〈그림 7〉 미시간주 디어본에 있는 스탠리 필리프작(Stanley Filipczak)이 운영하는 헬스 푸드 센터(Health Food Center)(1969). 이 채식주의 레스토랑은 곧 대체될 구식 자연식품 설비를 대표한다.
ⓒ Ed Haun/Detroit Free Press/ZUMA.

강식품 소매업≫은 1970년의 한 기사에서 업계 종사자들에게 이 새로운 종족에 대해 가르쳐주려고 노력했다. "젊은 사람들, 자주 매우 젊은 사람들은 종종 히피랜드Hippieland로 망명한다. 그들은 사회 각계 – 가난한 사람, 중간계급, 그리고 부유한 가정 – 에서 온 사람들이고, 자신들이 '이상향pads'이라고 부르는 코뮌에 산다. 어쨌든 간에 식품에 관한 한, 그들은 자연식품을 좋아한다. 많은 젊은이가 통곡물 시리얼, 매크로바이오틱스 푸드와 같은 것, 또는 어쩌면 자신들이 주류가 먹는 것과는 다르다고 생각하는 식품에 매료되어 왔다"(Tonell 1970: 102). 그러나 고객으로서의 히피들의 잠재력을 이렇게 인정한 다음에 기자는 다음과 같이 지적했다. "불행하게도 히피가 아닌 사람들은 언론 매체의 주목을 받지 않으며, 우리는 미국에 아주 말쑥하고 차림새가 단정한 수백만 명의 젊은이가 있다는 사실을 잊는 경향이 있다. 반면 단지 남자아이가 머리가 길고 여자 옷 '차림'을 하고 있다고 해서, 그것이 그들이 히피랜드에서 영원히 헤맬 희망 없는, 버림받은 사람이라는 것을 의미하지는 않는다"(Tonell 1970: 114).

젊은 신참자들이 좀 더 관례적인 생활방식으로 돌아가는 방법을 발견할 때까지 건강식품 산업은 그들을 다루는 법을 배워야 했다. 이를 돕기 위해 ≪건강식품 소매업≫은 1970년에 "고객으로서의 이른바 히피 타입"에 관한 질문에 대해 소매상들이 내놓은 답변을 보도하는 두 편의 특집기사를 실었다. 그 기사에서 아이다호 폴스Idaho Falls의 소매업자 윌마 보게Wilma Voge는 거의 임상적인 설명을 제공했다. "우리 가게에는 그러한 손님이 몇 있는데, 우리는 그들이 영양에 매우 관심이 있다는 것을 알게 되었다. 그들 대부분은 건강해 보인다. 그들은 매우 친절하고 정직하다. 우리는 그들을 믿고, 그들의 캘리포니아 수표를 받으며, 지금까지 그들은 우리를 실망시키지 않았다. 그들은 대체로 곡물, 씨앗, 견과류, 그리고 몇몇 비타민과 같은 포장하지 않은 식품을 산다. 우리는 모든 고객을 똑같이 대한다"(Brooks et al. 1970). 히피들을 더 오랜 고객들과 똑같이 대우한다는 자유주의적인 단언에도 불구하고, 이 논평과 이와 유사한 논평들에는 히피들이 일반 식품 사업을 경멸하는 것과 동일한 방식으로 이 반체제 집단이 건강식품 사업에도 등을 돌리지나 않을까 하는 우려가 포함되어 있었다.

문화 충돌이 단지 산업의 고참 성원들과 젊은 소비자들 사이에서만 일어난 것은 아니었다. 새로운 반문화 기업들은 오래된 산업 기관들과 공존했고, 그 둘 간에도 이따금 얼마간의 마찰이 있었다. 앞서 자세히 언급했던, 로마 린다 대표들이 유기농상인회 모임에 방문했을 때 있었던 일에 관한 이야기도 그러한 예 중 하나이다. 그러한 경우에 다툼은 자주 심미적 또는 조직적 스타일과 관련되어 있었다(〈그림 8〉 참조). 하나의 공동체로 조직된 샌프란시스코의 레인보우 그로서리Rainbow Grocery의 회원이었던 한 사람은 레인보우에 위계서열이 없어서 나이 든 사업 동료들이 당황해했다고 말했다. 한 도매업자는 누가 책임자인지를 알 수 없기 때문에 당시에 그 식품점과 거래하기가 어려웠다고 말함으로써 그 사실을 확인해 주었다. 스타일의 차이가 가장 현저하게 드러난 것은 아마도 연례 건강식품 산업 대회 때였을 것이다. 한 제조업자는 자신이 처음으로 참석했던 한 전람회에 대해 이렇게 말했다. "내가 처음으로 관람 기회를 가진 것은 1980년 시카고 매코믹 플레이스McCormick Place에서 열린 자연식품 대회였었지. 그리고 그곳에 처음 들어섰을 때 긴 머리에 늘어진 옷을 입은 사람들과 마주쳤는데, 그중 많은 사람이 머리에 터번을 쓰고 있었어. 그리고 나는 말했지. '세상에! 이게 대체 뭔 일이지?' 알다시피 나는 쓰리피스 정장을 입고 있었거든." 한 도매업자는 비슷한 감상을 가졌지만 정반대 입장에서 다음과 같이 말했다. "우리가 갔던 첫 시사회가 기억나. 그리고 우리 가운데서 많은 반문화 타입의 사람들이 유기농 농산물이나 유기농 식품에 관해 이야기하고 있었지. 그들은 캐주얼한 리바이스를 입고 샌들을 신고 있었어. 그런데 그 산업의 토대를 이루어온, 자본이 풍부한 비타민 회사에서 나온 정장을 입은 사람도 많았지. 그리고 그 당시 두 문화가 융합되어 산업을 옛 건강식품 산업에서 새로운 자연-유기농 산업으로 실질적으로 변화시켰지." 비록 그들이 함께 일하는 법을 배웠지만, 건강식

〈그림 8〉 샌프란시스코에 있는 선셋 헬스 푸드 스토어(Sunset Health Food Store) 광고 포스터(1967). 종이에 컬러로 스크린인쇄, 20×14인치. 샌프란시스코는 새로운 세대의 자연식품 기업이 채택한 반문화 스타일의 중심에 있었다.
자료: Bob Fried, Singing Mothers LSD Relief Society Studio, Sunset Health Food Store, Smith College Museum of Art, Northampton, Massachusetts. 스미스 칼리지의 허락을 받아 수록함.

품-자연식품 분할의 밑에 깔려 있는 대조적인 지향은 몇 년 안에 산업의 균열을 야기할 것이었다.

이러한 균열의 초기 징후 중 하나가 반문화주의자들이 기존의 건강식품 옹호 단체와 그리 친화성을 느끼지 못한다는 것이었다. 이러한 친화성의 결여는 전국건강연합 같은 시민 옹호 단체와 전국영양식품협회 같은 동업조합과의 관계에서도 마찬가지였다. 그 결과 반문화주의자들은 유기농상인회(1970년경에 결성)와 지역경작Regional Tilth(1974년에 결성된 북서부의 유기농업 단체) 같은, 주로 자신들만의 지역적인 동업집단을 결성했다. 중요한 것은 당시에 새로운 산업조직이 그 조직에 상응하는 새로운 시민 옹호 단체의 성장 없이 형성되었다는 것이다. 1960년대와 1970년대 동안에 자연식품 식생활은 단순히 반문화적 라이프스타일의 한 요소로 인식되었고, 자연식품 정치는 단순히 더 큰 환경주의적 또는 반기업적 입장을 표현하는 것으로 이해되었다. 따라서 대안적인 식품 관행에 대한 지지는 일상생활의 모습을 통해서도 드러났고, 다쟁점 옹호 단체들의 어젠다 속으로 들어갈 수 있었다. 실제로 이 격렬한 사회운동 활동의 시대에는 1960년에 H. 제이 딘샤H. Jay Dinshah가 설립한 미국비건협회American Vegan Society, 1974년에 역시 딘샤가 설립한 북미채식주의자협회North American Vegetarian Society, 1975년에 프랜시스 무어 래페Frances Moore Lappé와 조지프 콜린스Joseph Collins가 설립한 식품·개발정책연구소Institute for Food and Development Policy, 그리고 1976년에 설립된 (자연건강을 지향하는 단체인) 미국페인골드협회Feingold Association of the United States와 같은 소수의 시민 옹호 단체들 — 기업과 제휴하지 않은 — 만이 자연식품의 대의를 진전시키기 위해 결성되어 있었다. 다른 한편 반문화적 생산자와 자연식품 소비자들 간의 유동적인 경계는 자연식품 장의 정치적 측면과 상업적 측면 모두에 대해 공감하는 식견 있는 사람들로 구성된 대규모 집단을 만들어내고 있었다. 1980년대에는 자연식품 옹호 단체가 급격히 증가하기 시작하며 옛 반문화주의자들이 자연식품의 장에 참여했는데, 이는 시장이 자연식품의 이상을 확산시키기 위해 조직화된 노력을 한 결과였다.

이미지 문제에 대한 재론

1960년대와 1970년대에 자연식품 추종자들의 수가 증가하고 그 운동이 더 큰 가시적 성과를 내고 있는데도 불구하고, 자연식품 장에 대한 공중의 평판은 수난을 겪고 있었다. 건강식품과 기행 간에 오랫동안 계속되어 온 연상 작용은 반문화 — 주류 기관들에 의해 조롱받기도 하고 악마화되기도 한 — 가 자연식품을 채택함으로써 더욱 고조될 뿐이었다. 비타민과 폐당밀의 효능을 확신하는 노인과 보디빌더들의 이미지가 그 당시에 그래놀라와 알팔파alfalfa 새싹을 찾아 허름한 가게를 뒤지는 히피와 자연으로 돌아간 '기인들'의 이미지와 결합되었고, 결국에는 후자의 이미지로 대체되었다. 몇몇 경우에 그러한 이미지는 불길한 조짐이었다. 1970년대 동안에 건강 전문가들은 자연식품 '패디즘'이 히피, 코뮌 거주자, 그리고 반문화에 보다 말초적으로 감동받은 젊은이들의 습관과 세계관에 통합되는 것에 대해 자주 우려를 표명했다(Dwyer et al. 1974a; Erhard 1973: 8). 행동과 생각에 대한 통상적인 평가 기준을 의도적으로 전도顚倒하는 반문화의 반체제적 관점은 애초부터 자연식품 비판가들의 중요한 관심사였던 것 — 자연식품 신봉자들은 주류의 문화적 권위가 지닌 원천을 받아들이지 않고 오히려 가치와 행동에 대한 지침을 다른 곳에서 찾는다는 점 — 을 보다 부각시켰다.

한편 언론 매체들은 조롱의 전통을 이어갔다. 이를테면 어째서 "건강식품 가게들이 사우스 캘리포니아의 두 전형적인 인물 — 즉, 테니스화를 신은 작은 노부인과 젊고 수염을 기른 맨발의 젊은 전前 급진주의자들 — 의 만남의 장소인지"를 설명하는 당혹스러운 언론 보도들도 있었다.[10] 그러나 이제 또 다른 형태의 대중문화가 건강식품 테마들을 점점 더 많이 다루기 시작했는데, 이는 의심할 바 없이 직업 연예인들 사이에서 자연식품 신봉자들이 많이 생겨났기 때문이었다. 자연식품은 1971년 닐 다이아몬드Neil Diamond의 히트곡 「크런치 그래놀라 스위트Crunchy Granola Suite」와 같은 기발한 것에서부터 〈올 인 더 패밀리All in the Family〉와 〈펀우드 2 나이트Fernwood 2 Night〉와 같은 1970년대 텔레비전 시트콤에 이르기까지 다양한 매체에서 언급되었는데, 이 코미디들은 평화의 상징들 및 공해반대 정치와 함께 맛없는 유기농 식품과 건강식품을 가족과 이웃들에게 속여 판매하는 철딱서니 없는 젊은이들을 보여줌으로써 웃음을 자아냈다.[11]

하지만 공중 사이에서 일어나는 자연식품과 반문화 간의 연상 작용은 건강/자연식품 시장에서 실제로 나타나는 다양한 모습을 가려버리는 것이었다. 젊은이들이 확실히 시장에서 중요한 부분을 차지하고 있었는데, 이는 과거에 비해 특히 더 그러했다. 그러나 이제 모든 연령 집단이 자연식품에 관심을 가지고 있었다. 1979년경에 ≪헬스 푸드 비즈니스Health Foods Business≫가 실시한 조사에 따르면, 건강식품 가게 고객의 19%가 25세 미만, 37%가 25~40세 사이, 30%가 40~65세 사이, 14%가 65세 이상이었다. 같은 조사에서 소득이 높을수록 자연식품 고객이 더 많은 것으로 나타났는데, (대략적으로 정의한) '중상'계급 가운데서는 33%, '중중'계급 가운데서는 49%가 자연식품을 찾았다면, '중하' 계급에서는 9%만이 자연식품을 찾았다. 경제적 스펙트럼의 양쪽 끝을 살펴보면, 자연식품 고객이 상층계급에서는 9%인 반면, 하층계급에서는 1%에 불과했다(Spielman 1979: 55). 1975년 시장조사 보고서에 따르면, 이 프로필과 동일하게 건강식품 쇼핑객은 평균적인 미국인들보다 훨씬 더 많은 정규 교육을 받았는데, 그중 40%가 대학 교육을 받은 것으로 나타났다(R. Hunt 1975; 또한 Licata 1981도 보라).

비판가들 역시 이러한 인구통계학적 변화에 주목했다. 비판가들도 자연식품에 관심이 있는 사람들이 교육수준이 높다는 점과 많은 사용자가 중간계급이라는 점에 대해 자주 논급했다. 정보에 입각하여 선택을 할 수 있는 사회적 지위에 있는 사람들이 자연식품을 받아들이는 쪽으로 나아가는 것을 목격하는 것은 자연식품이 가치가 없다고 확신하는 사람들에게 상당한 우려와 곤혹감을 불러일으켰다. 한 연구팀은 이렇게 말했다. "그런 까닭에 비합리적인 구매행위가 정상적인 미국 중간계급 배경을 지닌 사람들에 의해 지지받고 있다는 명백한 역설은 영양학자와 소비자 행동 연구자 모두에게 연구해 볼 만한 하나의 수수께끼이다"(Saegert, Young and Saegert 1978: 730). 건강식품 산업 종사자들에게 이 인구통계학적 특성은 하나의 수수께끼가 아니라 사람들이 충분한 지식을 가지고 자연식품 생활방식을 선택한다는 증거로 인식되었다. 그들의 동기와는 무관하게 소비자 기반의 확대는 건강식품 판매를 급증시켰다. 건강식품의 소매 판매액은 1970년에 약 1억 달러에서 1980년에는 19억 4000만 달러로 증가했다.[12]

건강/자연식품 판매가 급격히 증가하고 고학력의 부유한 인구가 그러한 식품들에 관심을 보이면서, 건강식품 산업은 이 산업이 비관례적인 라이프 스타일을 가진 사람들이 먹는 이상하고 맛없는 식품을 판매한다는, 대부분의 사람 사이에서 오래 지속되어 온 인식을 극복할 수 있다면 지속적인 성장을 할 수 있을 것으로 기대하게 되었다. 두 가지 발전 — 하나는 산업 외부에서의, 그리고 다른 하나는 산업 내부에서의 — 이 결국 이 희망을 실현할 수 있게 해주었다. 첫째, 1960년대와 1970년대의 문화적 혁신과 반권위주의적인 정치는, 나이가 들고 부유해짐에 따라 반문화의 보다 급진적인 많은 표현을 뒤로 하면서도 개인의 건강과 요리 모험에 대한 강한 관심은 그대로 유지하는 일군의 사람들을 대규모로 만들어냈다. 둘째, 자연식품 기업들은 그러한 관심을 이용하는 방법과 더 많은 주류 고객을 대상으로 하는 새로운 소비의 장을 여는 방법을 배웠다. 반문화의 요소들과 자신을 동일시하는 기업가들은 반문화적 상징을 일단의 새로운 문화적 의미 — 하위문화에 몰두하거나 질서의식 또는 상향이동과 관련한 전통적 가치를 포기하지 않으면서도 새로운 것과 쾌락주의적 즐거움에 대한 감각, 개인의 자율성에 대한 존중, 자연에 대한 존중은 유지하는 — 로 재가공하기 위해 노력했다.

아마도 이러한 문화적 의미의 변화는 1970년대 후반 이래로 자연식품 가게를 특징짓던 새로운 미학의 발전에서 가장 잘 드러났을 것이다. 자연식품 매장들은 더 커지고 더 깨끗해지고 더 밝아졌고, 잘 정돈된 멋진 진열대는 신선한 농산물과 다양한 종류의 포장된 건조식품들로 가득 차기 시작했다. 그 산업의 열광적인 지지자들은 오래전부터 소매상들에게 조명이 밝은 가게가 현대식 가게라고 말하면서 가게의 희미한 조명을 개선해 달라고 촉구해 왔다.[13] 그리고 1960년대와 1970년대에는 건강/자연식품 소매상들 역시 형편없는 매장 관리와 우중충한 외관으로 자주 싫은 소리를 들었다(Phillips 1976; Gifford 1973). 청결에 대한 새로운 관심이 보다 위생적인 환경에 대한 자연스러운 충동에서 비롯되었다고 추측할 수도 있지만, 그것은 부분적으로는 반문화의 미학을 부정하는 것이었다. 바닥의 톱밥, 조잡한 나무 선반, 열려 있는 많은 식품 저장 통 등으로 구성된 옛 스타일의 가게 장식이 인공적인 것을 없애고 음식과 신체의 관계를 강화하기를 바라는 반문화주의자들에 의해 찬양된 반면, 비난자들은 그것을 그저 어수선한 것으로 보았다. 오늘날 업계의 고참들은 종종 과거 가게의 지저분함을 현재 상점의 청결함과 비교하면서, 전자를 주류가 자연식품을 수용하는 데 방해가 된 것으로, 그리고 후자를 진보의 표시로 강조했다. 업계의 한 성원은 이렇게 말했다. "그 당시에 자연식품 가게는 쇼핑하기에 그렇게 즐거운 장소가 아니었지. 양조장의 효모 냄새가 났어." 이와 대조적으로 현재의 기준은 가게와 가게에서 파는 제품들이 자연 그대로의 모습과 냄새를 유지하는가 하는 것이다.

산업 내부자들로부터 자연식품 쇼핑의 경험을 바꾸는 데 (그 과정에서 산업 전반의 관행을 변화시키는 데) 가장 큰 영향을 미친 인물로 인정받는 사람이 바로 샌디 구치이다. 전직 교사인 구치는 자연식품 식생활을 통해 자신의 심각한 건강 문제를 극복하는 데 도움을 받은 후에 자신의 가게를 열기로 결심했다. 그녀가 로스앤젤레스 지역에 설립한 소매 체인점인 미시즈 구치스의 첫 매장은 1977년에 문을 열었다. 거의 5000평방피트에 이르는 이 매장은 당시의 평균적인 건강식품 가게보다 훨씬 더 컸을 뿐만 아니라 외관이나 상품 진열에도 꼼꼼하고 세심한 주의를 기울였다. 건강식품 산업에 오랫동안 몸담은 한 성원에 따르면, "그녀는 사람들이 쇼핑을 즐길 수 있는 상점을 계획했다. 그녀는 어둠을 제거했다. 그녀는 냄새를 제거했다. 그녀는 지저분한 것을 제거했다. 그녀는 쇼핑의 비효율성을 자연식품 가게에서 제거했다. 그녀는 매장들을 식료품 가게처럼 만들었다. 그녀는 그곳을 '식품 극장food theater'이라고 불렀다. 그녀는 그곳을 하나의 경험으로 삼았다. 그녀는 그곳을 당신이 그곳에 갔던 것에 대해 자부심을 가질 수 있는 장소, 즉 당신이 쇼핑 경험을 자랑할 수 있는 장소로 만들었다."

구치 자신이 내게 말했듯이, 그녀의 가게는 몇 가지 측면에서 그 당시로서는 특이했다. 그 넓은 공간이 청결하게 유지되었다. 환경도 흠잡을 데 없었으며 식품도 흠이 없었다. 구치는 크기와 모양, 신선도 등을 고려하여 식품점들이 기존 농산물에 사용한 것과 유사한 유기농 농산물 등급체계를 개발했다. 그녀와 거래를 하고 싶은 농부들은 최고 기준에 맞추어야 했다. 그녀는 또한 자신의 교사 시절 경험으로부터 **실물 교재**realia라는 개념 — 교실에서 물질을 이용하여 테마를 시각적으로 표현하는 것을 의미하는 — 을 가져왔다. 구치는 이 아이디어를 채택하여 자신의 독창적인 가게 전체에 어린아이들과 어른들이 볼 수 있는 흥미로운 것들을 만들어냈다. 이를테면 진열대 위에 놓인 작은 풍경 사진은 고객들에게 추수를 환기시켰다. 마찬가지로 그녀의 홍보 자료는 가격을 강조하기보다는 자신에게 농산물을 공급한 농부들에 관한 이야기나 자연식품이 어떻게 일반 식품과 다르게 생산되는지에 관한 이야기를 들려주었다. 이러한 방법으로 그녀는 그 가게와의 만남을 교육적이게 그리고 재미있게 만들었다.

그녀의 가게들은 좋은 건강은 자연식품을 먹는 데서 비롯된다고 강조했지만, 구치는 또한 자연식품 식생활이 개인적인 희생을 수반하지 않는다는 것을 보여주기 위해서도 많은 일을 했다. 그 성과는 그녀가 건강식품 산업에서 끊임없이 제기되는 타협 문제와 정면으로 대결한 방식에서 엿볼 수 있었다. 그 산업의 초창기 이후 자연식품 지지자들은 기업들이 더 많은 고객을 끌어들이기 위해 자연식품의 윤리로부터 얼마간 이탈하는 문제를 놓고 계속해서 토론을 벌여왔다. 구치는 이에 대해 단호한 입장을 취하기로 결정했고, 그녀는 자연적이지 않은 식품들은 자신의 매장들 안에 들여놓지 않는다는 것을 서약하는 다음과 같은 기준을 개발했다(하지만 그녀의 철학에 채식주의는 포함되어 있지 않았다). "정제 밀가루나 설탕, 경화유, 인공 감미료, 초콜릿, 카페인, 독성 방부제, 인공 향료, 또는 유해 염료와 첨가물로 만들어진 그 어떤 식품, 음료, 비타민, 화장품 또는 가정용 제품도 판매하지 않는 것이 우리의 목표이다."[14] 하지만 소비자들에게 그러한 선택을 강요할 수 없기 때문에, 미시즈 구치스는 그 기준을 소비자들이 안심하고 제품을 구입할 수 있게 하는 하나의 신뢰할 수 있는 보증서로 삼았다. 회사가 성장하면서 2년이나 3년마다 새로운 매장이 추가되어, 구치는 결국에는 일곱 개의 체인점을 가지게 되었다. 그리고 이 회사가 자연식품 생산자들의 주요 고객이 됨에 따라 산업 전체에서 미시즈 구치스의 기준을 충족시키는 제품을 지칭하는 말로 '구처블goochable'이라는 용어가 사용되었다. 그 표현은 미시즈 구치스라는 이름이 홀푸드에 흡수된 이후에도(홀푸드는 1993년에 미시즈 구치스를 인수했다) 몇 년 동안 그 자리에 남아 있었다.

미시즈 구치스를 방문하는 것이 고품질의 세계로 들어가는 것임을 약속했던 것과 마찬가지로, 그 가게는 자연식품 라이프 스타일이 사치나 탐닉을 배제하는 것을 필요로 하지 않는다는 것도 입증했다. 전형적인 건강식품 가게가 영양에 관한 강의를 하는 것처럼, 미시즈 구치스는 로스앤젤레스 전역의 여러 곳에서 "미식가를 위한 채식주의 요리"와

"휴일의 가족과 친구 대접" 같은 주제를 다루는 수많은 요리 교실을 후원했다.[15] 또 다른 혁신은 식품과 그 식품을 보완하는 비식품 품목을 통합한 선물 코너를 설치한 것이었다. 구치는 그렇게 함으로써 자연식품이 소비자들이 다른 사람들과 공유할 수 있는 즐거운 어떤 것임을 시사했다. 이와 유사하게 구치의 방법은 부모와 아이들 사이에 공유된 코즈모폴리턴적 취향을 길러주는, 새로 부상하는 '가족 라이프 스타일'과도 부합했다. 그 소매점은 학생과 교사들을 위한 학교 투어를 후원함으로써 어린아이들에게 스스로 미시즈 구치스의 팬이 되어 부모와 함께 자연식품을 즐기도록 했다.

이러한 방법 모두를 통해 그 가게는 전통적인 자연식품 신봉자들과 함께 종래의 건강식품 가게의 전형적인 단골손님들에 비해 더 주류적이고 부유한 고객들을 끌어들였다. 한 저널리스트가 썼듯이, "미시즈 구치스는 자연식품을 중간계급을 위한 안전한 식품으로 만들었다."[16] 1980년대에는 콜로라도주 볼더에 있는 알팔파스Alfalfa's와 보스턴 지역에 있는 브레드 앤 서커스Bread and Circus를 비롯하여 '슈퍼 자연식품 매장' 스타일을 채택한 다른 대형 소매점들도 물론 있었다. 그러나 미시즈 구치스는 자연식품에 대한 공중의 인식을 바꾸고 다른 소매업자들이 모방할 수 있는 모델을 제공하는 데서 특히 큰 영향을 끼쳤다. 이는 미시즈 구치스가 급격히 성공했기 때문이기도 하고, 미시즈 구치스가 미국의 문화적 유행의 선도지이자 건강식품 산업의 오랜 중심지인 남부 캘리포니아에 위치했기 때문이기도 했다. 슈퍼 자연식품 매장의 스타일은 자연식품의 이미지를 변화시키는 데 도움을 주었는데, 20세기 말경에는 자연식품은 양질, 코즈모폴리터니즘, 다양성, 맛있음 — 좋은 건강과 자연의 직접적인 관계를 오랫동안 연상시켜 온 특성들 — 의 이미지를 전달했다. 하지만 자연식품은 여전히 공중에 의해 얼마간 보헤미안적인 것으로, 그리고 반체제적인 식품 선택으로 인식되었다. 그러나 적어도 소비의 영역에서 반체제적인 것은 이제 파괴적인 것보다는 새로운 유행을 좇는 것으로 이해될 가능성이 더 컸다.[17] 자연식품의 지위는 확실히 상승하고 있었다.

계급 정체성 획득하기

1980년대에 미시즈 구치스와 소매점들이 자연식품 상품들이 자신의 라이프 스타일과 어떻게 부합하는지를 자각한, 그리고 가게에서 단골로 인식되는 것을 자랑스러워하는 부유한 소비자를 양성하는 동안에, 자연식품 제조업자들은 자신들만의 혁신을 이룩하고 있었다. 1960년대와 1970년대의 추세와는 거꾸로 포장된 브랜드 자연식품이 증가하면서, 자연식품은 전업주부가 있을 것 같지 않은 가정에 편익을 제공했고, 먹을 수 있는 제품의 변질에 대한 걱정을 덜어주었다. 이 점에서 1982년의 타이레놀 공포 — 시카고 지역 5개 슈퍼마켓과 약방에서 청산가리를 넣은 병입 진통제가 판매되어 7명이 사망했다 — 는 중요한 사건이었다. 그 사건은 비록 실제로 불법적인 식품과 약품 변조의 새로운 시대를 예고하지는 않았지만, 낯선 사람 전반을 더욱 의심스럽게 바라보게 함으로써 일상적인 물건의 안전에 대한 우려를 고조시켰다. 자연식품도 그러한 공포에서 벗어나 있지 못했다. 안전과 위생에 대한 우려는 대량으로 판매되는 식품을 규제하는 새로운 FDA 지침과 주법의 제정으로 이어졌다.[18] 물품이 통에서 가방으로 직접 떨어지게끔 만든 노터치 큰 통이 규정에 맞게 개발되었지만, 밀봉된 상자 — 자연적인 것으로 표시되어 있지만 확실히 비자연적인 플라스틱과 코팅된 종이로 만든 — 에 담긴 제품이 선호되면서 대량 판매 식품은 전반적으로 감소하기 시작했다.

포장되어 상자에 담긴 이 물품들은 과거의 건강식품과는 다르게 보이고 맛이 달랐다. 자연식품 가게의 미학이 변화하는 것과 동시에 포장도 새로운 외양을 취하고 있었다. 한 자연식품 도매업자는 이렇게 회상했다. "포장이 예뻐지기 시작했고, 산업에 들어와서 일할 전문 마케팅 담당자들, 그러니까 칙칙하고 별 특징이 없고 아주 이상해 보이던 포장을 [대신할] 멋있어 보이도록 포장하는 방법을 알고 있는 사람들을 채용하기 시작했지." 멋있어 보이도록 전문적으로 포장된 식품은 맛이 더 좋은 제품을 암시했고, 그 제품들은 일반 식품과 마찬가지로 아무런 문제가 없다고 소비자들을 안심시켰다. 포장은 장거리를 통해 배송되거나 창고나 상점 선반에 오랫동안 놓여 있을 수도 있는 물품을 보존해 주기 때문에, 보다 기능적인 목적에도 기여한다.

매력적인 포장을 새로 강조하는 것과 더불어 자연식품의 맛도 새롭게 강조되었다. 1960년대와 1970년대에는 정신 나간 열렬한 히피들이 맛이 없는 특별히 고결한 식품을 발견했음을 암시하는 논평들과 함께 건강식품은 지독하게 맛이 없다는 가정이 널리 퍼져 있었다. ≪하퍼스 바자Harper's Bazaar≫는 자연식품을 경멸하는 한 전형적인 기사에서 "그 래놀라는 가죽만큼 잘 씹히지 않고 맛도 전혀 없다"라고 지적했다 (Gittelson 1972: 32). 하지만 앞서 언급한 아시아의 영향과 마찬가지로 자연식품 옹호자들로 하여금 특이한 재료, 맛, 요리 스타일을 실험하도록 이끈 것은 생소한 것을 기꺼이 맛보려고 하는 의지였다. 1980년대 경에 특별한 맛이 없고 다양하지 않은 것으로 알려진 '히피' 음식이 '민족' 음식과 특정한 미식가적 경향과 궤를 같이하게 되었고, 그 결과 자연식품이 좋은 취향과 맛있는 제품의 상징으로 주장되기 시작했다.

좋은 식품과 자연식품의 관계는 자연식품의 정체성은 채택하지 않으면서도 자연식품 원리의 일부 측면은 채택한 요리계의 인물들에 의해 더욱 진전되었다. 1971년에 버클리에 있는 고급 레스토랑 셰 파니스Chez Panisse를 설립한 앨리스 워터스Alice Waters도 그런 인물 중 한 명이었다. 셰 파니스는 지역에서 생산된 매우 신선한 재료를 사용하는 것으로 알려진, 미국에서 가장 명성 있는 레스토랑 중 하나가 되었다. 비록 나중에 워터스는 지속가능성을 공개적으로 옹호하는 사람이 되었지만, 그는 수년 동안 맛없는 음식을 연상시킬 수 있다는 우려에서 건강식품, 자연식품, 심지어는 유기농 식품에 대한 어떠한 언급도 피했다(Waters 1990: 115; Fromartz 2006: 121). 하지만 그녀의 레스토랑이 대중화에 일조한 '캘리포니아 요리'는 신선한 농산물 및 그 밖의 최소 가공식품들을 미식가 식품과 같은 것으로 만드는 데서 큰 역할을 했다.

자연식품이 점점 더 고급 요리 경험과 연관지어지면서, 자연식품은 부유한 사람들이 선택하는 식품으로 인식되기 시작했다. 여기서 중요한 것은, 이전 시대에는 풍요와 자연식품이 문화적으로 연계되지 않았다는 점을 인식하는 것이다. 오늘날에는 많은 논평자가 자연식품과 경제적 특권층 간의 관계를 암시하기 위해 여러 가지 지표 ― 이를테면 그러한 품목의 높은 가격과 사회적 엘리트들이 그 품목에 대해 갖는 관심 ― 를 지적하고 있지만, 자연식품 장의 역사 대부분 동안에 그 지표들이 공중으로 하여금 건강식품을 주로 부유한 사람들이 소비하는 식품으로 인식하게 하지는 않았다. 실제로 20세기 말까지 자연식품 식단을 차리는 비용은 크게 다를 수 있었고, 건강식품의 실제 가격은 그 식품을 소비하는 사람들의 사회계급과 별 관계가 없었다.

한편 금욕주의와 자급자족의 윤리는 자연식품을 일반 식품을 먹는 것보다 비용이 덜 들게 할 수 있었고, 실제로 과거에는 많은 자연식품 옹호자가 자연식품이 어떻게 식비를 절감시키는지를 강조함으로써 자연식품을 장려했다. 자연식품 옹호자들이 지적했듯이, 고기는 비싼 식품이기 때문에 채식주의를 채택하는 것은 가계 돈을 절약할 수 있었다. 그리고 일반 공장에서 생산되는 식품은 가공·포장·운송에 들어가는 비용 때문에 그러한 식품을 스스로 재배하거나 준비한 음식보다 더 비싸게 만드는 경향이 있었다(Cooper 1917; Latson 1902; Borsodi 1933: 14). 다른 한편 건강식품을 구매하는 것은 일반 제품을 사는 것보다 자주 비용이 더 많이 들었다. 가격 차이가 나는 이유는 주로 건강식품을 파는 장소 — 건강식품 가게 — 가 일반 식품점보다 이윤 폭이 더 컸기 때문이다. 적어도 슈퍼마켓이 미국 소매업계에 진입한 1930년대부터 그랬다. 미국 농무부의 연구에 따르면, 1972년경에 슈퍼마켓은 표준 장바구니와의 물가 차이가 11.00달러인 반면, 건강식품 가게는 21.90달러였다(R. Hunt 1975). 하지만 이것이 건강식품 가게의 단골손님이 전적으로 부유층임을 의미하는 것은 아니었다. 건강식품 반대자들은 넉넉하지 못한 사람 가운데서 그토록 많은 사람, 특히 노인들이 건강식품 가게에서 계속 쇼핑을 한다는 사실에 자주 놀라움을 표시했다.

역사적으로 건강식품을 구입하는 데 드는 비용이 부유한 사람들의 라이프 스타일을 특징짓지 않았던 것처럼, 사회적 엘리트들이 자연식품 식생활을 채택하는 데서 자주 선봉에 섰다는 사실이 건강식품을 상승이동을 상징하는 것으로 만들지는 않았다. 실베스터 그레이엄을 추종한 초월주의 지식인들에서부터 존 하비 켈로그의 요양원을 찾는 저명한 방문객들과 건강식품을 신봉하는 할리우드 영화와 텔레비전 스타들에 이르기까지 문화계 귀족들이 자주 자연식품을 섭취했다. 하지만 유행과 지위에 관한 '트리클 다운trickle-down' 이론(Veblen 1953; Simmel 1904)과는 모순되게, 자연식품의 소비는 일반 소비자들에게 어떠한 반사 지위reflected status도 부여하지 않았고, 그러한 라이프 스타일은 대다수의 중간계급 사이에서도 여전히 유행하지 않았다. 자연식품을 판매하고 소비하는 스타일이 중상계급 라이프 스타일의 다른 측면들과 부합하게 변화한 것은, 즉 그러한 문화적 연관성이 공고해진 것은 20세기 말에 이르러서였다.

사회학자들은 음식 선택이 사회계급과 상응하여 이루어지는 방식에 상당한 관심을 기울여왔다. 즉, 많은 사람이 피에르 부르디외Pierre Bourdieu를 따라 사람들이 사회적으로 우월한 음식 취향을 드러냄으로써 어떻게 구별짓기를 시도하는지를 묘사해 왔다(Alkon and Agyeman 2011; Johnston and Baumann 2007; Warde 1997). 이용자들을 구별지어 주는 것은 개별 소비재가 아니라, 일련의 취향 또는 부르디외(Bourdieu 1984)가 '성향disposition'으로 지칭한 것에 기초한 존경받는 전체 생활양식이다. 1940년대와 1950년대의 유명인사들이 중간계급 미국인들로 하여금 이따금 건강식품을 소비하도록 고무했을 수도 있다. 그러나 자연식품이 하나의 삶의 방식으로 정당화된 것은 산업과 시민 옹호자들의 자연식품 홍보 방식이 당시 새롭게 생겨나고 있던 소비자 라이프 스타일과 부합되도록 바뀌고 나서였다. 자연식품을 구입하고 소비하는 미학과 경험은 그다음에야 쾌락주의, 코즈모폴리터니즘, 자율성, 진정성, 자연의 존중 등의 라이프 스타일을 열망하는 (그리고 그러한 라이프 스타일을 지지할 수 있는 소득을 누리는) 일군의 사람들이 선호하는 가치 및 행동과 부합하게 되었다. 자연식품이 부유하고 교육받은 세속적인 사람들과 연관된 제품의 범주로서 명성을 획득한 것도 바로 그 시점이었다.

이러한 변화와 함께 가격 자체도 새로운 문화적 의미를 획득했다. 공중의 인식에서 건강식품의 높은 가격은 건강 광신자들의 비합리성을 나타내는 것에서 삶에서 더 좋은 것을 찾는 특별한 안목과 자기 돌봄에 대한 칭찬할 만한 관심을 보여주는 것으로 바뀌었다. 자연식품 산업이 보다 정교한 마케팅에 투자하고 임대료가 비싼 지역에 대형 매장을 개장하여 고객을 확장함에 따라 새로운 비용이 발생했다. 그러나 그 산업은 가격 프리미엄이 실제로 유리하게 작용할 수도 있다는 것을 발견했다. 한 콩 제품 제조업자는 이렇게 말했다. "음, 그래, 그건 프리미엄 문제야. 나는 항상 경쟁자보다 40센트 더 비싸게 받고 싶어. 그러나 그게 우리가 할 일이라면, 우리는 항상 더 나아져야 해. 그렇게 해서 내가 그 가격을 정당화해야 해." 이 제조업자의 경우에 가격은 자신의 제품이 시장에 있는 다른 제품보다 품질이 더 뛰어나고 고로 안목 있는 감성을 가진 소비자를 지향한다는 것을 알리는 역할을 한다. 이런 식으로 그 산업은 자연식품의 주요 고객을 더 높은 가격을 지불할 수 있는 사람들로 바꿈으로써 경제적·문화적 이익을 얻을 수 있다는 것을 깨달았다.

따라서 21세기경에 우리는 존스턴과 바우만(Johnston and Baumann 2010)이 묘사한 미식가의 음식 풍경을 목도하는데, 거기에서는 지속가능성, 윤리성, 이국성, 진정성 등의 덕목을 나타내는 유기농 식품, 지역 식품, 민족 식품, 장인 식품을 소비함으로써 구별짓기가 이루어진다. 이러한 덕목은 홀푸드 마켓이나 직거래 레스토랑의 수많은 고객에게는 자명한 것으로 보일 수도 있지만, 오늘날 매우 칭송받는 식품들 및 그 식품들과 관련된 라이프 스타일은 그것들이 문화적 스타일 — 처음에는 반문화에서 발전하여 1980년대에 풍요함에 의해 변화된 — 과 연결되기 전까지는 신뢰받지 못했다.

자연식품 라이프 스타일이 주류의 먹기 관행에 대한 실행 가능하고 존중할 만한 하나의 대안으로 인식되자, 그러한 삶의 방식을 확산시키려는 관련 운동 역시 보다 신뢰할 수 있는 정치적·문화적 힘이 되었다. 그러나 그 운동은 새로 발견된 영향력을 행사하는 것과 동시에, 강화된 정당성의 득과 실 모두와 씨름도 해야 했다. 자연식품의 고객들은 과거보다 더 주류에 속하는 사람들이었을 뿐만 아니라, 일반 식품업계 역시 자연식품 판매에서 이윤 잠재력을 발견했다. 이러한 발전은 새로운 긴장을 유발했는데, 자연식품 산업과 운동이 자신들 가운데에서 매우 다양한 동기를 가진 사람들을 발견했기 때문이다. 놀랄 것도 없이 주류화는 이전에 그 운동에서 매우 중요했던 정치사상, 철학, 상징들의 많은 것을 수정하게 했다(일부 사람들은 이를 희석화라고 칭할 수도 있을 것이다). 다음 장에서는 이러한 일련의 갈등들에 대해 논의한다.

제7장

경계선 긋기

자연식품 장에서의 경계 논쟁

21세기로의 전환기쯤에 자연식품 라이프 스타일을 부분적으로 채택하는 사람들의 수가 계속 증가하면서 자연식품 산업은 1997년에 155억 달러의 매출을 올렸고, 그리하여 하나의 중요한 경제세력이 되었다 (Hartman and Wright 1999: 7).[1] 자연식품에 대한 확대된 관심은 자연식품 운동의 문화적 승리에 의해 확실히 더욱 확산되었다. 시간이 지나면서 자연식품 신봉자들에 대한 공중의 이미지는 맛없는 음식에서 덕목을 발견하는 마약에 취한 샌달 차림의 히피가 아니라 잘 먹는 동시에 환경을 위해 좋은 일을 하고 싶어 하는 새로운 유행을 좇는 부유한 전문가들과 점점 더 연관지어졌다. 당시 고기와 가공식품으로 가득한 식단과 관련된 건강 문제에 관한 주장들이 과학적인 증거에 의해 실증되고 있었고, 사람들이 자연식품 레퍼토리에 속한 음식을 진정으로 좋아할 수 있다는 생각 역시 더 이상 이상해 보이지 않았다. 자연식품 운동은 또한 추가적인 성공을 거둘 태세였다. 학교, 일터의 카페테리아, 병원 주방, 그리고 다른 주류 기관들도 곧 자연식품을 자신들의 판매품목에 포함시킬 참이었다.

다른 한편 자연식품 운동이 공공정책에 영향을 미치고 재래식 건강관리 및 식품 생산 영역을 개혁할 수 있는 능력에 대한 견해는 더욱 엇갈렸다. 의료 전문직은 그 어느 때보다도 영양을 심각하게 받아들이고 있었지만, 여전히 자신들의 특권을 빈틈없이 방어했고, 의료 권위와 일반 약품 제도를 우회하려는 자연식품 지지자들의 시도를 의심스러운 눈으로 바라보았다. 정부 기관들이 자연식품 옹호자와 기업들에 반대하는 캠페인을 벌일 가능성은 과거에 비해 적었지만(하지만 이따금 단속했다), 공공정책은 여전히 기존 농식품 분야를 지지했다. 그리고 후자의 부문이 현재 자연식품 시장을 공략하기 위해 노력하고 있지만, 식품의 생산과 유통은 대부분 여전히 산업적 방법 — 대다수의 미국인이 먹는 제품과 자연 간에 큰 거리를 만들어내는 — 에 의해 지배되고 있다.

자연식품의 판매량, 신봉자 수, 정당성의 증가는 의료기관 및 식품기관들이 그러한 급격한 변화에 반발하고 나섬에 따라 자연식품 장에 내에서 여러 갈등 역시 강화시켰다. 이러한 분열은 자연식품 영역 내에서의 경계 논쟁을 축으로 연합되었다. 이 논쟁은 자연적인 것과 그렇지 않은 것으로 간주되는 것을 구분하는 선, 어떤 소비자와 기업이 운동의 내부자이고 외부자인지를 구별하는 선, 그리고 그러한 경계선을 어디에 그을지 결정하는 권한을 누가 가지는지에 대한 문제와 관련되어 있었다. 이러한 갈등은 건강식품 산업이 처음 설립된 이후 계속해서 자연식품 장에 존재해 왔지만, 자연식품의 잠재적 시장이 커지고 그런 식품의 소비가 점점 더 주류화되면서 더욱 가시화되었다.

내부와 외부를 구분하는 경계를 어디에 그어야 하는가 하는 문제는 그 장의 참여자들과 그들을 연구하는 학자들 모두가 직면하는 문제이다. 플리그스타인Fligstein과 매캐덤McAdam 교수는 장 이론theory of fields을 확립하는 유용한 연구에서 분석적 범주를 명확하게 설정하고자 하는 학자의 욕구가 장의 성원 자격에 관한 참여자들의 관점과 항상 일치하지 않을 수도 있다는 점을 인정한다. 그럼에도 불구하고 플리그스타인과 매캐덤은 보다 엄격한 회원자격 기준을 선호하며, 장은 "누가 플레이어들이고 그들이 어떤 지위를 차지하는지에 대한 합의"와 "장을 작동시키는 규칙에 대한 합의"를 필요로 한다고 제시한다(Fligstein and McAdam 2012: 216). 이러한 정식화는 분석가로 하여금 장의 윤곽을 더 쉽게 구체화하게 하기도 하지만, 장의 경계에 있는 참여자들에게 상당한 의미를 갖는 경향이 있는 경계 협상으로부터 주의를 다른 것으로 돌리게 하기도 한다. 실제로 행위자들이 경계 논쟁을 하는 방식은 장의 활동과 그 속에서 변화가 일어나는 방향에 영향을 미친다(Zietsma and Lawrence 2010).

플리그스타인과 매캐덤의 지적처럼, 장은 기존의 참여자들에게 도전자 역할을 하는, 그리고 장에 의해 흡수되는 과정에서 종종 그 장을 변화시키는 외부인들의 '침략'에 의해 자주 탈안정화된다(Fligstein and McAdam 2012: 99). 내가 건강식품 산업에 진입한 반문화주의자들을 설명하면서 보여주었듯이, 이 과정은 자연식품 장에서도 관찰된다. 그러나 자연식품의 경우는 탈안정화의 세력이 비단 적극적인 도전자들뿐만이 아니라는 것을 보여준다. 도전자와 현재의 참여자 모두에게 잠재적 지지자로 여겨지는 보다 적극적인 신참자 집단들 역시 장 내에서 경계 논쟁과 혼란을 촉발시키는 역할을 한다. 정확히 말하면, 그러한 신참자들은 기존의 입장과 규칙에는 관심이 없기 때문에, 그 장의 고객 대열이나 대중 성원에 신참자들이 유입되는 것은 적극적인 도전자들보다도 훨씬 더 기존의 경계를 위협한다.

자연식품 장의 역사 내내 자연식품 제품의 소비자 기반이 확대되고 자연식품 운동을 지지하는 사람들의 폭이 확장되어 온 것은 자연식품 장으로 하여금 자연식품의 범주를 보다 느슨하게 이해하도록 유인해 왔는데, 이는 더 광범위한 소비자 취향과 정치적 취향을 그 범주에 포함시키게 하고, 또한 기업들로 하여금 보다 자의적으로 그러한 취향에 영합하게 한다. 하지만 자연식품 라이프 스타일의 정의를 확장하는 것은 또한 그 개념의 본연을 위태롭게 할 수도 있다. 자연식품 산업에서 일하고 옹호 활동에 참여하는 사람들은 기본 원칙을 엄격하게 준수하는 것(이는 선택의 폭을 줄이고 그 범주의 매력을 약화시킬 가능성이 크다)과 새로운 신봉자들을 끌어들이고 또 가능한 한 이상을 널리 전파시키기 위해 원칙을 보다 유연하게 (그리고 덜 의미를 지니게) 만드는 것 사이에서 균형을 잡는 문제에 직면한다. 내가 이 장에서 보여주듯이, 이러한 긴장은 1960년대부터 현재까지 자연식품 홍보의 배후에서 항상 작동해 왔다.

이러한 긴장을 예증하는 쟁점 중에서 특히 세 가지 쟁점과 그 쟁점들을 해결하려는 시도를 살펴보자. 자연적인 것과 비자연적인 것을 구분하는 경계선의 모호함을 예증하는 첫 번째 쟁점은 비타민 보충제 및 여타 보충제의 지위와 관련되어 있다. 보충제는 자연식품 산업 내에서 주요한 수익 창출원이며, 또한 종종 새로운 소비자들을 자연식품 라이프 스타일로 진입시키는 제품이기도 하다. 따라서 보충제는 자연식품 산업이 경제적으로 성장을 지속하고 자연식품 운동에 대한 지원을 확대하는 데서 핵심적인 제품이었다. 게다가 지난 100년의 많은 시간 동안 건강식품 산업의 주요 회사 중 많은 회사가 보충제 회사였다. 이들 회사는 동업조합의 주요 후원자이자, 건강식품을 판매하고 소비할 권리를 옹호하는 법적 투쟁과 자연식품에 대한 공중의 이미지를 개선하기 위한 홍보 활동의 후원자였다. 그러나 보충제는 또한 자연식품 장의 일부 성원에 의해 실제로 자연적인 것으로서의 자격도, 그리고 하나의 식품으로서의 자격도 갖지 못하는 것으로 인식되었다. 게다가 보충제의 성분과 효과에 대한 허위 표시와 관련하여 계속된 물의는 자연식품 장이 획득한 정당성의 이득을 헛되게 할 우려가 있다. 이러한 이유에서 일부 옹호자들은 자연식품 범주에서 보충제를 완전히 밀어내고 싶어 하기도 한다.

운동 내부와 외부를 나누는 경계의 불확실성을 강조하는 두 번째 쟁점은 주요 기업들이 자연식품 장에 진입하는 것과 관련되어 있다. 1980년대 이후 자본을 확보하고 경쟁을 무력화하기 위해 기업들이 합병에 나섬에 따라 자연식품 산업 — 특히 소매업과 도매업 — 에서 상당한 통합이 이루어졌다. 동시에 제조업과 소매업 수준 모두에서 일반 식품 회사들은 인수를 통해서이든 아니면 자신들의 제품 생산을 통해서이든 간에 점점 더 성장하는 자연식품 시장에 진입하기로 결정해 왔다. 자연식품에 윤리적으로 헌신하는 사람들에게 이것은 걱정스러운 발전이었다. 그것은 자연식품의 지위를 경제적 주변으로부터 끌어올린다는 의미에서는 성공을 상징하지만, 자연식품의 산업화 — 20세기 초반부터 자연식품 옹호자들이 비판해 온 것과 동일한 종류의 많은 관행에 생산자와 유통자들이 빠져들기 시작하는 — 를 상징하기도 한다. 이 과정은 일반 식품 회사와 자연식품 회사 간의 경계를 모호하게 한다.

누가 경계 논쟁을 해결할 권위를 가지는지와 관련한 갈등을 예시하는, 여기서 논의하는 마지막 논쟁의 영역은 **인증** — 제품에 유기농업, 인도적 사육, 지속가능성, 공정무역 등의 속성과 관련된 기준을 충족하고 있음을 보증하는 스탬프를 부여하는 과정 — 과 관련되어 있다. 이러한 표준의 성문화는, 그 범위가 너무 넓어 비공식적 수단으로는 규제하기 힘든 장에서 자신의 온전한 모습을 회복하는 방법으로 인식된다. 인증은 자연식품에 대한 공중의 신뢰를 증대시키고 자연식품과 비자연식품을 구분하는 경계를 명확히 하기 위한 것이다. 그러나 이 과정은 또한 제도화된 권위와 건강과 식품에 대한 표준화된 접근방식을 멀리하고자 해온 자연식품 운동의 전통을 뒤집는 것이기 때문에 모순을 포함하기도 한다. 인증 과정에서는 자연 — 생명을 떠받치는 자연환경과 각 개인의 자연적 몸 모두 — 을 궁극적인 전거로 인식하는 대신에, 그리고 제품이 자연에서 발견되는 상태에 얼마나 근접하게 부응하는지에 따라 제품의 순수성을 측정하는 대신에, 국가나 다른 관료제적 기관들이 관리하는 협상된 규칙들이 무엇이 도덕적 가치를 가지는지 그리고 무엇이 건강한지와 관련한 결정을 규제한다. 아이러니하게도 자연적인 것과 관례적인 것의 경계를 명확히 하고자 하는 노력 속에서 인증은 산업화 과정을 심화시키고, 나아가 자연식품 본래의 자족 윤리를 약화시킨다.

자연식품 운동과 자연식품 산업이 서로 얽혀 있는 상황에서 이들 쟁점 각각은 운동의 이상을 지지하는 사람들과 단순히 자연식품으로부터 이익을 얻고자 하는 사람들을 식별하는 문제를 야기한다. 자연식품 운동이 작고 주변적이었던 과거에는 운동을 지지하는 사람들은 친구와 적을 구분하는 자신의 능력을 의심하지 않았다. 잘난 척하는 사람들로부터 진정으로 헌신하는 사람들을 식별하기 위해 사용된 기준은 자연적인 것과 맺는 일관적인 관계, 그리고 산업적 가공 및 산업제품에 대한 기피였다. 자연식품의 선택지 — 통곡물, 유기농법으로 재배한 신선한 농산물, 건강식품으로 지정된 일련의 한정된 품목들 — 가 제한적이었기 때문에, 그 기준은 명확했다. 마찬가지로 자연식품을 생산하고 판매하는 사람들은 수가 적었고, 개인적으로는 아니더라도 출판물, 시사회, 유통업자들의 작은 네트워크를 통해 서로 이름을 알고 있었다. 격렬한 의견 불일치와 내부 노선이 운동 참여자들을 (채식주의자들과 화학 첨가제 없이 사육된 동물의 소비자들로, 또는 건강식품을 지지하는 사람들과 제조된 제품을 비난하는 사람들로) 갈라놓고 있었지만, 자연식품의 세계와 일반 식품 체계의 간극은 넓고 뚜렷했다. 그러나 상업적 기회가 확대되고 신참자들이 산업으로 쏟아져 들어온 후, 사회의 식품 및 의료 부문에 대한 개혁을 지지한다고 주장하는 사람들이 하는, '자연식품에 헌신한다'라는 말은 훨씬 더 의심스러운 것이 되었다. 이러한 맥락에서 경계를 둘러싼 논쟁이 더욱 중요해졌다.

자연을 알약으로 포장하기

비타민 보충제를 자연식품으로 간주해야 하는지와 관련한 의심은 비타민이 영양에 중요한 것으로 처음 확인되었을 때로 거슬러 올라간다. 자연식품 지지자들은 비타민의 발견을 채소가 풍부한 건강한 식단을 유지하는 데서 갖는 중요성을 보여주는 추가적인 증거로 여겼다. 그러나 별개의 비타민 제품으로 식생활을 보충한다는 관념은 더 많은 논쟁을 불러일으켰다. 자연식품의 지도자 오토 카르케는 일찍부터 완전식품이 아닌 그 어떤 물질을 홍보하는 것에도 반대한 사람 가운데 한 명이었다. 그는 다음과 같이 지적했다. "많은 책이 비타민에 관해 기술해 왔고, 상업주의는 비타민 이론을 과도하게 이용하여 그러한 상황을 이용해 왔다. 다양한 모습과 형태로 특별하게 조제된 비타민 식품이 현재 기적적인 효과를 주장하며 널리 광고되고 있으며, 잘못된 정보를 접한 (쉽게 속아 넘어가는) 공중에게 그러한 제품들이 날개 돋친 듯이 팔리는 것으로 보인다"(Carque 1925: 79). 하지만 그러한 물질을 외면하라는 카르케의 충고는 건강식품 산업에 널리 퍼지지 않았고, 비타민 보충제는 1930년대 후반까지 건강식품 가게에서 흔하게 팔렸다. 비타민 보충제 홍보자들은 도시 사회에서는 순전히 자연적인 식단이 가능하지 않기 때문에 건강을 추구하는 사람들에게는 보충제가 필수품이라고 주장했다. 그들은 일반 식품의 소비를 중단하는 법을 아직 배우지 못한 일반 공중에게 특히 그러하다고 주장했다. 또 다른 건강식품 지도자인 에이다 앨버티는 1939년에 자신의 제품을 홍보하는 소책자에서 다음과 같이 기술했다. "우리의 식품을 과잉 가공하고 정제한 결과, 게다가 일상 식단을 구성하는 식품을 잘못 선택한 결과, 평균적인 식단에서 비타민 결핍 상태가 계속 증가하고 있음을 보여주는 증거가 방대하게 존재하는 것으로 보인다."[2]

비타민과 영양의 연관성에도 불구하고, 비타민 판매 초기 수십 년 동안 맥아나 폐당밀, 다시마가 건강식품으로 규정되었던 것과 동일한 방식으로 비타민 보충제도 하나의 건강식품으로 규정되었다는 것은 사실이 아니었다. 실제로 대부분의 비타민은 제약회사에 의해 제조되었고, 1940년대 내내 일반 약방들이 비타민 시장을 지배했다(Apple 1996: 68). 백화점과 식료품점도 비타민을 팔았다. 그러나 건강식품 가게에서 판매되는 비타민 보충제는 다른 곳에서 판매되는 비타민과는 다른 경우가 많았고, 그 차이는 알약이 하나의 자연식품일 수 있다는 생각을 강화하는 데 일조했다.

그 차이는 결국 천연 비타민 보충제 대 합성 비타민 보충제로 귀결되었다. 이른바 천연 비타민은 단순히 비타민이 풍부한 식품을 농축한 것이다. 반면에 합성 비타민은 석유화학제품이나 박테리아와 같은 다양한 원천에서 얻는 것으로, 식품에서 얻는 것과 같거나 유사한 분자 구조를 가진 순수한 비타민을 얻기 위해 그러한 물질을 화학적으로 제조한다. 그 공정은 자연으로부터 비타민을 얻는 것보다 훨씬 더 저렴하게 비타민을 제조할 수 있게 해준다. 많은 과학자가 볼 때, 비타민은 비타민일 뿐이기 때문에 비타민의 원천이 무엇인지는 상관이 없다. 그러나 건강식품 산업은 보충제를 항상 다른 식품처럼 바라보았고, 화학처리 방법과 건강에 좋지 않은 혼합물이나 첨가제가 합성 비타민을 천연 비타민보다 열등하게 만든다고 주장해 왔다. 따라서 천연 비타민 제조업자들은 자주 자신들이 만드는 비타민의 식품 원천의 목록, 이를테면 비타민 C의 경우 찔레나무 열매, 비타민 B의 경우 양조효모, 비타민 E의 경우 맥아유를 나열한다.[3]

이렇듯 건강식품 산업에서 비타민 보충제를 옹호하는 방식은 항상 이중적이었다. 다시 말해 한편에서는 보충제 일반 — 자연식품 장에서는 보편적으로 받아들이지 않는 것을 포함하여 — 의 가치를 옹호하는가 하면, 다른 한편에서는 합성 비타민 품목에 비해 천연 비타민 — 대부분의 자연식품 옹호자들이 받아들였던 것 — 이 지닌 우월성도 옹호했다.

건강식품 장 내에서 비타민은 자연식품 범주의 경계에 대한 논쟁에서 초점이 되었는데, 이 논쟁을 통해 자연에서 추출하기보다는 제조된 것이 분명한 다른 조제물들에 대한 회의적인 입장들은 뒷전으로 밀려났다. 이처럼 비타민 보충제에 초점이 맞추어진 것은 비타민 보충제가 의약품 — 자연 건강 요법을 따르는 사람들이 피하려고 했던 바로 그것 — 과 유사하게 알약이나 캡슐 형태를 취하고 있다는 것과 관련되어 있었다. 일반 의학의 관행을 모방하는 것에 대한 우려는 건강식품이라는 우산 아래에서 판매되는 포장 식품이나 가공식품들이 왜 다른 식품보다 더 수용 가능한 것으로 보일 수 있는지를 설명하는 데 도움을 준다. 이를테면 1945년에 통조림 고기 대용품 제조업체인 로마 린다 푸드는 비타민 열풍을 경멸적으로 일축하며, 다음과 같이 촉구했다. "미국 소비자들이여, 이에 도전하라. 좋은 음식과 좋은 요리에 정통하라. 만약 당신이 매우 건강하다면, 알약보다 충분한 양의 잘 선택된 좋은 음식이 당신에게 필요한 영양을 훨씬 더 경제적으로 제공할 것이다. 만약 당신이 아프다면, 책임 있는 의사에게 처방을 받아라."[4] 다른 한편 20세기 중반의 보충제 옹호자들이 보기에, 자연에서 얻은 비타민은 일반 의학의 조제약보다 앞서 존재했던 약초 치료제와 여타 민간 천연 치료제에 가까운 것이었다. 그러나 지지자들조차 비타민은 얼마간의 양보라고 생각했다. 자신들의 건강에 좋아 보이는 물질에 의존하는 것은 진정으로 자연적인 라이프 스타일이 불가능한 사회에서 사는 것에 대한 하나의 양보였다. 그리고 비타민의 수익 창출 잠재력은 수익성이 떨어지는 산업 — 대부분의 판매용 상품이 소비자 대부분에게 매력적이지 않은 산업 — 을 운영하는 데 따르는 어려움에 대한 하나의 양보였다.

제6장에서 논의했듯이, 1970년대에 건강식품 산업에 진출한 반문화주의자들은 메인 요리보다는 식단의 부속물에 해당하는 건강식품을 장려하는 모순에 대해 특히 목소리를 높였고, 건강식품 산업이 보다 실질적인 식품을 공급하는 쪽으로 방향을 바꾸게 하는 데 성공했다. 그러나 반문화주의자들은 자연식품의 혼합물에서 보충제를 제거하는 데에

는 성공하지 못했다. 반대로 비타민은 여전히 건강식품의 상징으로 남았고, 자주 새로운 소비자들을 자연식품의 궤도로 끌어들이는 제품이었다. 달리 말해 비타민은 신봉자들 — 특히 문화적으로 주류였던 사람들 — 을 자연식품 라이프 스타일로 끌어들이는 데서 핵심이었다. 일단 사람들이 비타민을 찾아서 건강식품 가게에 들어서고 나면, 그들은 가게 주인과 자연 건강에 대해 대화를 나눌 수도 있었고 자신들이 기꺼이 먹어보고자 했던 다른 제품들과 마주칠 수도 있었다. 비타민은 대안적인 건강 관행을 실험할 수 있는 손쉬운 첫걸음이었다.

시간이 지나면서 보충제의 총판매에서 비타민이 차지하는 비중이 적어진 반면, 효소, 식물성 기름과 생선 기름, 과일 농축액과 채소 농축액 및 여타 보충제의 비중은 커졌다. (1994년의 '식생활보충제건강교육법 Dietary Supplement Health and Education Act'이 통과되면서 **식생활 보충제**의 법적 정의는 "식품을 보충하는 데 이용되는 비타민, 미네랄, 약초, 식물성 또는 아미노산 성분"이 되었다.) 이용할 수 있는 보충제의 종류가 다양해지고 수요가 증가함에 따라, 제조업체들은 승인되지 않은 성분을 몰래 첨가함으로써 천연제품인 것처럼 가장하려는 유혹을 더 크게 받았다. 보충제는 그 자체로 식품이 아니라는 사실 때문에, 항상 사칭되거나 조악한 저질품이 생산되는 경향이 있었다. 그러나 20세기 중반에 보충제가 신체문화 집단 내에서 인기를 끈 이후 확실히 비천연 성분을 보충제 제조에 도입하게 하는 유인이 강화되었다. 보디빌더, 역도선수 및 여타 운동선수들은 힘과 지구력, 그리고 체질량을 증대시키는 것에 매우 관심이 많았고, 특히 엘리트 수준에서 경쟁하는 선수들은 결과가 입증된 식이요법을 찾아야 한다는 압박을 크게 받았다.

일부 운동선수들이 테스토스테론testosterone[남성 호르몬의 일종 _옮긴이]과 유사한 합성 호르몬인 애나볼릭 스테로이드anabolic steroid[근육 증강제 _옮긴이]를 실험하기 시작한 것은 1950년대였다. 우려할 만한 부작용에도 불구하고 스테로이드는 1960년대 동안에 엘리트 운동선수들 사이에서 더욱 일반적인 것이 되었다. 그 당시에 건강식품 제조업자들은 자신들의 제품에 스테로이드를 첨가하지 않았지만, 일부 생산자들은 아마도 스테로이드를 사용했을 것이다. 랜디 로치Randy Roach는 1960년대의 보충제 판매가 스테로이드의 사용으로 혜택을 받았다고 주장해 왔다. 왜냐하면 운동선수들이 스테로이드를 복용한다는 것을 인정하지 않고 대신 그들의 성공을 식이요법과 보충제 탓으로 돌렸기 때문이다. 비슷한 신체적 위업을 달성하기를 바라는 운동선수들은 그 후 승인된 제품으로 몰려들었다(Roach 2004: 33).

하지만 고객 기반이 확대되고 새로운 기업가들이 시장에 진입하고 신제품 개발에 쓸 수 있는 자본의 원천이 더 풍부해짐에 따라 건강식품 산업이 성장하면서, 일부 보충제 제조업체들은 실험실에서 생산된 성분을 사용하는 데 직접 가담했다. 그러면서 그들은 자연에서 수확한 물질보다 제약품과 더 유사한 제품을 만들었다. 건강에 좋은 식물성 약품과 위험한 약품을 구분하는 선을 넘어선 새로운 종류의 성분들이 알려질 때마다 대중의 관심이 폭발했고, 보충제에서의 사칭 문제는 계속되었다. 스테로이드를 모방한 물질들 — 예를 들면 안드로스텐디온androstenedione[고환·난소·부신 피질에서 분비되는 남성 호르몬 _옮긴이]과 같은 — 이 주기적으로 불쑥 등장했고, FDA는 2004년에 그러한 물질들에 대해 유통 중단을 명령했다.[5] 2013년 FDA가 회수할 때까지 DMAA[메틸헥산아민methylhexanamine _옮긴이] — 제라늄의 일종에서 발견되지만 실제로 상업적인 용도로 합성적으로 생산되는 흥분제 — 를 함유하고 있는 이른바 운동 보조제들은 사용자에게 혈압 상승의 위험을 초래하여 적어도 두 사람을 사망에 이르게 한 것으로 여겨졌다(Singer and Lattiman 2013a, 2013c, 2013b; Singer 2013). 운동선수들에게 판매되는 보충제와 함께 체중 감량과 성욕 증진을 돕는 것으로 홍보되는 제품들이 문제의 소지가 가장 많다(Bond 2011). 그러나 안전상의 우려는 그러한 보충제의 수요를 감소시키는 데 별 효과를 보이지 않는다. 신체 강화를 약속하는 제품을 찾는 소비자들은 자연이 준 몸에 만족하지 못하며, 자연이 본질적으로 우월하기보다는 결여하고 있음을 발견하는 이들 소비자는 약품과 유사한 보충제에 대해 다른 건강식품 신봉자들보다 덜 경계한다.

위험한 화학물질의 판매보다 더 널리 퍼져 있는 것은 조악한 제품과 관련된 관행이다. 2010년대에 여러 연구는 수많은 보충제가 그 제품의 명함인 값비싼 약초 대신에 값싼 첨가물 — 이를테면 콩, 밀, 쌀, 또는 심지어는 잠재적인 독성 물질들 — 을 쓴다는 것을 발견했다. 2012년의 한 추정치에 따르면, 시장에서 판매되는 보충제의 4분의 1이 조악한 제품이었다(O'Connor 2013; Marshall 2012). 급격하고 강렬한 수요를 창출하기 위해 비교적 희귀한 식물에서 잠재적으로 건강에 좋은 물질을 발견하려는 경향이 문제에 한몫한다. 손쉽게 수확되는 식물은 자주 곧 고갈되고 원료의 공급이 점점 더 어려워지고 원료가 더 비싸짐에 따라 보충제의 가격을 상승시켜 열성적 소비자들의 소비 욕구를 떨어뜨린다. 공급자들은 거래를 놓치지 않기 위해 그냥 더 싼 재료로 대체한다.

기만적인 관행들은 그 관행들이 생겨난 이후 건강식품 산업의 성원들에 의해 하나의 문제로 인식되었다. 많은 성원이 그러한 관행들이 건강식품의 부정적인 평판을 더 악화시킬 것을 두려워했고, 자연 이데올로기에 진정으로 헌신하는 많은 성원이 자연적인 어떤 것으로 가장한 합성 제품들에 당황해했다. 하지만 건강식품 산업이 이제 더 이상 서로 개인적으로 알고 있는 사람들의 작은 네트워크가 아니고 전 세계에서 주기적으로 원료를 조달하고 제품 판매에 이용할 수 있는 방법들이 과거보다 더 많이 생겨난 상황에서, 산업이 효과적으로 자기규제를 할 수 있는 능력은 크게 약화되었다. 이런 식으로 보충제 시장의 성장은 자연식품과 비천연 물질의 경계를 보존하려는 시도를 훼손시켰다. 하지만 수익성이 좋은 보충제 판매를 통제하려는 노력이 또한 자연식품 장 내의 권력 관계에 영향을 미치고 자연식품 장의 핵심 활동을 재정의하는 기폭제가 됨에 따라, 보충제의 파괴적인 역할은 더욱 심해지고 있다.

보충제와 시장의 힘

주기적인 추문에도 불구하고, 보충제 소비는 20세기 후반부터 증가해 왔다. 동업조합인 '신뢰할 수 있는 영양제품 제조자 협회'(Council for Responsible Nutrition 2014)에 따르면, 2014년 동안 미국 성인의 68%가 보충제를 복용했다. 시장조사기관인 자연마케팅연구소Natural Marketing Institute는 훨씬 더 높은 보급률을 보고하고 있는데, 그 기관의 주장에 따르면 2014년에 미국인의 84%가 보충제를 이용했다.[6] 천연제품을 판매하는 상인의 수는 보충제 판매자 가운데 소수에 불과하지만(2015년에 37%; Kvidahl 2016), 보충제는 자연식품 소매상들에게 여전히 중요한 상품 카테고리로 남아 있었다. 1970년대 이후 자연식품과 건강식품 소매상들의 매출에서 보충제가 평균 30%에서 45%를 차지했지만, 2010년대에는 그 몫이 다소 줄어들었다. 업계의 수치에 따르면, 2015년에는 천연제품 가게 매출의 27.5%를 보충제가 차지했다(Huth 2016).[7] 식료품보다 더 큰 폭으로 가격이 오르면서 이윤 폭도 더 커짐에 따라, 보충제는 많은 소매상 — 그리고 도매상 — 을 끌어들이고 있다.

20세기 후반에 보충제 판매가 증가하면서, 자연식품 장 도처에서 보충제 공급업자들의 재력과 영향력이 감지되었다. 보충제 회사들은 오랫동안 업계 간행물이나 시사회와 같은 산업의 제도들에게는 광고나 전시를 통해 자금을 조달하는 주요한 원천이었다. 게다가 건강식품의 가장 인기 있는 대변인 중 많은 사람이 보충제 회사에 직접 관심을 가지고 있었다. 그러나 산업을 특히 분열시켜 온 것은 보충제 시장의 일부를 장악해 온 특정 기업들이 가진 막강한 영향력이었다.

자연식품 장에서 보충제가 갖는 지위와 관련하여 자연식품 운동이 갖는 양가감정을 예증하는 기업 중 하나가 GNC이다. 아르메니아 요구르트 생산자 가족 출신의 데이비드 샤카리안David Shakarian은 1935년 피츠버그에 건강식품 전문점인 랙줌Lackzoom — 나중에 좀 더 근엄한 이름인 제너럴 뉴트리션 센터General Nutrition Centers로 바뀌었다가 지금은 GNC로 알려져 있다 — 을 설립했다. 그 가게의 물품 목록은 산업과 함께 확장되었고, 몇십 년 동안 이용 가능한 건강식품 모두를 취급했다. 1950년대에 그 소매점은 유명 상표의 보충제를 판매하는 것에 더하여 자신의 상표를 내건 비타민을 판매했는데, 이는 그 당시나 지금이나 건강식품 가게들에서 흔한 일이다. 1960년대에 건강식품 시장이 성장함에 따라 샤카리안은 공격적인 마케팅에 전력을 다했고, 그 결과 제너럴 뉴트리션은 하나의 체인으로 확대되었다. 그 회사는 1970년대에 엄청난 성장을 했다. 1971년 초에 72개였던 매장의 수는 그 한 해에만 두 배가 넘는 숫자로 늘어났다. 10년 후에는 1000개가 넘는 매장을 가지게 되었고, 1980

년에는 상장과 함께 투입된 자본에 힘입어 계속 성장했다.[8]

이 기간 내내 GNC 가게들은 천연 비타민과 합성 비타민을 포함한 보충제뿐만 아니라 다양한 종류의 자연식품과 유기농 식품도 판매했다. 그러나 보충제가 점점 더 강조된 것은 아마도 그 회사가 자신의 비타민을 제조하기 시작한 1979년이었던 것 같다. 그 무렵에 건강식품 업계의 다른 회사들은 제너럴 뉴트리션이 기존의 건강식품 가게와 가까운 곳에서 새로운 매장을 열고 미끼 상품 광고를 하는 등 불공정 경쟁을 벌이고 있다는 이유로 그 회사를 고발했다. 비판가들은 GNC가 가장 인기 있는 브랜드들의 보충제를 크게 할인된 가격으로 판매한다고 공지하곤 했으나 실제로는 그중 소수의 제품만 갖추고 있었다는 점을 지적했다. 1985년에 제너럴 뉴트리션은 두 건의 소송, 즉 보충제 제조업체인 윌리엄 T. 톰슨 코William T. Thompson Co.와의 소송과 소매 체인인 네이처 푸드 센터Nature Food Centres와의 소송을 해결했다. 두 회사는 모두 제너럴 뉴트리션이 건강식품 산업을 독점하려 했다고 고발했다.[9] 업계 내에서는 많은 사람이 이 소송을 지지했다. 그 지지자들은 제너럴 뉴트리션이 다른 기업들에 위협을 가한다는 데 동의했고, 자연식품의 가치를 배신하고 있다는 이유로 GNC를 비난했다. 전국영양식품협회NNFA 회장 데이비드 에이제이David Ajay는 "우리 기업들은 품질과 무결을 기반으로 하는데, 체인점들은 가격에만 신경을 쓰고 있다"라고 말한 것으로 언론에서 전해졌다(Minskinski 1979).

1980년대 중반의 법적·사업적 패배에도 불구하고, GNC는 회복되었고, 1988년부터는 가맹점 영업권을 판매함으로써 새로운 확장의 길을 찾았다(Ansberry 1988). GNC는 또한 월든북스Waldenbooks나 토이저러스Toys 'R' Us와 같은 다른 분야의 체인점들이 스스로를 저가 및 저서비스 소매상인으로 자리매김하는 것과 동일한 방식으로 계속해서 건강식품 할인매장으로서의 명성을 키워나갔다. 대부분의 자연식품 소매상이 더 많은 식료품을 판매하는 쪽으로 나아가고 있던 시기에 GNC는 점점 더 보충제에 집중했고, 자연식품 신봉자들보다는 운동선수와 보디빌더들을 고객의 기반으로 삼고자 했다. 1984년경에는 비타민과 다른 보충제들이 제너럴 뉴트리션 판매의 70%를 차지했는데, 이에 비해 독립 건강식품 가게에서는 그러한 제품들의 매출 비율이 평균 31.3%였다.[10] GNC는 자사 제품에 대해 승인받지 않은 주장을 했다는 이유로 자주 FDA와 FTC의 조사를 받기도 했으며, 불량 재료나 위험한 성분을 함유하고 있는 것으로 판명된 품목을 계속해서 생산하기도 했다.

GNC는 뉴스에 영양학적 발견물이 소개되면 그 뉴스에 재빨리 편승하여 그 발견물의 자연적 속성 대신 성능을 강조하는가 하면, 자주 그 제품이 순수하지 않다고 주장하는 방식의 마케팅 캠페인을 하면서, 자연식품 장의 전적으로 내부도 아니고 전적으로 외부도 아닌 그 주변을 맴돌아왔다. 그러나 GNC의 존재는 무시할 수 없었다. 한 도매업자는 이렇게 말했다. "GNC는 그냥 무익한 곳이다. 나는 심지어 프랜차이즈 업자들도 건강식품의 열렬한 애호자들이라는 생각이 들지 않는다. 내 생각에는 그들은 서브머린 샌드위치 가게인 퀴즈노스Quiznos의 체인점을 가지는 것이 훨씬 더 나을 뻔했다." 그의 동료는 그의 말에 동의한 다음 "우리는 항상 그들에 대해 불평을 했지만, 그들은 그렇게 많은 광고를 하는 것만으로도 건강식품을 대중에게 알리는 데 도움을 주었다"라고 말했다. GNC는 어떤 다른 건강식품이나 자연식품 소매업체보다 쉽게 접근할 수 있는 (대단한) 건강식품 소매점으로 성공적으로 변신하여, 공중으로 하여금 자연의 있는 그대로의 순수성보다는 산업화된 사회의 기술적 진보에 더 많은 관심을 가지게 하는 데 기여했다. 2010년대에도 GNC는 여전히 업계의 주요 플레이어로 남아 있다. 2016년에 GNC는 4456개의 매장을 보유하고 있으며, 미국 내 자연식품 가게와 건강식품 가게의 전체 매출에서 3.3%를 차지했다(Huth 2016: 31).

GNC가 일찍부터 주류 이미지와 주류 고객들을 추구했고 다른 건강식품 산업과는 거의 독자적으로 운영될 수 있게 해주는 수직적 통합 전략을 채택했던 반면, 보충제를 취급하는 다른 많은 회사는 자연식품의 정체성과 자연식품 장에서의 관계를 유지하는 데 더 많이 투자했다. 보충제 사업은 자연식품 장에서의 일부 관계를 공고하게 하는 데 필수적이었지만, 동시에 알약을 자연식품 원칙에 위배되는 것으로 바라보는 업계 성원들과의 긴장을 격화시키기도 했다. 이러한 상황은 소수의 회사가 보충제 판매에 대한 통제권을 장악함으로써 오랫동안 산업을 지배해 온 도매 부문에서 가장 잘 나타난다. 도매업자들은 분산되어 있는 수많은 소규모 소매업자와 공급업자들로 구성된 소비재 산업에서 중요한 역할을 한다. 왜냐하면 그러한 소비재 산업에서는 도매업자들이 없을 경우 소규모 소매업자와 공급업자들이 계속해서 밀려드는 소량의 표준화되지 않은 주문을 직접 관리해야만 하기 때문이다. 20세기 대부분 동안 건강식품 가게와 자연식품 가게들은 자신들이 판매하는 물품의 공급 가운데 많은 부분을 도매상에 의존하는 경향이 있었고, 그들이 사업을 시작한 1930년대부터 1970년대 후반까지 동일한 여덟 개의 도매상이 산업을 지배했다.[11] 이들 유통업자가 납품 일정 조정, 가격 결정, 최소 구매 정책, 신용 확대, 신제품의 심사를 어떻게 하는지가 소매업자들의 사업뿐만 아니라 소매업자들이 소비자들에게 홍보하는 품목에도 커다란 영향을 미칠 수 있었다. 그리고 단 하나의 도매업체

(또는 지역에서는 두 도매업체)가 특정한 관할 영역을 지배하고 있기 때문에, 소매업체들은 유통업자들의 조건을 받아들일 수밖에 없었다. 한 제조업체는 "유통업체가 법을 정했다"라고 말했다.

1960년대와 1970년대 산업의 팽창기에도 소규모 유통업체들은 대형 도매업체들이 인기 브랜드 제품의 유통권을 독점하고 있었기 때문에 경쟁하기가 어려웠다. 그 시기에 일했던 인터뷰 응답자들이 나에게 말했듯이, 이런 방식으로 유통된 가장 중요한 제품은 시프 바이오 푸드 프로덕트Schiff Bio Food Products와 플러스 프로덕트Plus Products에서 생산된 보충제였다. 한 도매업자는 이렇게 말했다. "재미있게도 주요 유통업체가 되기 위해서는 (작은 유통업체들은 [많이] 있었다) 두 가지 비타민 제품, 즉 시프와 플러스의 제품을 가지고 있어야 했어. 그중에서 여덟 갠가 하는 유통업체들이 그 제품을 가지고 있었지. …… 시프와 플러스는 행복했지. 그 둘은 파는 만큼 빨리 성장할 수 있었지. 그들은 또한 평지풍파를 일으키기를 원치 않았어. 그래서 많은 작은 회사들은 실제로 주요 유통업체가 되려고 나설 수가 없었지." 주요 유통업자들이 그 정도로 시장을 통제한다는 것은 상당한 분노를 유발했는데, 그러한 통제가 소규모 유통업자들에게서 성장 야망을 꺾어버리기 때문만이 아니라 그 애매한 자연식품, 즉 비타민이 꽤 큰 사업체로 발전하는 데서 하나의 열쇠였기 때문이다. 주요 도매상들의 시장 지배는 자연식품을 덜 알약 중심적인 것으로 바라보는 견해를 지지하게 하는 또 다른 이유를 제공했다.

1960년대와 1970년대에 대부분의 유통업체는 주요 플레이어가 될 가능성이 전혀 없었기 때문에 전문화된 틈새시장을 개발하는 데 만족해야 했다. 그러한 틈새시장 중 하나가 냉동식품이었다. 냉동식품은 플로리다의 도매업체인 트리 오브 라이프Tree of Life에 의해 개발되었지만, 대규모 건강식품 유통업자들은 냉동식품을 취급하지 않았다. 또 다른 틈새시장은 보충제에는 거의 관심이 없는, 그리고 그 문화적 스타일에서 옛 건강식품 세대와 구별되는 반문화적인 자연식품 가게와 거래하는 것이었다. 이를테면 치코-샌은 자연식품 가게에 매크로바이오틱스 식품을 배포하는 스파이럴 푸드 디스트리뷰팅 컴퍼니Spiral Foods Distributing Company를 설립했다(Milbuty 2011). 반문화를 지향하는 또 다른 회사는 마운틴 피플스 웨어하우스Mountain Peoples Warehouse로, 특히 협동조합에 신선한 농산물을 배급하기 시작했다. 1982년경에 미국에는 122개의 건강/자연식품 유통업체가 있었던 것으로 추정되었으며, 그중 대부분은 가용한 제품 모두를 취급하지 않았다.[12] 그 결과 식품 선택지 측면에서 자연식품 산업이 보다 다양화되었고, 트리 오브 라이프와 마운틴 피플스 웨어하우스 같은 신생 회사들이 유통영역에서 힘을 키워가고 있었다.

자연식품 산업에서 보충제의 중심성을 줄이려는 노력은 자연식품 정치에도 영향을 미쳤다. 나이 든 파수꾼들은 일반 식품 회사들을 멀리함으로써 순수성을 유지하는 것에 자부심을 느낀 반면, 젊은 세대는 의심스러운 천연 보충제를 적극적으로 판매하면서도 자연의 기준을 지킨다고 주장하는 것을 위선이라고 보고 짜증을 냈다. 건강식품에 비판적인 세대에 속하는 한 사람은 이렇게 말했다. "그들은 우리가 하려고 했던 것 중 일부에 대해 반대했어요. 이를테면 사업의 비타민 부분을 정리하는 것 같은 거 말예요. 우리는 그러한 제품들이 어떤 것인지를 믿을 수 없었어요. 왜냐하면 그들이 그 제품이 어떤 것인지를 사실대로 말하지 않으니까요. 그들은 모든 인공 성분과 방부제를 사용하지 말아야 한다는 사실을 받아들이고 싶어 하지 않았어요. 하나는 자연이고 하나는 건강인데 말이죠. 그리고 건강 부분은 자연식품과 기준이 달랐어요." 이러한 긴장감은 1981년 전국영양식품협회NNFA 회장 선거에서 최고조에 달했다. 건강식품 진영은 버지니아주 리치몬드 출신의 소매상인 로즈마리 웨스트Rosemarie West를 지지했다. 자연식품 진영은 미시간주 앤아버에 있는 아버 팜스Arbor Farms라는 가게의 주인인 행크 베드나츠 주니어Hank Bednarz, Jr.를 지지했다. 그 선거에서 중요한 것은 얼마간은 누가 조직의 지도부를 장악하는가 하는 상징적인 것이었다. 그러나 또한 중요한 것이 바로 앞으로 동업조합이 참여하게 될 자연식품의 옹호 방식이 어떤 방향을 취할 것인가 하는 현실적인 것이었다. 자연식품 운동의 역사 대부분에서 자연식품 옹호자들은 자연식품을 주변화하거나 범죄화하려는 노력에 맞서 자신들의 라이프 스타일이 방해받지 않을 권리를 지키기 위해 노력했기 때문에, 자연식품 운동은 정부 및 제도권 권력의 다른 중심 세력들과 반발적이고 방어적인 관계에 있었다. 보충제 문제에도 그 같은 반발적 입장이 담겨 있었는데, 지지자들은 정부가 최소한으로 감독하고 의료당국이 보충제 소비에 관한 결정에 관여하지 못하게 하고자 했다. 하지만 보다 적극적이고 긍정적인 형태의 옹호는 국가로 하여금 자연식품 원칙을 더 광범하게 적용하도록 명령하게 하는 것이었다. 보충제 중심의 동업조합들은 방부제와 살충제 사용을 법적으로 제한하는 것, 그리고 상품 농업 기업과 동등하게 유기농 농업에 대해서도 국가가 재정 지원을 제공하는 것과 같은 적극적인 목표를 지지했을지도 모르지만, 그러한 목표를 적극적으로 추구하지는 않았다.

웨스트가 NNFA 선거에서 근소한 차이로 승리한 후,[13] 자연식품 진영은 그 단체의 반항심을 새로운 동업조합들을 건설하는 데로 집중시켰다. 그 단체들은 자연식품을 작고 좁게 정의하는 경향이 있었고, 특히 유기농 식품에 초점을 맞추었다. 따라서 그 회원들은 특정 자연식품을 개념화하는 데서 자신들의 정확한 경계를 설정할 수 있었고, 비록 전체 산업과 운동의 파면화를 초래했지만, 회원들 사이에 더 큰 친화성을 확보할 수 있었다. 이러한 파편화 추세에서 하나의 중요한 예외가 있었는데, 그것은 바로 업계의 잡지인 ≪내추럴 푸즈 머천다이저Natural Foods Merchandiser≫를 간행하는 출판사인 더그 그린Doug Greene이 1981년에 새로운 시사회인 자연식품 엑스포Natural Foods Expo를 설립했던 때였다. 이 엑스포를 설립한 것은 NNFA 연례 대회보다 더 포괄적이고 보충제가 지배하지 않는 모임을 만들기 위해서였다. 보다 새로운 자연식품 지향에 찬동하는 업계 회원들은 곧 정치적 이유와 스타일적 이유 모두에서 자연식품 엑스포에 끌렸다. 한 참가자는 이렇게 말했다. "그 쇼는 멋있었지. NNFA 파티에서 큰 밴드 음악이 울렸다면, 엑스포에서는 로큰롤이 울렸지." 이 새로운 쇼는 첫해에 3500명의 참석자를 끌어모으며 크게 성공했다.[14] 얼마 지나지 않아 보충제 회사를 포함하여 건강식품 진영도 참석하기 시작했고, NNFA 대회는 사업 기회가 되는 대신에 주로 정책 문제에 초점을 맞추는 작은 모임으로 줄어들었다. 자연식품 엑스포는 여전히 업계의 모든 부분을 하나로 묶고 새로운 제휴와 새로운 플레이어를 발견하는 기회를 만들어내는 연례 (그리고 나중에는 2년에 한 번씩 열리는) 행사로 남아 있다.

반문화 속에서 성장한 세대는 식품에 보다 중심적인 역할을 부여한다는 점에서 이러한 발전에 찬사를 보냈지만, 건강식품 쪽의 일부 사람들은 자연식품의 가치를 전파하는 것보다 돈을 버는 데 더 관심이 있는 기회주의자들에게도 개방되어 있는 하나의 장을 발견했다. 한 도매업자는 이렇게 말했다. "NNFA는 그러한 대중 시장 사람들이 자신들의 대회에 참여하는 것을 허용하지 않았어요. NNFA는 그 사람들, 그러니까 약방 체인이나 슈퍼마켓이 회원이 되는 것을 그냥 놔두지 않았어요. NNFA는 그들이 대회장에 있는 걸 원치 않았어요. 그 남자들, 그러니까 ≪내추럴 푸즈 머천다이저≫ 쪽 사람들이 거기에 나타날 때까지 말이죠. 그들은 현장에 와서 자신들만의 시사회를 시작하고 대회장을 개방했어요. 그리고 그때 급격히 양상이 바뀌었죠. 그들이 대회장을 장악했어요. 그리고 거기에는 규칙과 제한이 없었어요. 이제 그게 대세이죠." 보충제 중심의 건강식품 진영으로부터 자연적인 것의 개념을 되찾으려는 자연식품 옹호자들의 노력은 의도하지 않게 다양한 회사들 — 내가 곧 논의하듯이 거기에는 세계 최대의 식품 회사들도 포함되어 있었다 — 이 판매하는 엄청나게 다양한 종류의 제조품들에 산업을 개방하는 데에도 일조했다. 2015년에는 지금은 애너하임 자연식품 박람회Natural Products Expo West라고 불리는 것에 2700개의 출품 회사와 함께 7만 1000여 명의 업계 성원들이 참석했다.[15]

건강식품에서 자연식품으로 이행하면서 산업과 운동은 전적으로 자연식품으로 구성된 포괄적인 식생활을 장려하는 데 다시금 전념했다. 그러나 이러한 전환은 자연적 식생활의 정의에 대한 의문을 해소하지 못했다. 보충제는 여전히 많은 사람에게 자연식품 레퍼토리의 핵심 부분으로 남아 있다. 천연 재료로 만든 포장 식품, 가공식품, 조리식품은 편리성을 원하는 소비자들의 마음을 끌었다. 천연 사탕과 과자류가 급격히 늘어나면서 그러한 식품들이 일상적으로 탐닉될 수 있게 되었다. 자연식품 라이프 스타일을 지지하는 사람들은 그러한 종류의 식품이 진정한 자연적 식생활에 속하는지를 놓고 여전히 논쟁을 벌이고 있다. 그러나 자연식품의 소비 기반을 확대하고자 하는 욕망은 자연식품의 범주를 유연하게 인식할 필요가 있다는 압력을 낳는다. 그러한 압력은 또한 자연식품 산업과 일반 식품 산업이 힘을 합치도록 유인하기도 한다.

자연식품의 산업화

내가 이 책에서 내내 주장해 오고 있듯이, 자연식품 운동은 100년 이상 동안 건강/자연식품 산업에 의해 주도되어 왔다. 이러한 상황에서 이윤을 획득하는 동시에 철학적 이상을 실현하려는 열망은 서로에게 영향을 주었고, 그 결과 자연식품 생활방식을 확산시키는 것은 관련 제품에 대한 소비 수요를 창출하는 것과 동의어가 되었다. 경제적 목표와 정치적 목표 간의 이러한 수렴은 항상 얼마간 논쟁의 대상이 되었지만, 건강식품 산업이 인력과 사업 방식을 일반 식품 분야와 전혀 다르게 유지하는 한 그것은 일반적으로 받아들여졌다. 그러나 20세기 후반에 자연식품 산업이 철저하게 산업화된 이후에는 이러한 상황에 내재된 긴장을 관리하기가 훨씬 더 어려워졌다. 여기서 기존 산업의 산업화에 대해 말하는 것은 중언부언하는 것으로 들릴 것이다. 그러나 나는 다른 학자들(Fitzgerald 2003; Barlett 1993)의 논의를 따라[16] 여기서 **산업화**라는 용어를 보다 구체적인 방식으로, 즉 진정한 의미에서의 대량 생산과 대량 유통에 종사하는 능력을 지칭하기 위해 사용하고 있다. 이 용어는 대규모의 조업, 표준화된 시설과 절차, 철저한 분업, 그리고 자주 기계와 여타 기술의 사용을 포함한다. 이들 차원 각각이 자연식품 산업에 중요하지만, 자연식품 장의 산업화에서 가장 상징적인 것은 대기업이 그 장에 진출한 것이다.

줄리 거스먼Julie Guthman은 농업 영역에서의 산업화의 지표로 규모나 크기에 초점을 맞추는 것, 그리고 작은 것은 하나의 미덕에 해당한다고 가정하는 것은 잘못이라고 주장해 왔다. 그녀가 보기에, 그러한 관점은 이른바 가족 농장에서 노동이 착취되어 온 방식을 간과하는 보수적 감상에 근거하고 있다. 게다가 그녀는 대규모에 내재하는 것 가운데 대안 농업 관행과 양립할 수 없는 것은 아무것도 없다고 주장한다 (Guthman 2004: 12, 174~175). 그러나 내가 볼 때, 작은 규모의 조업도 착취와 완벽하게 양립할 수 있다는 거스먼의 주장은 옳지만, 그렇게 많은 경제 행위자들 — 그들이 노동자이든, 경영자이든, 또는 소비자이든 간에, 그리고 그들이 농업, 제조업, 유통업 중 어느 업종에 종사하든 간에 — 이 대규모가 소외를 유발한다는 것을 발견한 까닭은 단지 과거에 대한 낭만적 환상 때문만은 아니다. 대규모는 자주 비인간적인 작업 환경, 교환 파트너의 끊임없는 교체, 그리고 전문화의 단조로움을 수반한다. 그러나 대규모 기업의 존재는 작업 경험에 영향을 미치는 것을 넘어, 경제력 집중이라는 중요한 결과를 초래한다. 경제력 집중은 효율성과 규모의 경제에는 부합하지만, 다른 플레이어들이 서로 경쟁하는 것을 매우 어렵게 만든다. 그리고 그러한 경쟁의 어려움은 시장교환의 조건을 틀 짓는 데서 대기업이 엄청난 영향력을 행사할 수 있게 해준다. 그러나 성장은 양날을 가진 칼이다. 성장은 대기업에 상당한 경쟁 우위를 가져다주지만, 다른 한편으로는 대기업에게 자신을 유지하기에 충분할 만큼 큰 시장을 확보하는 데 필요한 것은 무엇이든 하도록 강요하기 때문에 그들의 독립성을 약화시킨다.

1970년대 이후 자연식품 운동은 또한 대규모 회사들의 존재에 맞서야 했다. 그러한 대규모 회사 중 일부는 스스로 성장해 왔고, 일부는 합병의 산물이었으며, 일부는 자연식품 장에 진출한 일반 식품 회사나 사업을 다각화한 복합기업들이었다. 많은 경우 이 세 과정이 복합적으로 작동했다. 자연식품 신봉자들이 대규모 회사들이 중소 회사들처럼 운동의 가치에 전념하고 있는지를 놓고 논쟁을 벌임에 따라, 이러한 발전은 상당한 논란을 불러일으켜 왔다. 내가 인터뷰한 거의 모든 사람 — 대규모 회사에서 최고의 자리를 차지했던 사람들을 포함하여 — 은 자연식품 장에서 대규모라는 것이 갖는 의미에 대해 엇갈린 감정을 지니고 있었다. 많은 사람은 대규모 회사가 지닌 시장 증대 능력을 높이 평가했고, 또한 많은 사람이 대규모를 마침내 성숙해진 산업의 불가피한 결과로 보았다. 그러나 대부분의 사람은 비록 자신들의 회사가 아니라 더 큰 경쟁업체나 자신들이 의존하는 대형 공급업체와 고객들을 비판하는 경향이 있었지만, 적어도 대형 회사들의 지나치게 큰 영향력에 대해서는 얼마간 비판적이었다. 이를테면 소매업자들은 대형 도매업자들을 비판하고, 도매업자들은 대형 제조업자들을 비판하고, 재배자들은 대형 소매업자들을 비판한다. 한 소매업자는 이렇게 말했다.

> 그 지역에 큰 회사가 하나 있다고 해봐요. 그리고 창업자들은 자신들이 하고 있던 일에 실제로 전력을 다하죠. 그런데 그들은 돈을 벌면 회사를 팔아버려요. 그들은 이 세상에서 사정이 더 나아질 수 있는 유일한 방법은 더 커지는 것뿐이라고 생각해요. 그들은 실제로 더 크게 만들겠다는 생각만 하죠. 게다가 그들은 여기서는 충분한 재료를 확보할 수 없으니

까 뉴질랜드와 중국 그리고 다른 곳에서 재료를 들여오고 있어요. 그리고 현재 그들과 거래할 수 있는 것은 거대 농장뿐이죠. 그리고 나는 그것들 모두를 원치 않아요. 나는 지역 운동을 하는 사람이거든요. 나는 매우 소수의 사람이 그 모든 것을 통제하는 것을 원치 않아요. 비록 그들이 점잖고 좋은 사람들일지라도 말예요.

산업화의 첫 징후는 1960년대 초에 일반 식료품점들이 건강식품에 진지한 관심을 보이기 시작했을 때 나타났다. 처음에는 슈퍼마켓들이 선별한 품목들을 다른 제품들과 함께 팔았다. 그러나 1970년에 캘리포니아의 슈퍼마켓들은 건강식품을 진열하는 별도의 구역을 마련하여 이 사업에 한 걸음 더 내디뎠다.[17] 슈퍼마켓 직원들은 건강식품에 대해 잘 알지 못했다. 그들이 아는 것은 고객들이 지금 그 제품을 요구한다는 사실이었다. 사업을 신장시키기 위해 건강식품 도매상들이 **전시**展示 **도매상**rack jobber[거래선인 소매점에 자기의 진열장rack을 마련하고 일정한 날짜에 소매점을 방문하여 배달과 함께 판매도 하는 사람 _옮긴이] 역할을 하겠다고 제안했는데, 이는 도매상이 판매를 모니터링하고 재고품을 처리하고 상품의 가격표를 붙이고 상품을 정렬하는 등 건강식품 구역을 유지하는 일의 대부분을 한다는 것을 의미했다. 이처럼 슈퍼마켓은 겉으로 보기에 특별한 이 영역 – 그러나 그들에게는 자신들이 알고 있는 종래의 영역과 유사한 – 에 대한 전문지식을 배우는 데 투자할 필요가 없었다.

건강식품을 재래시장에 위치시키려는 움직임은, 슈퍼마켓이 제공하는 원스톱 쇼핑의 편리성과 대형 식료품점의 가격 인하 능력이 초래할 영업 손실을 우려하는 건강식품 가게 주인들을 크게 화나게 했다. 건강식품 생산자나 도매업자들이 일반 식료품점에 물품을 공급하는 것에 대해, 소매업자들은 그것이 자신들과의 연대의식이 없기 때문이라고 보았다. 제조업체들은 소매업자들의 적대감을 관리하기 위해 때때로 동일 제품 또는 유사한 제품을 두 가지 제품 — 건강식품 가게에 공급하는 전통적인 브랜드의 제품과 슈퍼마켓에 공급하는 다른 상표의 제품 — 으로 나누어 제공했다.[18] 유사하게 도매업체인 칸 앤 레신은 1965년에 건강식품 가게와는 별개로 일반 식료품점에 물품을 공급하기 위해 베스트 브랜즈Best Brands라는 이름의 자회사를 설립했다. 별개의 유통시설과 별개의 트럭을 이용하는 그 유통업체는 자신이 주로 건강식품 가게를 대상으로 영업하고 있다고 주장할 수 있었다. 도매상들은 다른 방법으로도 자신들의 충성도를 드러내 보이고자 했다. 한 사람은 이렇게 말했다. "우리는 일정 정도의 계몽된 이기심을 가지고 있었고, 그래서 우리는 그러한 [일반] 가게에 특정 브랜드를 공급하지 않음으로써 작은 독립 가게들을 보호했어요. 그리고 그러한 식료품점들은 특정 브랜드 제품들을 주문하기 시작했고, 우리는 그들에게 그들이 왜 그 제품들을 구매할 수 없는지에 대해 구실을 대곤 했어요. 그리고 그건 실제로는 핵심 점포, 즉 독립 가게들을 보호하기 위한 거였어요." 그러한 노력에도 불구하고 건강식품 소매상들은 여전히 화가 나 있었다. 그들은 불매운동을 하겠다고 위협했고, 몇몇 지역에서는 신의 없는 도매상들을 퇴출시키기 위해 자체 유통망을 구축하려 하기도 했다. 저지시티Jersey City에 기반을 두고 있는 독립자연식품소매상협회Independent Natural Food Retailers Association는 1971년 창립 모임을 공고하는 전단에서 다음과 같이 주장했다.

수년 동안 우리는 그 유통업체들로부터 우리의 모든 상품을 구매했고, 그

> 들이 작은 기업에서 거대 기업으로 성장하는 것을 지켜보았다. 하지만 이 대도시 지역에서 그들의 생사는 **건강식품** 산업에 달려 있다. 수년 동안 우리는 이 나라의 다른 지역들에서 **건강식품** 붐이 일어나는 것을 지켜봐 왔다. 그리고 마침내 그 붐이 뉴욕에 도달했을 때, 우리와 함께 사업을 하던 대형 유통업체들은 큰 체인점들을 찾아가서 그들이 우리와 직접 경쟁하도록 부추기며 우리 사업의 성장을 가로막아 왔다. …… 지금 우리가 조직화한다면, 우리는 큰 기업이 우리 산업으로 유입하는 것에 맞서 싸울 수 있다.[19]

소매상들이 보기에, 작은 회사에서 큰 회사로의 전환은 규모의 변화뿐만 아니라 도덕적 변화를 상징하는 것으로, 기업 관계의 무자비함과 자연식품 생활방식에 대한 헌신의 약화를 예고하는 것이었다.

밝혀진 바에 따르면, 슈퍼마켓은 건강식품 가게들이 두려워하는 만큼 치명적인 위협이 되지는 않았다. 일반 식료품점들은 제한된 수의 건강식품 품목만을 갖추고 있었으며, 많은 건강식품 신봉자가 관심을 가지고 있는 자연요법적 건강에 대해 조언을 해줄 수도 없었다. 그런 제품을 판매하는 데서 모두가 성공한 것은 아니기 때문에, 슈퍼마켓들의 자연식품 진출은 한결같지 않았다. 예상 수익을 내지 못하면, 식료품점들은 철수했다가 몇 년 후에 다시 시도했다. 칸 앤 레신은 일반 식료품점에 물건을 공급하는 일을 전담하는 부서를 갖추고 있었음에도 불구하고, 1979년까지 칸 앤 레신 매출에서 슈퍼마켓이 차지하는 비중은 약 15%에 불과했다.[20] 하지만 슈퍼마켓은 일반 식품 부문과 자연식품 부문 간의 확고한 분할을 깨고 공공연히 자연식품에 더욱 정당성을 부여해 주었다. 슈퍼마켓은 1990년대부터 자연식품 고객들에게 더욱 중요한 행선지의 하나가 되었다. 그러나 그 무렵에 기업계는 자연식품 장에 또 다른 의미 있는 진입을 하고 있었다.

존 하비 켈로그와 그의 동생 윌이 콘플레이크 사업을 둘러싸고 서로 불화를 겪은 것을 상기할 때, 일반 식품 회사들이 자신들의 자연식품 제품을 만들기 위해 첫 번째로 시도한 것 중 하나가 아침 식사 시리얼과 관련되어 있었다는 것은 어쩌면 당연한 일이다. 19세기에 존 하비 켈로그가 건강식품 사업에 진출하는 데 일조한 조제품인 그래놀라는 1960년대 동안에 자연식품 애호자와 실험자들 모두가 집에서 만든 제품과 상업용 제품 둘 다 먹으면서 다시 인기를 끌었다. 그래놀라의 인기를 실감한 (그리고 그 인기를 우려한) 일반 식품 회사들은 그 사업에 참여하기로 결정했다. 1972년에서 1974년 사이에 펫Pet, 퀘이커 오츠Quaker Oats, 켈로그, 제너럴 밀스General Mills를 포함한 몇몇 주요 식품 기업은 대중 시장에 판매할 그래놀라와 유사한 자신들의 시리얼 제품을 개발했다. 하지만 그러한 제품들은 건강식품 제품보다 훨씬 더 단 경향이 있었다.[21] 랠스턴 퓨리나Ralston Purina는 훨씬 더 나아가서, 1972년에 그래놀라뿐만 아니라 건강식품으로 분류된 20개의 제품을 출시했다 (Pacy 1972). 자연식 아침 식사 시리얼 시장이 특히 수익성이 좋다는 사실이 입증되자, 일반 식품 회사들은 점차 자연식품을 우스꽝스러운 것으로 생각하지 않고, 오히려 조심스럽게 그 분야에 투자하기로 결정했다. 일반 식품 회사들에게 자연식품은 매우 낯선 영역이었기 때문에, 성공 여부는 대체로 자신의 제품을 생산하는 것보다는 인수하는 것에 달려 있었다.

건강식품 회사를 인수하는 것에 관한 관심은 초기에는 실제로 주요 식품 기업들이 아니라 성장하고 있는 시장에서 성공 가능성을 인지한 다른 복합기업과 투자자들로부터 나왔다. 가장 주요한 인수 중 하나는 1968년에 다각화된 복합기업인 이로쿼이 인더스트리스Iroquois Industries — 이 기업이 보유한 유일한 식품 회사는 양조장뿐이었다 — 가 신망 있는 천연 비타민 회사인 시프 바이오 푸드Schiff Bio Food를 매입하면서 이루어졌다.[22] 또 다른 획기적 사건은 1970년에 알카셀처Alka-Seltzer, 원어데이One-a-Day 비타민 및 다른 관례적인 건강 제품을 제조하는 회사인 마일스 래버러토리스Miles Laboratories가 제7일 안식일 예수재림파 회사인 워딩턴 푸드를 인수한 것이었다. 마일스는 자연 건강 시장을 추구하는 것보다는 고기 대용품으로 사용되는 식물성 단백질과 같은 합성가공 식품을 만드는 워딩턴 푸드의 기술적 전문지식을 손에 넣는 것에 더 많은 관심을 가지고 있었다. 이런 식으로 가장 오래된 건강식품 회사 중 하나가 일반 소비제품 회사가 정교한 가공 활동에 진입하는 것을 도왔다.[23]

주요 식품 회사들이 자연식품 제조업체를 인수하고자 한 것은 1980년대에 들어와서였다. 인수의 발걸음은 그다음 20년 동안 계속되었다. 당시에 많은 자연식품 회사의 소유주는 갈림길에 도달해 있었다. 일부 회사 사장들은 은퇴를 원했고, 사내 후계자가 없었다. 일부는 성장 야망을 가지고 있었지만, 그 야망을 실현하기 위해서는 더 많은 자본이 필요했다. 일부 사람들은 자신들의 수년간의 노동을 현금화하여 이득을 챙길 때가 되었다고 보았다. 이제 자연식품이 일시적인 유행이 아니라는 것은 분명해졌고, 21세기 첫 10년경에 대부분의 주요 식품 회사들은 식품과 건강 간의 관계에 대해 우려하는 소비자군이 증가하는 것에 부응할 필요가 있다고 느꼈다. 그 후 자연식품 회사들은 인수·합병·매각 활동에 휘말렸다.[24] 가장 유명한 자연식품 브랜드 중 일부는 제너럴 밀스, 켈로그, 크래프트Kraft, 코카콜라 및 다른 주요 식품 회사들의 소유가 되었다.

슈퍼마켓이 자연식품을 수익성 있게 거래하는 방법을 항상 알지는 못했던 것처럼, 일반 제조업체들도 때로는 여전히 틈새시장이던 자연식품 시장에 진입하기를 주저하기도 했고, 자신들의 자연식품 생산라인을 매각하거나 생산을 중단하기도 했다. 아마도 자연식품 회사와 일반 식품 회사 간의 댄스를 가장 잘 보여준 회사는 1920년대에 시작되어 건강식품 업계에서 가장 큰 제조업체가 된 건강식품 회사인 헤인Hain일 것이다. 비록 일찍이 몇 번 소유권이 바뀌었지만, 헤인은 프로그레소Progresso 수프 제조사인 오그던 푸드 프로덕트Ogden Food Products에 매각된 1982년부터는 일반 식품 회사의 소유하에 놓이게 되었다. 1986년에 오그던은 헤인을 펫Pet에 팔았고, 그 후 펫은 1994년에 어윈 사이먼Irwin Simon이 운영하는 상장 기업으로 특선식품 회사인 키너렛Kineret에 헤인을 매각했다. 일반 식품 회사의 소유하에서 헤인은 방치된 자회사였다. 그러나 사이먼은 현재 헤인 푸드 그룹Hain Food Group이라고 불리는 자신의 사업을 자연식품 시장에 집중하기로 결정했고, 주요 식품 기업의 실제 소유권 없이도 기술을 빌려서 어떻게 성장을 이룰 수 있는지를 보여주었다. 모든 성장 지향적인 기업에 전형적인 관행을 이용하는 사이먼은 기업 공개를 통해 자본을 확보했고, 공격적인 인수 전략을 통해 기존의 많은 자연식품 회사를 손에 넣었으며, 광범위한 마케팅을 통해 자연식품 매장과 일반 식품매장 모두에 헤인 제품을 공급하는 것을 도왔다. 헤인의 수많은 거래 가운데에는 2000년에 있었던 셀레스티얼 시즈닝스Celestial Seasonings와의 합병도 포함되어 있었는데, 바로 그때 회사명이 헤인 셀레스티얼Hain Celestial로 변경되었다. 2014년경에 헤인 셀레스티얼은 수많은 자연식품과 개인 미용 및 위생 제품을 비롯한 55개 이상의 브랜드로 전 세계에서 22억 달러의 매출을 올렸다.[25]

일반 식품 회사들이 관리하는 브랜드인 헤인 셀레스티얼과 몇몇 다른 거대 독립회사들은 현재 자연식품 매출의 대부분을 차지하고 있다. 업계 신문은 다음과 같이 보도했다. "스핀스 앤 퓨어 브랜딩SPINS and Pure Branding이 발행한 「천연제품 마케팅 2015년 벤치마크 리포트Natural Products Marketing 2015 Benchmark Report」에 따르면, 대형 제조업체(수입 1500만 달러 이상)는 전체 천연제품 제조업체의 3%에 불과하지만, 시장점유율은 무려 85%에 달한다"(Marshall 2015). 이것은 수많은 소규모 생산자들(자주 지역에서만 적은 매출을 올리는)과 자연식품 거대 기업 집단(현재 또는 과거에 일반 식품 회사와 자주 얼마간 관계를 맺어온)이 나란히 존재하고 있다는 것을 의미한다. 이 거대 기업들에는 포장 식품 제조사뿐만 아니라 어스바운드 팜Earthbound Farm 같은 유기농 농산물 재배업체와 호라이즌Horizon 같은 유기농 유제품 생산업체들이 포함되어 있다. 이 두 회사는 2014년에 호라이즌의 모회사인 화이트웨이브 푸드WhiteWave Foods가 어스바운드를 인수하면서 합병되었다.[26]

대형 자연식품 제조업체들은 일반 식품 생산업체들과 비슷하기도 하고 그렇지 않기도 하다. 그 업체들은 모두 대중 시장에 적합한 제품을 생산함으로써 금전적 이득을 얻지만, 자연식품 회사들은 일반 식품 산업의 많은 포장 식품과 편의 식품에 대한 대안을 개발함으로써 금전적 이득을 얻는다. 이러한 대안적 제품들에 자연식품이라는 타이틀을 붙일 수 있게 해주는 것은 일반적으로 그 제품들의 재료이다. 즉, 그러한 제품은 유기농 제품이거나 인공 방부제나 다른 첨가물이 들어 있지 않은 제품이다. 그러나 그 제품들의 건강식품으로서의 지위는 다소 의심스러울 수 있다. 왜냐하면 그 제품들은 일반 제품들과 마찬가지로 더 맛있게 만들기 위해 종종 지방질, 설탕, 나트륨을 많이 투입하기도 하기 때문이다. 대형 자연식품 회사들은 또한 자신들이 환경 관리에 헌신한다고 공언함으로써 스스로를 돋보이게 한다. 그러나 그 회사들의 제품은 전 세계에서 공급된 재료를 배합하기도 한다. 그리고 그 제품들의 가공, 운송, 보관에는 상당한 자원이 사용된다. 왜냐하면 많은 다른 요소들이 제조 시설에 모인 다음 다시 개별 포장되어 멀리 떨어진 유통업자와 소매업자들에게 배송되어야 하기 때문이다.

이 모든 방식으로 자연식품 생산은 상당한 산업화를 겪어왔고, 이러한 산업화는 자연식품이 자연식품의 원래의 개념 ─ 가능한 한 자연상태와 가깝고 환경에 최소한의 영향을 미치면서 생산되며 소비자들이 자연과 밀접한 관계를 맺을 수 있게 해주는 식품 ─ 에서 훨씬 더 멀어지게 하는 데 일조해 왔다. 하지만 산업화 과정은 생산 수준에서만 일어난 것이 아니었다. 자연식품 산업과 일반 식품 산업을 구분하는 선은 유통과 소매에서도 역시 모호해졌다.

자연식품 회사들의 합병과정

자연식품 산업에서 실제로 가장 많은 합병이 일어난 곳은 유통 부문이었다. 1980년대에 다른 보충제 제조업체들이 증가하면서, 한때 업계를 지배했던 시프와 플러스의 브랜드들은 시장점유율을 잃었고, 더 이상 특정한 유통 회사를 만들거나 무너뜨릴 수 없었다. 오히려 규모의 경제가 도매업자의 성공에 열쇠가 되었고, 결국에는 그 산업이 오랫동안 의존해 왔던 오래된 유통업자들까지를 포함하는 합병 물결을 일으켰다. 결국 이득을 본 도매 회사들은 보충제 이외의 것에서 판매 물품을 찾아 나섰던 세대들로부터 나왔다. 그중 하나인 트리 오브 라이프는 1985년에 네덜란드 회사인 베사넨Wessanen에 인수되었다. 트리 오브 라이프는 자신의 배후에 있는 베사넨의 자본으로 1986년에 밸런스드 푸드를 인수하여 갑자기 미국에서 가장 큰 자연식품 유통업체가 되었지만, 오래된 주요 도매업체들보다 더 다양한 식품 생산라인을 가지고 있었다. 2010년에 트리 오브 라이프는 21세기 첫 10년 동안 보다 자연식품 쪽으로 이동해 온 특산 식품 도매업체인 KeHE 푸드 디스트리뷰터스KeHE Food Distributors에 매각되었다. KeHE는 2014년에 마지막 독립 자연식품 도매업체 중 하나였던 네이처스 베스트Nature's Best를 인수하면서 미국의 가장 큰 두 개의 자연식품 유통업체 중 하나로 입지를 굳혔다.

한편 또 다른 중요한 합병이 1996년에 일어났다. 그 해에 마운틴 피플스 웨어하우스와 동해안에 있는 비슷한 규모의 도매업체인 코누코피아 내추럴 푸드Cornucopia Natural Foods가 합병하여 유나이티드 내추럴 푸드 주식회사United Natural Foods Inc: UNFI가 설립되었다. UNFI는 그해에 기업을 공개했고, 21세기 초에 그 기업을 미국 최대 자연식품 유통업체로 변모시킨 일련의 인수에 착수했다. UNFI와 KeHE는 자연식품 소비시장의 주요한 문지기가 되었는데, 소매점에 자신의 제품을 널리 공급하기를 원하는 모든 생산자는 우선 그 두 유통업체 중 하나에게서 자신의 제품을 인정받을 필요가 있었기 때문이다. 도매업체 수의 감소는 또한 유통업체와 소매업체들이 제조업체의 제품을 취급하도록 설득하는 일을 전문으로 하는 또 다른 유형의 중개업자가 성장하게 하는 데에도 일조했다.

비록 유통 부문만큼 집중되지는 않았지만, 1990년대 이후 소매업계에서도 많은 합병이 이루어졌다. 자연식품 산업에서 가장 눈에 띄는 성공 스토리는 분명 홀푸드 마켓이다.[27] 이 거대 소매업체는 자연식품 장의 다른 많은 기업과 마찬가지로 반문화적 라이프 스타일이 표출되면서 성장했다. 채식주의 협동조합에서 생활하며 자연식품 가게에서 일했던 젊은이인 존 맥키John Mackey는 1978년 텍사스 오스틴에 세이퍼 웨이Safer Way이라는 이름 — 세이프웨이Safeway라는 슈퍼마켓 체인의 이름을 가지고 장난친 이름 — 의 가게를 공동으로 설립했다. 1980년에 이 가게는 오스틴에 있는 또 다른 소매점인 클라크스빌 내추럴 그로서스Clarkesville Natural Grocers와 합병되어 홀푸드로 개명되었다. 텍사스에 몇 개의 추가 매장을 개설한 후, 그 회사는 1991년에 기업을 공개하면서 유입된 자본을 기반으로 전국 다른 곳의 자연식품 가게를 인수하기 시작했다. 특히 다양한 종류의 자연식품을 판매하는 대형 매장에 관심을 갖고 있던 맥키는 보스턴의 브레드 앤 서커스, 남부 캘리포니아의 미시즈 구치스, 메릴랜드에 기반한 프레시 필즈Fresh Fields, 애틀랜타의 해리스 파머스 마켓Harry's Farmer's Market을 포함하여 '슈퍼 자연식품 매장' 포맷을 개발해 온 여러 지역의 체인점들을 매입했다(Paumgarten 2010; Biddle 1992; L. Lee 1996; Zwiebach 2001). 특히 1993년에 미시즈 구치스 — 그 당시 7개의 체인점을 가지고 있었다 — 를 매입한 것은 홀푸드의 미래에 특히 중요했는데, 그 이유는 미시즈 구치스가 다른 홀푸드 매장들을 이끌어가는 데 이용할 스타일, 서비스, 제품 선정에 관한 전문지식을 제공해 주었기 때문이다. 홀푸드에서 가장 논란이 된 합병은 2007년에 당시 전국 수준에서 주요한 라이벌이었던 와일드 오츠Wild Oats를 인수한 것이었다. 공정거래위원회는 처음에는 경쟁을 약화시킬 수 있다는 이유에서 합병에 반대했다. 2년간의 법정 다툼 후에 마침내 홀푸드가 규제 당국의 승인을 대가로 일부 매장을 매각하기로 함으로써 사태가 해결되었다.[28] 그 거래로 미국 최대 자연식품 소매업체로서의 홀푸드의 입지가 굳어졌다. 2014년경에 홀푸드는 387개의 매장과 전체 자연식품 가게 매출의 28.8%를 차지하게 되었다(Marshall 2015: 20).

홀푸드는 자연식품 지지자들 사이에서 매우 양면적으로 인식되었다. 한 생산자가 말했듯이, "홀푸드는 현재 업계에서 가장 큰 성과이기도 하지만 가장 큰 문젯거리이기도 하다." 홀푸드는 한편으로는 매우 많은 새로운 소비자들을 끌어들이고, 자연식품 공급자들로 하여금 재료에 대한 높은 기준을 지키도록 강요하고, 자연식품의 지위를 끌어올린 것으로 찬사받는다. 하지만 홀푸드는 다른 한편으로는 의식 있는 풍요한 소비자들에게서 자연식품을 필수품으로 바꾸어놓았지만 수많은 작은 가게들이 문을 닫게 만든 무자비한 경쟁자로 인식된다. 그 회사는 또한 자연식품 장 내에서 상당한 힘을 가지고 있다. 한 소매업자는 홀푸드가 식품의 질과 그 가게의 매력에 기초하여 "그 산업을 크게 성장시킨" 방법에 대해 지적한 후 다음과 같이 말했다.

> 그들은 많은 영향력을 가지고 있어요, **많은** 영향력을. …… 업계의 모든 사람이 그걸 느낄 겁니다. 제조업자들은 홀푸드가 구매하는 제품의 양으로 그걸 느낄 거예요. 그리고 유통업자들은 유통센터를 통해 주문되는 양에 의해 동일한 방식으로 그걸 느끼죠. …… 당신이 홀푸드에 제품을 공급하려면 — 이것은 단지 홀푸드뿐만이 아니라 애리조나의 스프라우츠Sprouts, 선플라워Sunflower 등 다른 체인점들도 마찬가지이죠 — 그들 모두는 선반에 진열할 모든 제품을 한 상자씩 공짜로 받고 시작하기를 원

해요. 그리고 그들은 거기다가 광고도 원해요. 그것은 돈이 많이 들죠. 작은 영세 제조업체들은 그걸 감당할 수 없어요.

홀푸드는 이처럼 대량의 제품을 진열할 수 있는 공간을 만들어줌으로써 새로운 자연식품 제품들이 급격하게 증가하는 데 일조했다. 그러나 홀푸드는 또한 홀푸드가 기대했던 할인 및 기타 재정적 인센티브를 제공하는 것과 함께 다량의 제품을 효율적이고 일관성 있게 공급해 달라는 체인점의 요구를 충족시킬 수 있는 대형 유통업체와 생산자들에게도 이익을 가져다주었다.

앞의 인용문에서도 알 수 있듯이, 홀푸드는 유일한 슈퍼 자연식품 매장이 아니다. 이를테면 스프라우츠와 비타민 코티지Vitamin Cottage 같은 두 개의 지역 체인점도 전 품목의 식품을 취급하고자 한다. 온라인 딜러들도 특히 보충제 영역에서 경쟁에 뛰어들었다. 그리고 미국에는 아직도 수천 개의 독립 자연식품 소매업체들이 남아 있다. 홀푸드가 자연식품 시장을 지배한 이후 한편에서는 많은 소규모 소매업체들과 대안적인 소매업체들이 사라졌지만, 다른 한편에서는 농민 시장뿐만 공동체 지원 농업 제도 — 소비자들이 재배 시기 동안 농부에게 매주 물건을 공급받기 위해 농부들에게 선금을 지급하는 — 도 급속히 성장해 왔다. 1980년대에는 새로운 스타일의 자연식품 가게가 등장하면서 쇠퇴했던 협동조합도 21세기에 복귀했다(J. Robinson and Hartenfeld 2007; Jablow and Horne 1999; Haedicke 2014; Thompson and Coskuner-Balli 2007). 그럼에도 불구하고 특히 자연식품 체인점들은 부분적으로는 그들이 이용할 수 있는 규모의 경제 때문에 성공을 거둡하고 있었다. 게다가 체인점들은 소규모 가게보다 더 매력적이고 이용하기에 더 편해 보이는 환경을 구축하고, 소비에 대한 접근방식을 개인 건강 및 환경 건강을 의식적으로 추구하는 질적 소비에서 더 많은 양의 소비로 전환시킨다. 홀푸드와 같은 소매업체들은 자신들이 사람들로 하여금 아무런 제약 없이 확실하게 소비할 수 있게 해주는 메커니즘을 구축하고 있다는 것을 고객에게 확신시키기 위해 노력한다.

물론 홀푸드를 악마화하기도 쉽다. 식료품 상인들은 책에서부터 하드웨어, 사무용품에까지 이르는 아주 많은 다른 산업에서 이제는 식상해진 이야기를 그대로 반복한다. 그 이야기에 따르면, 한 거대 소매업체가 등장해서 많은 소규모 독립 상점을 몰아내고 그 과정에서 해당 산업에서 엄청난 힘을 축적한다(L. Miller 2006). 그리고 홀푸드는 (맥키의 자유지상주의적 정치를 반영하는) 반노동조합주의적 입장을 견지하고 지위를 의식하는 부유한 쇼핑객들에게 노골적으로 호소한다고 비난받아 왔다. 그러나 이 그림은 어떤 대가를 치르더라도 이익을 얻고자 하는 단순하고 무자비한 기업에 대한 그림보다 더 복잡하다. 홀푸드를 설립하고 경영하는 사람들은 자연식품의 우월성을 진심으로 믿고 있다. 그들은 새로운 자연식품 열광자들을 자기편으로 끌어들이고 자연식품 생활방식을 더욱 정당화해 왔다. 그들은 업계의 다른 사람들이 따라야 할 제품의 질과 신뢰성에 대한 표준을 정해 왔다. 그리하여 홀푸드는 성장의 위험과 약속 모두를 구현한다.

홀푸드 운영의 많은 측면이 일반 식품 부문과 자연식품 부문 간의 경계선 양편에 걸쳐 있지만, 트레이더 조스Trader Joe's와 같은 다른 소매업체들은 훨씬 더 그렇게 하고 있다. 실제로 자연식품이 매우 널리 확산되다 보니, 자연식품의 범주에 속하는 항목을 강조하지 않는 특산 '고급 식품' 가게나 고급 식료품점은 찾아보기가 어려워졌다. 마찬가지로 중요한 것은 자연식품의 주류화가 대중 시장 소매업자들 — 일반 슈퍼마켓뿐만 아니라 심지어 어마어마한 월마트(가격 할인 때문에 다른 소매상들이 경쟁하는 것을 극도로 어렵게 만드는)까지도 — 로 하여금 자연식품 장에 진출하게끔 해왔다는 것이다.

이 모든 활동의 결과, 누가 자연식품 장에서 진정한 성원으로서의 자격을 갖춘 사람인지가 더욱 모호해졌다. 하지만 그러한 활동이 일어나는 것과 동시에 자연식품 옹호자들의 반기업적 레토릭도 더 널리 유포되고 있다. 농업 관련 기업, 이윤에 집착하는 다국적 기업, 그리고 산업화된 식품 공급을 추상적으로 비난하기는 쉽다. 그러나 너무나도 많은 당사자가 자연식품의 가치를 지지한다고 주장하는 상황에서, 운동의 구체적인 반대자들을 확인하는 것은 그렇게 간단한 일이 아니다. 오랫동안 자연식품을 옹호해 온 한 사람은 이렇게 말했다. "농부들은 월마트에 직접 납품하는 아주 큰 유기농 농장 위로 독수리가 날아다니는 것에 대해 신경 쓰지 않아요. 물은 신선하고, 그 땅에는 공격할 유해물이 얼마간 있거든요. 농부들은 좋아하죠. 독수리가 땅 다람쥐나 두더지를 잡아먹어 주니까요. 그리고 노동자들에 대해서도 신경 쓰지 않을 거예요. 그러나 그 농장의 합병과 그 합병이 농부들에게 미치는 영향에 대해서는 신경을 쓰죠. 그래서 그게 어려운 문제이죠." 다른 옹호자는 이렇게 말했다. "나는 이 모든 것이 결국 어떻게 될지 모르겠어요. 만약 이 모든 것이 결국 어스바운드가 운영하는 홀푸드와 월마트로 귀착된다면, 나는 화학물질이 줄어들었다는 것 말고는 우리가 바꾼 것이 없다고 생각해요. 나는 그것이 실제로 많은 것을 변화시켰다고는 생각하지 않아요." 그의 견해에서 사회 변화는 식품 공급에서 화학물질을 제거하는 환경적 또는 건강상의 목표 그 이상의 것을 포함하는 것으로 정의된다. 그러나 사회 변화에 대해 보다 광범한 시각을 취한다는 것은 자연적인 것이 최선이라는, 쉽게 도달할 수 있는 합의를 넘어선다는 것을 의미한다. 자연식품이 생산되고 소비되는 더 큰 맥락 — 특히 기업의 규모와 운영 방식, 산업의 힘과 영향력의 원천, 소비자와 생산자 모두의 경제적·문화적 동기 — 을 고려에 넣을 경우, 자연식품과 관련하여 가장 중요한 가치가 무엇인지를 규명하는 문제는 훨씬 더 논란의 대상이 된다.

표준 정하기

자연식품 운동과 산업이 자연식품 속에 존재하는 다양한 가치들을 체계화하는 표준 — 즉, 특정 제품에 그러한 가치가 존재하는지를 증명할 수 있는 기준 — 을 개발해 온 까닭은 의심스러운 제품과 바람직한 제품을 식별하는 선과 관련한 문제를 해소하기 위해서이다. 표준은 막연하고 모호한 원칙을 일단의 명시적 지표 — 그 지표의 존재 여부를 경험적으로 검증할 수 있는, 그리고 특정한 가치를 구현한다고 주장하는 사례들 모두에 적용할 수 있는 — 로 전환시킨다. 표준은 사람들이 개인적으로 정통해지거나 비공식적인 수단을 통해 서로를 규제하기에는 너무나도 광범하고 분산된 영역에서 신뢰 획득의 문제를 해소하기 위해 마련되는 하나의 합리적인 기술적 해결책이다.

표준을 체계화하려는 움직임은 유기농 식품의 등장과 함께 가장 확실하게 드러났다. 재래식 비료나 살충제, 제초제를 사용했음에도 불구하고 판매자들이 농산물을 유기농법으로 재배한다고 주장하는 소비자 기만 문제는 유기농 과일과 채소가 인기를 끌기 시작한 1960년대까지로 거슬러 올라간다. 1972년에 로데일 출판사Rodale Press가 간행하는 잡지 ≪유기농 원예와 농업Organic Gardening and Farming≫의 편집자는 유기농이라는 딱지를 붙인 식품 중 50~70%가 실제로는 유기농 환경에서 생산되지 않았다고 추정했다. 로데일 출판사는 1971년에 유기농 생산의 중심지인 캘리포니아에서 첫 인증 작업을 시작했다. 로데일의 조사관들은 농장을 방문하여 농장에서 샘플을 채취했고, 그 샘플로 부식토 함량과 중금속, 살충제 및 기타 오염물질의 존재를 검사했다. 이듬해에 그 프로그램은 육류 생산에도 적용되었고, 미국 동부로도 확대되었다.[29]

1973년에는 고객이 신뢰할 수 있는 **유기농**에 대한 의미 있는 정의를 설정하기를 원하는 소규모 유기농 재배자 모임인 캘리포니아 공인 유기농 농민회California Certified Organic Farmers: CCOF가 결성되면서 유기농 인증에 대한 관념이 더욱 발전되었다. CCOF는 점차 더 많은 회원을 끌어들였는데, 그들은 그 단체의 기준을 따르는 사람들이라는 자격을 부여받았으며, 일부는 캘리포니아 전역에 대한 유기농 표준을 규정하는 주법을 추진하는 데 적극적으로 나섰다. 1979년에 통과된 이 법은 시행규정을 갖추고 있지 않아서 제한적이었지만, 그럼에도 불구하고 다른 주들로 하여금 유사한 법안을 통과시키게 했고 더 나아가 유기농 표준을 일률적으로 적용시킬 연방법도 제정하게 했다. 1990년에는 미국 농무부 산하에 국가 유기농 프로그램National Organic Program을 설치할 것을 명령하는 '유기농식품생산법Organic Foods Production Act'이 통과되었다. 실제 표준을 개발하는 데에는 10년이 더 걸렸고, 최종 버전은 2000년에 승인되었다. 하지만 주기적으로 계속 업데이트 되고 있다. 그 법은 특정 표준을 제정했을 뿐만 아니라 제3의 대리인이 현장에서 검증할 것도 요구했는데, 그 검증에는 농장 및 시설을 검사하고 일련의 문서 – 생산자가 자신의 작업의 여러 측면을 추적하기 위해 보관하는 – 를 점검하는 것이 포함되어 있다. 그 법의 의도는 인증자를 생산자로부터 독립시키는 것이었지만, 실제로는 인증기관과 그 기관의 서비스를 이용하는 생산자 간에는 자주 긴밀한 관계가 존재한다.[30]

유기농 식품의 많은 옹호자가 제품의 유기농 자격을 인증하는 공식 직인을 찍는 구상에 찬성했지만, 악마는 세부사항에 숨어 있다. 표준의 내용을 둘러싸고 다툼이 계속되고 있다. 이를테면

1. 토양이 유기농으로 간주되기 위해서는 몇 년 동안 화학물질이 추가되지 않아야 하는가?
2. 제품을 포장하기 전에 염소 처리된 물이나 다른 방법으로 화학 처리된 물에 세척할 경우 **유기농**이라고 할 수 있는가?
3. 합성 농축제나 안정화제로 만들 경우 제조된 식품이 유기농일 수 있는가?
4. 소의 사료 중 얼마만큼을 유기농으로 재배해야 그 소로 생산한 우유나 고기가 유기농으로 간주되는가?
5. 유기농 사료를 먹지만 목초지에 방목하지 않는 가축을 유기농으로 사육된 것으로 볼 수 있는가?
6. 먹이 섭취 습성을 통제할 수 없는 자연산 물고기가 과연 유기농으로 인증받을 수 있는가?
7. 유전공학이나 나노기술과 같은 신기술은 어떻게 취급해야 하는가?

유기농 생산자와 비정부 기관의 의견을 취합하여 유기농 표준을 정하

는 기관인 국가유기농표준위원회National Organic Standards Board는 이들 질문 및 더 많은 질문 각각을 지루하게 논의해 왔다. 그 답변들은 전문적인 언어로 제시되지만, 그 본질상 필연적으로 정치적이다.[31] 이때 끊임없이 따져보는 것은 더 엄격한 표준 — 순수성의 관념을 표상하는 — 이 일부 재배자와 제조자의 기존 관행에 얼마나 지장을 주고 준수비용을 얼마나 증가시키는가 하는 것이다.

표준은 인증된 유기농 제품에 대해 프리미엄 가격을 받을 수 있는 많은 소규모 농민에게 도움을 주었지만, 또한 유기농 농업의 산업화도 촉진해 왔다. 우선 유기농 식품과 관련된 규약들이 균일하게 적용되기 때문에 지역을 넘어서는 거래가 용이해진다. 표준을 지지하는 한 사람은 이렇게 설명했다. "우리는 개별 주에서 적용되는 서로 다른 법에 대해 걱정할 필요가 없다. 또는 우리가 태평양 연안이나 유럽 연합에 수출하고 있다면, 모든 사람은 그 제품들이 어떻게 재배되는지를 알고 있다. 일관된 표준은 더 넓은 시장에 더 많은 제품을 더 쉽게 판매할 수 있게 해왔다." 하지만 인증에 수반되는 복잡하고 비용이 많이 드는 관료적 절차는 유기농 원칙을 양심적으로 지키지만 성문화된 규칙을 따르지 않는 소규모 생산자들에게서 권리를 박탈할 수도 있다. 유기농 인증을 획득하는 과정은 시간이 많이 걸리고 비용이 많이 들기 때문에, 인증을 받고 싶어 하지 않는 농부들도 많다. 대신에 그들은 자신들의 농산물을 '노 스프레이no-spray'나 그와 비슷한 어떤 이름으로 부른다.[32] 더 나아가 표준은 도덕을 평준화하는 장치로 작동한다. 대규모 재배자이든 소규모 재배자이든 간에, 또는 독립 제조업체이든 복합기업 소유의 제조업체이든 간에, 표준을 지킬 경우 그들은 똑같이 유기농 제품을 생산하는 것처럼 보이는데, 이것은 공중으로 하여금 매우 다양한 생산자들에게 동등한 도덕적 신뢰를 부여하게 한다.

유기농 규제는 국가와 자연식품 산업 사이에서 가장 많은 협력이 이루어져 온 영역이다. 의회와 USDA가 표준을 개발한 이유는 유기농이 식품 체계의 규범이 되는 길을 닦기 위한 것이 아니라 성장 중인 하나의 경제 부문에서 거래를 용이하게 하기 위한 것이었다. 유기농 표준이 자연식품 장 내에서 분열의 주요 원천 중 하나가 된 것도 아마 이런 이유 때문일 것이다. 규칙을 얼마나 엄격하게 정해야 할 것인가와 관련하여 상당한 논란이 있었고, 규제 개발에 참여한 일부 인사들을 놓고도 상당한 의혹이 일었다. 그 긴장은 국가유기농표준위원회가 연방 표준을 작성하던 10년의 시기 동안과 아서 하비Arthur Harvey라는 메인Maine주의 농부가 자신이 보기에 헌법을 침해한 관행을 허용했다는 이유로 USDA를 고소했던 시기 동안, 즉 그 규칙이 발표되고 난 후 5년 동안에 특히 극심했다.[33]

이 시기 동안 유기농 지지자들은 여러 파벌로 분열되었는데, 그 파벌들 각각은 자연식품 장에서 그들이 차지하는 사회적 지위와 대체로 상응했다. 그러한 파벌로는 농부들을 대표하는 북동부유기농업협회Northeast Organic Farming Association, 환경운동가들을 대표하는 농약남용반대전국연합National Coalition Against the Misuse of Pesticides(후일 비욘드 페스티사이드Beyond Pesticides로 불린), 소비자들을 대표하는 순수식품연합Pure Food Coalition(유기농소비자협회Organic Consumers Association로 발전한), 그리고 주로 가공업자, 제조업자, 소매업자를 대변하는 유기농교역협회Organic Trade Association와 같은 단체들이 있었다. 특히 유기농교역협회는 자연식품 장으로 진입해 들어오고 있던 대기업 회원들의 이익을 위해 표준을 희석하려는 것으로 보였기 때문에 다른 단체들과 소원해졌다.

하지만 그 집단들이 단순 유형학이 만들어내는 것만큼 분명하게 분열되어 있었던 것은 아니다. 단체들 사이에는 일부 중첩되는 회원들도 있었고, 당시 서로 불화상태이던 사람 중 많은 사람이 지난 몇 년 동안 여러 가지 노력에서 서로 협력하던 사람들이었다. 또한 어떤 조직들은 무엇이 최선의 행동 방침인지를 놓고 내부에서 견해 차이를 드러내기도 했다.

그러한 행사에 참여했던 사람들 및 유기농 규제를 둘러싼 분열에서 서로 반대편에 있던 사람들과 인터뷰해 본 결과, 그들 모두가 유기농의 이상이 추구하는 가치를 매우 강하게 믿고 있다는 것은 분명했다. 그들 가운데 유기농 라벨을 위장 환경주의의 한 형태로 돈벌이에 이용하려는 사람은 아무도 없었다. 그러나 근본적인 견해 차이는 규모와 척도에 관한 질문 — 즉, 대기업의 수중에서 유기농 개념의 본 모습이 위태로워졌는가라는 질문과 시장의 성장을 얼마나 고려해야 하는가라는 질문 — 에서 사람들이 차지하는 위치와 관련되어 있었다. 느슨하게 또는 점차적으로 표준을 도입하는 것을 지지해 온 사람들은 더 많은 기업가를 산업으로 끌어들이기 위해서는, 그리고 마음이 잘 변하는 소비자들을 유인하기 위해 충분히 다양하고 저렴한 제품을 만들기 위해서는 타협이 필요하다고 믿었다. 보다 엄격한 기준을 도입하기를 원했던 사람들은, 유기농업의 요체는 무엇보다도 "자연을 따라가는"(K. Stewart 2003: 74) 것인데 산업 관행은 그러한 목표를 달성하지 못했다고 보았다. 유기농 표준은 유기농 식품에 대한 법적 정의를 명확히 하는 것이었을 수 있지만, 유기농 운동의 우선순위와 관련한 문제는 해소하지 못했다.

비록 USDA가 **자연적**이라는 단어 및 몇 가지 관련 용어를 축산물에 사용하는 방식에 대해 다소 모호한 지침을 가지고 있기는 하지만

(United States Department of Agriculture, Food Safety and Inspection Service 2015), 정부 기관은 유기농 이외에는 관리하거나 규제할 어떤 자연식품 표준도 가지고 있지 않다. 대신에 다양한 동업조합, 자연식품 회사, 옹호 단체 및 제3의 영리 기관이 당혹스러울 정도로 많은 인증 프로그램을 제공하고 있다. 이들 인증기관의 일부는 소비자에게 정보를 제공하고 안내하는 검인을 해주기도 한다. 일부는 특정 제품이나 재료가 특정 내역에 부합한다는 것을 업계의 바이어들에게 전달하는 것을 목적으로 한다. 이용 가능한 인증제도로는 천연제품협회Natural Products Association가 보충제를 위해 개발한 GMPgood manufacturing practices, 역시 천연제품협회가 세척제를 위해 개발한 천연개인생활용품과 천연가정용품Natural Personal Care and Natural Home Care 표준, 유전자 변형 또는 조작 물질의 부재를 검증하는 비GMO 프로젝트Non-GMO Project, 야생 식물의 지속 가능한 채집을 위한 페어 와일드Fair Wild 표준, 기업의 탄소 배출량을 줄이고 상쇄하기 위한 무탄소제품CarbonFree Product 인증, 지속 가능한 어업을 위한 해양관리위원회Marine Stewardship Council 검증, 가축을 우리에 가두지 않고 또는 목초를 먹여 인도적으로 사육했음을 보증하는 것을 포함한 다양한 축산물 인증, 그리고 특정 제품이 글루텐이 들어 있지 않은 식품, 정결 식품, 통곡물 등등임을 증명하는 수많은 다른 검증들이 있다. 많은 생산자가 또한 자신들의 제품 생산과 관련된 공정한 노동 관행을 보여주는 지표로 공정무역 인증을 추구한다(Brown 2013; Linton, Liou and Shaw 2004).

이 모든 인증은 사업 비용을 증가시키는 데 일조하는데, 그것은 적어도 부분적으로는 소비자에게 전가된다. 승인 도장을 원하는 생산자는 일반적으로 고가의 새로운 장비, 정보 입력, 처리, 기록 보관, 그리고 생산자의 준수 여부를 감시하는 제3의 인증기관과의 계약에 투자할 필요가 있다. 2010년에 한 제조업체가 여러 인증을 획득하고 유지하는 데 드는 비용을 추정했을 때, 그렇게 하기 위해서는 연간 100만 달러 이상이 들어가는 것으로 나타났다(Agin 2010). 자유지상주의적 경향을 지닌 자연식품 산업은 한편에서는 고압적인 정부 규제에 오랫동안 저항해 왔으면서도, 동시에 다른 한편에서는 소비자들에게 자연식품을 제조하는 과정이 관리되고 질서정연하다는 것을 확신시키기 위해 사적인 형식주의적 절차들을 만들어왔다. 그 결과 자연식품 산업과 소비자 사이를 매개하는 중개자 층들이 생겨났다.

소비자들은 다양한 검증 도장으로 넘쳐나는 제품의 장점을 따져봐야 하기 때문에 인증 피로감의 징후를 보이는 것도 사실이지만, 소비자가 인증된 제품을 구매하는 유일한 고객은 아니라는 점을 기억하는 것이 중요하다. 소매업자들 또한 자신들이 판매할 물품을 결정하는 데서 표준을 고려한다. 이를테면 홀푸드는 특정 제품을 취급할 것인지의 여부를 결정할 때 몇 가지 일단의 표준을 사용하며, 마케팅 활동에도 인증을 활용한다. 일부 표준은 USDA 유기농 검증과 같은 기존 프로그램이고, 일부는 가정용 세척제의 등급을 매기는 홀푸드의 '에코 척도 Eco-Scale'처럼 사내에서 개발되며, 일부는 홀푸드의 후원으로 식용 동물의 복지를 다루는 글로벌 동물 파트너십Global Animal Partnership과 같은 단체에 의해 외부에서 개발된다. 홀푸드의 엄청난 구매력 때문에, 자연식품 생산자들은 자주 홀푸드의 기준을 충족시킬 수 있도록 자신들의 제품을 고안할 것이고, 이것은 산업 전반으로 퍼져나갈 것이다. 홀푸드는 업계에서 이전에 일반적이었던 것보다 더 높은 기준을 세우는 것으로 자주 칭찬받아 왔다. 그러나 이것은 그 회사가 나머지 산업에서 일어나는 일과 자연식품 소비자들의 식생활 관행을 상당한 정도로 통제하는 또 다른 방법이기도 하다.

표준과 인증이라는 이 다망한 영역은 자연적 삶에 대한 욕구를 현대의 도시화된 생활방식과 조화시키려는 하나의 시도로 이해될 수 있다. 자연의 가치가 별개의 부분들로 나뉘어 측정될 수는 있지만, 아마도 그 총합은 자연과의 가까운 관계를 옹호하는 사람들이 염두에 둔 결과를 산출하지는 못할 것이다. 건강, 편의성, 다양성, 맛에 대한 소비자의 욕구에 호소하는 보충제와 복합 포장 식품들은 그 제품들이 만들어지는 원재료만큼이나 자연적인 것으로 표시되고 있다. 게다가 표준이 자연식품 운동의 내부자와 외부인을 구별하는 문제를 진정으로 해결해 주는 것도 아니다. 표준은 정치에 아주 무관심한 영리 기업이라도 시장 진입을 위해서는 따를 수 있는 청사진을 제공한다. 그리고 표준은 그 기업이 자연식품 신봉자들의 인기를 끄는 제품을 획기적으로 개발함으로써 자연식품 운동의 미래 방향을 규정하는 데 일조할 수도 있다.

미해결 딜레마

자연식품을 공급하는 산업의 성장과 나란히 자연식품의 장점을 믿는 사람들의 수가 증가한 것은 자연식품 운동이 그러한 라이프 스타일의 문화적 정당성을 획득하는 데 과거보다 훨씬 덜 초점을 맞춘다는 것을 의미한다. 그 대신 자연식품 운동은 국가의 지원을 얻는 것, 그리고 식품을 생산하고 소비하는 장소에 자연식품 관행을 제도화하는 것에 힘을 쏟는다. 그러나 그러한 관행이 확산됨에 따라, 누가 자연식품 운동에 참여할 성원 자격을 가졌다고 주장할 권리를 가지는지에 대한 불확실성도 커졌다. 과거에는 지배적인 농식품 체계를 개혁하는 일에 실제로 전념하지 않는 한, 상대적으로 소수의 사람만이 자연식품에 대한 애착을 공언하고 나섰다. 오늘날에는 자연식품 장의 일원으로 인정받는 데서 얻는 경제적·문화적 보상이 매우 크기 때문에 참여 동기도 훨씬 더 다양하다.

자신들의 경계를 얼마나 엄격하게 설정하고 유지할 것인가 하는 문제는 많은 사회적·문화적 운동이 성장과 관련하여 직면하는 문제이다. 운동의 이상을 엄밀하게 그리고 보다 정통적으로 인식하려는 노력은 운동의 본 모습을 보존할 수 있지만, 참여자가 줄어들게 할 가능성이 크다. 일부 운동의 경우 소규모에 머무르는 것은 핵심 신념을 충실하게 유지하기 위해서는 기꺼이 견뎌내야만 하는 대가이다. 그러나 어쨌거나 통설은 내부에 성장 압력을 창출하는 대중운동이 사회 변화를 초래할 가능성이 크다고 일반적으로 가정한다. 성장에 대한 욕망은 재정적 인센티브가 있을 때 더욱 강화되고, 이는 결국 운동으로 하여금 광범위한 다양한 소비자와 기업에 참여의 문을 열어주고 다양한 헌신 수준을 허용하고 운동 목표를 다양하게 해석하는 것을 용인하게 한다.

이제 자연식품 운동에서 새로운 것은 거기서 기업이 어떤 역할을 하는가 하는 것이 아니다. 그것은 이미 오래전에 존 하비 켈로그가 건강식품 사업과 식품 개혁의 종교적 이상을 결합했을 때 긍정적으로 답변되었다. 오히려 오늘날의 쟁점은 자연식품 장을 점점 더 지배하는, 그리고 또한 (종래의 자연식품 장에 친숙하지 않은) 새로운 물결의 소비자들에게 영합하는 대기업들을 어떻게 관리할 것인가 하는 것이다. 슈퍼마켓이 자연식품을 취급하고 일반 식품 회사들이 자연식품을 제조할 정도로 자연식품이 인기를 끌 때 자연식품 운동은 그것을 승리로 간주할 수도 있지만, 그러한 성공으로 인해 일반 식품과 자연식품을 구별해 주던, 그리고 이전에 자연식품 운동에 식품의 생산과 소비에 관한 대안적인 전망을 제공하던 특성이 사라져버릴 우려가 있다.

성장은 자연식품 장의 사회적 관계와 그 장의 통일성과 일관성 모두를 변화시켜 왔다. 자연식품 산업은 과거에 비해 규칙에 더 얽매이게 되었고, 표준적인 사업 관행에 더 예속받게 되었다. 나와 이야기를 나눈 업계의 많은 고참은 한때 모두가 서로를 알고 지내던 것처럼 보이고 배척과 사회적 억압 앞에서 공통의 목적의식을 가지고 대처할 만큼 작고 친밀했던 산업에 대한 기억에서 헤어나지 못하고 있었다. 향수가 과거를 실제로 그러했던 것보다 더 장밋빛으로 보이게 한다는 것은 의심의 여지가 없지만, 자연식품 장에서 현재 일어나고 있는 파편화는 많은 기업과 옹호 단체들 속에서 분명하게 드러난다. 그러한 옹호 단체 중 많은 것이 좁게 정의된 관심에만 초점을 맞추고 있다. 그러나 내가 다음의 마지막 장에서 주장하는 것처럼, 이 파편화가 산업으로 하여금 자연식품 운동을 더 이상 주도하지 못하게 한 것은 아니었다.

제8장

문화변동과 경제성장

기업 주도 운동의 효과 평가하기

현대 자연식품 운동을 설명하는 지배적인 서사는 대안적인 식품관행과 급진적인 세계관이 1960년대와 1970년대의 반문화 및 반문화와 관련된 사회운동 활동에서 비롯되었다고 주장한다(Belasco 1989; Cox 1994; Schurman and Munro 2010). 그러한 대안들은 소규모 영세 기업에서부터 거래나 영리 추구의 맥락 밖에 존재하는 것으로 여겨지는 경제적 관행들에 이르기까지 다양했다. 소비자 협동조합과 '식품 공모단', 땅으로 돌아가기 코뮌, 무상 식품배급 운동, 그리고 '이익보다 사람이 먼저people before profits'라는 슬로건을 내세운 여타 실험들은 어떻게 식품을 공정하고 환경을 의식하는 방식으로 생산하고 소비할 수 있는지에 대한 비전을 구체화하고 나섰다. 이 서사에서 대안적 관행들은 산업자본주의의 틀에 다시 통합되고 상업 세력들은 운동을 타락시킨다(Belasco 1989; Fromartz 2006).

이 서사가 완전히 틀린 것은 아니다. 그러나 자연식품 운동을 장기적으로 바라보는 견해는 이 운동의 궤적을 상이한 방식으로 이해한다. 1960년대 이전의 시기로까지 거슬러 올라가 자연식품 운동의 궤적을 살펴보면, 우리는 자연식품 운동이 경제적 이해관계가 없는 운동에서부터 이윤 동기가 지배하기 시작한 다음에 정치를 포기한 운동으로 결코 선형적으로 전개되지 않았다는 사실을 알 수 있다. 오히려 자연식품 운동과 산업은 19세기 후반부터 긴밀하게 얽혀 있었는데, 그러한 관계는 그 운동에서 일부 급진적 경향을 강화시켰고, 심지어 1960년대와 1970년대의 대안적 실험은 물론 공동체 지원 농업과 농민 시장의 확산 같은 오늘날의 혁신에도 일조했다. 게다가 자연식품 운동에 대한 장기적 견해는 우리가 익히 들었던 반기업적인 수사들에도 불구하고, 그리고 오토 카르케 — 그의 말로 이 책을 시작했다 — 와 같은 자연식품 운동의 가장 설득력 있는 대변자들의 일부가 자본주의에 대한 통렬한 비판가들이었음에도 불구하고, 1960년대에도 그리고 현시대에도 자연식품 운동은 자본주의적 관계를 특징짓는 자유기업 및 사유재산 체계에 대해 정말 드물게만 반대해 왔다는 것을 우리에게 상기시킨다. 자연식품 운동의 역사는 시장세력들이 벌인 단순한 방해 행동에 관한 이야기가 아니다. 오히려 자연식품 산업을 대표하는 개인과 단체의 운동 참여는 자연식품 운동의 성공에 기여했으며, 또한 그 성공이 운동에 무엇을 의미하는지를 이해하는 데에도 영향을 주었다.

현대 미국의 사회문화적 풍경에 대한 한 조사는 그러한 성공이 상당했음을 보여준다. 현재는 미국 역사상 그 어느 때보다도 자연식품을 생산하고 소비함으로써 얻을 수 있는 이익에 대해 더 많이 인식되고 더 많이 받아들여지고 있다. 자연식품의 선택지와 이용 가능성이 엄청나게 증가하여, 슈퍼마켓에서 키노아를 발견하고 코스트코에서 유기농 채소를 찾는 것은 이제 지극히 평범한 일이 되었다. 건강식품 '견과류'에 대한 비웃음은 줄어든 반면, 인구의 상당한 부분이 자신들의 식단을 통곡물, 유기농 과일과 채소, 약초 보충제, 그리고 합성 첨가물을 사용하지 않고 만든 포장 식품들로 차리려고 하고 있다. 많은 소비자가 자신들의 식품 선택과 대안적인 건강 관행에의 참여 욕구를 서로 연결 짓고 있고, 그 어느 때보다 많은 사람이 의식적으로 지속가능성과 자연환경의 보호에 헌신하고 있으며, 식품의 원천에서부터 식탁에 이르는 거리의 짧음이 갖는 가치를 믿고 있다. 과학이 가공식품과 농업에 합성물질을 투입하는 것이 지닌 위험에 대한 자연식품 운동의 주장을 일부 추인해 왔다면, 의료기관은 건강의 한 요소로서의 영양에 높은 관심을 기울이고 있다. 정부는 자연식품 부문을 엄중히 단속하는 것만큼이나 지원할 가능성도 크다. 그리고 기업 카페테리아에서부터 공립학교 체계까지에 이르는 주류 기관들도 자연식품 장과 협력관계를 발전시키고 있다.

하지만 식품 공급의 변화에 대한 이 같은 요약은 자연식품의 이상이 승리하지 못한 영역들에 대한 똑같이 긴 리스트에 의해 상쇄될 수 있다. 농식품 부문의 지배적 관행과 대부분의 미국인의 먹기 습관은 가공식품에 대한 의존, 고기와 설탕이 과도한 식단, 농업에서의 합성 비료와 화학농약 및 제초제의 사용을 포함하여 자연식품 운동이 오랫동안 비난해 온 패턴을 여전히 유지하고 있다. 유전자 조작 식물은 콩, 옥수수 및 기타 작물에 너무나도 깊숙이 자리 잡고 있어서 매우 조심스러운 유기농 농부조차 유전자 조작 식물이 혼합되는 것을 예방할 수 없다. 식품 기술자들은 자연의 산물만큼이나 실험실의 산물인 새로운 식용 물질을 만드는 데 필요한 광범위한 자유를 부여받고 있다. 식품을 (부분적으로는 정부 보조금 덕분에) 값싸게 대량으로 생산하는 산업 관행은 일반 식품 부문을 유지하고 장려하도록 재정적으로 유인하기도 한다. 계절, 기후, 지리적 거리 그 어느 것에 의해서도 방해받지 않는 물품 조달 체계로 인해 소비자들은 다양한 선택을 즐길 수 있지만, 그에 따라 식품은 최종 목적지에 도달하기 위해 수백, 수천 마일을 이동하는 경향이 있다.

이러한 이유들 때문에 자연식품 운동은 지배적인 식품 관행을 개혁하고자 하는 노력을 계속하고 있다. 그리고 이전 시대보다 긴장의 징후들이 더욱 눈에 띄기는 하지만, 자연식품 운동은 자연식품 산업과 여전히 밀접하게 얽혀 있다. 이 둘의 관계는 자연식품 운동에서 일어난 변화 중 많은 것을 설명하는 데 도움을 준다. 여전히 자연식품 운동의 중심에 남아 있는 것이 바로 자연 본래의 미덕 및 자연의 회복력 — 인공 대체물에 의존하는 생활방식이 갖는 육체적·정신적 타락의 결과와 비교되는 것으로서의 — 에 대한 관념이다. 하지만 자연에 대한 이러한 경의는 이제 금욕주의를 가르치는 종교적 틀보다 오히려 물질적 풍요를 환영하는 세속적인 세계관에 편입되어 있다. 마찬가지로 천연 물질이 지닌 치유능력에 대한 믿음은 남아 있지만, 자연식품은 대부분의 신봉자들에게 엄격한 의무를 수반하는 일관된 철학이나 생활방식이기보다는 개인의 선호에 의해 정당화되고 상황에 따라 쉽게 받아들여지고 배제되는 일련의 개별 소비자의 선택지이다.

이 마지막 장에서 나는 자연식품 장의 진화에 대해, 특히 상업적 기업이 자연식품 운동에서 그 같은 중심적인 역할을 한 결과에 대해 되돌아본다. 그렇게 함으로써 나는 이 책을 인도해 온 질문들 — 무엇이 자연식품의 이상과 그 실천가들로 하여금 문화적 정당성을 획득할 수 있게 했는가?

경제적 이해관계가 있는 사람들이 운동 활동에 참여함에 따라 운동 목표와 그 목표의 근저를 이루는 의미들이 어떻게 변화되었는가? — 에 대해 몇 가지 답변을 한다. 이 분석은 자연식품 사례가 민간 산업과 사회운동의 교점에 대해 우리에게 무엇을 말해줄 수 있는지를 보다 일반적으로 이해하기 위한 것이다.

처음 이 연구를 시작했을 때, 나는 또한 산업의 침입과 자연식품 운동의 점진적인 탈급진화 사이에서 꽤 직접적인 관계를 발견하기를 기대했다. 급진적이라는 말로 내가 지칭하고자 하는 것은 어떤 특정한 정치 철학이 아니라 핵심적인 믿음과 사회적 행위 체계를 개편하고자 하는 입장들이다. 제1장에서 논의했듯이, 탈급진화의 문제는 자연식품 운동에 대한 수많은 분석가의 관심사였는데, 그중 일부 분석가들은 탈급진화를 제도화와 연계시키고 있다. 이러한 제도화 개념은 조직이론을 사회운동에 적용하는 데서 비롯되었다. 학자들이 제도화를 정의하는 방법은 다양하지만, **제도화**는 일반적으로 운동 활동이 공식 (종종 관료제적인) 조직 속으로 일상화되고 포섭되는 것을 지칭한다. 이 경우 운동 활동은 전문 스태프의 지시를 받는다. 제도화의 결과 운동의 요구와 전술이 온건해지기도 하고, 심지어는 운동이 기성 정치 채널에 매수되는 일이 벌어지기도 한다(David Meyer and Tarrow 1998).

제도화 과정은 특히 자연식품 운동에 적절한데, 이는 자연식품 장과 관련한 동업조합, 인증기관, 기업들이 발전하기 때문일 뿐만 아니라 자연식품 운동 역시 국가 규제기관과 협력할 필요가 있기 때문이다(Tovey 1999). 그러나 니콜라 에드워즈(Nicola Edwards 2013: 73)가 지적하듯이, 제도화는 조직 차원뿐만 아니라 그녀가 '규범적 제도화'라고 부르는 것 — 다시 말해 운동 가치나 목표를 문화적으로 정당화하는 주류화 과정 — 을 통해서도 일어난다. 그렇다면 문제는 이 주류화 과정이 한 사회에서 이전에는 당연한 것으로 간주했던 기본적인 문화적 이상과 관행들에 도전하는 일을 필연적으로 삼가게 하는가 하는 것이다. 인도네시아의 유기농 농업 운동에 관한 연구에서 에드워즈는 운동 조직들이 위계 구조나 시장에의 적극적인 참여와 같은 제도화의 일부 측면을 발전시킨다고 해서 급진적인 목표와 전략을 반드시 포기할 필요는 없다고 주장한다. 그녀는 "제도화는 어떤 특정한 가치 — 그 가치가 관습적이든 그렇지 않든 간에 — 와 직접 관련되어 있지 않다"라고 주장한다(Edwards 2013: 85).

내가 자연식품 장의 역사를 검토하며 보여주었듯이, 산업의 주도는 운동 활동을 회사와 동업조합 같은 공식 조직 속으로 끌어들였으며, 특히 비관례적인 라이프 스타일의 상징들을 매력적으로 보이게 만듦으로써 주류화 과정을 진척시키는 방법을 찾아냈다. 그러나 그러한 역사는 또한 그 같은 제도화의 측면들이 반드시 운동의 탈급진화를 초래하지는 않는다는 것을 보여준다. 어쨌거나 국가와 일반 식품 및 건강 부문이 자연식품 장을 공공복리에 대한 위협으로 비난하는 것을 중단하기 전에도 자연식품 산업은 한 세기 동안 존재했다. 왜 자연식품 장의 탈급진화에 대한 선형적 이야기가 (나의 초기의 기대와는 대조적으로) 적절하지 않은지를 설명하기 위해, 그리고 더 나아가 민간 산업의 운동 참여로 인해 나타나는 그러한 온건화 경향을 부각시키기 위해, 나는 초점을 제도화 자체에서 벗어나 그러한 일상화가 초래하는 특징들과는 무관하게 존재하는 자본주의의 특정한 측면들 — 모든 공식 조직에 영향을 미치는 — 로 옮길 것을 제안한다. 자본주의의 그러한 측면들로는 성장의 정명(처음에는 일부 학자들은 성장이 제도화를 야기한다고 주장했다;

Jenkins 1977: 569)과 유연성과 혁신의 정명을 들 수 있다. 시장이라는 환경에서 경쟁하는 데서 비롯되는 이러한 압력을 좀 더 면밀하게 살펴봄으로써, 우리는 산업이 운동에 개입할 때 초래되는 자주 모순되는 문화적·조직적 결과를 더 잘 이해할 수 있다.

여기서 나의 주장은 이중적이다. 즉, 나는 먼저 성장의 유혹 – 이는 모든 기업뿐만 아니라 모든 사회운동에도 영향을 미친다 – 이 초래하는 온건화 효과를, 그리고 그다음에는 유연성 – 이것은 특히 시장에 의해 보상받는 것이 특징이다 – 이 초래하는 탈안정화, 심지어는 급진화 효과를 검토한다. 제도화를 연구하는 학자들이 보여준 바와 같이, 운동은 성장함에 따라 기존의 조직 활동을 공식화하거나 합리화하는 경우가 많다. 그러나 운동 동학에서 똑같이 중요한 것이 성장에 대한 기대이다. 지지자들을 보다 광범위하게 끌어들이려는 욕구는 운동 주창자들로 하여금 잠재적 성원들에게 기분을 상하게 하거나 몹시 힘이 드는 요구를 하게 할 수 있는 목표나 전술을 밀어붙이는 것을 꺼리게 한다. 그리고 이러한 탈급진화 과정은 새로운 참여자들을 끌어들이기를 원하는 모든 운동에 영향을 미치지만, 운동에 가담한 상업적 기업들은 거기에 더하여 운동을, 그러니까 거기에는 비롯되는 자신들의 고객 기반을 확대하고 싶어 한다. 기업들은 자신들의 매력을 확산시킬 기회를 낭비하는 것을 특히 싫어한다. 그렇지만 이것이 기업들이 항상 온건한 행동방침을 선택한다는 것을 의미하지는 않는다. 자본주의라는 환경은 신제품을 개발하고 새로운 시장을 개척하기 위해 노력하는 가운데에서 조직을 혁신할 것을 장려하고, 수요를 자극하는 데 이용할 수 있는 의미와 상징에 유연하게 접근할 것을 요구한다. 이러한 유연성은 기꺼이 문화적 확실성을 부정하고 문화적 권위를 훼손하게 한다는 점에서 잠재적으로 급진적이다. 그러나 주류의 이상에만 유연하게 접근할 필요가 있는 것이 아니다. 민간 기업과 제휴한 특정한 사회운동 내에서의 유연한 자세는 이데올로기적 경직화가 일어나는 것을 막아준다.

자본주의의 성장 편향성과 유연성 편향성이 자연식품 장에 미치는 영향을 평가할 때, 우리는 그러한 편향성이 조직에 미치는 영향과 문화에 미치는 영향을 별개로 고찰할 필요가 있다. 조직의 측면에서 새로운 시장을 개척하고자 하는 욕구는 과거의 종교 공동체의 결성이나 오늘날의 공동체 지원 농업의 노력과 같은 조직 혁신을 낳는다. 그러나 광범위한 공중에게 다가가려는 노력이 힘을 받을 때, 대규모 기업을 효과적으로 운영할 수 있게 해주는 재래식 조직 형태를 채택하라는 압력도 마찬가지로 힘을 받는데, 이는 자연식품 산업이 일반 농식품 부문 자체로 완전히 흡수되어 버리게 할 수도 있다. 이러한 추세에 부분적으로 대응하는 과정에서 성장과 유연성은 또한 자연식품 장에서 상당한 분화를 가져왔으며, 이는 급격히 증가하는 기업과 옹호 단체 모두를 더욱 전문화시켰다.

문화적 측면에서 우리는 훨씬 더 복잡한 결과를 목도한다. 성장에 대한 열망과 운동의 가치에 대한 유연한 접근이 결합하면서, 극단적이거나 과격해 보이는 관념과 표현형태들을 경계하는 사람들에게 호소하기 위해 타협하려는 경향이 생겨난다. 이러한 경향은 운동이 자연식품 옹호자들을 융통성이 없는 기이한 사람으로 바라보게 하던 엄격한 금욕주의에서 20세기 후반의 문화적 시대정신과 부합하는 유연한 쾌락주의로 이동한 것에서 가장 분명하게 현시되었다. 마찬가지로 자연과 가까운 삶 – 현대의 삶으로부터 뒤로 물러날 것을 요구하는 – 의 중요성에 대한 견해 또한 도시화되고 소비 중심적인 생활방식에 부합하는 환경 관리의 이데올로기로 전환되었다. 이것은 기존 사회에 대한 운동의 도전을 온건화하는 것이지만, 마찬가지로 문화적 확실성에 유연하게 접근한 것은 자연식품의 장으로 하여금 의학-과학계의 권위에 냉담한 태도를 보이게 함으로써 급진적인 힘으로 발현되어 왔다. 일반적으로 전문지식에 부여되는 존중에도 불구하고, 그리고 정부가 취한 징벌적 조치에도 불구하고, 자연식품 산업은 운동 추종자들에게 권위에 대한 제도적 주장과 몸 관리 방법에 대한 순응 요구에 회의적인 태도를 취할 것을 일관되게 권고해 왔다.

자유시장 체계의 기본 틀을 유지하는 동시에 기존의 권위의 원천을 훼손하고 문화적 변화에 부응하려는 기업의 성향은 카를 마르크스Karl Marx로 돌아가는 다른 많은 학자가 자본주의 기업을 묘사해 온 방식과 일치한다. 마르크스가 설명했듯이, 자본주의는 새로운 생산 기법이 끊임없이 혁신되고 한때 강력했던 자본가들이 새로 부상하는 기업가들에 의해 계속해서 대체되는, 항상 유동하는 경제체계이다. 우리는 이 관점을 통해 자연식품 산업이 식품 생산에 대해 실제로 크게 다른 접근 방식을 제안함으로써 (비록 민간 기업 체계의 안정성을 위협한 것은 아니지만) 일반 식품 부문을 어떻게 위협해 왔는지를 이해할 수 있게 된다. 게다가 마르크스는 (서로 다른 정치적 입장에 서 있는) 마셜 버먼Marshall Berman과 타일러 코웬Tyler Cowen 같은 다른 현대 학자들과 마찬가지로, 자본주의의 역동성이 문화의 영역으로까지 확장되어 전통이 그 힘을 잃고 확실성이 빠르게 무너져내리게 된다고 지적했다(Marx and Engels 1978; Berman 1988; Cowen 2002). 이러한 문화적 동요는 문화 영역을 움직이는 행위자들에 의해 완전히 통제될 수 없다. 이러한 방식으로 자연식품 회사들은 기성 의학의 문화적 권위와 전문 의학을 보호하는 국가의 정치적 권위를 의도적으로 훼손하는 동시에 그 운동에 원래의 토대를 마련해 주었던 종교적·철학적 이상을 의도하지 않게 훼손한다. 자연식품의 사례는 산업 세력을 아주 보수적이거나 아주 급진적이라고 가정하는 것, 즉 산업 세력을 운동으로 하여금 현상現狀에 순응하게 만들거나 혁명의 횃불을 들고 기성 체제에 맞서게 만드는 것으로 바라보는 것은 잘못이라는 점을 우리에게 상기시켜 준다. 오히려 기업은 사회 변화에서 더 다양하고 복잡한 역할, 그리고 단순한 좌파/우파 구분으로는 포착할 수 없는 역할을 한다.

성장과 그 불만

자연식품 장의 성장은 그 장이 시간이 지나면서 점점 더 외부지향적이 되었다는 사실과 관련하여 이해될 수 있다. 그러한 외부지향성은 자연식품 장을 확장시켰지만, 그것은 또한 그 장의 일관성을 떨어뜨렸고, 내가 제7장에서 논의했던 경계 논쟁을 고조시켰다. 19세기 초반에 자연식품 운동은 뚜렷하게 대비되는 하나의 정체성을 발전시킴으로써 자연식품 시장이 창출될 수 있는 토대를 마련했다.[1] 19세기 후반과 20세기 초에 자연식품 장에서 상업활동이 강화되었을 때, 그 활동들은 여전히 주로 자연식품 운동을 지지하는 소수의 사람에게 봉사하는 것을 목적으로 하고 있었다. 이 시기 동안 자연식품 장은 일반 식품 부문 및 주류의 인습적 관례와 여전히 단절되어 있었고, 따라서 상당한 경제적·문화적 혁신을 이룰 수 있었다. 그러나 20세기 중반에 큰 성장 가능성이 인지되자, 자연식품 장은 처음에는 머뭇거렸지만 1980년대에는 더 광범위한 고객들의 입맛에 맞추는 쪽으로 신속하게 혁신을 해나갔다. 그즈음에, 즉 대대적인 확장이 한창 일어나던 시기에 자연식품 장은 주류의 흡수에 취약해지고 내부의 견해 차이로 인해 분열되었다.

일반 식품 회사들에 의한 자연식품 통제가 자연식품 장의 본 모습에 명백한 위험을 가하고 있다면, 새로운 추종자들의 유입은 또한 자연식품 운동의 정체성과 목적을 위협하고 있다. 자연식품 기업과 옹호 단체 모두에 관여해 온 한 정보 제공자는 인구의 광범위한 부분이 자연식품을 받아들이고 나면 사회 변화를 촉진하겠다는 약속이 희석될 수 있다는 점을 지적했다. 그는 다음과 같이 말했다. "그러니까 우리는 사회운동이 상업운동이 되고 있는 것에 대해, 그러니까 뭐랄까 이익이 대세가 되고 있는 것에 대해 말하고 있어요. 그리고 우리가 그걸 사회운동으로 되돌리는 방법에 대해서도 말이죠. 그리고 실제로 내 생각에는, 만약 여러분이 그 운동을 하나로 만들고 싶다면, 사람들이 자신이 개인적으로 지구의 건강에 관심이 있다는 것을 깨달아야 합니다. 그러면 당신은 그것을 부정하거나 행동주의를 취하겠죠." 그가 제안하는 것처럼, 운동은 자주 사람들이 대의 — 자신들의 개인적 복리와 연결되어 있으면서도 그것보다 훨씬 더 큰 대의 — 를 인식하는 것에 달려 있다. 하지만 여론조사는 소비자들이 더 큰 신념체계보다는 개인적 건강과 웰빙 때문에 자연식품을 선택할 가능성이 더 크다는 것을 일관되게 보여준다. 이를테면 2008년 10월에 발표된 한 시장조사 연구에 따르면, 조사 대상 미국인 중 16%만이 철학적, 종교적 또는 정치적 이유에서 유기농 식품을 구매했다(Mintel International Group 2008: [18]).[2] 1970년대 초반처럼, 그리고 이론의 여지가 있지만 현재처럼, 더 많은 수의 소비자들이 일반 식품 산업에 대해 정치적으로 비판하고 자신들의 소비 선택을 사회를 변화시키기 위한 수단으로 보는 시기들이 있었다. 그러나 특히 자연식품이 주류가 되면서, 그러한 제품들을 자신들의 식생활에 통합한 사람 중 대부분은 자신을 운동의 성원으로 간주하지 않는다. 실제로 앤드류 사스(Andrew Szasz 2007: 3)는 소비자들은 사회 변화를 요구하는 정치적 행동을 취하는 대신에 위험을 피할 수 있는 제품, 이를테면 유기농 제품을 개인적으로 구매함으로써 '사회운동의 반대편'에 선다고 주장해 왔다. 게다가 한 도매업자가 시사했듯이, 많은 사람은 자연식품을 그렇게 널리 이용할 수 있다면 자연식품과 관련된 정치적 투쟁이 승리한 것이 틀림없다고 믿는다. "따라서 그 대답이 간단하지는 않지만, 내가 할 수 있는 가장 쉬운 답변은 오늘날 평균적인 소비자들은 세상을 바꾸고 싶어서 자연식품을 사는 것이 아니라 세상이 이미 변했고 자신들이 자연식품으로부터 이익을 얻고 있다고 생각하기 때문에 자연식품을 구입한다는 것이다."

1980년대 이후 자연식품 산업은 자연식품 제품들이 가져다준다고 언급되는 이득 — 개인적 또는 사회적 — 을 받아들이는 데 여전히 주저하는 소비자들에게 적극적으로 구애해 왔다. 자연식품을 일부 먹지만 자연식품을 전적으로 삶의 철학의 중심으로 삼지는 않은 고객들을 끌어들이기 위해 기업들은 이제 그러한 소비자들에게 자연식품의 장에 들어올 경우 그 진입의 대가로 순수성의 기준을 지켜야 한다고 요구하지 않는다. 순수성 개념은 오랫동안 자연식품 운동과 특별한 관계를 가지고 있었다. 줄리어스 로스Julius Roth가 지적하듯이, 순수성은 자연식품 신봉자들이 인공적인 것과 도덕적으로 비하되는 것을 배제함으로써 이루고자 하는 것이다. "순수함은 물질적 오염과 결함을 제거하는 것, 즉 이질적인 것, 부패한 것, 또는 여타 해로운 것들에서 벗어나는 것을 의미한다. 그것은 또한 도덕적 오점에서 벗어난다는 것도 의미한다. 이들 의미 모두가 순수주의적 자연 건강자와 직접 관련되어 있다. 왜냐하면 자연 건강자들은 몸을 오염으로부터 해방시키는 데, 그리고 또한 정신적·영적 상태를 정화하는 데에 관심이 있기 때문이다"(Roth 1977: 13). 하지만 자연식품 산업은 순수성의 추구를 유연성이라는 실용주의로 대체하는 데 일조해 왔다. 한 생산자가 인터뷰에서 말했듯이, "내가 생각하기에, 단순하게 삶에 대한 나의 철학적 견해에 기초하여 일반 자연식품 산업을 위한 식품을 생산하고자 하는 것은 실수입니다. …… 시장이 우리의 상전이죠. 그리고 비록 우리가 어떤 철학적 성향을 가지고 있다고 하더라도, 우리의 생산 방식에 동의하여 우리가 생산하는 제품을 우리가 사업을 지속하는 데 필요한 가격으로 구매할 사람들이 충분하게 많지 않다면, 우리의 사업은 망할 겁니다. 그래서 그들이 상전이죠. 그들이 상전입니다." 전적으로 정치 활동에 헌신하는 단체들 — 그런 단체들은 회원들이 특정한 가치를 고수하는지를 주의 깊게 감시할 가능성이 크다 — 과 달리, 기업들은 소비자들에게 그 어떤 소비자도 평가의 대상이 되지 않으며 개인들은 자신의 선호에 맞게 자연식품 라이프 스타일을 창조할 수 있다는 점을 확신시킨다. 기업들의 이러한 접근방식은 한때 자연식품 운동의 동력이었던 채식주의가 왜 소수의 자연식품 추종자들이 행하는 하나의 선택적 행동으로 축소되었는지를 설명하는 데 도움이 될 것이다. 이와는 대조적으로 1998년에 푸드채널Food Channel이 "건강, 라이프 스타일 또는 철학적인 이유보다는 분위기에 따라 먹기 선호를 결정하는, 고기를 먹는 반反채식주의자"를 지칭하기 위해 만든 '플렉시테리언flexitarian'이라는 용어[3]는 현재의 개인적 선택의 사조와 도그마의 부재를 압축적으로 보여준다.

종교적 사명보다 건강식품 사업을 우선시한다는 이유로 존 하비 켈로그를 비난한 제7일 안식일 예수재림파 같은 종교 단체와 고기 없는 식단을 엄격하게 고수하는 19~20세기 채식주의 단체 같은 시민단체들의 경우에 이데올로기는 집합행위의 추동력이며, 신체적·정신적·도덕적 순수성에 대한 보상은 그 메시지를 충실히 따르는 것에 달려 있다. 부분적으로 헌신하는 사람들을 수용하기 위해 메시지를 약화시키는 것은 최종 목표가 인지될 수 없을 정도까지 양보된다는 점에서 자멸적인 것으로 간주된다. 이와 대조적으로 확장을 지향하는 단체들은 자주 관용과 유연성의 이름으로 순수성을 희생시킨다. 왜냐하면 순수성은 많은 동조자가 실행하기를 꺼리는 수준의 참여와 규율을 요구하기 때문이다. 로스는 다음과 같이 지적한다. "성공은 더 많은 성공에 대한 열망을 낳는다. 운동이 작고 요새화되어 있는 동안에는 지도자들은 교의를 희생시키면서 성원의 수를 늘리는 것보다 이데올로기적 순수성을 지키는 것에 더 관심을 두기도 한다. 하지만 일단 성원의 수가 크게 늘어나면, 지도자들은 현재의 정통 교의를 결국에는 이겨낼 수 있는 비전을 발견한다. 그리고 그러한 목적을 달성하기 위해 그들은 여전히 더 광범한 지지를 얻고 성원들을 늘리는 데 전력한다. 이러한 노력은 적어도 운동의 일부 성원들이 교리에 기꺼이 타협한다는 것을 분명하게 보여준다"(Roth 1977: 48~49). 일단 성장의 유혹이 작동하기 시작하면, 그리고 성장이 정치적 영향력을 증대시키고 문화적 정당성을 더욱 끌어올릴 조짐을 보이면, 그 유혹에 저항하기란 쉽지 않다. 바로 이 같은 이유 때문에 '순수성'을 유지하고자 하는 운동은 계속해서 세상에 알려지지 않기를 바라야 할 수도 있다. 이러한 딜레마는 모든 종류의 운동에 영향을 미치지만, 시장에서의 성장과 결부되어 있는 경제적 유인은 민간 기업과 밀접하게 연계된 운동으로 하여금 순수성 문제를 헤쳐나가는 것을 특히 더 어렵게 만든다.

운동 단결시키기

일반 식품 회사들이 자연식품 장에 적극적으로 참여하고 자연식품 산업이 몰정치적인 소비자 기반에 점점 더 의존하고 있음에도 불구하고, 자연식품 산업은 자신의 대항 정체성을 완전히 저버리지는 않았다. 심지어 현재의 기업화 시대에도 자연식품을 자신들의 생계수단으로 삼고 있는 사람들은 여전히 자신들의 일을 이윤 창출로 전락시킬 수 없는 도덕적 목적에 봉사하는 것으로 묘사하고 있으며, 자주 운동의 일부를 이루는 언어를 사용한다. 그러한 기업가들은 인체의 건강을 지원하고 환경을 보존하며 동물에 동정심을 갖는 기업을 건설하는 일에 헌신한다. 이러한 방식으로 그들은 자신들의 일이 사회를 개선시킬 것이라고 믿는다. 실제로 몇몇 천연 제품 회사의 설립자들은 도덕 철학을 개관하는 책을 썼다. 톰 채펠Tom Chappell의 『사업의 영혼: 이윤과 공공선을 위해 경영하기The Soul of a Business: Managing for Profit and the Common Good』(1993)와 같은 그들의 책 제목은 이러한 점을 분명하게 보여준다.[4] 그렇지만 이러한 약속들이 반드시 업계 성원들이 자신들의 행동을 보다 자명한 정치적 활동을 모방하는 것으로 이해한다는 것을 의미하지는 않는다. '운동'을 이끄는 언어를 사용했던 바로 그 사람들은 여러 인터뷰에서 자주 자신들은 옹호 단체 또는 심지어 동업조합에 소속된 적이 전혀 없다고 말했다. 오히려 그들은 많은 사람, 특히 옛 세대가 정치 밖에 속하는 일로 보았던 자신들의 일상적인 일을 통해 광범위한 사회 변화를 이루는 데 전념했다. 이들 자연식품 산업의 성원들에게 공급업자와 함께 재료의 순수함을 확인하거나 자신들의 제품의 장점을 고객에게 교육하는 일상적인 업무는 자신들이 추구하는 가치를 분명하게 드러내고 그러한 운동을 확산시키는 수단이었다. 매일의 일과가 그들의 대의를 진전시키는 데 도움이 되었고, 정부의 규제기관과 대립할 때와 같은 몇몇 상황에서는 반항 행동이 될 수도 있었다.

따라서 외부에서 들어온 신참자들이 산업에서 운동을 제거했다는 것은 사실이 아니다. 또 다른 질문은 운동이 성장함에 따라 산업이 운동에서 제거되어 왔는가 하는 것이다. 전적으로 사회 변화를 촉구하기 위해 결성된 집단들이 주도하는 운동 활동은 강경하지만, 1990년대 이후 수많은 자연식품 옹호 단체가 결성되면서 운동 활동이 매우 파편화되었다. 그러한 옹호 단체들 대부분은 작고 지역적이었고 많은 단체가 단명했지만, 일부는 전국 수준의 플레이어가 되어가고 있다.[5] 자신들이 지속 가능한 농업, 유기농 농업, 영속 농업, 로컬 푸드 생산, 농민 시장, 협동조합, 공동체 지원 농업, 공동체 텃밭, 학교 텃밭, 도시 농업, 농가 거주하기homesteading, 종자 지키기, 토종작물 재배, GMO(유전자 변형 생물체) 반대, 농약 반대, 방사능 반대, 건강 자유, 로컬 푸드 주권, 식품 안전, 생식품, 슬로푸드, 채식주의, 완전 채식주의, 농장 동물 권리 등에 헌신하고 있다고 기술하는 수많은 단체는 자연식품 장이 활기차다는 것과 동시에 이 다양한 쟁점이 생겨나게 한 이상과 교훈을 공식화한 19세기 옹호자들의 관점을 찾아볼 수 없을 정도로 자연식품의 장이 분절되었다는 것을 보여준다.

앞에 제시한 단체들의 목록이 현재 자연식품의 장에 서로 관련이 없는 별개의 운동들이 뒤섞여 있는 것처럼 보이게 할 수도 있지만, 자연식품 산업은 계속해서 그 운동들을 조정하고 결속시키는 역할을 하고 있다. 이 다양한 조류 대부분은 자신들의 정치를 규정하는 물질적 재화를 획득하고 판매하기 위해 상업적 영역 — 여전히 일반 식품 부문과는 구별되는 — 에 의존한다. 게다가 지난 백 년 동안 그래왔던 것처럼, 자연식품 산업은 이들 다양한 경향의 사상과 관행들이 증폭될 수 있는 장을 계속해서 제공하고 있다. 그리고 특정 옹호 단체의 수가 급증하고 있지만, 그러한 조직들에는 자주 자연식품 사업을 경험한 적 있는 단체의 대표나 개인들이 포함되어 있다. 이렇듯 자연식품 산업은 자연식품의 옹호와 관련된 일련의 이슈를 규정하고 그 이슈에 의거하여 행동하는 데서 여전히 선도적인 역할을 하고 있다.

가장 적극적이고 자금이 풍부한 옹호 단체는 여전히 공식 동업조합들이다. 자연식품협회Natural Products Association, 유기농산물거래협회Organic Trade Association, 미국약초제품협회American Herbal Products Association, 신뢰할 수 있는 영양제품 제조자 협회는 로비·교육·홍보 활동을 벌이고 있으며, 회원들의 권리와 특권을 보호하기 위한 소송도 주도하고 있다. 동업조합들은 단지 업계에만 개방되어 있고 회원들을 위해 시장 상황을 개선하는 데에 드러내놓고 전념하고 있기 때문에, 많은 자연식품 옹호자들은 그러한 단체들이 자신들의 관심을 대변한다고 생각하지 않는다. 그렇지만 동업조합들은 산업의 지원을 받기 때문에 특히 안정적이고 자원도 풍부하다. 산업과 전혀 관계가 없다고 주장하는 옹호 단체들도 교육과 입법 노력에 참여해 왔지만, 그러한 단체들은 수가 적었고, 여론이나 공공정책에 영향을 미칠 수 있는 능력도 일부 예외[6]를 제외하고는 제한적이었다.

자연식품 산업과 자연식품 운동이 긴밀하게 연계되어 온 역사와 일관되게, 오늘날 대부분의 옹호 단체들은 실제로 자연식품 사업과 연계가 없는 시민 및 사람들과 직접적인 관계 — 과거이든 현재이든 간에 — 를 가진 시민 및 사람들의 조합으로 구성되어 있다. 최근 들어 비욘드 페스티사이드, 코르누코피아연구소Cornucopia Institute, 푸드 앤 워터 워치Food & Water Watch, 유기농소비자협회, 푸드 데모크라시 나우Food Democracy Now와 같은 전국 규모의 옹호 단체에서 일하는 스태프나 이 단체들의 이사회에는 농업, 제조업, 소매업, 또는 레스토랑 사업에 종사하는 사람들이 포함되어 있다. 일부 단체들은 자신들을 가리켜 같은 생각을 가진 시민들과 업계 대표들(특히 농부들)이 함께 하는 연합체라고 명시하고 있다. 이러한 연계를 통해 소비자, 활동가, 민간 기업의 대표자들은 자신들의 이해관계를 확인할 수 있다. 이러한 연합이 항상 순조롭게 생겨나는 것은 아니다. 한 정보 제공자가 내게 말했듯이, 모든 농업은 원래 환경을 파괴하는 것으로 가정되었기 때문에 1970년대까지 줄곧 환경단체들은 유기농 농부들과 함께 일하는 것에 대해 회의적이었다. 그러나 상업적 관계 밖에서 식품을 생산하고 유통하려는 노력이 거의 가시화되지 않은 상황에서, 자연식품 이상을 위해 헌신하는 영리 기업은 스스로를 환경주의자 또는 반기업적이라고 규정하는 운동가들이 분투하고 있던 대안을 대변하게 되었다. 실제로 자연식품 산업은 자본주의 체계에 대체로 비판적인 사람들의 구미에 맞는 형태의 자본주의를 만드는 것을 도와왔다. 이렇듯 자연식품 운동에서 출현한 갈등의 분할선들은 옹호 단체와 기업의 대립과 관련되기보다는 **대**기업의 존재에 대한 견해 차이와 그 운동이 달성하고자 하는 것의 우선순위를 둘러싼 경쟁과 관련되어 있었다.

주류화와 그 한계

아마도 1970년대 이후 자연식품 장에서 일어난 가장 놀라운 변화는 자연식품이 문화적 정당성을 획득해 온 정도일 것이다. 물론 문화적 정당성을 획득하는 것은 대부분의 운동과 마찬가지로 자연식품 운동에서도 주요 목표 중 하나였다. 거스필드에 따르면, 운동 지지자들의 실천을 통해 "이전에는 정상적인 것의 영역 밖에 있던 행동, 신념, 사상이 이제 정상적인 것으로 전화될 수 있는 것으로 경험된다"(Gusfield 1980: 300). 현대 미국에서는 한 세대 전에는 이상하게 여겨졌던 먹기 관행이 특별하지 않은 것으로 정상화되어 왔다.

정당화 과정은 많은 학자에 의해 사회적 승인을 받는 열쇠뿐만 아니라 제도적 변화를 이루는 열쇠로도 인식된다. 분석가들은 정당성 획득의 추구를 매우 전략적인 것으로, 그리고 엘리트들의 지지를 얻어 초기에 반대자들을 일축해 버리는 것을 목적으로 하는 것으로 개념화하는 경향이 있다(Habermas 1975; Stryker 1994; Suddaby and Greenwood 2005; Archibald 2010). 사회운동 연구자들이 자주 운동 활동의 문화적 차원을 프레이밍으로 환원하고 담론을 과도하게 정당화의 수단으로 강조하는 까닭은 아마도 그들이 운동가들을 매우 전략적인 사람으로 보기 때문일 것이다. 사회운동 연구자들에 따르면, 운동가들은 프레이밍을 통해 새로운 해석 도식을 만들거나 기존의 특정한 해석 도식을 전면에 내세움으로써, 다른 사람들로 하여금 자신들과 유사한 방식으로 사건을 이해하게 하려고 한다(Snow and Benford 1992). 하지만 이러한 관점은 운동가들이 운동에 동조하지 않는 사람들에게서 반향을 불러일으킬 목적으로 그러한 목적에 적합한 논리를 채택하고 그 결과로서 운동이 신뢰성을 획득하는 것으로 인식하곤 한다는 문제를 안고 있다. 설득력 있는 방법으로 문제를 프레이밍하는 것이 사람들로부터 인정을 받는 데서 중요한 요소 중 하나라는 것은 분명하다. 그러나 문화적 과정은 담론이나 논리 이상의 것을 포함한다. 다시 말해 문화적 과정은 관행과 물질적인 대상을 유의미한 것으로 만들어주는 스타일과 미학 같은 표현 양식 — 단지 관념만이 아니라 — 또한 수반한다.

자연식품의 경우에서처럼 문화적 주변에서 주류로 이동하는 능력은 엘리트 반대자들을 자기편으로 끌어들이거나 완전히 바꾸어놓음으로써가 아니라 오히려 그들을 우회함으로써 생겨날 수도 있다. 자연식품 지지자들은 20세기 말에 기성 의학 전문가나 정부 당국자들에게 자신들의 대의가 가치가 있다는 것을 설득함으로써 정당성을 획득한 것이 아니었다. 오히려 그러한 엘리트들의 수용 — 그들은 오늘날까지도 여전히 완전히 수용하지는 않고 있다 — 은 공중의 여러 부문(특히 부유하고 교육받은 중간계급)이 관례적인 먹기 및 건강 관행과 나란히 자연식품을 이용하기 시작한 후에야 이루어졌다.

게다가 그러한 계급의 소비자들에게 자연식품이 매력적이게 된 것은 그러한 식품이 일반 식품의 개념 틀 내에 자리를 잡았기 때문이 아니었다. 반대로 자연식품을 조롱받고 노인과 신체 허약자가 찾는 것에서부터 존중받고 외견상 아방가르드적인 것으로 끌어올린 것은 주변성을 미화하고 양식화하는 자연식품 운동의 능력이었다. 현대 자연식품의 이미지는 20세기 중반 보디빌더와 할리우드 유명인사의 이미지와 함께 시작하여 한 세대 후 재설계된 자연식품 가게의 세련되고 감각적인 환경과 함께 절정에 이르렀는데, 이는 소비자들에게 자연식품이 당시 유행하던 보헤미안 라이프 스타일 — 새로운 경험을 수용하고 건강한 신체와 아름다움을 가치 있는 것으로 바라보는 — 과 어떻게 연관될 수 있는지를 생생하게 보여주었다. 그 과정에서 맛과 편의성을 강조하는 신제품이 개발됨에 따라 이전에는 건강식품을 채택할 때 요구된다고 여겨졌던 희생 — 탐닉을 자제하고 포장 식품이나 조제 식품의 편의성을 누리지 않고 지내는 것 — 이 더 이상 요구되지 않게 되었다. 실제로 금욕주의와 자족의 가치뿐만 아니라 가능한 한 비자연적인 것의 도움 없이 삶을 살아가라는 지시도 이제 선택사항으로 인식된다. 주류화 과정과 함께 스타일은 이데올로기와 분리되었다. 사람들은 이제 자연식품을 뒷받침하는 철학적 사상을 받아들이지 않고도 자연식품 라이프 스타일을 채택할 수 있었다.

하지만 이러한 변화에도 불구하고, 자연식품 장은 주류에서 완전히 자리 잡지 못하고 있다. 주류화가 완성되지 못한 것은 바로 지배적인 농식품 부문과 의료기관이 자연의 계율을 완전히 수용하지 않고 있기 때문이다. 그리고 자연식품 장은 국가는 물론 이 두 기관 모두와 계속해서 갈등하고 있다. 보건 전문가들은 자연식품의 원리를 이전보다 훨씬 더 잘 수용하고 있으며, 따라서 미국의학협회가 현재 장려하는 '건강한' 음식물은 대대로 자연식품 지지자들이 여러 세대에 걸쳐 제시한 충고와 많이 닮아 보인다. 그럼에도 불구하고 자연 물질의 건강 특성이나 대체 요법에 관한 주장을 둘러싸고는 긴장이 존재하며, 건강관리에 관한 결정에서 의사들을 제외시켜야 한다는 자연식품 옹호자들의 주장은 강한 저항을 받고 있다. 의사들은 비자격 도전자들에 맞서 자신들의 권위를 계속해서 격렬하게 보호하고 있다. 마찬가지로 자연식품 운동을 통해 정당성을 획득했음에도 불구하고, 자연식품 장이 과도하고 차별적인 정부 규제라고 보고 있는 것을 둘러싸고 갈등이 계속되고 있다. 이를테면 가축에 적용되는 어떤 규정들은 값비싼 장비나 추적 기술을 요구하는데, 그것은 소규모 생산자들에게는 감당할 수 없는 것일 수도 있다. 따라서 많은 소규모 생산자들은 식품을 매개로 하는 질병을 억제하기 매우 어렵게 만들고 있는 것은 산업화된 식품 체계이고 실제로 소규모 생산과 지역 시장은 그러한 규정이 방지하고자 하는 위험을 제거한다고 주장한다.

생유제품 판매권의 제한과 관련된 쟁점은 현대의 자연식품 장이 보건 전문가들, 일반 식품 부문, 정부라는 연합 반대 세력과 어떻게 싸우는지를 잘 보여주는 사례이다. 공공 보건 당국자와 재래식 낙농업계는 생우유에 대해 강력하게 비난하고 있는데, 그들은 병원균을 파괴하기 위해 저온 살균이 필요하다고 주장한다.[7] 대부분의 생우유 애호가들은 쉽게 오염되는 대규모 시설을 제외한 그 밖의 적절한 조건을 갖춘 곳에서 생산하고 처리하면 그 우유는 안전할 뿐만 아니라 저온 살균된 제품보다 더 건강하고 맛있다고 주장한다. 생우유를 지지하는 사람들은 개인들이 섭취 여부를 결정할 수 있는 것에 대해 온정주의적으로 규제하는 것을 비난하고 불법 유통 기구를 통해 법적 제한을 무력화시키고자 한다.

이 사례에서 볼 수 있듯이, 자연식품 운동은 합리적-기술적 세계관을 전파하는 전문가들(특히 전문 의학)을 존중하지 않는다는 것에 의해 여전히 특징지어지고 있다. 그러한 전문가들은 사회가 무엇을 가치 있게 여기고 개인들이 어떻게 삶을 영위해야 하는지에 대한 지침을 제공한다는 점에서 문화적 권위자들이다. 자연식품 운동은 몸 관리와 관련된 영역에 대한 전문지식을 주장하는 문화적 권위자들을 보다 고결하고 사심 없는 자연에 견줌으로써 그들의 정당성을 훼손시킨다.

해리 콜린스Harry Collins는 현대 의사소통 체계가 과학 과정을 공중의 정밀 조사의 대상으로 만들기 때문에 전문 과학은 자신이 지녔던 사회적 위세의 많은 것을 잃었고, 이제 공중은 자신들이 한때 과학자들의 의견을 따랐던 문제들에 대해 과학자들과 대등한 전문지식을 가지고 있다고 믿고 있다고 주장해 왔다. 콜린스가 볼 때, 이러한 새로운 사태는 근거 없는 위험한 자기 과신으로, 이는 기후 변화에 대한 부당한 회의주의를 초래해 왔고, 백신의 안전에 대한 잘못된 믿음 때문에 부모들이 아이들에게 예방접종을 하지 않게 함으로써 많은 사람의 건강을 희생시키기도 했다. 콜린스는 "고결성은 바로 과학의 본질에 내장되어 있기" 때문에(Collins 2014: 127), 그리고 과학 공동체는 개인적 관심사에 이끌리기보다는 진리를 발견하기를 열망하기 때문에 과학이 사회에서 자신의 고결한 지위를 되찾을 자격이 있다고 믿는다. 오늘날 기후 변화나 진화에 대한 저항할 수 없는 과학적 증거나 백신과 자폐증 간의 연관성에 대한 증거를 인정하지 않는 사람들로 인해 놀란 많은 다른 사람들이 이러한 주장에 공감하고 있다. 그러나 과학을 냉담하게 대하는 것에 대한 우려는 전혀 새로운 것이 아니다. 19세기 초 이후 자연식품 신봉자들이 과학의 선언을 선택적으로 받아들이고 거부하는 방식은 비판가들이 볼 때는 문외한들이 자신들의 판단력에 대해 높은 수준의 망상을 하고 있음을 보여주는 것이었다.

확실히 해두건대, 나 자신은 사람들이 과학의 논리와 증거를 무시하는 것은 개인과 공공정책이 위험한 길로 나아가게 하는 동시에 이성에 대한 반지성적 무시 — 이는 미국에 매우 만연되어 있다 — 를 심화시킨다는 점에서 실제로 문제가 있다는 것에 동의한다. 그러나 자연식품 운동이 의학기관들을 신뢰하지 않는 것을 단순히 과학의 설명력을 인정하기를 비합리적으로 거부하는 것으로 치부하는 것은 실수일 것이다. 실제로 자연식품 철학은 이른바 자연의 법칙을 이해하고자 한다는 점에서 과학과 관심을 공유한다. 하지만 과학적 작업들이 기술적 성취에 이용되어 온 것과는 달리, 자연식품 철학은 자연을 개선하기란 거의 불가능하다고 주장한다. 자연식품 운동은 과학과 과학적 지식을 없애려고 해온 것이 아니라(어쨌거나 아주 많은 자연식품 지지자가 과학을 언급하며 자신들의 주장을 펼치고자 노력해 왔다), 인간사人間事와 자연사自然事의 교점에 관한 전문지식을 누가 가지고 있고 누가 가지고 있지 않는지를 결정하는 체계를 문제 삼는다. 콜린스의 주장과 달리, 자연식품 지지자들은 '자연은 일반 사람은 알 수 없는 것'이라고 생각하지 않는다. 자연식품 지지자들에 따르면, 전문 의학은 스스로를 개인이 자연과 맺는 관계보다 위에 있는 전문지식의 영역으로 내세울 뿐만 아니라 사심 없는 것이 **아니기** 때문에 거부되어야 하는 하나의 권위이다. 오히려 전문 의학은 숨어 있는 동기에 예속되어 있고 또 일반 농식품 산업과 같은 다른 사회적 이해관계자와 동맹을 맺고 있는 것으로 간주된다.

자연식품 운동은 전문가들을 사심이 없는 것이 아니라 자신들의 특권과 사회적 지위를 거의 항상 보호하려 한다고 보는 경향이 있는데, 자연식품 산업은 이러한 경향을 강화시켜 왔다. 자연식품 산업의 성원들은 자신들의 정당성 투쟁이 입법자들과 정부 기관들이 어떻게 전문 의학과 긴밀하게 제휴해 왔는지, 그리하여 어떻게 후자의 특권을 강화하고 정책과 규제의 문제에서 후자의 충고를 받아들여 왔는지를 부각시켜 주기를 바랄 수밖에 없었다. 자연식품 지지자들은 또한 수십 년 동안 뒤집혀 온 과학적 확실성들 — 이를테면 가공식품과 화학적 해충 통제의 긍정적 결과로 추정된 것들 ― 을 상기시키는데, 이는 일반적인 문화적 가정에 대해 의학이 갖는 특권에 의문을 제기하게 한다. 그리고 보건 전문가들은 정기적으로 약을 복용하고 복잡한 의료 절차를 따를 것을 사람들에게 설득함으로써 매우 실질적인 금전적 이익을 얻는데, 이러한 금전적 이익은 사람들에게 자신들의 지시를 신뢰하라는 전문직 종사자들의 요구가 결코 그들의 경제적 이익과 완전히 분리될 수 없다는 것을 보여주는 것으로 인식된다. 의학을 회의적으로 바라보는 이러한 자연식품 옹호자들은 그 어떤 세계관의 지지자도, 심지어 가장 선의를 가진 과학자도 완전히 사심이 없지는 않다고 인식한다. 어쩌면 현실을 가장 잘 이해하기 위해서는 경제적 측면과 도덕적 측면을 동시에 고려해야 할 것이다.

의료 전문가들이 경제적·신분적·정치적 동기로부터 영향을 받는다면, 그들이 자연식품의 상인보다, 또는 철학적, 종교적 또는 정치적 헌신과 과학적 증거를 결합시키기로 결정한 개별 자연식품 신봉자들보다 더 많은 정당성을 가진다고 볼 수 없을 것이다. 이처럼 문화적 권위가 평준화되는 가운데 자연식품 운동은 사람들이 살아가는 방식을 평가할 때 개인들이 자신의 욕구를 이해하고 자신이 처한 개인적 위험을 계산하는 능력을 크게 신뢰하는 형태의 개인주의를 수용하고 있다. 그렇다고 자연식품 운동이 사회생활의 모든 영역에서 문화적 권위를 거부한다는 것은 아니다. 자연식품 신봉자들은 라이프 스타일의 문제(특히 개인의 몸 관리와 관련한 선택 능력의 문제)에서 전문 건강관리 체계가 합법적인 권한을 넘어서고 있다고 느낀다.

이견 각축장에서의 기업의 역할 재검토

적극적인 민간 부문이 존재한다는 것은 여러 면에서 자연식품 운동에 하나의 자산이 되어왔다. 오래 된 기업들이 운동을 계속해서 가시적으로 수행할 수 있게 해주었기 때문이다. 실제로 자연식품 운동의 가장 주목할 만한 측면 중 하나는 그 운동이 장수하고 있다는 것이다. 소진되거나 성공을 선언하고 해산하거나 원래의 모습과는 다른 무언가로 바뀌지 않고, 자연식품 운동처럼 오랫동안 지속되어 온 사회운동은 거의 찾아볼 수 없다. 자연식품 운동을 특징짓는 장수는 그 운동에 기업이 참여한 것에 힘입은 바가 크며, 그 기업 중 일부는 몇 세대 동안 같은 집안에 의해 운영되었다. 자연식품 기업은 생존 때문에 시장의 변덕에 휘둘릴 수도 있지만, 그 사업은 소유주들에게 도덕적 대의뿐만 아니라 생계도 제공하기 때문에 많은 사회운동 단체처럼 단순히 존재하기 위해 자원자들의 자유 시간과 호의에만 의지하지 않는다.

산업의 적극적인 역할은 시간이 지나면서 자연식품 운동에 일정 정도의 제도적 안정성을 제공하지만, 자연식품 라이프 스타일의 의미와 표현 형태를 크게 변화시키기도 한다. 산업혁명의 혼란 속에서 시작된 자연식품 운동은 기술혁신과 산업적 방법이 진보와 동등하다는 가정에 이의를 제기했다. 산업 질서에 대한 그러한 비판은 사라지지 않았지만, 시간이 지나면서 산업 플레이어들이 비판의 대상이 되어왔던 바로 그 기술들을 채택하여 생산성을 증대시키고 사업을 확장하려고 노력함에 따라 완화되었다. 게다가 기업가들은 경쟁자들보다 우위를 차지하기 위해 새로운 제품, 서비스, 틈새시장을 개발하기 위해 분투한다. 오늘날의 소비자들은 100년 전에는 상상할 수도 없었던 다양한 자연식품 라이프 스타일을 자신에 맞게 추구한다.

이러한 방식으로 자연식품 산업은 자연식품 운동이 금욕주의와 단순한 생활을 강조하는 것에서 벗어나 탐닉과 물질적 안락의 가치로 나아가게 하는 데 도움을 주었다. 가장 일반적인 용어로 자연식품 운동은 자신의 목표 ― 자연과 자연의 생산물을 가능한 한 보존하는 식품의 생산과 먹기 관행을 장려함으로써 인간의 건강과 자연환경을 뒷받침하는 것 ― 를 자신의 초기 시대 이후로 온전히 유지해 왔다. 그러나 자연식품 산업은 신봉자들에게 가장 기본적인 영양물을 제외한 모든 것을 제거하여 몸을 정화하고 자기규율을 통해 마음을 정화하도록 지시하는 대신에, 다량의 재료와 요리 스타일로 강화된 미식의 즐거움을 찬양하는 쪽으로 성장했다. 이에 따라 자연식품 산업은 자연식품 식생활을 채택하기 위해서는 몸을 보양하는 일상을 고수할 용기를 필요로 한다는 관념을 중시하는 대신에 그러한 식생활을 즐거운 모험을 하는 것과 유사한 것으로 제시한다. 하지만 이러한 종류의 모험은 누군가의 도움 없이는 좀처럼 일어나지 않는다. 자연식품 식생활을 채택하기 위해서는 상업적인 기업들의 도움이 필요하다.

자신의 빵을 직접 구우라는 실베스터 그레이엄의 권고로부터 시작된 이 자연식품 운동은 사람들에게 가능한 한 많은 생재료로 집에서 요리할 것을 장려함으로써 자족의 가치를 끌어올렸다. 건강식품의 발명과 함께 통조림 식품과 포장 식품이 자연식품 식단에 침투하기 시작했지만, 옹호자들은 여전히 신뢰할 수 있는 공급원에서 얻은 신선한 재료로 요리하는 것을 하나의 이상으로 강조했다. 20세기 후반에 뒷마당 텃밭 만들기, 홈베이킹, 식품 저장 활동을 장려하는 것은 소비사회에서 잃어버린 기술을 되살리고 식품에 대한 통제력을 강화하는 방법으로 여겨졌다. 하지만 포장된 자연식품과 조리된 자연식품이 폭발적으로 증가하여 그것들을 아주 쉽게 구할 수 있게 되면서, 소비자들은 상자나 테이크아웃 용기에 담긴 식사의 편리함과 그러한 제품을 판매하는 곳의 세련된 환경과 포장재의 자극에 점점 더 돈을 지불해 왔다. 21세기에 들어서는 DIY 운동조차도 일반적인 입문서 및 매뉴얼과 함께 텃밭, 벌통 또는 닭장을 만드는 도구들을 판매하는 기업인들에게는 하나의 시장 기회이다. 자연식품 소매상들은 DIY를 하는 사람들에게 교육 수업과 강의를 제공할 것을 권고받는다. 만약 가게들이 실제로 원자재를 판매하지 않더라도, 자연식품 소매상들은 여전히 전문지식과 조언을 제공할 수 있다(Sarnoff 2015). 원래의 자연식품 철학은 보통 사람들이 자신의 건강과 웰빙을 가장 잘 관리할 수 있다고 주장했지만, 자연식품 산업은 자신이 그러한 라이프 스타일에 불가결한 촉진자임을 자임하고 나선다. 따라서 운동 추종자들은 점점 더 시장에 의존하게 되었다.

많은 논평자가 자연식품 운동이 시장세력의 침입으로 인해 순화되고 탈정치화될 위험에 처해 있다고 보는 것은 최근 몇 년 동안 자연식품 장에서 상업화가 너무나도 확연하게 진전되었기 때문이다. 내가 주장해 왔듯이, 자연식품 운동을 이러한 방식으로 이해하는 것은 '침입'이 얼마나 오래전에 일어났는지를 무시하는 것이며, 산업 참여자들이 정치 활동에 아주 깊이 관여해 왔다는 사실을 간과하는 것이다. 산업 성원들은 인간의 건강을 해치고 토양과 수질 체계를 악화시키고 독소로 환경을 오염시켜 온, 정부가 지원하는 식품의 생산 및 유통 기법을 깎아내리는 데 일조해 왔다. 그들은 저소득 지역사회와 같은 특정 주민과 함께 공적 명령과 기금을 사용하여 학교와 같은 제도적 환경에 자연식품의 이용을 장려하라는 압력을 가해왔다. 이러한 노력을 통해 산업 성원들은 일반 농식품 부문이 수세적인 태도를 취하게 해왔다. 그렇지만 19세기 후반 이후 산업이 운동을 주도한 결과 산업의 경제적 이익에 도움이 되는 목표가 운동의 정치적 어젠다에서 전면으로 부상해 온 것도 사실이다.

이러한 다양한 쟁점은 자연식품 운동과 민간 기업의 관계로부터 우리가 어떤 보다 광범위한 교훈을 얻을 수 있는가 하는 의문을 제기하게 한다. 적어도 최근까지 사회운동 연구는 지배적인 권력 구조를 상징하는 기관 — 이를테면 영리 회사들 — 밖에 위치하는 행위자들에게 초점을 맞추는 경향이 있었다. 이러한 선호는 사회운동 연구가 지배적인 사회제도에 의해 분명하게 불이익을 받은 집단과 갖는 친화성을 보여준다. 그러나 자연식품 사례에서 알 수 있듯이, 기업이 원래 주류 권력의 중심과 동등하지 않은 것처럼 사회운동이 원래 반기업적인 것은 아니다. 자연식품 산업의 성원들은 자신들의 신념 때문에 조롱당하고 배척당했으며, 때로는 투옥되기도 했다. 자연식품 산업 역사의 대부분 동안 그들 성원 가운데 정부를 옹호하는 사람들은 거의 없었다. 그들의 불안정한 지위는 기업 소유자들이 항상 엘리트들과 동등하다는 모든 가정을 깨뜨린다. 기업 세계 내에 존재하는 서로 다른 이해관계를 무시하기보다는 기업 행위자들이 시장과 국가와, 그리고 그들이 사업을 하는 지역사회와 어떻게 서로 다른 관계를 맺고 있는지를 보다 세세하게 이해하는 것은 이윤을 생각하는 기업들이 어째서 때로는 서로 대립하고 때로는 사회 변화를 추구하는 시민들과 공통의 대의를 만들어내며 심지어는 시민들을 이끌 수 있는지를 이해하는 데 도움을 준다.

모든 현대 사회운동은 자본주의와 일정한 관계를 맺을 수밖에 없으며, 대부분의 사회운동은 어떤 점에서는 법률 지원에서부터 판매용 전문 정보, 인터넷 어플리케이션의 공급에 이르기까지 민간 부문 기업의 서비스에 의존한다. 이것이 시사하는 것은 모든 운동이 모험적인 사업가들에게 잠재적 시장이 된다는 것이다. 그리고 자본주의 시장 관계가 아주 철저하게 침투되어 있는 사회에서는 상업화에 반대할 목적에서 시작된 운동들조차 자신들이 시장세력과 상호작용하고 시장세력에 의존하고 있다는 사실을 발견할 가능성이 크다. 그러나 자연식품의 사례에서 볼 수 있듯이, 산업과 운동 간의 이해관계는 실제로 라이프 스타일 운동에서 훨씬 더 일치할 가능성이 크다. 제1장에서 논의했듯이, 라이프 스타일 운동은 일상생활과 관련된 선택지로 제시된 문화적 가치들을 확산시키는 것을 목적으로 한다. 소비는 라이프 스타일을 표현하는 데 매우 중요하기 때문에, 라이프 스타일 운동은 특히 시장과 긴밀한 관계를 발전시키는 경향이 있다. 라이프 스타일 운동은 일반적으로 특별한 삶의 방식을 뒷받침할 다양한 물질적 재화를 요구하며, 따라서 그러한 재화를 판매하는 상업 세력과 긴밀하게 제휴되어 있을 수 있다.

자연식품 운동은 아주 오랫동안 민간 기업과 뒤얽혀 왔기 때문에 이 과정을 파악하는 데서 특히 좋은 사례이다. 그러나 특히 소비와 관련된 운동뿐만 아니라 다른 운동들도 산업과의 밀접한 관계를 보여준다. 환경주의는 재활용 산업과 재생 에너지 산업을 낳았다. 마리화나 개혁은 오늘날 마리화나를 합법적으로 경작하고 판매하려는 노력과 아주 긴밀하게 연결되어 있다. 홈스쿨 운동은 점점 더 상업용 교육 자료 생산자에게 의존하고 있다. 이들 사례 각각에서 물질적 재화가 개인의 삶에 통합되는 정도와 방법은 단지 운동의 상징만 되는 것이 아니라 그 운동의 요체 자체가 된다. 그러한 선택은 시장 맥락 밖에 있는 개인이나 집단에 의해서만 이루어지는 것이 아니라 얼마간은 그러한 재화를 생산하여 그들에게 판매하는 행위자와의 관계에 의해서도 틀 지어진다. 그리고 사람들이 자신들의 라이프 스타일의 선택과 돈벌이라는 긴급한 요구를 병행하려고 노력하듯이, 많은 경우에 그러한 재화의 소비자와 생산자들도 자신들의 역할 사이를 왔다 갔다 한다.

라이프 스타일이 외견상으로는 일의 세계나 정부 청사와는 거리가 있어 보임에도 불구하고, 라이프 스타일은 사소한 것이 아니다. 일상생활의 패턴을 특징짓는 문화적 가치는 매우 사적인 것으로 느껴질 수도 있지만, 그러한 가치는 실제로 극히 공적이다. 그리고 젠트리피케이션, 대학입학 경쟁에서의 과외활동 장소, 공화당 지지 주/민주당 지지 주라는 수사어구와 같은 쟁점들이 보여주듯이, 라이프 스타일의 차이는 더 큰 사회적 분열을 특징짓는 데서 중심적인 것이 되었다. 아마도 오랫동안 이 관계를 가장 잘 이해해 온 사람은 늘 소비자를 겨냥하는 보다 정확한 방식을 찾는 마케팅 담당자들일 것이다. 그러나 그러한 통찰력이 속기 쉬운 소비자를 이용하고자 하는 시장 냉소자들에 의해 독점되어 있지는 않다. 왜냐하면 자신들의 유급 노동을 도덕적 대의를 표현하는 것으로 보는 사람들이 판매하는 라이프 스타일은 광범한 문화적 변화 ― 사회적 선을 증진시키는 것으로 보이는 변화 ― 를 일으키는 수단이 될 수 있기 때문이다. 그러한 기업가들의 도덕적 헌신을 이해함으로써 우리는 경제적 행위가 실제로는 경제학뿐만 아니라 사물의 자연적 질서와 관련한 문화적 이상과도 어떻게 얽혀 있는지를 알 수 있다.

자료 출처 약어

나는 아래의 약어들을 이용하여 이 책에서 인용한 미출간 자료의 출처를 표시했다.

AAS	American Antiquarian Society, Worcester, MA
AMA	American Medical Association Historical Health Fraud Collection, Chicago
BENTLEY	Bentley Historical Library, University of Michigan, Ann Arbor, MI
FENTON	Shiloh Community Papers, Fenton Historical Society, Jamestown, NY
LA SIERRA	Heritage Room, La Sierra University, Riverside, CA
LOMA LINDA	Heritage Research Center, Loma Linda University, Loma Linda, CA
MILLER	Personal collection of author Laura J. Miller
MSU	Papers of John Harvey Kellogg, Collection 13, Michigan State University Archives and Historical Collections, East Lansing, MI
SCHLESINGER	Schlesinger Library, Radcliffe Institute, Harvard University, Cambridge, MA
STANFORD	Naturopathy collection, M0759, Department of Special Collections, Stanford University Libraries, Stanford, CA
STARK	H. J. Lutcher Stark Center, University of Texas at Austin
STOLTZ	Personal collection of Garth "Duff" Stoltz, Battle Creek, MI
WILLARD	Willard Public Library Local History Collection, Battle Creek, MI

미 주

제1장. 시장과 운동

1 "Natural Stays on Perennial Path to Growth," *Natural Foods Merchandiser* 33, no. 6(June 2012): 23. 판매액의 정의와 계산방법은 시간이 지남에 따라 바뀌어 왔고, 따라서 이 수치들을 그대로 비교할 수는 없다. 2011년 수치에는 다양한 소매업자가 포함되어 있지만, 1979년 수치는 건강식품 가게로만 한정되어 있다. 2011년 수치에는 또한 이전 추정치보다 더 많은 몫의 비식품 품목 — 이를테면 바디케어 제품과 가정용 세제 — 이 포함되어 있다. 이러한 비식품 품목을 제외한 또 다른 조사에 따르면, 2010년에는 자연식품과 유기농 식품 및 음료의 판매액이 390억 달러를 넘어섰다. "Natural, Organic Food Sales Outpacing Conventional," *Whole Foods* 34, no. 8(August 2011): 9. 이러한 불일치에도 불구하고, 이러한 수치들은 40년 동안 자연식품 범주의 판매가 얼마나 광범위하게 증가했는지를 보여주는 유용한 지표의 역할을 한다.

2 Frank Fuller, Appt., v. Barton Huff et al., 104 F. 141(2d Cir. 1900), Lawyers Reports Annotated at 332; Battle Creek Sanitarium Company, Limited, v. Fuller, 134 O. G. 1299, Decisions of the Commissioner of Patents, The Supreme Court of the United States and the Court of Appeals of the District of Columbia in Patent and Trade-Mark and Copyright Cases 370(D.C. Cir. 1908). 내가 발견한 한에서 제7일 안식일 예수재림파가 **건강식품**이라는 용어를 처음 사용한 것은 1888년이다. Advertisement, Sanitarium Food Company, *Good Health* 23, no. 4(April 1888): 161.

3 이 유형의 운동에 초점을 맞출 것을 제안하는 영향력 있는 논의로는 McAdam, Tarrow and Tilly 2001을 보라.

4 사회운동의 문화적 차원에 대해서는 Gusfield 1980; J. Goodwin and Jasper 2004; Polletta 2008; Kurzman 2008; Armstrong and Bernstein 2008을 보라.

5 사람들은 라이프 스타일 운동을 하위문화와 대비시킬 수도 있다. 특정 하위문화에 속해 있는 사람들은 그 안으로 더 많은 사람을 끌어들이고 싶어 하지는 않지만, 그들의 정치는 주류 라이프 스타일의 정당성의 토대를 끊임없이 침식한다. Hebdige 1979를 보라.

6 또한 라이프 스타일 운동을 단지 소비만으로 축소할 수도 없다. 따라서 나는 윤리적 소비, 정치적 소비, 대안적 소비, 또는 사회적으로 책임 있는 소비라고 불리는 것보다 더 폭넓은 것에 대해 이야기한다. R. Harrison, Newholm and Shaw 2005; Micheletti 2003; Bevir and Trentmann 2007; Soper, Ryle and Thomas 2009를 보라. 소비운동이 자본주의의 토대나 경제적 불평등의 구조를 그대로 방치한다는 이유에서 체계 수준에서의 소비운동의 잠재력을 무시하는 주장으로는 Chasin 2000: 23~24; Ransome 2005: 113을 보라.

7 급진 운동과 특정 이데올로기를 등치시키는 것이 갖는 문제점에 대해서는 Calhoun 2012를 보라.

8 순수 식품 운동가들에 대해서는 DuPuis 2002; Smith-Howard 2014; L. Goodwin 1999를 보라.

9 벨라스코의 책은 아마도 일반 식품 회사들이 자연식품 개념을 채택하기 시작한 과도기에 관한 가장 널리 알려진 설명일 것이다. 비록 비학술적이기는 하지만, 영국과 미국의 자연식품 운동의 역사를 다룬 또 다른 훌륭한 연구로는 Griggs 1986을 보라. 대부분의 다른 저술보다 더 광범위한 역사를 다루고 있기는 하지만, 그릭스가 자연식품 철학을 매우 당파적으로 옹호하는 것은 그녀의 분석을 손상시킬 수 있다. 산업 내부자가 건강식품을 설명한 것으로는 F. Murray 1984를 보라. 또한 소이인포센터(Soyinfo Center)의 출판물들도 보라. 이것은 http://www.soyinfocenter.com/bibliographies.php에서 이용할 수 있다.

10 장에 대한 조직이론적 관점과 사회운동을 한데 결합시키고 있는 설명으로는 Fligstein and McAdam 2012도 보라.

제2장. 금욕주의 탈출하기: 건강식품 산업의 탄생

1 채식주의를 뒷받침하기 위해 성경-기독교인들이 이용하는 성경 구절은 특히 Gen. 1:29, Gen. 9:4, Prov. 23:20, Isa. 66:3, Rom. 14:21, Num. 11:33, 1 Cor. 8:13에 포함되어 있다(Maintenance Company 1922: v~vi).

2 "Bread," *Journal of Health* 1, no. 18(May 26, 1830): 278, 277. ≪건강 저널≫에 대해서는 Nissenbaum 1980: 76; Horrocks 2008: 77~82를 보라.

3 Iacobbo and Iacobbo 2004: 42; "Catalogue of Living Vegetarians," *American Vegetarian and Health Journal* 1, no. 5(May 1851): 93~94.

4 실베스터 그레이엄에 관한 문헌으로는 이를테면 Bobrow-Strain 2012; Carson 1957; H. Green 1986; Gusfield 1992; Iacobbo and Iacobbo 2004; Nissenbaum 1980; Schwartz 1986; Shyrock 1931; Tompkins 2012; Whorton 1982를 보라.

5 Philathropos, "To Dr, John C. Warren. of Boston," *Rhode Island American and Gazette*, August 31, 1832: [1]; B, "Dear Brother," *Rhode Island American and Gazette*, February 21, 1832: [2].

6 Advertisement, C. & G. Coit, *Norwich Courier*, May 16, 1832: [1]; advertisement, Abraham Barker & Co., *New Bedford Mercury*, January 15, 1833: [3]; advertisement, E. Williams & Co., *Daily Atlas* [Boston], June 30, 1836: [3].

7 American Physiological Society, *Record Book*, 1837~1839: AAS를 보라.

8 "Physiological Market," *Graham Journal of Health and Longevity* 1, nos. 2 and 3(April 18, 1837): 21.

9 "Physiological Society's Provision Store," *Graham Journal of Health and Longevity* 1, no. 25(September 26, 1837): 200; "Physiological Society's Provision Store," *Graham Journal of Health and Longevity* 1, no. 26(October 3, 1837): 208.

10 데이비드 캠벨(David Cambell)이 운영한 보스턴 그레이엄 보딩 하우스(Boston Graham Boarding House)에 대해서는 S., "The Graham Boarding House," *Liberator*, June 16 1837: 4; "History of a Graham Boarding House," *Graham Journal of Health and Longevity* 3, no. 25(December 14, 1839): 398~399를 보라.

11 수치료 운동에 대해서는 H. Green 1986; Weiss and Kemble 1967을 보라.

12 Advertisement, Fancher & Miller, *Water-Cure Journal and Herald of Health* 29, no. 5(May 1860): 78; advertisement, Fancher & Miller, *Water-Cure Journal and Herald of*

Health 30, no. 1(July 1860): 14.

13 Advertisement, Miller & Browning, *Herald of Health* 4, no. 1(July 1864): 145.

14 Advertisement, Our Home Granula Co., *Medical Brief* 16, no. 5(May 1888): 204.

15 "Our Home Granula Co.," *Dansville Advertiser*, April 12, 1883. 이 기사가 제럴드 카슨(Gerald Carson)이 자신의 『콘플레이크 운동(Cornflake Crusade)』에서 그래눌라가 1863년경에 발명되었다고 주장한 것의 근거인 것으로 보인다. 카슨의 저작은 그래눌라에 대한 거의 모든 출판된 설명의 토대가 되고 있다. 이와 대조적으로 1940년대에 제너럴 푸드(General Foods)가 발행한 한 안내서는 그래눌라가 1875년에 생겼다고 알린다. Conklin 1971: 154를 보라. 1875년이라는 날짜는 콘클린에 의해 부정확하다고 일축되었지만, 나는 그것이 옳을 가능성이 크다고 믿는다.

16 Advertisement, Hall & Fairweather, *St. John Daily Evening News*, March 11, 1869; Hoblyn 1865: 269.

17 E. Murray 1873; "Murray's Granulated Wheat," *Farmer's Cabinet*, April 15, 1874: [2].

18 이를테면 advertisement, M. B. Adams, *Progressive Batavian*, July 25, 1873; advertisement, Darrell & Co., *Bee-keeper's Magazine*, December 1875, inside back cover.

19 "Frank Fuller Dead; Utah War Governor," *New York Times*, February 20, 1915: 5.

20 *The Health Food Company*(New York: Health Food Company [1878]), Miller; ""What Shall We Eat?"" *New York Times*, February 17, 1877: 2.

21 이를테면 Dodds 1886: 110을 보라. 도즈는 자신의 레시피의 일부로 풀러의 제품 중 하나인 냉풍 밀가루(cold-blast flour)를 추천한다.

22 Hall's Journal of Health, "Granulated Wheat Biscuit," *Deseret News*, August 25, 1875: 15; advertisement, Health Food Company, *New York Medical Eclectic* 3, no. 3(July 15, 1876): 22; *Health Food Company*; M. Henderson 1885: 26~30.

23 슈트라서(Strasser 1989: 30)에 따르면, 브랜드 작업은 1850년대부터 성공적인 마케팅의 속성이 되었다.

24 "Our Home Hygienic Institute, Dansville," *Dansville Advertiser*, November 4, 1880; "Our Home Granula Co.," *Dansville Advertiser*, April 12, 1883; "Health Resort Became Best in the Business," *Genesee Country Express* 1976, 9; Bunnell [1902?].

25 다른 개혁가들이 화이트에 미친 영향을 고찰한 것으로는 Numbers 1976: 128~137을 보라.

26 화이트의 건강철학에 대한 상세한 논의로는 D. Robinson 1965; Numbers 1976을 보라.

27 슈바르츠의 연구는 여전히 켈로그의 활동에 대한 가장 잘 입증된 설명으로 남아 있다. 나는 슈바르츠의 연구에 의거하여 켈로그를 이해했고, 그것을 통해 몇 가지 원래의 출처를 안내받았다. 또한 특히 켈로그의 식품 관련 활동을 이해하는 데 유용한 것으로는 카슨(Carson 1957)의 연구가 있다. 카슨의 연구는 훌륭하지만, 그의 조롱하는 듯한 어조는 어릿광대로서의 켈로그 이미지를 만들어내는 데 일조했다.

28 이를테면 Deutsch 1961; Boyle 1993을 보라. 섹슈얼리티에 대한 켈로그의 견해를 진지하게 다룬 것으로는 Numbers 2003을 보라.

29 The Sanitas Nut Food Company, Limited vs. Carl A. Voigt, Elizabeth Voigt, Frank A.

Voigt, William F. Hake and Charles P. Pepins, The Supreme Court of the United States for the Western Division of Michigan, Southern Division, January 22, 1904, Box 8, Folder 10, MSU; State of Michigan, John Harvey Kellogg, The Kellogg Food Company, and Sanitarium Equipment Company vs. Kellogg Toasted Corn Flake Co., W. K. Kellogg Cereal Co., Kellogg Laboratories, Incorporated, Will K. Kellogg, and John L. Kellogg, Supreme Court Record, [Lansing: 1920?], Volume 2, p. 364, Box 21, MSU.

30 Advertisement, *Health Reformer* 11, no. 12(December 1876): inside front cover.

31 Fuller, 104 F. 141(chap. 1, n. 2를 보라).

32 John Harvey Kellogg et al. vs. Kellogg Toasted Corn Flake Co. et al., Vol. 2, p. 367, Box 21, MSU; John Harvey Kellogg, The Kellogg Food Company, and Sanitarium Equipment Company vs. Kellogg Toasted Corn Flake Co., W. K. Kellogg Cereal Co., Kellogg Laboratories, Incorporated, Will K. Kellogg, and John L. Kellogg, Supreme Court Record [Lansing: 1920?], Vol, III, p. 851, Stoltz.

33 Advertisement, Sanitarium Food Company, *Good Health* 23, no. 3(March 1888): 126; advertisement, Sanitarium Food Company, *Good Health* 23, no. 4(April 1888): 161.

34 Fuller, 104 F. 141; Battle Creek Sanitarium, 134 O.G. 1299(chap. 1, n. 2를 보라).

35 John Harvey Kellogg et al. vs. Kellogg Toasted Corn Flake Co. et al., Vol. 2, pp. 368~369, Box 21, MSU.

36 "Nut Foods Sold," Box 8, Folder 2, MSU.

37 R. H. Cadwalader, auditor, to W. Ray Simpson, *manager*, 7 December 1900, Box 8, Folder 2, MSU.

38 "How to Get Fat," *Modern Medicine and Bacteriological Review*, January 1896, Advertisements-10.

39 John Harvey Kellogg, Arthur S. Kellogg, Herbert C. Jeffers and Will K. Kellogg, of Battlecreek, Michigan, Assignors to the Sanitas Nut Food Company of Battlecreek, Michigan, "Process of Hulling Seeds," Patent No. 791,473 dated June 6, 1905, Application No. 83,647, filed Nov 25, 1901, Box 6, Folder 9, MSU; John H. Kellogg, of Battle Creek, Michigan, Assignor to the Sanitas Nut Food Company, Limited, of Same Place, "Process of Preparing Cereal Cakes," Patent No. 634,003 dated October 3, 1899, Application No. 693,284 filed October 12, 1898, Box 6, Folder 7, MSU.

40 John Harvey Kellogg et al. vs. Kellogg Toasted Corn Flake Co. et al., Vol. 2, pp. 648~649, Box 21, MSU.

41 "Recommendations with Reference to General Sales Policy of the Battle Creek Sanitarium Co., Ltd., and Sanitas Nut Food Co., Ltd.," 1907, Box 8, Folder 6, MSU.

42 Ibid.

43 Ibid.

44 *The Kellogg File: Closed 1907, Reopened 1986*, Willard; Schwarz 1970; Wilson 2014: 85~93.

45 Summary of letter from Dr. Herbert Ossig, Gland, Vaud, Switzerland, 27 June 1907,

Box 4, Folder 7, MSU.

46 "Special Petition for Consideration of Various Matters Pertaining to Sanitarium Food Co. Interests and Work—April 24, 1900," Box 8, Folder 2, MSU.

47 Agreements, Box 8, Folders 4, 7, 8, 9, 15, MSU.

48 "Health Food Fakirs," Folder: Lectures & Speeches 1902 Jan, Box 4, John Harvey Kellogg Papers 1832~1965, Bentley.

49 이를테면 *The Battle Creek Food Idea* 1(1) January 1901: 3.

50 Financial records, Box 8, Folder 4, MSU.

51 자연식품 추종자들에 대한 진지한 탐구조차도 이 길을 택할 수 있다. 이를테면 Whorton 2002; Hamilton et al. 1995를 보라.

제3장. 주변에서 살며 일하기: 반문화산업이 발전하다

1 제1장에서 설명한 것처럼, 각주가 달려 있지 않은 인용문은 모두 내가 실시한 인터뷰에서 나온 것이다.

2 미국인의 사고에서 나타나는 자연에 대한 숭배에 대해서는 Albanese 1990을 보라. 자연에 대한 숭배와 식품 간의 관계에 대해서는 Eder 1996을 보라.

3 식품 가공 산업의 성장에 대한 간략한 설명으로는 Levenstein 1988: 30~43을 보라.

4 자연요법에 대해서는 Kirchfeld and Boyle 1994와 Whorton 2002를 보라.

5 Cody 1996: 8; "Biographical Sketch of Dr. Benedict Lust," *Benedict Lust Permanent Memorial*, Cornerstone Laying Ceremonies program, Stark.

6 케네디(Kennedy 1998)는 독일 이민자와 자연적 삶의 연관성에 관한 많은 자료를 모았다. 불행하게도 케네디의 연구는 자료의 출처를 옳지 않게 밝히는 실수를 범했다. 나는 가능한 한 그의 유용하고 매력적인 설명의 원출처를 찾아 인용하려고 노력했다.

7 이를테면 "Bengamin Gayelord Hauser," *Journal of the American Medical Association* 108, no. 16(1937): 1359~1360을 보라.

8 생활 개혁에 대해서는 Hau 2003; Meyer-Renschhausen and Wirz 1999; Eder 1996: 152~153; Kennedy 1998을 보라.

9 독일에서의 자연적 삶의 이데올로기와 우생학의 관계에 대해서는 Weindling 1989와 Hau 2003을 보라.

10 "The Vegetarians," *Los Angeles Times*, February 2, 1894: 6; "Fighting the Flesh," *San Francisco Chronicle*, May 12, 1885: 5.

11 Hine 1953; Colman 1933; "The Grass-Eaters," *Los Angeles Times*, June 20, 1890: 3; "Grass Eaters: The Anaheim Curiosities in Trouble," *Los Angeles Times*, June 18, 1890: 3; "Queer Spirits of Vegetarian Sect," *Los Angeles Times*, June 2, 1901: C3; "The Societas Fraterna," *Los Angeles Herald*, May 8, 1879: 3; "The Societas Fraternia," *San Francisco Chronicle*, June 1, 1879: 1.

12 "A Vegetarian Colony," *San Francisco Chronicle*, November 11, 1883: 1.

13 에레트가 죽은 지 불과 한 달이 조금 지난 다음에 이너클린의 판매를 처음으로 공시한 것

으로는 advertisement, Health Science School, *Los Angeles Times*, November 19, 1922: XI25를 보라.

14 카르케의 초기 전기에 대한 정보는 거의 없지만, 이민 기록은 그가 이전에 독일에 거주했었다는 것을 확인시켜 준다.

15 이를테면 "Nature Boy," *Life* 24, no. 19(May 10, 1948): 131~135를 보라.

16 Display advertisement, *American Vegetarian* 7, no. 8(April 1949): 6.

17 "Loma Linda Foods Marks Eightieth Anniversary," *Adventist Review*, November 6, 1986: 27; "Worthington Foods, Worthington, Ohio," *Health Foods Retailing* 40, no. 12(December 1976): 152; *Pacific Union Recorder*, March 5, 1990: 7, Document File 3108: Battle Creek Food Company(1915+), Loma Linda.

18 Loma Linda Foods file, La Sierra.

19 George T. Chapman, "Loma Linda Food Company: Statement from Report of General Manager at Recent Constituency Meeting," 1942, p. 2, Loma Linda.

20 제1차 세계대전 이후 다양한 콩 제품이 건강식품의 범위 안으로 들어왔다. [Kellogg] 1918; Lager and Jones 1963: 5를 보라.

21 "MSG—What Is It?" *Chopletter* 9, no. 3(May 1956): 3, Loma Linda. 또한 "Tongue Twister," *Chopletter* 2, no. 1(March 1949): 3.4, Loma Linda도 보라.

22 Jack T. Ericson, Field Trip to Shiloh, April 29, 1968, Fenton; Dennis Pritchard, "The Shiloh Story," *Jamestown Post-Journal*, Oct 6, 1962, Fenton; T. Miller 1998: 180~181.

23 "New York Jews' Feast," *Vegetarian Magazine* 21, no. 2(February 1922): 10.

24 이 개념을 보다 최근의 이민자 집단에 적용할 때에는 어째서 덜 유용한지를 논의하고 있는 것으로는 Douglas and Saenz 2008을 보라.

25 Pleiner's Health Food Store(San Francisco), *Catalogue and Price List Season* 1937~1938, Miller.

26 Ruth's Health Food Stores(San Francisco), *Catalogue of Natural Foods*, ca. 1936, Miller; Health Food Distributors(New York), *Health Guide and Catalog 1935-6*, Miller; Brownies Natural Food Products(New York), *Catalog of Natural Foods*, 1938, Miller.

27 Vegetarian Pure Food Cafe menu from April 2, 1906, James C. Whitten Ephemera Collection on the History of Vegetarianism, 1844~2001, Box 1, Folder: Menus California, Michigan, NY, London, Schlesinger.

28 "A Constant Growth," *The Nut Cracker* 1, no. 5(Thanksgiving Number 1901): 77.

29 Naturade Products Co., "Naturade Products for All the Family from Nature's Laboratory of Vitamins and Minerals,"(product guide), 193?, Miller.

30 Health Foundation of California(Los Angeles), "The Curse of the Age: 'Wrong Diet' Vegetrate Brings You Life Anew"(product guide), ca. 1930s, pp. 13, 12, Miller.

31 Health Food Distributors(New York), *Health Guide and Catalog 1935-6*, pp. 3~4, Miller.

32 Testimony of W. E. Goff, State of Michigan, John Harvey Kellogg, The Kellogg Food

Company, and Sanitarium Equipment Company vs. Kellogg Toasted Corn Flake Co., W. K. Kellogg Cereal Co., Kellogg Laboratories, Incorporated, Will K. Kellogg, and John L. Kellogg, Supreme Court Record, [Lansing: 1920?], Volume I2, pp. 648.49, Box 21, MSU.

33 "Unfermented Grape Juice," *Los Angeles Times*, August 19, 1906: VI15.

34 "Leading U.S. Health Food Stores Selling Health News," *Health News* 6, no. 17(September 9, 1938): 8.

35 "Health Show Made a Good Beginning," *California Health News* 1, no. 12(July 15, 1933): 5; "Health and Trade Show Under Way," *Los Angeles Times*, June 27, 1933: A5.

36 "Health Industry to Protect Self," *California Health News* 1, no. 14(August 15, 1933): 1, 9.

37 "Food and Health Show Opens Here Tomorrow," *Chicago Tribune*, May 21, 1937: 16.

38 "The Health Food Racket," *Dr. Shelton's Hygienic Review* 1, no. 4(December 1939): 81.

39 "The Health Food Store," *Dr. Shelton's Hygienic Review* 5, no. 1(September 1943): 14.

제4장. 유력인사 지원하기: 정당성 획득의 경로

1 Ray Van Cleef to Jesse Mercer Gehman, 2 August 1949, Jesse Mercer Gehman Collection, MRC-11 Top Drawer, Folder: American Vegetarian Convention Correspondence, Stark.

2 "Nut Foods Sold," Box 8, Folder 2, MSU.

3 Advertisement, Sanitas Nut Food Co., *American Monthly Review of Reviews* 20, no. 119(December 1899): 150.

4 *Battle Creek Vegetable Entrees* [n.d.], Document File 3108: Battle Creek Food Company(1915+), Loma Linda.

5 Battle Creek Food Co., *Good Eating for Health* [n.d.],; Battle Creek Food Co., *You Will Enjoy These Modern Recipes*, ca. 1940s,; Battle Creek Food Co., "Different and Tempting Menus Prepared with Protose and Savita," ca. 1930. 모두 Miller 소장품.

6 "Under the Postmark," *Chopletter* 8, no. 1(February 1955): 2, Loma Linda.

7 "Going to the Dogs," *Today's Food* 3, no. 4(Winter 1958): 8.

8 *Chopletter* 10, no. 4(July 1957), insert, Loma Linda.

9 "Laboratory Check on Products," *Chopletter* 1, no. 1(April 1948): 1, Loma Linda.

10 *California Health News* 1, no. 12(July 15, 1933): 1, 3, 4.

11 *Los Angeles Times*, September 17: 1932: A3.

12 이를테면 "Prof. Bragg Will Bring You Back to Health Nature's Way"(brochure), Box 337, Folder 0337.14, AMA를 보라.

13 이를테면 1940년대와 1950년대에 출간된 하우저의 잡지 ≪다이어트 다이제스트(Diet Digest)≫를 보라.

14 "Announcing the Opening of a New Nature Food Centres Health Food Store at 114 North Dearborn St."(circular), 1957, Box 336, Folder 0336.14, AMA.

15 맥패든의 삶과 생애에 대해서는 Ernst 1991; W. Hunt 1989; Adams 2009를 보라.

16 "Health Letter Prizes Offered," *American Vegetarian-Hygienist* 16, no. 5(May 1959): 15.

17 이를테면 Bragg Health Products and Self-Help Books(catalog), ca. 2010, Miller; and Bragg 1985를 보라.

18 이를테면 advertisement, *Better Nutrition*, January 1965: 14; "Live Food Products, Desert Hot Springs, Calif.," *Health Foods Retailing* 40, no. 12(December 1976): 143~144를 보라.

19 Advertisement, Health Center, *Los Angeles Times*, April 5, 1925: K26.

20 이를테면 Bragg 1928; Hirsch 1928a; advertisement, Bragg's Health Center, *Los Angeles Times*, December 30, 1928: J29를 보라.

21 Advertisement, Bragg Foods, *Eat for Health*(Pavo's Natural Dietetic Foods), Spring 1940, inside back cover, Miller.

22 "Guide to Booths and Exhibitors," *Health Foods Retailing* 30, no. 8(August 1966): 24~25. 넓은 매장을 가진 다른 전시자는 도매업체인 칸 앤 레신(Kahan & Lessin)이었다.

23 Ida Jean Kain, "Movie Star Originates Novel Bridge Luncheon," *Home Digest* 1, no. 12(November 1927): 7, Battle Creek Food Company [Miscellaneous Printed Items], Folder: Home Digest, Bentley.

24 Hauser 1944; Kerr 1984; Deutsch 1961; Lehman 1951; Dun & Bradstreet report, May 9, 1936, on Modern Health Products, Inc., Milwaukee, Box 323, Folder 0323.09, AMA. 그 회사의 이름은 모던 헬스 프로덕트에서 다시 모던 다이어트 프로덕트(Modern Diet Products), 그리고 그다음에는 마지막으로 모던 프로덕트로 바뀌었다.

25 *Diet Digest*, no. 24(1949): 50.

26 "Meet Diet Columnist," *Chicago Daily Defender*, May 1, 1971: 1, 24.

27 이를테면 "On the Cover," *Health News* 6, no. 16(August 26, 1938): 6. ≪건강 뉴스≫(원래는 ≪캘리포니아 건강 뉴스(California Health News)≫로 불렸다)는 1942년에 ≪레츠 라이브(Let's Live)≫를 개명한 것이었다.

28 "Health Girl," *Chicago Daily Tribune*, August 31, 1944: 5.

29 이를테면 1946년 7월호의 엘리스 녹스(Elyse Knox)가 실린 표지와 1951년 9월호의 미치 게이너(Mitzi Gaynor)가 실린 표지를 보라.

30 "Films to See," *Let's Live* 13, no. 10(October 1945): 1.

31 이를테면 모린 오설리번(Maureen O'Sullivan)이 실린 ≪살기 위해 먹기: 건강 저널≫의 1942년 4월호 표지와 수전 헤이워드(Susan Hayward)가 실린 ≪베터 뉴트리션≫의 1953년 8월호 표지를 보라. ≪베터 뉴트리션≫의 이름은 초기에는 이 잡지를 판매하는 소매업체에 따라 달랐다.

32 Rodale 1965: 64; Rodale and Adams 1954: 199; Dougherty 1986; "Catching Up to Rodale Press," *Time* 97, no. 12(March 22, 1971): 71.

33 "Health Food Store Sells 1100 Copies of Book at Party," *Publishers' Weekly* 188, no. 23(December 6, 1965): 50~51.

34 *The Steve Allen Show*, April 19, 1963.

35 "Blackheads," *Sta-Wel Magazine of Health*, July 1948, 19.

36 Mrs. Frank Koch as told to Gerel Rubien, "Nutrition Builds Four Beauties," *Journal of Living*, December 1942: 208, 209.

37 "Our 'Cover Girl' Is Philadelphia Outdoor Beauty," *American Vegetarian-Hygienist* 12, no. 11(November 1955): 2.

제5장. 권위 의문시하기: 국가와 의료계가 반격하다

1 "Doctors: An Editorial," *National Health Federation Bulletin* 13, no. 1(January 1967): 11.

2 하지만 식품에 사용하기 위해 승인된 수천 가지 화학물질은 엄격한 독성 검사를 받지 않았다는 점에 주목하라. Neltner et al., 2013을 보라.

3 사람들의 식품 선택이 개인의 건강 경험에 특권을 부여하는 비전문가의 이론에 의해 어떻게 영향을 받는지를 논의하고 있는 것으로는 Enticott 2003을 보라. 그리고 개인 경험의 특권화가 자연식품 지지자들의 과학적 신뢰성을 어떻게 약화시키는지를 논의하고 있는 것으로는 Roth 1977: 77을 보라.

4 전문지식에 대한 비전문가의 도전에 대한 보다 일반적인 논의에 대해서는 Gaventa 1993; Wynne 1996을 보라.

5 두 식품 생산 시기 중 후자의 사례들에 대해서는 Beeuwkes 1956을 보고, 전자의 사례들에 대해서는 미국과학진흥협회(American Association for the Advancement of Science)의 회의 패널 보고서인 R. Kotulak 1974; Nelson 1974를 보라.

6 United States v. Kordel, 164 F.2d 913(7th Cir. 1947).

7 이들 집단이 사회적 인정을 얻기 위해 벌인 투쟁에 대해서는 Aronson 1982: 52를 보라.

8 Murphy 2005: 95~96; Stare 1992, 1996; *Health Frauds and Quackery, Day 3, Hearings Before the Senate Subcommittee on Frauds and Misrepresentations Affecting the Elderly of the Special Committee on Aging*, 88th Cong. 288(1964)(testimony given on March 10). 스테어가 피력한 여러 견해는 Whelan and Stare 1975에 실려 있다.

9 *Health Frauds and Quackery, Day 3*, 289.

10 Ibid., 292~293, 299~305; Boston Nutritional Society, Inc. v. Frederick J. Stare, 342 Mass. 439(1961); National Nutritional Foods Association; David T. Ajay, d/b/a Dave's Diet And Nutrition Foods; Sid Cammy, d/b/a The Diet Shop; and Max Huberman, d/b/a Natural Health Foods against Elizabeth M. Whelan, Sc.D. and Fredrick J. Stare, M.D., 492 F. Supp. 374(S.D.N.Y. 1980); F. Murray 1984: 178~180. 스테어와는 관련이 없지만 유사한 명예훼손 소송이 1967년에 타임사가 어느 책의 식품 유행과 사기에 관한 장에서 뉴욕 건강식품 가게의 사진을 발췌해 실은 것을 놓고 제기되었다. 이 소송도 기각되었다. All Diet Foods Distributors, Inc. v. Time, Inc., 290 N.Y.S.2d 445(1967).

11 아래의 논의는 부분적으로 조사부 파일의 관련 부분을 내가 직접 조사한 내용에 기초한

다. 그 자료에 접근할 수 있게 해준 AMA에 감사한다.

12 Abramson 1970: 99; P. White 1958; "Food Faddism," *Journal of the American Dietetic Association* 34, no. 11(1958): 1266, 1268.

13 Health Foundation of California(Los Angeles), "The Curse of the Age: 'Wrong Diet' Vegetrate Brings You Life Anew"(product guide), ca. 1930s, Miller.

14 Advertisement, *Better Nutrition*, July 1959, 20.

15 Advertisement, *Healthful Living* 32~33(1959): 60.

16 이를테면 Radio TV Reports, Inc.가 수집한 Box 338, Folder 0338-06, AMA를 보라.

17 J. W. Davidson, Special Agent, San Francisco, to Dr. C. B. Pinkham, Board of Medical Examiners, San Francisco, 10 May 1932, Box 337, Folder 0337-14, AMA.

18 Robert A. Youngerman to Oliver Field, Memo, Legal and Socio-Economic Division, July 17, 1963, Box 338, Folder 0338-01, AMA.

19 다음의 자료 속에 포함되어 있는 회원증, 메모, 보고서들을 보라. Box 529, Folders 0529-06, 0529-07, 0529-08, AMA.

20 Helen S. Mitchell to Dr. Frank J. Clancy, Bureau of Investigation, 12 January 1937, Box 337, Folder 0337-11, AMA.

21 Beeuwkes 1960: 80; "Food Faddism," *Journal of the American Medical Association* 167, no. 17(1958): 2088~2089; *Health Frauds and Quackery, Day 2, Hearings Before the Senate Subcommittee on Frauds and Misrepresentations Affecting the Elderly of the Special Committee on Aging*, 88th Cong. 230(1964)(testimony given on March 9).

22 Oliver Field to Reuben M. Dalbec, Executive Director, Los Angeles County Medical Association, 17 October 1966와 Reuben Dalbec to Oliver Field, 25 October 1966. 둘 다 Box 341, Folder 0341-08, AMA.

23 Oliver Field to George Eddy, 24 July 1963와 Oliver Field to Dorothy Cooley, Chicago Tribune Co., 10 July 1963. 둘 다 Box 338, Folder 0338.01, AMA.

24 Trager 1971; "What's So Great about Health Foods?," *Life* 73, no. 13(September 29, 1972): 45~47; Lyons 1973.

25 "The Facts About Those So-Called Health Foods," *Good Housekeeping* 174(March 1972): 175~177.

26 이를테면 Tobey 1939; advertisement, Washburn-Crosby Company, *Hygeia* 7, no. 4(April 1929): 327을 보라.

27 E. H. Hays, M.D., to Arthur Cramp, 7 January 1933과 Arthur Cramp to E. H. Hays, 9 January 1933. 둘 다 Box 336, Folder 0336-01, AMA.

28 Ladimer 1965 for an account of AMA-Better Business Bureau cooperation을 보라.

29 Better Business Bureau of Spokane to AMA, 19 August 1947, Box 338, Folder 0338-08, AMA.

30 *Health Frauds and Quackery, Part 3*, 277~278.

31 비타민을 약품으로 분류해야 하는지 아니면 식생활 보조제로 분류해야 하는지를 놓고 벌

인 논쟁의 역사에 대해서는 Apple 1996을 보라.

32 그러한 비밀 조사와 관련된 사건을 보도하고 있는 것으로는 "Naturopath Had Impressive Signs," *New York Times*, April 20, 1912: 10을 보라. 이 사건으로 러스트와 그의 동료 이시도르 헤르츠(Isidore Hertz)는 100달러의 벌금을 물었다.

33 "'Prof.' Bragg Again," *Journal of the American Medical Association* 106, no. 16(1936): 1408.

34 "Expert Urges Silencing of Radio Nutritionists," Broadcasting 61(October 16, 1961): 48; "Guide for Discussion with the Federal Communications Commission," June 20: 1961, both in Box 338, Folder 0338-06, AMA.

35 *Health Frauds and Quackery, Part 3*, 289~290.

36 도서 검열을 둘러싼 20세기의 싸움에 대해서는 Boyer 1968; de Grazia 1992를 보라.

37 *Health Frauds and Quackery, Part 3*, 294~295. 또한 Saegert and Saegert 1976: 167도 보라.

38 "Charges Drug Head with Fake Arthritis Cure," *Chicago Daily Tribune*, July 14, 1945: 10; United States v. Kordel, 66 F. Supp. 538(N.D. Ill. 1946); Kordel, 164 F.2d 913; Kordel v. United States, 335 U.S. 345(1948).

39 "U.S. Seizes Hauser's 'Live Longer' Molasses," *New York Herald Tribune*, March 10: 1951: 3; "Live Longer, Lasses," *Newsweek* 37, no. 13(March 26 1951): 58~59.

40 "Farrar, Straus & Young," *Publishers' Weekly* 160, no. 11(September 15, 1951): 1157~1158.

41 이를테면 "Warning!," *Bulletin of the National Health Federation* 3, nos. 9~10 (September-October 1957): 6을 보라.

42 Press Release, Food and Drug Administration, November 25, 1961, Box 338, Folder 0338.06, AMA; "Diet Book Seized," *Los Angeles Times*, January 24, 1962: 10; "Health Book Blasted as Pill Pusher," *Los Angeles Times*, July 7, 1962: 9; Hunter 1962; "FDA Attacks Taller Book: S&S Rebuts," *Publishers' Weekly* 182, no. 3(July 16, 1962): 28~29; "'Calories Don't Count' Used as Tie-In, Seized," *Publishers' Weekly* 181, no. 5(January 29: 1962): 191.

43 United States of America v. An Article of Drug Consisting of 250 Jars, etc., of U.S. Fancy Pure Honey, etc., 218 F. Supp. 208(E.D. Mich. 1963); United States of America v. Articles of Drug in the Following Locations and Consisting of: Detroit, 1454 Broadway — 250 Jars and/or Tins Variously Labeled in Part: "Cal's Tupelo Blossom U.S. Fancy Pure Honey" ... Cal T. Albritton, Tallahassee, Fla. Net Wt. 1 Lb. ... etc., and Detroit Vital Foods, Inc., 344 F.2d 288(6th Cir. 1965).

44 "Detroit Vital Foods Sentenced on Five Misbranding Charges," *FDA Report on Enforcement and Compliance*, January 1966, 12; United States of America v. Detroit Vital Foods, Inc., Lelord Kordel and Alfred Feldten, 407 F.2d 570(6th Cir. 1969); Herbert and Barrett 1981: 90.

45 Complaint No. 6843, Box 337, Folder 0337.03, AMA.

46 "FTC Says Book Made False Dieting Claims," *Wall Street Journal*, September 16, 1963, 8.

47 "FTC Hits Claims for Gayelord Hauser Book," *Publishers' Weekly* 184, no. 10(September 2, 1963): 48; "FTC Charges Denied on Gayelord Hauser Book," *Publishers' Weekly* 184, no. 15(October 7, 1963): 34~35.

48 United States of America v. An Undetermined Number of Cases, Each Case Containing 24 Bottles of an Article Labeled in Part:(Bottle) "Sterling Vinegar and Honey Aged in Wood Cider Blended with Finest Honey Contents 1 Pint Product of Sterling Cider Co., Inc., Sterling Mass." 그리고 an Undetermined Number of Copies of the Books Entitled "Folk Medicine" and "Arthritis and Folk Medicine." 둘 다 Dr. C. Jarvis, Balanced Foods, Inc., 338 F.2d 157(2d Cir. 1964).

49 "FDA Proposes Major Overhaul of Dietary Food Regulations," *FDA Report on Enforcement and Compliance*, July 1966, 3.5; Dietary Supplements and Vitamin and Mineral-Fortified Foods, No. 118, 31 Fed. Reg. 8525.27(June 18, 1966).

50 "Parley in Capital Fights Quackery," *New York Times*, October 26, 1963: 30.

51 Advertisement, National Dietary Foods Association, *Washington Post*, August 30, 1966: A21.

52 *Health Frauds and Quackery, Day 1, Hearings Before the Senate Subcommittee on Frauds and Misrepresentations Affecting the Elderly of the Special Committee on Aging*, 88th Cong. 128(1964)(testimony given on January 13); Schmeck 1973. 그러한 편지들에 대한 묘사와 사례들에 대해서는 Apple 1996: 144~148을 보라.

53 Health Research and Health Services Amendments of 1976, Pub. L. No. 94. 278 90 Stat. 401(1976). 건강식품 회사들은 여전히 식품과 약품을 분리하는 선을 넘지 않도록 주의해야 했다. 오늘날까지 식품업계 잡지의 건강식품 광고에는 일반적으로 다음과 같은 면책 조항이 포함되어 있다. "이들 진술은 FDA의 심의를 받지 않았다. 이 제품은 어떤 질병의 진단, 처치, 치료, 또는 예방을 위한 것이 아니다."

54 *Vitamin, Mineral, and Diet Supplements, Hearings Before the House Subcommittee on Public Health and Environment of the Committee on Interstate and Foreign Commerce*, 93d Cong. 687(1973)(testimony given on October 29, 30, and 31).

55 "NHF Leaders Feuding over Financial Crisis," *Natural Foods Merchandiser*, July 1980, 73, 104.

56 이를테면 "American Capsule News," *Bulletin of the National Health Federation* 4, nos. 7~8(July-August 1958): 13을 보라. 건강식품 신봉자들의 불소첨가 반대에 대해서는 Ackerman 2004: 62를 보라.

57 "Communists Try Propaganda through Health Foods," *Howard Inches Report* 4, no. 9(1959): 1, Box 5, Folder M759/5/14, Stanford; G. Allen 1973.

제6장. 스타일: 자연식품 고객 찾기

1 상업과 정치에서 스타일이 차지하는 지위에 대한 보다 자세한 역사적 견해에 대해서는 Ewen 1999를 보라.

2 출처를 밝히지 않은 모든 인용문은 내가 실시한 인터뷰에서 나온 것이다. 이 장과 다음 장에서 나는 이 인터뷰 자료에 크게 의존하여 이 책에서 논의된 사건과 이슈들을 설명한다.

3 하지만 소로(Thoreau)와 에머슨(Emerson)의 채식주의가 불교에 의해 영향을 받았다는 주장에 대해서는 B. Henderson 1989를 보라.

4 찬양자 가운데에는 이를테면 프레드 허시와 오토 카르케가 포함되어 있었다. Hirsch 1928b; Yogananda 1930: 10~11을 보라.

5 선불교의 반문화로의 통합에 대해서는 Tipton 1982를 보라.

6 에레혼과 치코-샌의 역사에 대해서는 Shurtleff and Aoyagi 2011; Milbuty 2011을 보라.

7 이를테면 "The Kosher of the Counterculture," *Time* 96(November 16, 1970): 59~60, 63; Lansing 1970을 보라.

8 *Natural Life Styles* 1, no. 1, 1971: 1.

9 Ibid.; 또한 *Natural Life Styles* 2, no. 1(1972)도 보라.

10 반문화의 '반요리법(countercuisine)'이 언론에 의해 표현되는 방식에 대한 보다 상세한 논의로는 Belasco 1989를 보라.

11 "Writing the President," episode 102 of *All in the Family*, aired January 19, 1971; episode 13 of *Fernwood 2 Night*, aired July 20, 1977.

12 Wright 1972; Enterprise Investments, Inc., *A Brief Overview of Kahan & Lessin, Inc. as an Acquisition Opportunity*(St. Paul, 1983), 4, Miller.

13 이를테면 Horvath 1957; "Selling Outside the Industry," *Health Foods Business* 25, no. 5(May 1979): 50을 보라.

14 "Standards and Practices," Mrs. Gooch's, ca. 1985, Miller.

15 "Mrs. Gooch's Invites You To Have Fun Cooking Naturally"(circular), Mrs. Gooch's Natural Foods Ranch Markets, 1985, Miller; "Come to Mrs. Gooch's Natural Cookery Cooking School"(circular), Mrs. Gooch's Natural Foods Ranch Markets, 1985, Miller.

16 "New Unit Lifts Gooch's Sales to $28.6 Million," *Natural Foods Merchandiser*, July 1984: 110.

17 오늘날 상업에서 새로운 유행을 좇는 사람들이 갖는 중요성에 대해서는 Frank 1997을 보라. 또한 Binkley 2007도 보라.

18 "FDA Clamps Lid on Bulk Food Sales," *Natural Foods Merchandiser*, July 1984, 1, 24.

제7장. 경계선 긋기: 자연식품 장에서의 경계 논쟁

1 이 수치에는 자연식품, 음료, 보충제, 개인적인 케어 제품이 포함되어 있다.

2 Ada J. Alberty, "Newfangled Ideas," 1939, Miller.

3 이를테면 advertisement, Natural Foods Institute, *Eat to Live: Journal of Health* 4, no. 1(April 1942): 13; advertisement, Schiff Vitamins, *Better Nutrition*, November 1953: 2를 보라.

4 "More Food or More Pills?" *Health-Wise and Healthways* 3, no. 4(Winter 1945): 2(published by Loma Linda Foods, Arlington, CA).

5 "Government Launches Crackdown on Andro Products," *Whole Foods* 2, no. 5(May 2004): 8~9; Luke 2005; "DEA Classifies Three Compounds as Anabolic Steroids," *Whole Foods* 33, no. 2(February 2010): 8.

6 "Rethinking the Pill," *Natural Foods Merchandiser* 36, no. 4(April 2015): 27.

7 이 수치는 온라인 전용 소매업체의 판매를 제외한 것이다.

8 "General Nutrition Centers Expand," *Los Angeles Times*, January 23, 1972: I12; Minsky 1979; "General Nutrition Starts Big Board Trading Today," *Wall Street Journal*, December 22, 1980: 10.

9 "Two New Shops to Open Soon," *Los Angeles Times*, February 14, 1971: WS9; Minsky 1979; General Nutrition Incorporated, *Annual Report for the Year Ended February 2 1985*, 10, Miller; Beazley1985b, 1985a. 제너럴 뉴트리션은 결국 1994년에 네이처 푸드 센터를 인수했다.

10 General Nutrition Incorporated, *Annual Report for 1985*, 10; Richman 1988.

11 이 여덟 개 도매상은 뉴욕 대도시 지역의 밸런스드 푸드와 셔먼 푸드, 디트로이트의 헬스 푸드 디스트리뷰터스, 시카고의 헬스 푸드 자버스(Health Food Jobbers)[후일 헬스 푸드 주식회사(Health Food Inc.)], 미니애폴리스의 파보 코(Pavo Co.), 툴사의 애킨스(Akin's), 로스앤젤레스의 칸 앤 레신(Kahan & Lessin), 그리고 샌프란시스코의 랜드스트롬(Landstrom)이었다.

12 Enterprise Investments, Inc., A Brief Overview of Kahan & Lessin, Inc. as an Acquisition Opportunity(St. Paul, 1983), 1, Miller.

13 "West Wins Presidency, But It's a Photo Finish," *Health Foods Business* 27, no. 9(September 1981): 61.

14 "18 Seminars Highlight First Expo Program," *Health Foods Business* 27, no. 5(May 1981): 84.

15 "Expo West 2015: Biggest Show to Date," *Whole Foods* 38, no. 5(May 2015): 12.

16 식품 부문에서 산업화에 대한 논의는 일반적으로 농업에 초점을 맞추어왔다.

17 Pacey 1971; "Organic Shops Move into the Big Stores," *Business Week*, no. 2184(July 10, 1971): 76~77.

18 "Selling Outside the Industry," *Health Foods Business* 25, no. 5(May 1979): 49~50.

19 Flyer, Independent Natural Food Retailers Association, Vic Boff Papers, Stark.

20 "Kahan & Lessin Company," May 15, 1979, Miller.

21 "Naturally," *Newsweek* 83, no. 16(April 22, 1974): 92; Klein 1978.

22 "Iroquois Industries Purchase," *Wall Street Journal*, May 2, 1968: 29; "Iroquois Industries Purchase Bid," *Wall Street Journal*, January 22, 1968: 9.

23 "Miles Labs Set to Buy Fabricated-Food Maker," *Wall Street Journal*, December 22, 1969: 10; Hammer 1969; "Miles Labs Acquires Food Firm," *Wall Street Journal*, March 12, 1970: 32.

24 이러한 활동을 개관하고 있는 것으로는 Howard 2009를 보라. 하워드는 자연식품 회사들

의 기업 관계를 주기적으로 업데이트한 유용한 인포그래픽을 만들고 있다. https://msu.edu/~howardp를 보라.

25 "IC to Buy Subsidiary of Ogden," *Chicago Tribune*, October 21 1986, B3; Sloane 1994; "Hain Food to Buy Celestial Seasonings," *New York Times*, March 7, 2000: C2; Hain Celestial Group 2014. 초기에 아컨 퓨어 프로덕트(Archon Pure Products)가 헤인을 인수했던 것에 대해서는 "A Conversation with ... Dan Ritchie," *Health Food Age* 2, no. 3(March 1972): 4~7; Wright 1972를 보라.

26 어스바운드와 호라이즌의 프로필에 대해서는 Fromartz 2006을 보라.

27 홀푸드에 대해서는 그간 광범위한 논의가 있었다. 학술적인 저작으로는 Johnston 2008; Johnston and Szabo 2011; Serazio 2011 등을 보라.

28 Martin 2007; "Whole Foods Settles F.T.C. Challenge," *New York Times*, March 7, 2009: B8.

29 "The Stuff of Life," *Newsweek* 75, no. 21(May 25, 1970): 100; "The Perils of Eating, American Style," *Time* 100, no. 25(December 18, 1972): 68~76; F. Allen 1972.

30 캘리포니아 공인 유기농 농민회의 발전과 국가 유기농 프로그램 및 유기농 표준에 대해서는 Guthman 2004; Fromartz 2006; Farmer 2010; Goodman and Goodman 2001을 보라.

31 2016년 현재 이 질문들에 대한 답변은 다음과 같다.
① 땅이 인증된 유기농 작물을 생산할 수 있기 위해서는 금지된 물질이 마지막으로 사용된 후 3년의 기간이 지날 것이 요구된다.
② 염소를 포함한 일부 화학물질은 생유기농 농산물의 수확 후 처리 과정에서 소독제, 살균제 또는 살조제로 사용될 수 있지만, 화학 처리된 세척수가 이용될 경우에는 농산물을 즉시 깨끗한 물로 씻어내야 한다.
③ 농축제 또는 안정화제로 사용되는 것을 포함하여 약 40개의 합성 성분은 **유기농** 라벨이 붙은 식품의 가공에 사용될 수 있다.
④ 젖소와 육우의 사료는 100% 유기농이어야 한다.
⑤ 가축의 경우에는 가축이 유기농 목초지에 접근할 수 있어야 하며, 먹이 섭취의 적어도 30%가 일 년에 적어도 120일 동안 유기농 목초지에서 이루어진 것이어야 한다. 정확한 일수는 지리적 지역에 따라 다를 수 있다.
⑥ 자연산 물고기는 유기농으로 인증될 수 없다.
⑦ 유전공학은 인증된 유기농 식품에는 금지되어 있는 방법이다. 공학적 나노물질은 다른 합성 및 비합성 물질과 동일한 방식으로 사례별로 평가받는다.

32 재래식 농장을 인증된 유기농 농장으로 전환하는 정교한 과정을 설명하는 것으로는 Besonen 2010을 보라.

33 Harvey v. Veneman, 297 F.Supp.2d. 334(D.Me.2004); Harvey v. Johanns, 462 F.Supp. 2d 69(2006). 이 소송들에서 법원은 결국 하비에게 부분적인 승리를 선언했고, 규정이 변경되었다.

제8장. 문화변동과 경제성장: 기업 주도 운동의 효과 평가하기

1 새로운 시장과 대항 정체성의 관계에 대해서는 King and Pearce 2010을 보라.

2 주류화 시기 초기의 여론조사 결과에 대해서는 Chou 1979: 167을 보라.

3 "Primer Pinpoints Foodie Trends," *Montreal Gazette*, August 29, 1998: W7; Kessler 1998.

4 또한 Hirshberg 2008; Hollender and Breen 2010; Newman and Hotchner 2003도 보라.

5 옹호 단체가 크게 증가하기 시작한 1990년대에 그러한 단체들이 많이 발전한 것에 대한 논의로는 P. Allen 2004를 보라. 수많은 현대의 쟁점과 옹호 단체들에 대한 설명으로는 Katz 2006을 보라.

6 하나의 예외가 공익과학센터(Center for Science in the Public Interest)인데, 이 센터는 자연식품 산업과 때로는 제휴하고 때로는 대립해 왔다.

7 생우유 논란에 대한 자세한 설명으로는 Gumpert 2009를 보라. 저온 살균의 역사에 대해서는 DuPuis 2002; Smith-Howard 2014를 보라.

참고문헌

Abramson, Ernst (1970). "Trade in Food Faddism and the Law." In *Food Cultism and Nutrition Quackery*, edited by Gunnar Blix, 93-103. Uppsala: Almqvist & Wiksells.

Ackerman, Michael (2004). "Science and the Shadow of Ideology in the American Health Foods Movement, 1930s.1960s." In *The Politics of Healing: Histories of Alternative Medicine in Twentieth-Century North America*, edited by Robert D. Johnson, 55-67. New York: Routledge.

Adams, Mark (2009). *Mr. America: How Muscular Millionaire Bernarr Macfadden Transformed the Nation Through Sex, Salad, and the Ultimate Starvation Diet.* New York: Harper.

Addison, Heather (2003). *Hollywood and the Rise of Physical Culture.* New York: Routledge.

Agin, Katie (2010). "Lean Manufacturing, 2.0." *Whole Foods* 33 (1): 28-34.

Albanese, Catherine L. (1990). *Nature Religion in America: From the Algonkian Indians to the New Age.* Chicago: University of Chicago Press.

Albright, Nancy (1982). *The Rodale Cookbook.* New York: Ballantine. First published in 1973.

Alcott, A. Bronson (1842). "Days from a Diary." *Dial* 2 (4): 409-37.

_____ (1843). "Sayings." *Present* 1 (5-6): 170-72.

Alcott, Louisa May (1975). *Transcendental Wild Oats.* Harvard, MA: Harvard Common Press. First published in 1873.

[Alcott, William A.] (1835). "Objections to Animal Food," *Moral Reformer and Teacher on the Human Condition* 1: 276-84.

Alcott, William A. (1859). *Vegetable Diet: As Sanctioned by Medical Men, and by Experience in All Ages, Including a System of Vegetable Cookery.* 2nd, rev., and expanded ed. New York: Fowler and Wells. First published in 1849.

Alkon, Alison Hope and Julian Agyeman (2011). "Introduction: The Food Movement as Polyculture." In *Cultivating Food Justice: Race, Class, and Sustainability*, edited by Alison Hope Alkon and Julian Agyeman, 1-20. Cambridge, MA: MIT Press.

Allen, Floyd (1972). "The 1972 Organic Certification Program." *Organic Gardening and Farming, February*, 94-100.

Allen, Gary (1973). *Vitamins: Federal Bureaucrats Want to Take Yours!* Belmont, MA: American Opinion.

Allen, Patricia (2004). *Together at the Table: Sustainability and Sustenance in the American Agrifood System.* University Park: Pennsylvania State University Press.

Allen, Steve (1965). Introduction to *Bare Feet and Good Things to Eat*, by Gypsy Boots, i-iii. Los Angeles: Virg Nover Printer.

American Medical Association (1847). *Proceedings of the National Medical Conventions Held in New York, May, 1846, and in Philadelphia, May, 1847.* Philadelphia: T. K. & P. G. Collins.

Ansberry, Clare (1988). "General Nutrition to Offer Franchises, Open Outlets in Mass-

Merchandise Stores." *Wall Street Journal*, March 10, 30.
Apple, Rima D. (1996). *Vitamania: Vitamins in American Culture*. New Brunswick, NJ: Rutgers University Press.
Archibald, Matthew E. (2010). "Sources of Self-Help Movement Legitimation." In *Social Movements and the Transformation of American Health Care*, edited by Jane C. Banaszak-Holl, Sandra R. Levitsky, and Mayer N. Zald, 227-45. New York: Oxford University Press.
Armstrong, Elizabeth A. and Mary Bernstein (2008). "Culture, Power, and Institutions: A Multi-Institutional Politics Approach to Social Movements." *Sociological Theory* 26 (1): 74-99.
Aronson, Naomi (1982). "Social Definitions of Entitlement: Food Needs 1885. 1920." *Media, Culture and Society* 4 (1): 51-61.
Barlett, Peggy F. (1993). *American Dreams, Rural Realities: Family Farms in Crisis*. Chapel Hill: University of North Carolina Press.
Bauman, Zygmunt (1990). *Thinking Sociologically*. Oxford: Basil Blackwell.
Baur, John E. (1959). *The Health Seekers of Southern California, 1870-1900*. San Marino, CA: Huntington Library.
Beazley, J. Ernest (1985a). "General Nutrition Will Pay $14 Million to Settle SevenYear-Old Antitrust Suit." *Wall Street Journal*, October 4, 9.
_____ (1985b). "Under Attack: General Nutrition Inc. Is Besieged with Suits over Bold Sales Tactics," *Wall Street Journal*, June 28, 1.
Beeuwkes, Adelia M. (1956). "Characteristics of the Self-Styled Scientist." *Journal of the American Dietetic Association* 32 (7): 627-30.
_____ (1960). "Food Faddism.A Growing Threat." *Postgraduate Medicine* 28: 75-81.
Belasco, Warren J. (1989). *Appetite for Change: How the Counterculture Took on the Food Industry, 1966-1988*. New York: Pantheon.
Bellah, Robert N., Richard Madsen, William M. Sullivan, Ann Swidler and Steven M. Tipton (1986). *Habits of the Heart: Individualism and Commitment in American Life*. New York: Perennial Library.
Bentsen, Cheryl (1973). "Furore Over FDA Curb on Vitamin Sales." *Los Angeles Times*, October 18, F1, F16, F17.
Berger, Bennett M. (1981). *The Survival of a Counterculture: Ideological Work and Everyday Life among Rural Communards*. Berkeley: University of California Press.
Berman, Marshall (1988). *All That Is Solid Melts into Air: The Experience of Modernity*. New York: Penguin.
Bernardini, James G. (1976). "'Health Foods Retailing' 40 Years of Service." *Health Foods Retailing* 40 (12): 58.69, 182-220.
Besonen, Julie (2010). "Going from Conventional to Organic." *Specialty Food* 40 (6): 72-82.
Bevir, Mark and Frank Trentmann, eds. (2007). *Governance, Consumers and Citizens*. Houndmills, UK: Palgrave Macmillan.
Biddle, Frederic M. (1992). "Texas Food Retailer Buys Bread & Circus for $26M." *Boston Globe*, October 14, 1.
Biltekoff, Charlotte (2013). *Eating Right in America: The Cultural Politics of Food and Health*.

Durham, NC: Duke University Press.

Binkley, Sam (2007). *Getting Loose: Lifestyle Consumption in the 1970s*. Durham, NC: Duke University Press.

Bobrow-Strain, Aaron (2012). *White Bread: A Social History of the Store-Bought Loaf*. Boston: Beacon Press.

Bonacich, Edna (1973). "A Theory of Middlemen Minorities." *American Sociological Review* 38 (5): 583-94.

Bond, Pamela (2011). "Should You Sell HCG Supplements?" *Natural Foods Merchandiser* 33 (12): 20-21.

Boots, Gypsy (1965). *Bare Feet and Good Things to Eat*. Los Angeles: Virg Nover Printer.

Borsodi, Ralph (1933). *Flight from the City: The Story of a New Way to Family Security*. New York: Harper & Brothers.

_____ (1947.48). "The Case against Farming as a Big Business." *Land* 6 (4): 446-51.

Bourdieu, Pierre (1984). *Distinction: A Social Critique of the Judgement of Taste*. Translated by Richard Nice. Cambridge, MA: Harvard University Press. First published 1979.

Boyer, Paul S. (1968). *Purity in Print: The Vice-Society Movement and Book Censorship in America*. New York: Charles Scribner's Sons.

Boyle, T. Coraghessan (1993). *The Road to Wellville*. New York: Viking.

Bragg, Paul C. (1928). "Health Hints." Los Angeles Times, January 22, K29.

_____ (1935). P*aul C. Bragg's Personal Health Food Cook Book and Menus*. 2nd ed. Burbank, CA: Paul C. Bragg. First published in 1930.

_____ (1941). *The Four Generation Health Food Cook Book and Menus*. 2nd ed. Burbank, CA: Paul C. Bragg.

_____ (1946). "How Hollywood Keeps Healthy." *Nature's Path* 50 (3): 138, 172.

Bragg, Paul C., with Patricia Bragg (1985). *The Miracle of Fasting: Proven Throughout History for Physical, Mental and Spiritual Rejuvenation*. Santa Barbara, CA: Health Science.

Brand, Stewart, ed. (1974). *The Updated Last Whole Earth Catalog: Access to Tools. Menlo Park*, CA: [Portola Institute].

Braun, W. H. Jr. (1964). "Report from Hollywood." *Better Nutrition*, February, 9, 16-17, 19.

Brennan, Bernard F. (1991). "Remarks on Marketing Ethics." *Journal of Business Ethics* 10 (4): 255-58.

Brooks, Jack, Harold J. Burelson, Mrs. Temple D. Corey, Leo Eber, Jim Sofer, Terry M. Staten, Wilma Voge and John Weidner. (1970). "Special Orders ... Books ... Uniforms for Employees." *Health Foods Retailing* 34 (2): 24-26, 38-44.

Brown, Keith R. (2013). *Buying into Fair Trade: Culture, Morality, and Consumption*. New York: New York University Press.

Bruch, Hilde (1970). "The Allure of Food Cults and Nutrition Quackery." *Journal of the American Dietetic Association* 57 (4): 316-20.

Buchwald, Art (1959). "The Hollywood Health Faddists." *Los Angeles Times*, December 25, B5.

Bull, Malcolm and Keith Lockhart (2007). *Seeking a Sanctuary: Seventh-day Adventism and the American Dream*. 2nd ed. Bloomington: Indiana University Press. First published in 1989.

Bunnell, A.O., ed. ([1902?]). *Dansville: Historical Biographical Descriptive 1789-1902*. Dansville,

NY: Instructor Publishing.
Busch, Noel F. (1951). "You Can Live to Be a Hundred, He Says." *Saturday Evening Post* 224 (6): 30, 107-10.
Calhoun, Craig (1993). "'New Social Movements' of the Early Nineteenth Century." *Social Science History* 17 (3): 385-427.
_____ (2012). *The Roots of Radicalism: Tradition, the Public Sphere, and Early Nineteenth-Century Social Movements*. Chicago: University of Chicago Press.
Calvert, Gene Paul and Susan W. Calvert (1975). "Intellectual Convictions of 'Health' Food Consumers." *Journal of Nutrition Education* 7 (3): 95-98.
Canadian Patent Office (1895). *Canadian Patent Office Record*. Vol. 22. Ottawa: Government Printing Bureau.
Carpenter, Peg and Lorraine Moffett (1967). "'Quackery' in Our Schools." *National Health Federation Bulletin* 13 (1): 4-7.
Carque, Otto (1923). *Rational Diet: An Advanced Treatise on the Food Question*. Los Angeles: Times-Mirror Press.
_____ (1925). *Natural Foods: The Safe Way to Health*. Los Angeles: Carque Pure Food.
Carson, Gerald (1957). *Cornflake Crusade*. New York: Rinehart.
Carson, Rachel (1962). *Silent Spring*. Boston: Houghton Mifflin.
Cawley, Sherry Arent (2000). *Berrien County in Vintage Postcards*. Chicago: Arcadia Publishing.
Chaney, David C. (1996). *Lifestyles*. London: Routledge.
Chappell, Tom (1993). *The Soul of a Business: Managing for Profit and the Common Good*. New York: Bantam.
Chasin, Alexandra (2000). *Selling Out: The Gay and Lesbian Movement Goes to Market*. New York: Palgrave.
Chou, Marilyn (1979). "Changing Attitudes and Lifestyles Shaping Food Technology in the 1980s." In *Critical Food Issues of the Eighties*, edited by Marilyn Chou and David P. Harmon Jr., 149-90. New York: Pergamon Press.
Clouder, Scott and Rob Harrison (2005). "The Effectiveness of Ethical Consumer Behaviour." In *The Ethical Consumer*, edited by Rob Harrison, Terry Newholm and Deirdre Shaw, 89-104. London: Sage.
Cody, George (1996). "History of Naturopathic Medicine." In *A Textbook of Natural Medicine.*, vol. 1, edited by Joseph E. Pizzorno Jr. and Michael T. Murray, I:HistNM-1.I:HistNM -23. Bothell, WA: Bastyr University Publications.
Collins, Harry (2014). *Are We All Scientific Experts Now?* Cambridge: Polity Press.
Colman, F. H. (1933). "A California Utopia Passes." *Los Angeles Times*, August 6, G4, G14.
Conklin, William D. (1971). "The Jackson Health Resort, Pioneer in Its Field, As Seen by Those Who Knew It Well; Being an Account of the Institution's Fiftieth Anniversary ... With Records of the Seventieth and the One Hundredth ... And a Supplement." Unpublished manuscript, typescript.
Cooper, Lenna Frances (1917). *How to Cut Food Costs*. Battle Creek, MI: Good Health Publishing.
Council for Responsible Nutrition (2014). "The CRN Consumer Survey on Dietary Supplements: 2014." October. http://www.crnusa.org/CRNconsumersurvey/2014/.
Council on Foods of the American Medical Association (1939). *Accepted Foods and Their*

Nutritional Significance: Containing Descriptions of the Products Which Stand Accepted by the Council on Foods of the American Medical Association on September 1, 1939 Chicago: American Medical Association.

Cowen, Tyler (2002). *Creative Destruction: How Globalization Is Changing the World's Cultures.* Princeton, NJ: Princeton University Press.

Cox, Craig (1994). *Storefront Revolution: Food Co-ops and the Counterculture.* New Brunswick, NJ: Rutgers University Press.

Crawford, Charles W. (1951). "Beware the 'Health Food' Peddlers!" *American Magazine*, December, 24-25, 114-15.

Crecelius, Charles I. (1972). "The Annual Report of the President," *National Health Federation Bulletin* 18 (2): 1-4.

Curtis, Russell L. Jr. and Louis A. Zurcher Jr. (1973). "Stable Resources of Protest Movements: The Multi-Organizational Field." *Social Forces* 52 (1): 53-61.

Davis, Adelle (1947). *Let's Cook It Right: Good Health Comes from Good Cooking.* New York: Harcourt, Brace.

_____ (1954). *Let's Eat Right to Keep Fit.* New York: Harcourt, Brace.

de Acosta, Mercedes (1960). *Here Lies the Heart.* New York: Reynal.

de Grazia, Edward (1992). *Girls Lean Back Everywhere: The Law of Obscenity and the Assault on Genius.* New York: Random House.

Delugach, Al (1984). "LaLanne Expands Line." *Los Angeles Times*, October 21, F4.

Deutsch, Ronald M. (1961). *The Nuts among the Berries.* New York: Ballantine.

DiMaggio, Paul J. and Walter W. Powell (1991). "The Iron Cage Revisited: Institutional Isomorphism and Collective Rationality in Organization Fields." In *The New Institutionalism in Organizational Analysis*, edited by Walter W. Powell and Paul J. DiMaggio, 63-82. Chicago: University of Chicago Press.

Dodds, Susanna W. (1886). *Health in the Household; or, Hygienic Cookery.* 2nd ed. New York: Fowler & Wells.

Dougherty, Philip H. (1986)."Prevention Magazine's New Focus." *New York Times*, August 4, D10.

Douglas, Karen Manges and Regelio Saenz (2008). "Middleman Minorities." In *International Encyclopedia of the Social Sciences*, 2nd ed., edited by William A. Darity Jr., 147-48. Detroit: Macmillan Reference.

Dunne, Robert J. (2005). "Marginality: A Conceptual Extension." *Research in Race and Ethnic Relations* 12: 11-27.

Dunning, Mary (1965). "It's Been an Uphill Battle." *Health Foods Retailing* 24 (2): 36-38.

DuPuis, E. Melanie (2002). *Nature's Perfect Food: How Milk Became America's Drink.* New York: New York University Press.

_____ (2015). *Dangerous Digestion: The Politics of American Dietary Advice.* Oakland: University of California Press.

Dwyer, Johanna T., Randy F. Kandel, Laura D. V. H. Mayer and Jean Mayer (1974a). "The 'New' Vegetarians." *Journal of the American Dietetic Association* 64: 376-82.

Dwyer, Johanna T., Laura D. V. H. Mayer, Kathryn Dowd, Randy Frances Kandel and Jean Mayer (1974b). "The New Vegetarians: The Natural High?" *Journal of the American Dietetic*

Association 65: 529-36.
Eder, Klaus (1996). *The Social Construction of Nature: A Sociology of Ecological Enlightenment*. Translated by Mark Ritter. London: Sage. First published in 1988.
Edgington, Ryan H. (2008). ""Be Receptive to the Good Earth": Health, Nature, and Labor in Countercultural Back-to-the-Land Settlements." *Agricultural History* 82 (3): 279-308.
Edwards, Nicola (2013). "Values and the Institutionalization of Indonesia's Organic Agriculture Movement." In *Social Activism in Southeast Asia*, edited by Michele Ford, 72-88. London: Routledge.
Ehret, Arnold (1924). *A Scientific Method of Eating Your Way to Health: Ehret's Mucusless-Diet Healing System*. Los Angeles: Ehret Literature.
_____ (1926). *Rational Fasting for Physical, Mental and Spiritual Rejuvenation*. Los Angeles: Ehret Literature.
Enticott, Gareth (2003). "Risking the Rural: Nature, Morality and the Consumption of Unpasteurized Milk." *Journal of Rural Studies* 19 (4): 411-24.
Epstein, Steven (1996). *Impure Science: AIDS, Activism, and the Politics of Knowledge*. Berkeley: University of California Press.
Erhard, Darla (1973). "The New Vegetarians." *Nutrition Today* 8 (6): 4-12.
Ernst, Robert (1991). *Weakness Is a Crime: The Life of Bernarr Macfadden*. Syracuse, NY: Syracuse University Press.
Ewen, Stuart (1999). *All Consuming Images: The Politics of Style in Contemporary Culture*. Rev. ed. New York: Basic Books. First published in 1988.
Fair, John D. (1999). *Muscletown USA: Bob Hoffman and the Manly Culture of York Barbell*. University Park, PA: Pennsylvania State University Press.
Farmer, Ellen (2010). *Barney Bricmont, Founder, California Certified Organic Farmers*. Santa Cruz, CA: Regional History Project, University Library, UC Santa Cruz.
Featherstone, Mike (2007). *Consumer Culture and Postmodernism*. 2nd ed. London: Sage. First published in 1991.
Ferruzza, Charles (2012). "A Century of Meatless Eating in Kansas City." *Pitch* (blog). May 11. http://www.pitch.com/FastPitch/archives/2012/05/11/a-century-of-meatless-eating-in-kansas-city.
Field, Oliver F. (1982). "History of the U.S. Food and Drug Administration." Interview by Robert G. Porter. *Oral History Program*. Chicago, U.S. Food and Drug Administration.
Filer, George (1850). Letter to the editor, August 25, *American Vegetarian and Health Journal* 1 (1): 11.
Fishbein, Morris (1932). *Fads and Quackery in Healing: An Analysis of the Foibles of the Healing Cults, with Essays on Various Other Peculiar Notions in the Health Field*. New York: Blue Ribbon Books.
Fitzgerald, Deborah (2003). *Every Farm a Factory: The Industrial Ideal in American Agriculture*. New Haven, CT: Yale University Press.
Fligstein, Neil and Doug McAdam (2012). *A Theory of Fields*. New York: Oxford University Press.
Foucault, Michel (1990). *The History of Sexuality: Volume I: An Introduction*. Translated by Robert Hurley. New York: Vintage. First published in 1976.
Fowler, Bertram B. (1936). *Consumer Cooperation in America: Democracy's Way Out*. New

York: Vanguard Press.

Francis, Richard (1997). *Transcendental Utopias: Individual and Community at Brook Farm, Fruitlands, and Walden.* Ithaca, NY: Cornell University Press.

_____ (2010). *Fruitlands: The Alcott Family and the Search for Utopia.* New Haven, CT: Yale University Press.

Frank, Thomas (1997). *The Conquest of Cool: Business Culture, Counterculture, and the Rise of Hip Consumerism.* Chicago: University of Chicago Press.

Fred, Emanuel (1961). "Pelll Needs Your Help," *Health Foods Retailing* 25 (2 [March-April]): 16-19.

Fromartz, Samuel (2006). *Organic, Inc.: Natural Foods and How They Grew.* Orlando: Harcourt.

Frost, Bob (1990). "The Pope of Soap." *California* 15 (11): 96-101.

Fulton, E. G. (1904). *Vegetarian Cook Book: Substitutes for Flesh Foods.* Mountain View, CA: Pacific Press.

Gaventa, John (1993). "The Powerful, the Powerless, and the Experts: Knowledge Struggles in an Information Age." In *Voices of Change: Participatory Research in the United States and Canada*, edited by Peter Park, Mary Brydon-Miller, Budd Hall and Ted Jackson, 21-40. Toronto: Ontario Institute for Studies in Education Press.

Giddens, Anthony (1991). *Modernity and Self-Identity: Self and Society in the Late Modern Age.* Stanford, CT: Stanford University Press.

Gifford, Nellie (1973). "Eat It, It's Good for You." *Chicago Guide*, August, 81.89.

Gittelson, Natalie (1972). "The $2 Billion Health Food ... Fraud?" *Harpers Bazaar* 106 (November): 32.

Goldstein, Richard (2011). "Jack LaLanne, 96, Fitness's Father, Dies." *New York Times*, January 24, A25.

Goodman, David and Michael Goodman (2001). "Sustaining Foods: Organic Consumption and the Socio-Ecological Imaginary." In *Exploring Sustainable Consumption: Environmental Policy and the Social Sciences*, edited by Maurie J. Cohen and Joseph Murphy, 97-119. Oxford: Pergamon.

Goodwin, Jeff and James M. Jasper (2004). "Caught in a Winding, Snarling Vine: The Structural Bias of Political Process Theory." In *Rethinking Social Movements: Structure, Meaning, and Emotion*, edited by Jeff Goodwin and James M. Jasper, 3-30. Lanham, MD: Rowman & Littlefield.

Goodwin, Lorine Swainston (1999). The Pure Food, Drink and Drug Crusaders, 1879.1914. Jefferson, NC: McFarland.

Gottlieb, Robert (1993). *Forcing the Spring: The Transformation of the American Environmental Movement.* Washington, DC: Island Press.

Graham, Sylvester (1837). *Treatise on Bread, and Bread-Making.* Boston: Light & Stearns.

_____ (1877). *Lectures on the Science of Human Life.* New York: S. R. Wells. First published in 1839.

Green, Harvey (1986). *Fit for America: Health, Fitness, Sport and American Society.* New York: Pantheon.

Green, Martin (1986). *Mountain of Truth: The Counterculture Begins: Ascona, 1900-1920.* Hanover, NH: University Press of New England.

Griggs, Barbara (1986). *The Food Factor*. Harmondsworth, UK: Viking.

Gumpert, David E. (2009). *The Raw Milk Revolution: Behind America's Emerging Battle Over Food Rights*. White River Junction, VT: Chelsea Green.

Gura, Philip F. (2007). *American Transcendentalism: A History*. New York: Hill and Wang.

Gusfield, Joseph R. (1980). "The Modernity of Social Movements: Public Roles and Private Parts." In *Societal Growth*, edited by Amos Hawle, 290-307. New York: Free Press.

_____ (1981). "Social Movements and Social Change: Perspectives of Linearity and Fluidity." *Research in Social Movements, Conflict and Change* 4: 317-39.

_____ (1992). "Nature's Body and the Metaphors of Food." In *Cultivating Differences: Symbolic Boundaries and the Making of Inequality*, edited by Michele Lamont and Marcel Fournier, 75-103. Chicago: University of Chicago Press.

Guthman, Julie (2004). *Agrarian Dreams: The Paradox of Organic Farming in California*. Berkeley: University of California Press.

Habermas, Jurgen (1975). *Legitimation Crisis*. Translated by Thomas McCarthy. Boston: Beacon Press. First published in 1973.

Hackett, Alice Payne and James Henry Burke (1977). *80 Years of Best Sellers: 1895-1975*. New York: R. R. Bowker.

Haedicke, Michael A. (2014). "Small Food Co-ops in a Whole Foods® World." *Contexts* 13 (3): 32-37.

Hafner, Arthur W. James G. Carson and John F. Zwicky (1992). *Guide to the American Medical Association Historical Health Fraud and Alternative Medicine Collection*. Chicago: American Medical Association.

Hain Celestial Group, Inc. (2014). *Committed to Sustainable Growth: 2014 Annual Report*. http://phx.corporate-ir.net/External.File?item=UGFyZW50SUQ9NTU2OTQ0fENoaWxkSUQ9MjU0NTg5fFR5cGU9MQ==&t=1.

Hall, Daniel T. and John D. Fair (2004). "The Pioneers of Protein." *Iron Game History* 8 (3): 23-34.

Halling, Bliss O. (1947). "Bureau of Investigation." In *History of the American Medical Association*, edited by Morris Fishbein, 1034-38. Philadelphia: W. B. Saunders.

Hamilton, Malcolm, Peter A. J. Waddington, Susan Gregory and Ann Walker (1995). "Eat, Drink and Be Saved: The Spiritual Significance of Alternative Diets." *Social Compass* 42 (4): 497-511.

Hammer, Alexander R. (1969). "Miles to Acquire a Food Concern." *New York Times*, December 20, 45.

Harrison, Rob, Terry Newholm and Deirdre Shaw, eds. (2005). *The Ethical Consumer*. London: Sage.

Hartman, Harvey and David Wright (1999). *Marketing to the New Natural Consumer: Understanding Trends in Wellness*. Bellevue, WA: Hartman Group.

Hau, Michael (2003). *The Cult of Health and Beauty in Germany: A Social History 1890-1930*. Chicago: University of Chicago Press.

Hauser, Bengamin Gayelord (1930). *Harmonized Food Selection: Including the Famous Hauser Body Building System*. New York: Tempo Books.

_____ (1944). *Diet Does It*. New York: Coward-McCann.

_____ (1950). *Look Younger, Live Longer.* New York: Farrar, Straus.
Haveman, Heather A. and Hayagreeva Rao (1997). "Structuring a Theory of Moral Sentiments: Institutional and Organizational Coevolution in the Early Thrift Industry." *American Journal of Sociology* 102 (6): 1606-51.
Hay, William Howard. (1934). Introduction to *The Official Cook Book of the Hay System*, rev. ed., by Esther L. Smith, xiii-xvii. Mount Pocono, PA: Pocono Haven.
Haynes, Harmony (1940). "The Man Garbo Would Diet For." *Photoplay*, February, 16, 76.
Hebdige, Dick (1979). *Subculture: The Meaning of Style.* London: Methuen.
Henderson, Bruce (1989). "Thoreau and Emerson: Vegetarianism, Bhuddism and Organic Form." In *Cooking by the Book: Food in Literature and Culture*, edited by Mary Anne Schofield, 170-78. Bowling Green, OH: Bowling Green State University Popular Press.
Henderson, Harold (1987). "These Are Vegetarian Times," *Chicago Reader*, December 10.
Henderson, Mary F. (1885). *Diet for the Sick: A Treatise on the Values of Foods, Their Application to Special Conditions of Health and Disease, and on the Best Methods of Their Preparation.* New York: Harper & Bros.
Herbert, Victor and Stephen Barrett (1981). *Vitamins and "Health" Foods: The Great American Hustle.* Philadelphia: George F. Stickley.
Hewitt, Jean (1971). *The New York Times Natural Foods Cookbook.* New York: Quadrangle Books.
Hiatt, Shon R., Wesley D. Sine and Pamela S. Tolbert (2009). "From Pabst to Pepsi: The Deinstitutionalization of Social Practices and the Creation of Entrepreneurial Opportunities." *Administrative Science Quarterly* 54 (4): 635-67.
Hilton, Matthew (2007). "Social Activism in an Age of Consumption: The Organized Consumer Movement." *Social History* 32 (2): 121-43.
Hine, Robert V. (1953). *California's Utopian Colonies.* San Marino, CA: Huntington Library.
Hirsch, Fred S. (1928a). "Health Center Newslets." *Los Angeles Times*, January 22, K27.
_____ (1928b). "Health Center Newslets." *Los Angeles Times*, January 29, I27.
Hirshberg, Gary (2008). *Stirring It Up: How to Make Money and Save the World.* New York: Hyperion.
Hoblyn, Richard D. (1865). *A Dictionary of Terms Used in Medicine and the Collateral Sciences.* A New American from the Last London ed. Philadelphia: Henry C. Lea.
Hoff, Hebbel E. and John F. Fulton (1937). "The Centenary of the First American Physiological Society Founded at Boston by William A. Alcott and Sylvester Graham." *Bulletin of the Institute of the History of Medicine* 5 (8): 687-734.
Hoffman, Bob (1962). *Functional Isometric Constraction System of Static Contraction: Advance Course.* York, PA: Bob Hoffman Foundation.
Hollender, Jeffrey and Bill Breen (2010). *The Responsibility Revolution: How the Next Generation of Businesses Will Win.* San Francisco: Jossey-Bass.
Holt, Douglas B. (2000). "Does Cultural Capital Structure American Consumption?" In *The Consumer Society Reader*, edited by Juliet B. Schor and Douglas B. Holt, 212.52. New York: New Press.
Horrocks, Thomas A (2008). *Popular Print and Popular Medicine: Almanacs and Health Advice in Early America.* Amherst: University of Massachusetts Press.

Horvath, Roland E. (1957). "How to Plan Your Store Lighting for More Sales." *Health Foods Retailing* 21 (2): 24-25, 54-56.

Howard, Philip H. (2009). "Consolidation in the North American Organic Food Processing Sector, 1997 to 2007." *International Journal of Sociology of Agriculture and Food* 16 (1): 13-30.

Hunt, Ridgely (1975). "Health Food Industry Is Commercially Hale and Hearty." *Chicago Tribune*, April 7, E7, E8.

Hunt, William R. (1989). *Body Love: The Amazing Career of Bernarr Macfadden*. Bowling Green, OH: Bowling Green State University Press.

Hunter, Marjorie (1962). "US Official Says Calorie Book Was a Promotion for Capsules." *New York Times*, July 7, 1: 15.

Huth, Andy (2016)."Crafting a New Future." *Natural Foods Merchandiser* 37 (4): 25-31.

Iacobbo, Karen and Michael Iacobbo (2004). *Vegetarian America: A History*. Westport, CT: Praeger.

International Medical Missionary and Benevolent Association (1897). *Year Book of the International Medical Missionary and Benevolent Association*. Battle Creek, MI: International Medical Missionary and Benevolent Association.

Irvine, Clarke (1935). "Health!" *With Recipes and Remedies*. 5th ed. Hollywood, CA: Clarke Irvine. First published in 1927.

Jablow, Valerie and Bill Horne (1999). "Farmers' Markets." Smithsonian 30 (3): 120-30.

Jenkins, J. Craig (1977). "Radical Transformation of Organizational Goals." *Administrative Science Quarterly* 22 (4): 568-86.

Jochnowitz, Eve (1997). "Health, Revolution, and a Yidishe Tam: Reading Yiddish Vegetarian Cookbooks as Women's Literature." In *Conference Proceedings: Di Froyen: Women and Yiddish: Tribute to the Past Directions for the Future*, 52-56. New York: National Council of Jewish Women New York Section, Jewish Women's Resource Center.

Johnston, Josée (2008). "The Citizen-Consumer Hybrid: Ideological Tensions and the Case of Whole Foods Market." *Theory & Society* 37 (3): 229-70.

Johnston, Josee and Shyon Baumann (2007). "Democracy versus Distinction: A Study of Omnivorousness in Gourmet Food Writing." *American Journal of Sociology* 113 (1): 165-204.

_____ (2010). *Foodies: Democracy and Distinction in the Gourmet Foodscape*. New York: Routledge.

Johnston, Josee and Michelle Szabo (2011). "Reflexivity and the Whole Foods Market Consumer: The Lived Experience of Shopping for Change." *Agricultural and Human Values* 28 (3): 303-19.

Just, Adolf (1903). *Return to Nature! The True Natural Method of Healing and Living and the True Salvation of the Soul: Paradise Regained*. Translated by Benedict Lust. New York: Benedict Lust. First published in 1896.

Kalus, Louis (1948). "Choice of Two Worlds" *American Vegetarian* 7 (2): 5, 8.

Katz, Sandor Ellix (2006). *The Revolution Will Not Be Microwaved: Inside America's Underground Food Movements*. White River Junction, VT: Chelsea Green Publishing.

Kellogg, E. E. (1897). *Every-Day Dishes and Every-Day Work*. Battle Creek, MI: Modern Medicine Publishing.

_____ (1898). *Science in the Kitchen. A Scientific Treatise on Food Substances and Their Dietetic Properties, Together with a Practical Explanation of the Principles of Healthful Cookery, and a Large Number of Original, Palatable, and Wholesome Recipes*. Rev. ed. Battle Creek: Health Publishing. First published in 1892.

Kellogg, John Harvey (1903). *The Living Temple*. Battle Creek, MI: Good Health Publishing.

_____ (1921). *The New Dietetics: What to Eat and How; A Guide to Scientific Feeding in Health and Disease*. Battle Creek, MI: Modern Medicine Publishing.

[Kellogg, John Harvey] (1918). "The Soy Bean." *Good Health 53* (February): 111.

Kennedy, Gordon (1998). *Children of the Sun: A Pictorial Anthology: From Germany to California 1883-1949*. Ojai, CA: Nivaria Press.

Kerouac, Jack (1991). *On the Road*. New York: Penguin. First published in 1957.

Kerr, Peter (1984). "Gayelord Hauser, 89, Author; Proponent of Natural Foods." *New York Times*, December 29, 26.

Kessler, John (1998). "Dinner Conversation: Plenty to Munch on in Goofy Little Book about Food." *Atlanta Journal and Constitution*, July 31, 3Q.

Kilpatrick, James J. (1965). "A Lonesome Battle to Air Ideas." *Los Angeles Times*, August 24, A5.

_____ (1967). "The Book and the Bureaucrat." *Los Angeles Times*, July 18, A5.

King, Brayden G. (2008). "A Political Mediation Model of Corporate Response to Social Movement Activism." *Administrative Science Quarterly* 53 (3): 395-421.

King, Brayden G. and Nicholas A. Pearce (2010). "The Contentiousness of Markets: Politics, Social Movements, and Institutional Change in Markets." *Annual Review of Sociology* 36: 249-67.

Kirchfeld, Friedhelm and Wade Boyle (1994). *Nature Doctors: Pioneers in Naturopathic Medicine*. Portland, OR: Medicina Biologica.

Klandermans, Bert (1992). "The Social Construction of Protest and Multiorganizational Fields." In *Frontiers in Social Movement Theory*, edited by Aldon D. Morris and Carol McClurg Mueller, 77-103. New Haven, CT: Yale University Press.

Klein, Joe (1978). "A Social History of Granola." *Rolling Stone*, February 23, 40-44.

Kneipp, Sebastian ([1901]). *The Kneipp Cure: An Absolutely Verbal and Literal Translation of "Meine Wasserkur" (My Water Cure)*. Complete American ed. New York: B. Lust.

Knupfer, Anne Meis (2013). *Food Co-Ops in America: Communities, Consumption, and Economic Democracy*. Ithaca, NY: Cornell University Press.

Kobrin, Rebecca, ed. (2012). *Chosen Capital: The Jewish Encounter with American Capitalism*. New Brunswick, NJ: Rutgers University Press.

Kotulak, Jean (1963). "Stands on Stomach at Interview." *Chicago Tribune*, June 30, S3.

Kotulak, Ronald (1974). "Organic Food Fad Big Fraud: Experts." *Chicago Tribune*, March 3, 18.

Kurzman, Charles (2008). "Meaning-Making in Social Movements." *Anthopological Quarterly* 81 (1): 5-15.

Kvidahl, Melissa (2016). "Supplements Spotlight 2015." *Natural Foods Merchandiser* 37 (4): 35-36.

Ladimer, Irving (1965). "The Health Advertising Program of the National Better Business Bureau." *American Journal of Public Health Nation's Health* 55 (8): 1217-27.

Lager, Mildred and Dorothea Van Gundy Jones (1963). *The Soybean Cookbook*. New York:

Devan-Adair.
Lane, Charles (1843). "The Consociate Family Life," New Age, *Concordium Gazette, & Temperance Advocate* 11 (1): 116-20.
Lansing, Elizabeth (1970). "The Move to Eat Natural." Life 69 (24): 44.52.
Latson, W. R. C. (1902). "On Dietary Reform." *Los Angeles Times*, December 23, A4.
Laufer, William S. (2003). "Social Accountability and Corporate Greenwashing." *Journal of Business Ethics* 43 (3): 253-61.
Layna, Anna (1958). "Beauty After Forty." *Health Culture* 65 (12): 28-29, 36.
Lee, Louise (1996). "Whole Foods Swallows Up Nearest Rival." *Wall Street Journal*, June 19, B1.
Lee, Paul (1972). Preface to *Whole Earth Cook Book*, by Sharon Cadwallader and Judi Ohr, vii-viii. Boston: Houghton Mifflin.
Lehman, Ernest (1951). "The Fantastic Story of Gayelord Hauser." *Cosmopolitan* 130 (3): 33-35, 114-19.
Levenstein, Harvey (1988). *Revolution at the Table: The Transformation of the American Diet.* New York: Oxford University Press.
Levitsky, Sandra R. and Jane C. Banaszak-Holl (2010). "Social Movements and the Transformation of American Health Care: Introduction." In *Social Movements and the Transformation of American Health Care*, edited by Jane C. Banaszak-Holl, Sandra R. Levitsky and Mayer N. Zald, 3-18. New York: Oxford University Press.
Licata, Paul J. (1981). *National Nutritional Foods Association Report on the Natural Foods and Vitamin Market.* Westminster, CA: California Nutritional Products.
Linton, April, Cindy Chiayuan Liou and Kelly Ann Shaw (2004). "A Taste of Trade Justice: Marketing Global Social Responsibility via Fair Trade Coffee." *Globalizations* 1 (2): 223-46.
Lockie, Stewart and Darren Halpin (2005). "The 'Conventionalisation Thesis' Reconsidered: Structural and Ideological Transformation of Australian Organic Agriculture." *Sociologia Ruralis* 45 (4): 284-307.
Lounsbury, Michael, Marc Ventresca and Paul M. Hirsch (2003). "Social Movements, Field Frames and Industry Emergence: A Cultural-Political Perspective on US Recycling." *Socio-Economic Review* 1 (1): 71-104.
Luders, Joseph (2006). "The Economics of Movement Success: Business Responses to Civil Rights Mobilization." *American Journal of Sociology* 111 (4): 963-98.
Luke, Emily (2005). "The Roar about Hormones." *Whole Foods* 28 (2): 38-40.
Lyons, Richard D. (1973). "Disputed Health Lobby Is Pressing for a Bill to Overturn Any Limits on Sales of Vitamins." *New York Times*, May 14, 17.
Mabrie, Sanford (1956). "Gaylord [sic] Hauser: America's No. 1 Huckster of Health." *Inside Story* 2 (6): 20-22, 62-64.
Macfadden, Bernarr (1901). *Strength from Eating: How and What to Eat and Drink ... to ... Develop ... the Highest Degree of Health and Strength.* New York: Physical Culture.
Maintenance Company (1922). *History of the Philadelphia Bible-Christian Church for the First Century of Its Existence from 1817 to 1917.* Philadelphia: J. B. Lippincott.
Major, Nettie Leitch (1963). *C. W. Post: The Hour and the Man.* Washington, DC: Press of Judd & Detweiler.

Marshall, Lisa (2012). "Adding Up Supplement Costs." *Natural Foods Merchandiser* 33 (7): 24-25.
_____ (2015). "Risk & Reward." *Natural Foods Merchandiser* 36 (6): 17-22.
Martin, Andrew (2007). "Whole Foods Makes Offer for a Smaller Rival." *New York Times*, February 22, C1, C12.
Marx, Karl and Friedrich Engels (1978). "Manifesto of the Communist Party." In *The Marx-Engels Reader*, 2nd ed., edited by Robert C. Tucker, 469-500. New York: W. W. Norton. First published in 1848.
Maurer, Donna (2002). *Vegetarianism: Movement or Moment?* Philadelphia: Temple University Press.
May, Earl Chapin (1937). *The Canning Clan: A Pageant of Pioneering Americans*. New York: Macmillan.
McAdam, Doug, Sidney Tarrow and Charles Tilly (2001). *Dynamics of Contention*. New York: Cambridge University Press.
McBean, Lois D. and Elwood W. Speckermann (1974). "Food Faddism: A Challenge to Nutritionists and Dietitians." *American Journal of Clinical Nutrition* 27: 1071-78.
McCarthy, John D. and Mayer N. Zald (1977). "Resource Mobilization and Social Movements: A Partial Theory." *American Journal of Sociology* 82 (6): 1212-41.
McKie, James W. (1974). "Changing Views." In Social Responsibility and the Business Predicament, edited by McKie, 17.40. Washington, DC: Brookings Institution.
Melucci, Alberto (1989). *Nomads of the Present: Social Movements and Individual Needs in Contemporary Society*. Philadelphia: Temple University Press.
Merrill, Arch (1958). "Dansville.Birthplace of First 'Flakes.'" *Rochester Democrat and Chronicle*, October 5, 1958, 4H.
Merrill, Harwood F., ed. (1948). *The Responsibilities of Business Leadership*. Cambridge, MA: Harvard University Press.
Metcalfe, William (1872). *Out of the Clouds: Into the Light. Seventeen Discourses on the Leading Doctrines of the Day, in the Light of Bible Christianity. Together with a Memoir of the Author, By His Son, Rev. Joseph Metcalfe*. Philadelphia: J. B. Lippincott.
Meyer, David S. and Sidney Tarrow (1998). "A Movement Society: Contentious Politics for a New Century." In *The Social Movement Society: Contentious Politics for a New Century*, edited by Meyer and Tarrow, 1-28. Lanham, MD: Row-man & Littlefield.
Meyer, Donald (1988). *The Positive Thinkers: Popular Religious Psychology from Mary Baker Eddy to Norman Vincent Peale and Ronald Reagan*, rev. ed., with a new introduction. Middletown, CT: Wesleyan University Press. First published in 1965.
Meyer-Renschhausen, Elisabeth and Albert Wirz (1999). "Dietetics, Health Reform and Social Order: Vegetarianism as a Moral Physiology. The Example of Maximilian Bircher-Benner (1867-1939)." *Medical History* 43 (3): 323-41.
Micheletti, Michele (2003). *Political Virtue and Shopping: Individuals, Consumerism, and Collective Action*. New York: Palgrave Macmillan.
Milbuty, Peter (2011). "Chico-San and Organic Brown Rice: A Personal History." *Macrobiotics Today* 51 (1): 14-19.
Millar, Robin (1972). "Viewpoint on Nutrition Spreads on Radio-TV." *Los Angeles Times*, June 25, AB7, AB11.

Miller, Laura J. (2006). *Reluctant Capitalists: Bookselling and the Culture of Consumption.* Chicago: University of Chicago Press.

Miller, Laura J. and Emilie Hardman (2015). "By the Pinch and the Pound: Less and More Protest in American Vegetarian Cookbooks from the Nineteenth Century to the Present." In *Protest on the Page: Essays on Print and the Culture of Dissent Since 1865*, edited by James L. Baughman, Jennifer Ratner-Rosenhagen and James P. Danky, 111-36. Madison: University of Wisconsin Press.

Miller, Timothy (1998). *The Quest for Utopia in Twentieth-Century America, Volume I: 1900-1960.* Syracuse: Syracuse University Press.

_____ (1999). *The 60s Communes: Hippies and Beyond.* Syracuse: Syracuse University Press.

Minsky, Terri (1979). "Health-Food Chains, in a Rapid Expansion, Cause Some Heartburn." *Wall Street Journal*, September 28, 1: 35.

Mintel International Group (2008). *Organic Food—US.* Chicago: Mintel International Group.

Mitchell, Ruth Comfort. 1904. "To a Health-Food Girl." *Sunset* 13 (5): 489.

Moeller, Susan D. (1996). "Pictures of the Enemy: Fifty Years of Images of Japan in the American Press, 1941.1992." *Journal of American Culture* 19 (1): 29-42.

Muller, Jerry Z. (2010). *Capitalism and the Jews.* Princeton, NJ: Princeton University Press.

Murphy, Priscilla Coit (2005). *What a Book Can Do: The Publication and Reception of Silent Spring.* Amherst: University of Massachusetts Press.

Murray, Erastus H. (1873). Improvement in Food from Wheat and Processes of Preparing the Same. US Patent 139,600, filed June 3.

Murray, Frank (1985). "Gayelord Hauser.A Remembrance," *Health Foods Retailing* 49 (3): 30-31, 40.

Murray, Frank, with Jon Tarr (1984). *More Than One Slingshot: How the Health Food Industry Is Changing America.* Richmond, VA: Marlborough House.

"'Natural' Tops Product Claims in 2008" (2009). *Whole Foods* 32 (3): 9.

Nearing, Helen (1980). *Simple Food for the Good Life: An Alternative Cookbook.* New York: Delacorte Press.

Nearing, Helen and Scott Nearing (1954). *Living the Good Life: Being a Plain Practical Account of a Twenty Year Project in a Self-Subsistent Homestead in Vermont together with Remarks on How to Live Sanely and Simply in a Troubled World.* Harborside, ME: Social Science Institute.

Nelson, Harry (1974). "Organic Food Report Supported." *Los Angeles Times*, February 26, 19.

Neltner, Thomas G., Heather M. Alger, Jack E. Leonard and Maricel V. Maffini (2013). "Data Gaps in Toxicity Testing of Chemicals Allowed in Food in the United States." *Reproductive Toxicology* 42: 85-94.

New, Peter Kong-Ming and Rhea Pendergrass Priest (1967). "Food and Thought: A Sociologic Study of Foods Cultists." *Journal of the American Dietetic Association* 51 (1): 13-18.

Newman, Paul and A. E. Hotchner (2003). *Shameless Exploitation: In Pursuit of the Common Good.* New York: Nan E. Talese.

Nicholson, Asenath (1835). *Nature's Own Book.* 2nd ed. New York: Wilbur & Whipple.

Nissenbaum, Stephen (1980). *Sex, Diet, and Debility in Jacksonian America: Sylvester Graham and Health Reform.* Westport, CT: Greenwood Press.

Numbers, Ronald L. (1976). *Prophetess of Health: A Study of Ellen G. White*. New York: Harper & Row.

_____ (2003). "Sex, Science, and Salvation: The Sexual Advice of Ellen G. White and John Harvey Kellogg." In *Right Living: An Anglo-American Tradition of Self-Help Medicine and Hygiene*, edited by Charles E. Rosenberg, 206-26. Baltimore: Johns Hopkins University Press.

O'Connor, Anahad (2013). "Pills That Aren't What They Seem." New York Times, November 5, D1, D5.

Offe, Claus (1985). "New Social Movements: Challenging the Boundaries of Institutional Politics." *Social Research* 52 (4): 817-68.

Olsen, M. Ellsworth (1972). *A History of the Origin and Progress of Seventh-Day Adventists*. New York: AMS Press. First published in 1925.

Olson, Robert E. (1955). "Research, Fads, and Practical Dietetics." *Journal of the American Dietetic Association* 31 (8): 777-82.

_____ (1958). "Food Faddism.Why?" *Nutrition Reviews* 16 (1): 97-99.

Pacey, Margaret D. (1971). "Nature's Bounty." *Barron's* 51 (19): 5, 15, 16.

_____ (1972). "Not All Milk and Honey." *Barron's 52* (37): 11, 24, 26, 27.

Paumgarten, Nick (2010). "Does Whole Foods' C.E.O. Know What's Best for You?" *New Yorker* 85 (43): 36-47.

Pellow, David Naguib (2007). *Resisting Global Toxics: Transnational Movements for Environmental Justice. Cambridge*, MA: MIT Press.

Perry, Nathaniel and David Cambell (1837). "To Agriculturists," *Graham Journal of Health and Longevity* 1 (7): 56.

Petrina, Stephen (2008). "Medical Liberty: Drugless Healers Confront Allopathic Doctors, 1910.1931." *Journal of Medical Humanities* 29 (4): 205-30.

Phillipps, Stanley (1976). "The HF Industry Has Come of Age." *Health Foods Retailing* 40 (12): 71-78, 238-58.

Piacentini, Maria, Lynn MacFadyen and Douglas Eadie (2000). "Corporate Social Responsibility in Food Retailing." *International Journal of Retail & Distribution Management* 28 (11): 459-69.

Polletta, Francesca (2008). "Culture and Movements." *Annals of the American Academy of Political and Social Science* 619: 78-96.

Powell, Horace B. (1956). *The Original Has This Signature—W. K. Kellogg*. Englewood Cliffs, NJ: Prentice-Hall.

Powell, Rachel and John Clarke (1976). "A Note on Marginality." In *Resistance through Rituals: Youth Subcultures in Post-War Britain*, edited by Stuart Hall and Tony Jefferson, 223-29. London: HarperCollins Academic.

Pratt, Charles Orlando (1966). "NHF Lawyer Charges AMA with Oppression of Health Freedom." *National Health Federation Bulletin* 12 (10): 3-7.

Pratt, E. L. (1949a). "Gould Falsehood." *American Vegetarian* 7 (11): 1.

_____ (1949b). "The Veracity of the Jews." *American Vegetarian* 7 (10): 1, 8.

Quarter, Jack (2000). *Beyond the Bottom Line: Socially Innovative Business Owners*. Westport, CT: Quorum Books.

Ransome, Paul (2005). *Work, Consumption and Culture: Affluence and Social Change in the Twenty-First Century*. London: Sage.
Rao, Hayagreeva (2009). *Market Rebels: How Activists Make or Break Radical Innovations*. Princeton, NJ: Princeton University Press.
Rao, Hayagreeva, Calvin Morrill and Mayer N. Zald (2000). "Power Plays: How Social Movements and Collective Action Create New Organizational Forms." *Research in Organizational Behaviour* 22: 237-81.
Research Department of Prevention (1981). *Health Food Store Shoppers: A Lifestyle and Product Usage Profile*. Emmaus, PA: Prevention.
Richman, Alan (1988). "1987: A Perplexing Year." *Health Foods Business*, March, 36-46.
Ridgeway, James (1963). "The AMA, the FDA and Quacks," *New Republic* 149 (19): 31-33.
Roach, Randy (2004). "Splendid Specimens: The History of Nutrition in Bodybuilding." *Wise Traditions in Food, Farming and the Healing Arts* 5 (3): 25-38.
Robinson, Dores Eugene (1965). *The Story of Our Health Message*. 3rd ed. Nashville: Southern Publishing Association. First published in 1943.
Robinson, Jennifer Meta and J. A. Hartenfeld (2007). *The Farmers' Market Book: Growing Food, Cultivating Community*. Bloomington, IN: Quarry Books.
Rodale, J. I. (1965). *Autobiography*. Emmaus, PA: Rodale Press.
Rodale, J. I. and Ruth Adams, eds. (1954). *The Health Finder: An Encyclopedia of Health Information from the Preventive Point-of-View*. Emmaus, PA: Rodale Books.
Rodale, Robert (1961). "Every Man a Homesteader." *Organic Gardening and Farming* 8 (5): 16-19.
Ronco, William (1974). *Food Co-ops: An Alternative to Shopping in Supermarkets*. Boston: Beacon Press.
Root, Waverly and Richard de Rochemont (1976). *Eating in America: A History*. New York: William Morrow.
Roszak, Theodore (1995). *The Making of a Counter Culture: Reflections on the Technocratic Society and Its Youthful Opposition*. Berkeley: University of California Press. First published in 1969.
Roth, Julius A. (1977). *Health Purifiers and Their Enemies*. New York: Prodist.
Saegert, Joel and Merry Mayne Saegert (1976). "Consumer Attitudes and Food Faddism: The Case of Vitamin E." *Journal of Consumer Affairs* 10 (2): 156-69.
Saegert, Joel, Eleanor Young and Merry Mayne Saegert (1978). "Fad Food Use among Anglo-and Mexican-Americans: An Example of Research in Consumer Behavior and Home Economics." *Advances in Consumer Research* 5 (1): 730-33.
Sandomit, Richard (2004). "Jack LaLanne Is Back (Sort Of), Helping Viewers Feel Guilty Again." *New York Times*, March 12, D3.
Sarnoff, Rachel Lincoln (2015). "The New DIY." *Natural Foods Merchandiser* 36 (7): 21-22.
Schiff, Eugene (1957). "The Pelll Committee Reports," *Health Foods Retailing* 21 (4 [July.August]): 19.
Schmeck, Harold M. Jr. (1973). "Vitamin Sales and Labeling Face Tighter Regulations by the F.D.A." New York Times, August 2, 1: 23.
Schurman, Rachel and William A. Munro (2010). *Fighting for the Future of Food: Activists versus Agribusiness in the Struggle Over Biotechnology*. Minneapolis: University of Minnesota

Press.
Schwartz, Hillel (1986). *Never Satisfied: A Cultural History of Diets, Fantasies and Fat*. New York: Anchor Books.
Schwarz, Richard W. (1970). *John Harvey Kellogg, M. D.* Nashville: Southern Publishing Association.
_____ (1972). "The Kellogg Schism: The Hidden Issues." *Spectrum: Journal of the Association of Adventist Forums* 4 (4): 23-39.
Scott, Donald M. (1980). "The Popular Lecture and the Creation of a Public in MidNineteenth-Century America." *Journal of American History* 66 (4): 791-809.
Sears, Clara Endicott (1915). *Bronson Alcott's Fruitlands*. Boston: Houghton Mifflin.
Seidman, Gay W. (2003). "Monitoring Multinationals: Lessons from the Anti-Apartheid Era." *Politics & Society* 31 (3): 381-406.
Serazio, Michael (2011). "Ethos Groceries and Countercultural Appetites: Consuming Memory in Whole Foods' Brand Utopia." *Journal of Popular Culture* 44 (1): 158-77.
Shephard, Sue (2000). *Pickled, Potted, and Canned: How the Art and Science of Food Preserving Changed the World*. New York: Simon & Schuster.
Shi, David E. (1985). *The Simple Life: Plain Living and High Thinking in American Culture*. New York: Oxford University Press.
Shils, Edward (1975). "Center and Periphery." In *Center and Periphery: Essays in Macrosociology*, 3-16. Chicago: University of Chicago Press.
Shprintzen, Adam D. (2013). *The Vegetarian Crusade: The Rise of an American Reform Movement, 1817-1921*. Chapel Hill: University of North Carolina Press.
Shurtleff, William and Akiko Aoyagi (2011). *History of Erewhon—Natural Foods Pioneer in the United States (1966-2011): Extensively Annotated Bibliography and Sourcebook*. Lafayette, CA, Soyinfo Center. http://www.soyinfocenter.com /pdf/142/Erewhon2.pdf.
Shyrock, Richard H. (1931). "Sylvester Graham and the Popular Health Movement, 1830.1870." *Mississippi Valley Historical Review* 18 (2): 172-83.
Simmel, Georg (1904). "Fashion." *International Quarterly* 10 (1): 130-55.
Simmons Market Research Bureau (1981). *Health Food Store Shoppers: A Lifestyle and Product Usage Report*. Emmaus, PA: Prevention.
Sine, Wesley D. and Brandon H. Lee (2009). "Tilting at Windmills? The Environmental Movement and the Emergence of the U.S. Wind Energy Sector." *Administrative Science Quarterly* 54 (1): 123-55.
Singer, Natasha (2013). "Supplements Called Risky Are Destroyed." *New York Times*, July 17, B2.
Singer, Natasha and Peter Lattman (2013a). "F.D.A. Issues Warning on Workout Supplement." *New York Times*, April 13, B1, B2.
_____ (2013b). "Is the Seller to Blame?" *New York Times*, March 17, BU1, BU6.7.
_____ (2013c). "US Moves to Seize Dietary Supplement from GNC Warehouses." *New York Times*, June 22, B2.
Slater, Don (1997). *Consumer Culture and Modernity*. Cambridge: Polity Press.
Sloane, Leonard (1994). "A Small Specialty Foods Company Moves to Revitalize Some Longtime Brands." *New York Times*, December 28, D6.

Slocum, Rachel (2007). "Whiteness, Space and Alternative Food Practice." *Geo-forum* 38 (3): 520-33.
Smith andrew F. (1996). *Pure Ketchup: A History of America's National Condiment with Recipes.* Columbia, SC: University of South Carolina Press.
Smith, Ralph Lee (1960). *The Health Hucksters.* New York: Thomas Y. Crowell.
Smith-Howard, Kendra (2014). *Pure and Modern Milk: An Environmental History since 1900.* New York: Oxford University Press.
Snow, David A. (2004). "Social Movements as Challenges to Authority: Resistance to an Emerging Conceptual Hegemony." In *Authority in Contention*, edited by Daniel J. Myers and Daniel M. Cress, 3-25. Amsterdam: Elsevier.
Snow, David A. and Robert D. Benford (1992). "Master Frames and Cycles of Protest." In *Frontiers in Social Movement Theory*, edited by Aldon D. Morris and Carol McClurg Mueller, 133-55. New Haven, CT: Yale University Press.
Soper, Kate, Martin Ryle and Lyn Thomas, eds. (2009). *The Politics and Pleasures of Consuming Differently.* Houndmills, UK: Palgrave Macmillan.
Soule, Sarah A. (2009). *Contention and Corporate Social Responsibility.* New York: Cambridge University Press.
Spielman, Michael (1979). "The Annual Survey of Health Food Stores in America." *Health Foods Business* 25 (3): 45-56.
Stare, Fredrick J. (1970). "Current Nutrition Nonsense in the United States." In *Food Cultism and Nutrition Quackery*, edited by Gunnar Blix, 51-58. Uppsala: Almqvist & Wiksells.
_____ (1992). "Combatting Misinformation.A Continuing Challenge for Nutrition Professionals." *Nutrition Today* 27 (3): 43-46.
_____ (1996). "Nutrition Professor for 5 Decades Plus." *Nutrition Today* 31 (4): 148-54.
Starr, Amory (2000). *Naming the Enemy: Anti-Corporate Movements Confront Globalization.* London: Zed Books.
Starr, Paul (1982). *The Social Transformation of American Medicine.* New York: Basic Books.
Stein, Jeannine (1988). "Jack LaLanne Presses On." *Los Angeles Times*, May 24, F1, F2, F6.
Stewart, Kimberly Lord (2003). "Meat-Label Madness." *Natural Foods Mercahndiser* 24 (3): 72-74.
Stewart, Mrs. P. P. (1854). "Correspondence," *American Vegetarian and Health Journal* 4 (8): 161-62.
Strasser, Susan (1989). *Satisfaction Guaranteed: The Making of the American Mass Market.* Washington, DC: Smithsonian Institution Press.
Stryker, Robin (1994). "Rules, Resources, and Legitimacy Processes: Some Implications for Social Conflict, Order, and Change." *American Journal of Sociology* 99 (4): 847-910.
Suddaby, Roy and Royston Greenwood (2005). "Rhetorical Strategies of Legitimacy." *Administrative Science Quarterly* 50: 35-67.
Swift, Lindsay (1973). *Brook Farm: Its Members, Scholars, and Visitors.* Secaucus, NJ: Citadel Press. First published in 1900.
Szasz, Andrew (2007). *Shopping Our Way to Safety: How We Changed from Protecting the Environment to Protecting Ourselves.* Minneapolis: University of Minnesota Press.
Tardosky, Cathy C. (1990). "A Store Grows in Manhattan: NYC's Brownie's Looks Forward to Next 50 Years." *Whole Foods*, March, 74-78.

Thomas, Anna (1978). *The Vegetarian Epicure Book Two*. New York: Knopf.

Thompson, Craig J. and Gokcen Coskuner-Balli (2007). "Countervailing Market Responses to Corporate Co-Optation and the Ideological Recruitment of Consumption Communities." *Journal of Consumer Research* 34: 135-52.

Tipton, Steven M. (1982). *Getting Saved from the Sixties: Moral Meaning in Conversion and Cultural Change*. Berkeley: University of California Press.

Tobey, James A. (1939). "Baking Technology and National Nutrition." *Scientific Monthly* 49 (5): 464-68.

Tompkins, Kyla Wazana (2012). *Racial Indigestion: Eating Bodies in the 19th Century*. New York: New York University Press.

Tonell, Tess (1970). "News Around the Corner." *Health Foods Retailing* 34 (6): 102-3, 114.

Tovey, Hilary (1999). "'Messers, Visionaries and Organobureaucrats': Dilemmas of Institutionalisation in the Irish Organic Farming Movement." *Irish Journal of Sociology* 9: 31-59.

Trager, James (1971). "Health Food: Why and Why Not." *Vogue* 157 (January 1): 122-23, 134, 136.

Turner, Ralph H. and Lewis M. Killian (1987). *Collective Behavior*. 3rd ed. Englewood Cliffs, NJ: Prentice-Hall.

United States Department of Agriculture (1910). "Notice of Judgment No. 470, Food and Drugs Act." In *Food and Drugs Act, Notices of Judgment Nos. 251-500*. Washington, DC: US Government Printing Office.

United States Department of Agriculture, Food Safety and Inspection Service (2015). "Meat and Poultry Labeling Terms." Last modified August 10. http:// www.fsis.usda.gov/wps/portal/fsis/topics/food-safety-education/get-answers/food-safety-fact-sheets/food-labeling/meat-and-poultry-labeling-terms/meat-and-poultry-labeling-terms.

Unity School of Christianity (1923). *The Unity Inn Vegetarian Cook Book: A Collection of Practical Suggestions and Receipts for the Preparation of Non-Flesh Foods in Palatable and Attractive Ways*. Kansas City, MO: Unity School of Christianity.

Van Dyke, Nella, Sarah A. Soule and Verta Taylor (2004). "The Targets of Social Movements: Beyond a Focus on the State." In *Authority in Contention*, edited by Daniel J. Myers and Daniel M. Cress, 27-51. Amsterdam: Elsevier.

Vasi, Ion Bogdan (2011). *Winds of Change: The Environmental Movement and the Global Development of the Wind Energy Industry*. New York: Oxford University Press.

Veblen, Thorstein (1953). *The Theory of the Leisure Class: An Economic Study of Institutions*. New York: Mentor. First published in 1899.

Veit, Helen Zoe (2013). *Modern Food, Moral Food: Self-Control, Science, and the Rise of Modern American Eating in the Early Twentieth Century*. Chapel Hill: University of North Carolina Press.

Vogel, David (2005). *The Market for Virtue: The Potential and Limits of Corporate Social Responsibility*. Washington, DC: Brookings Institution Press.

Warde, Alan (1997). *Consumption, Food, and Taste: Culinary Antinomies and Commodity Culture*. London: Sage.

Waters, Alice (1990). "The Farm-Restaurant Connection." In *Our Sustainable Table, edited by*

Robert Clark, 113-22. San Francisco: North Point.

Weber, Klaus, Kathryn L. Heinze and Michaela DeSoucey (2008). "Forage for Thought: Mobilizing Codes in the Movement for Grass-Fed Meat and Dairy Products." *Administrative Science Quarterly* 53 (3): 529-67.

Weber, Max (1976). *The Protestant Ethic and the Spirit of Capitalism*. Translated by Talcott Parsons. New York: Charles Scribner's Sons. First published in 1904. 1905.

_____ (1978). "The Distribution of Power within the Political Community: Class, Status, Party." In *Economy and Society: An Outline of Interpretive Sociology*, vol. 2, translated by Guenther Roth and Claus Wittich, 926-40. Berkeley: University of California Press. First published in 1922.

Wedemeyer, Bernd (1994). "Body-building or Man in the Making: Aspects of the German Bodybuilding Movement in the Kaiserreich and Weimar Republic." *International Journal of the History of Sport* 11 (3): 472-84.

Weindling, Paul (1989). *Health, Race and German Politics between National Unification and Nazism, 1870-1945*. Cambridge: Cambridge University Press.

Weiss, Harry B. and Howard R. Kemble (1967). *The Great American Water-Cure Craze: A History of Hydropathy in the United States*. Trenton, NJ: Past Times Press.

West, Eric D. (1972). "The Psychological Health of Vegans Compared with Two Other Groups." *Plant Foods for Human Nutrition* 2: 147-49.

Whelan, Elizabeth M. and Fredrick J. Stare (1975). *Panic in the Pantry: Food Facts, Fads and Fallacies*. New York: Atheneum.

White, Ellen G. (1903). "The Role of Christ's Object Lessons; Concern Over Health Food Companies and Restaurants; Soul Winning to be Emphasized" (letter to Lucinda Hall). May 11. *Manuscript Releases* 17 (1285): 294. Ellen G. White Estate. https://egwwritings.org/?ref=en_17MR.294&para=63.1580

_____ (1905). "Restaurant Work" (speech). September 23. *Manuscript Releases* 8 (577): 173. Ellen G. White Estate. https://egwwritings.org/?ref=en_8MR.171&para=52.865.

_____ (1942). *The Ministry of Healing*. Mountain View, CA: Pacific Press. First published in 1905.

_____ (1970). "No Monopoly on the Health Food Work," in *The Health Food Ministry: As Presented in the Writings of Ellen G. White, Testimonies, Vol. 7, Section III: "Health Foods," Mimeograph Collection, "The Health Food Work," Miscellaneous Items*. Washington, DC: Prepared for the World Food Service of the General Conference by Ellen G. White Publications. First published June 18, 1900.

White, Philip L. (1958). "The Program of the Council on Foods and Nutrition of the American Medical Association." *Nutrition Reviews* 16 (3): 65-66.

Whorton, James C. (1982). *Crusaders for Fitness: The History of American Health Reformers*. Princeton, NJ: Princeton University Press.

_____ (2002). *Nature Cures: The History of Alternative Medicine in America*. New York: Oxford University Press.

Wickstrom, Lois (1974). *The Food Conspiracy Cookbook: How to Start a Neighborhood Buying Club and Eat Cheaply*. San Francisco: 101 Productions.

Wild, Peter (2008). *William Pester: The Hermit of Palm Springs*. Johannesburg, CA: Shady Myrick Research Project.

Wilder, Russell M. (1956). "A Brief History of the Enrichment of Flour and Bread." *Journal of the American Medical Association* 162 (17): 1539-41.

Wilson, Brian C. (2014). *Dr. John Harvey and the Religion of Biologic Living*. Bloomington: Indiana University Press.

Worthington, Eustis (1837). "More Facts." *Graham Journal of Health and Longevity* 1 (9): 65.

Wright, Robert A. (1972). "Health Foods.Only a Fad?" *New York Times*, October 15, F1, F5.

Wynne, Brian (1996). "May the Sheep Safely Graze? A Reflexive View of the Expert-Lay Knowledge Divide." In *Risk, Environment and Modernity: Towards a New Ecology*, edited by Scott Lash, Bronislaw Szerszynski and Brian Wynne, 44-83. London: Sage.

Yergin, Daniel (1973). "Supernutritionist." *New York Times Magazine*, May 20, 32-33, 58-66, 71.

Yogananda, Paramahansa (1930). *Descriptive Outline, General Principles and Merits of Yogoda; or, a System for Harmonious and Full Development of Body, Mind and Soul*. Los Angeles: Yogoda Sat-Sanga Art of Super-Living Society of America.

Young, James Harvey (1967). *The Medical Messiahs: A Social History of Health Quackery in Twentieth-Century America*. Princeton, NJ: Princeton University Press.

Zablocki, Benjamin D. and Rosabeth Moss Kanter (1976). "The Differentiation of Life-Styles." *Annual Review of Sociology* 2: 269-98.

Zietsma, Charlene and Thomas B. Lawrence (2010). "Institutional Work in the Transformation of an Organizational Field: The Interplay of Boundary Work and Practice Work." *Administrative Science Quarterly* 55 (2): 189-221.

Zinkin, Harold and Bonnie Hearn (1999). *Remembering Muscle Beach: Where Hard Bodies Began: Photographs and Memories*. Santa Monica: Angel City Press.

Zwiebach, Elliot (2001). "Whole Foods Buys Harry's as Base to Go Southern." *Supermarket News*, August 20, 1.

찾 아 보 기

주제어

인명

각종 단체 및 자연식품 가게와 기업의 명칭

잡지 및 단행본

옮긴이 후기

어느샌가 우리 집에도 일명 영양제 — 이 책의 표현으로는 보충제 또는 알약 — 가 하나둘 늘어가고 있다. 건강에 신경 쓰기보다는 일을 즐기는 내가 그러한 건강식품을 직접 구매했을 리는 없다. 매일 서재에 틀어박혀 있는 나를 생각해서 주변에서 선물이라는 이름으로 사다 준 것들이고, 이제는 강제복용을 당하는 중이다. 내가 그 강제에 굴복할 수밖에 없는 이유는 그렇게 하지 않으면 내가 시대에 뒤진 사람으로 내몰리기 때문이다.

이 책은 바로 한때 노인이나 병자, 또는 건강에 집착하는 괴짜나 먹는 식품으로 조롱받고 경멸받던 건강식품이 어떻게 이제는 젊은 사람, 건강한 사람, 세련된 사람을 연상시키게 되었는지를 미국의 자연식품 장의 역사를 통해 탐구한다. 이 책에서 저자 로라 J. 밀러Laura J. Miller가 개진한 역사사회학적·문화사회학적 설명을 따르면, 자연식품 장의 역사는, 용어를 중심으로 표현하면, 자연식품(최소한으로 가공되거나 첨가되는 식품)에서 건강식품(자연식품 식생활에 관심이 있는 사람들을 대상으로 하는 특정한 제조제품)으로 발전했다가 다시 자연식품의 의미로 되돌아가면서 하나의 라이프 스타일로 발전했다.

이 책의 원제목 『자연의 시장 구축하기: 기업과 자연식품의 정치Building Nature's Market: The Business and Politics of Natural Foods』는 저자가 이 책에서 그려내는 자연식품의 역사를 압축적으로 표현하고 있다. 하지만 이 제목은 부제에 들어 있는 '정치'라는 표현에 집중하지 않을 경우 건강식품/자연식품 기업이 자연식품 시장을 어떻게 개척해 왔는지를 보여주는 책처럼 보인다. 이것도 틀린 말은 아니다. 하지만 밀러는 이 책에서 자신의 분석에 또 다른 시각을 도입하고 있다. 그것은 바로 사회운동론적 시각으로, 그녀는 이 책에서 자연식품의 정치를 사례로 삼아 운동을 긴 역사적 시간 속에서 바라보는 새로운 '렌즈'를 통해 기존의 사회운동이론의 폭을 넓히고 수정한다. 나는 이 점을 좀 더 부각시키기 위해 이 책의 제목을 『자연식품의 정치: 기업과 사회운동』으로 바꾸기로 결정했다.

로라 J. 밀러에 따르면, 자연식품은 단지 하나의 물질적 재화가 아니라 그 안에 하나의 철학을 담고 있으며, 자연식품 시장의 확장은 하나의 '라이프 스타일 운동'의 결과이다. 자연식품 운동은 일부 기독교 교파의 신앙 운동과도 관련되어 있지만, 그 운동의 근저에는 자연에 대한 존중, 식품 생산의 산업화에 대한 반대, 그리고 자연식품의 건강 우위성에 대한 믿음이라는 철학적 동기들이 깔려 있다. 그리고 밀러는 여타 시민단체들이 주도하던 운동과 달리 자연식품 운동이 성공하고 장수할 수 있었던 것은 자연식품 산업이 운동에 하나의 주도 세력으로 참여했기 때문이라고 분석한다.

밀러의 이러한 분석은 기존의 사회운동 연구의 통설과는 어긋난다. 기존의 사회운동 연구에서는 일반적으로 사회운동과 기업은 적대적인 관계에 있는 것으로 간주되고, 혹시나 기업이 운동에 참여할 경우 기업은 운동의 순수성을 훼손하고 '제도화'를 가져와 결국에는 운동이 공식 조직이 되어버리고 말 것이라고 우려한다. 하지만 밀러는 민간 기업이 항상 운동의 반대편에 서 있는 것은 아니라고 주장한다. 그녀는 특히 자연식품 산업과 같이 주변부에 위치하는 산업에서는 기업이 운동의 적극적인 참여자로서의 역할을 할 수 있으며, 운동에 대한 재정적 지원과 함께 운동의 연속성을 보장하여 운동을 안정화시키는 것은 물론 사회적·문화적 변화 — 라이프 스타일의 변화는 물론, 식품 생산 체계의 변화와 생태학적 의식의 고취 등 — 를 유인할 수도 있다는 것을 보여준다.

하지만 밀러가 기업의 자연식품 운동 참여로 인한 운동의 상업화 문제를 도외시하는 것은 아니다. 밀러는 자연식품 운동의 운동 동학, 즉 운동의 순수성 지향과 기업의 이익 지향을 둘러싼 다양한 참여 세력들의 내부 갈등과 분열, 그리고 그 봉합 과정을 역사적으로 분석하면서, 자연식품 운동이 '성공'의 딜레마를 어떻게 극복했는지, 다시 말해 자연식품 운동의 대의 확산과 자연식품 시장의 확장을 어떻게 동시에 이루어냈는지를 문화적으로 치밀하게 분석한다.

밀러의 분석은 여기서 그치지 않는다. 그녀는 이 책을 통해 사회운동 연구에 전제된 또 다른 통념을 넘어서고자 한다. 그것이 바로 자본주의와 사회운동의 관계에 대한 인식이다. 일반적으로 사회운동 연구자들은 기업과 사회운동을 서로 적으로 간주하는 것과 마찬가지로 자본주의와 사회운동 역시 적대적 관계에 있는 것으로 간주한다. 근대의 사회운동이 자본주의의 폐해에 대한 반발을 주축으로 한다는 점에서 이것 역시 틀린 말은 아니다. 하지만 밀러는 현대 사회운동은 자본주의와도 일정한 관계를 맺을 수밖에 없다고 지적한다. 여기서 밀러가 주목하는 것이 자본주의에 내재된 '성장'의 정명과 '유연성과 혁신'의 정명이다. 그녀에 따르면, 사회운동에서 전자가 온건화를 초래할 수도 있지만, 후자는 탈안정화, 심지어는 급진화를 가져올 수도 있다. 밀러는 자연식품의 장에서는 기업이 운동에 참여하면서 이러한 탈급진화와 급진화의 동력들이 상호작용했고, 그 과정에서 '자연적인 것'의 가치가 보헤미안적 라이프 스타일과 결합하면서 상당한 경제적·문화적 혁신을 끌어낼 수 있었다고 분석한다.

이 책을 내게 전해준 것은 출판사 기획실의 윤순현 차장이었다. 프랑크푸르트 도서박람회에서 책을 발견하고 내가 떠올라 가져왔다는 것이었다. 그렇다고 내가 이 책을 출판사의 의뢰를 받고 번역했다는 것은 아니다. 나는 번역을 업으로 하는 사람이 아니기 때문이다. 나는 주변의 많은 사람으로부터 학계에서 인정도 받지 못하고 엄청나게 고생만 하고 자칫 잘못하면 욕만 먹는 번역을 왜 자꾸 하느냐는 질문을 자주 받는다. 나에게 번역 작업은 공부이다. 나는 관심 가는 주제가 생기면, 먼저 관련 서적 중 하나를 꼼꼼히 읽는다. 그 과정이 번역이다. 번역의 과정은 단순히 한 권의 책을 다른 언어로 바꾸는 작업이 아니라 관련 지식까지를 찾아보며 학습하는 과정이기 때문이다. 그리고 그 과정은 나에게 무궁무진한 상상력을 가져다준다. 그다음에 굳이 출판까지 하는 것은 (항상 오역 가능성이라는 큰 부담을 지면서도) 그 지식을 남과 공유하고 싶은 생각 때문이다. 지식은 항상 독점하는 것이 아니라 확산시키는 데서 그 가치를 가진다. 그리고 이는 연구자에게 주어진 사명이기도 하다. 더 나아가 독자에게 번역서는 학습의 시간을 덜어주고 번역자와는 다른 또 다른 상상력의 세계로 들어갈 수 있게 해준다.

이 책을 손에 쥐었을 즈음에 나는 사회운동을 전공하는 나의 제자(지금은 동료 학자로 성장한)와 이제는 사회운동의 범위를 학문적으로 확대할 필요가 있다는 점을 논의하고 있었다. 과거와는 달리 우파 단체들의 운동 역시 활발하게 일어나고 있고, 기업들도 기업의 사회적 책임이라는 기치하에 여러 활동을 벌이고 있으며, 이것 또한 사회 변화에 무시할 수 없는 영향을 미치고 있기 때문이다. 이 책 첫 장의 제목 「시장과 운동」 및 그 안에 포함된 "운동 참여자로서의 기업"이라는 항목이 나의 눈에 꽂힌 것은 당연한 일이었다. 다른 한편 나는 그 당시 "사회운동의 새로운 지평으로서의 '가치 정치'"라는 새로운 프로젝트를 준비하고 있었다. 특히 내가 관심을 가지는 소주제가 '음식과 가치 정치'였으니 이 책은 나에게는 최고의 읽을거리였고, 그 결과물 역시 나의 독점물이 아니라 공유의 대상이어야 했다.

우리의 출판 시장 상황에서 웬만한 출판사라면 이러한 학술서적의 출판은 사실 부담스러울 수밖에 없다. (하지만 이 책은 자연식품에 관심이 있는 독자라면 꼭 읽어봐야 할 만큼 가치 있고 흥미진진하다.) 하지만 이 책의 저자 로라 J. 밀러의 표현으로는 '도덕적 기업'일 한울엠플러스(주)는 이번에도 이 책의 출판을 기꺼이 맡아주었다. 나의 편집 파트너 신순남 팀장은 어느 때나 마찬가지로 노련한 편집 솜씨를 발휘해 주었고, 디자인 팀도 책에 어울리는 표지를 입혀주었다. 모두에게 감사한다.

2020년 여름

장맛비 내리는 날에

박 형 신

지은이

로라 J. 밀러(Laura J. Miller)는 브랜다이스대학교 사회학 교수이다. 그녀의 연구는 문화과정과 경제과정 간의 상호작용을 이해하는 데 초점을 맞추고 있다. 주로 정보·미디어·라이프 스타일 산업과 그러한 산업이 소비문화에 미치는 영향, 그리고 상업제도가 공동체의 삶과 사회 변화에서 수행하는 역할을 연구하고 있다. 이 책 외에도 지은 책으로는 기업 소유의 대형 체인 서점의 성장에 초점을 맞추어 도서산업의 역사와 소비문화를 다룬 책 『서점 vs 서점: 미국의 도서판매와 소비문화의 역사(Reluctant Capitalists: Bookselling and the Culture of Consumption)』가 있다. 현재는 미국 채식주의 요리책 출판의 역사에 관한 연구를 진행하고 있다.

옮긴이

박형신은 고려대학교 문과대학 사회학과를 졸업하고 고려대학교 대학원 사회학과에서 석사와 박사학위를 취득했다. 그간 강원대학교 사회과학연구소 연구교수, 고려대학교 인문대학 사회학과 초빙교수 등을 지냈다. 지금은 다시 연세대학교 사회발전연구소 연구교수로 일하고 있다. 사회이론, 감정사회학, 음식과 먹기의 사회학에 관심을 가지고 연구를 진행하고 있다. 지은 책으로는 『정치위기의 사회학』, 『감정은 사회를 어떻게 움직이는가』(공저), 『에바 일루즈』 등이 있고, 옮긴 책으로는 『고전사회학의 이해』, 『은유로 사회 읽기』, 『음식과 먹기의 사회학』, 『한 미식가의 자본주의 가이드』, 『레스토랑의 사회학』, 『감정적 자아』, 『감정과 사회관계』 등이 있다.

한울아카데미 2248

자연식품의 정치

기업과 사회운동

지은이 ı 로라 J. 밀러 　옮긴이 ı 박형신
펴낸이 ı 김종수 　펴낸곳 ı 한울엠플러스(주) 　편집 ı 신순남
초판 1쇄 인쇄 ı 2020년 8월 18일 　초판 1쇄 발행 ı 2020년 8월 28일

주소 ı 10881 경기도 파주시 광인사길 153 한울시소빌딩 3층 　전화 ı 031-955-0655
팩스 ı 031-955-0656 　홈페이지 ı www.hanulmplus.kr 　등록번호 ı 제406-2015-000143호

Printed in Korea.
ISBN 978-89-460-7248-0 93300(양장)
978-89-460-6931-2 93300(무선)

※ 책값은 겉표지에 표시되어 있습니다.
※ 이 책은 강의를 위한 학생판 교재를 따로 준비했습니다.
강의 교재로 사용하실 때에는 본사로 연락해 주십시오.